JN411803

주호영의 시간, 그리고 선택

주호영의 시간, 그리고 선택

주호영 지음

실크로드
silkroad

추천사

회고록 발간을 축하합니다. 주호영 부의장과 저의 인연은 제가 2007년 대통령 선거에 출마하는 것을 계기로 시작되었습니다. 기업인 출신이고 서울시장이라는 공직을 퇴임한 뒤라 당에 기반이 전혀 없던 저에게, 초선이지만 대구·경북에 기반이 있고 불교계 신망도 깊은 주호영 의원의 캠프 합류는 큰 힘이 되었고, 본선보다 더 힘들었다는 경선 승리, 그리고 17대 대통령으로 당선되는 데 많은 도움이 되었습니다.

그가 후보 비서실장, 당선인 대변인직을 맡아 일하는 동안 기자든 함께 일하는 동료든 그에 대해 부정적으로 이야기하는 사람이 없다는 것에 놀랐고, 판사 출신으로 법률적인 부분은 당연하다고 하더라도 우리 사회 다양한 분야에 대한 해박한 지식과 소양, 무엇보다 자신의 의견을 상대로 하여금 고개를 끄덕이게 만들어 설득하는 지혜와 품성까지 갖추고 있음을 느꼈습니다.

제가 이명박 정부 내각에 신설된 첫 특임장관에 그를 임명했던 것도 대한민국 정치·행정에 대한 깊은 지식과 이해, 폭넓은 인간관계와 따뜻한 리더십을 갖고 있다는 것을 높이 평가했기 때문이었습니다. 그는 재임 동안 기대했던 역할을 열심히 해 주었고, 이는 '이명박 정부' 국정 운영에 큰 힘이 되었습니다.

그런데 이번에 원고를 미리 받아 읽으면서, 저와 공통점도 많다는 것을 새삼 알게 되었습니다. 경북 울진 산골 22가구밖에 되지 않는 마을에서 태어나, 뜻밖에 아버지 동료 교사들의 권유로 대구 유학을 하게 되는 등 성장 과정에서 많은 분들의 도움을 받았고, 종교는 다르지만 어머니의 새벽 기도 속에 성장했다는 것입니다. 저 역시 가정 형편 때문에 고등학교 진학은 꿈도 꾸지 못할 형편이었는데, 세 번이나 어머니를 찾아와 권유한 선생님 덕분에 야간 학교를 다니게 되었고, 청계천 헌책방 상인에게 책을 추천받아 대학에 진학한 경험이 있기 때문입니다. 특히 매일 새벽이면 어김없이 일어나 무릎을 꿇고 기도하던 어머니의 모습은 아들에게는 큰 용기이자 책임감이 되었을 것입니다.

이 책은 주호영 부의장의 첫 책으로 알고 있습니다. 그간 단 한 번도 책을 내지 않았던 것은 자신의 인생 역정이 책으로 쓸 만한 내용이 되는가에 대한 고민 때문이었다고 합니다. 그래서인지 매우 진솔하고 담담하게 출생에서부터 현재까지 삶의 행로를 서술하고 있습니다.

아프리카에는 '노인 한 명이 죽는 것은 도서관 하나가 불타는 것과 같다'라는 속담이 있습니다. 주 부의장은 이 책을 그간의 삶을 돌아보며 초심을 다지는 의미로 썼다고 하지만, 6선 의원을 하며 그가 경험하고 했던 일은 분명 우리 사회에 소중한 역사와 기록이라고 생각합니다. 저는 국민이 편안하고 행복하게 잘 살며 대한민국이 부강해지고, 이를 통해 국제 사회에 기여하는 길을 부지런히 찾는 데 힘을 보태는 것이 이 시대를 사는 우리에게 주어진 소명이라 생각합니다. 주호영 부의장이 앞으로도 우리 사회와 대한민국, 그리고 인류를 위해 더 많은 봉사의 길을 찾기를 기대하고 있습니다. 소중한 삶의 기록을 공개해 주어 고맙고, 이 책이 많은 이들에게 도움이 되길 바랍니다.

2026년 1월

대한민국 제17대 대통령

이 명 박

추천사

이 책은 한 산골 소년이 한국 정계에 우뚝 서게 된 출세와 자랑 이야기가 아니다. 그러나 출신 성분, 가정 형편, 학력, 배경 등 우리 사회의 수많은 비주류가 주류로서 당당히 성공할 수 있는 비결 아닌 비결이 숨어 있다. 그것도 정당한 방법으로 당당함을 잃지 않을 때 삶의 참가치를 느낀다는 양심 고백이다. 지금 우리 사회는 정치권에서 비롯된 부도덕과 불신, 증오, 쉽게 말 바꾸고 철저히 편가르기, 복수와 보복, 법치의 유린, 다수결의 횡포를 수없이 보고 있다. 정당하지 않은, 양심과 양식을 저버린 정치 사회적인 출세는 결코 성공이라 할 수도, 오래 갈 수도 없음을 이 책을 읽는 이들이 새길 것으로 믿는다.

나는 주호영 부의장에게 두 가지 아쉬움을 가지고 있다. 그가 국회에 들어오자마자 내 눈에 띈 사람 중의 하나였기에 자연스럽게 더 많은 관심을 가졌다. 그리곤 의아했다. 왜 저런 사람이 법조계에 계속 머물러 있지를 않았을까? 어쩌다 보는 법관들의 답답한 논리 정연함 뒤에 묻어 있는 융통성, 합리성이 부족한 법 해석과 판단을 접하곤 뭔가 아쉬움을 느껴 왔었는데, 주 의원은 무척 달랐다. 주 의원의 주장은 분명했다. 언제나 정의와 진실의 편에 서면서도 상대방을 기분 나쁘지 않게 하는 배려가 몸에 배어 있었다. 정당하게 타협하고 합의를 끌어내는 능력을 갖추었다. 쉽지 않은 자기 성찰의 과정을 겪었으리라. 이 냉혹한 정치판에서 보기 드문 스타일이었다. 법조계 내부에서도 평판이 좋았다고 하던데 말이다. 그랬다면 아마 대법원장이 될 수도 있었고 삼권분립의 민주주의 기틀을 확고히 다지는 데 크게 기여하지 않았을까, 그랬다면 오늘 집권 세력이 대법원을 필두로 사법부 전체를 권력의 힘으로 휘두르는 만용도 없어졌을 텐데 하는 넋두리 같은 아쉬움을 해본다. 그러나, 인생은 언제나 자기 뜻대로 되지 않는다.

지난번 22대 국회의원 총선거2024년에서 그가 출마했을 때 나는 이번에 당선되면 반드시 국회의장으로 도전해 보라고 격려했다. 진심이었다. 윗사람 눈치나 살피며 일 못하고 뻔뻔한 사람들이 설쳐대서 국회의 신뢰도가 나날이 떨어져가는 이때 중용中庸의 도를 알며, 원칙과 합리성, 게다가 포용력까지 갖춘 그가 국회를 이끈다면 국민의 기대에 부응하는 진정한 국회로 다시 태어나지 않을까 기대했다. 그러나, 그는 당선됐지만 그가 소속한 여당은 참패했다. 집권 1년여 만에 치르는 선거는 중간 선거라기보다는 소수 여당이 국정을 잘 이끌라고 국민이 힘을 보태주는 선거다. 그런 호조건 속에 출발한 초반 분위기였지만 선거를 모르는 최고위선에서 스스로 망쳐버렸다. 매사 그렇지만 선거야말로 악재와 호재가 겹치고 겹친다. 악재는 얼른 치유하거나 덮고, 호재는 드러내야 하는데 이를 거꾸로 했다. 그 4년 전 총선과 똑같이 지역구 출마자를 당선시킨다는 뚜렷한 목적 의식이 결여되었다. 실패를 반복하는 것은 면밀한 준비도 자기 성찰도 없기 때문이다. 이 책을 읽으면 그 실마리를 알 수 있다. 선거 참패한 여당으로 전락했기에 당선된 주 의원이 국회의장이 되는 길을 놓쳤다. 여러 가지로 아쉬운 선거였다. 절호의 기회를 악재로 만든 결과는 오늘 여기까지 맥없이 이어지고 있다.

새 정부 들어선 지 1년이다. 그런데도 지난 윤석열 정부의 서툴렀던 정치 행태를 고치기는커녕 오히려 더 해간다. 국회까지 장악한 정권이라 무소불위의 권력을 휘두른다. 이러다 자유민주주의가 사라지고 나라가 위험하다는 생각까지 들게 한다. 결국은 국민이, 시민이 각성하는 수밖에 없다. 주호영같이 정의와 진실, 합리성과 용기를 가진 우리 국민이 양심의 소리를 낼 때가 되었다. 그런 면에서도 이 글을 읽는 이들이 '나도 할 수 있다'라는 자신과 용기를 갖기 바란다.

전 국회의장
김 형 오

추천사

주호영 국회부의장은 현재 대한민국 국회의 최다선, 즉 6선 국회의원이다. 그는 지난 6선에 이르는 동안 그의 정치적 고향인 대구를 한 번도 떠난 적이 없다. 하지만 6선에 이르는 과정에서 대구·경북 즉 TK의 본고장에서 보수정당인 국민의힘 계열의 국회의원만 했으니 '땅 짚고 헤엄치기' 아니냐고 쉽게 폄하할 수도 있다. 하지만 막상 그 6선에 이르는 과정은 결코 순탄한 것만은 아니었다. 심지어 공천에 탈락 후 무소속으로 출마하여 당선된 후 다시 입당하는 어려움도 겪었다. 그 후 지역구 국회의원으로서는 생명줄과 같은 지역구를 바꾸도록 강요당하기도 하였다.

평소 사랑하고 또 존경하는 주호영 국회부의장으로부터 그간의 정치 인생을 정리하고 밝히는 서책을 간행하는 데 추천사를 써 달라는 요청을 받았다. 나는 평생을 교육자로 지내면서 자연히 각계각층의 인사들로부터 저서 출간이나 각종 행사의 추천사를 부탁받는다. 이번에도 가벼운 마음으로 흔쾌히 승낙하였지만, 막상 글을 쓰려고 하니 지난 반세기에 이르는 주 의원과의 인연들이 주마등처럼 스치면서 만감이 교차한다.

나는 어릴 적 고향인 창녕과 대구에서 수학하였지만, 일찍이 서울로 유학하여 대구 사정에 그리 밝은 편은 아니다. 그런데 거의 반세기 전에 교수로서의 첫 직장인 영남대학교 법학과 교수로 부임하였다. 그때 주 부의장이 법학과 학생이었다. 이를테면 사제지간의 인연을 맺은 것이다. 그로부터 비롯된 인연은 주 의원이 영남대에서 학사·석사·박사 학위를 받는 과정, 서울대 법대 최고지도자과정ALP, 판사·부장판사·변호사를 거쳐 국회의원과 장관으로 이어지는 정치 일정까지 계속되고 있다. 그동안 주 의원과 나는 때로는 사제지간으로, 때로는 뜻을 함께하는 동지로서 가까이 지내 왔다.

사적인 인연도 각별하다. 2008년 주 의원은 재선에 도전하는 발대식을 가졌다. 한창 활동적이면서 아직도 연부역강年富力強한 시점인지라 발대식에는 구름 인파가 몰려들었다. 조계종 총무원장과 같은 종교계 인사들도 함께했다. 나는 축사를 하면서 "주 의원은 나의 제자이고, 주 의원의 아들은 나의 제손이다."라고 하니 사람들은 제손이 뭔 말인가 의아해하는 분위기였다. 그래서 부연 설명하기를 "지금 제자인 주 의원의 발대식에서 축사하지만, 사실 오늘 오전 서울대 법대 헌법 강의를 하고 왔는데 주 의원 아들이 내 강의를 듣고 있다. 그러니 주 의원 아들이 내 제자이기도 하지만 아버지가 제자이니, 아들은 손자 제자이기 때문에 내가 제손弟孫이라고 한 것이다."라고 하니 사람들이 고개를 끄덕이면서 박장대소를 한 장면이 기억난다. 주 의원과 나는 영남대 사제로 만났지만, 주 의원의 두 아들은 서울대 법대에서 나와 사제로 만난 것이다. 주 의원과 아들과의 인연은 아들의 결혼식 주례로 이어졌다. 특히 후덕한 주 부의장 부인도 나의 고향 창녕인이라 더욱더 정감이 간다.

주 의원은 경북 울진의 교육자 집안에서 태어났다. 선친의 교육열에 힘입어 울진에서 대구로 유학하여 경상중, 능인고, 영남대를 졸업했다. 영남대에서는 천마장학생으로 일찍이 사법시험에 합격하여 부장판사까지 지낸 법조인이다. 주 의원을 가까이 접해 본 이들은 한결같이 너무나도 부드러운 성품에 감동한다. 이를테면 법조문을 따지는 법률가의 냄새보다는 사람에 대한 애정 즉, 인간미가 넘친다는 것이다. 그 이유에 대하여 나는 첫째, 워낙 천성이 선한 성품을 가진 데다가 교육자 집안의 자제로서 태어나서 불교에 심취하면서 사람을 사랑하는 본성을 가지고 있다. 둘째, 무엇보다도 불의의 교통사고로 생과 사를 오간 경험이 인격승화의 한 계제를 만든 것 같다. 주 판사는 대구지방법원 영덕지원 지원장으로 재임 중 뜻하지 않은 교통사고로 사경을 헤맨 적이 있다. 당시 주 판사가 경북대 병원에 입원하였다는 소식을 듣고 내가 병문안을 가려 하니 제자들이 선생님 '차마 못 보십니다'라고 만류하여 직접 대면하지 못한 가슴을 아리는 기억이 새롭다. 그래도 평소에 쌓아온 인덕 덕분에 주

변 분들의 정성 어린 도움으로 교통사고 후 제2의 인생을, 그것도 축복된 인생을 누린다.

정치인이라는 직업은 외관으로는 화려해 보이지만 실제로는 매우 어렵고 힘든 고난의 길이기도 하다. 전직 국회의원들의 법정단체인 대한민국 헌정회 정대철 회장의 전언에 의하면 국회의원을 역임한 원로 중에서 생계조차도 어려운 분들이 한두 분이 아니라고 한다. 국회의원직을 수행하는 일도 결코 쉽지 않다. 특히 지역구 국회의원은 금요일 지역구에 가서 월요일에 귀경하는 금귀월래金歸月來 일정이 계속된다. 어떤 때는 일주일에 두세 번 서울과 지역구를 오가는 경우도 있다. 물론 그 과정에서 보람찬 일도 많을 것이다. 하지만 당사자는 육체적으로나, 정신적으로 매우 힘든 삶임이 틀림없다. 주 의원은 그 인고의 세월을 현재 국회 최다선 의원으로서 대한민국에서 가장 긴 세월을 몸소 체험하였으니 이를테면 정치인으로서는 득도의 경지에 이른 셈이다. 그럼에도 주변 분들로부터 언제나 따뜻한 마음을 주고받을 수 있다는 사실로부터 주 의원의 인간 됨됨이를 읽을 수 있다.

나는 평생을 대학에서 연구와 교육을 하는 과정에서 전공이 헌법학이라는 특성상 공적인 영역 즉 정부, 국회, 법원 등에서 다수의 위원장직을 수행한 바 있다. 그 과정에서 주 의원과도 자주 소통할 기회를 가졌다. 여러 국회의원의 후원회 회장도 맡아 왔다. 그런데 서울대학교 총장에 취임하면서 후배·제자들의 후원회 회장도 마감한 바 있다. 그런데 어느 날 주 의원이 나에게 서울대 총장이 국회의원 후원회 회장을 못하라는 법이 없다는 취지의 설명을 하여서, 주 의원의 후원회 회장은 계속 맡기로 하여 벌써 20년 가까이 지난 오늘에 이르고 있다. 오늘 현재는 주호영 의원 후원회 회장만 맡고 있다. 총장 재임 중에는 주 의원이 여당 정책위원회 의장이어서 내가 은근히 제자일 뿐만 아니라 후원회 회장이라고 하면 다른 의원들도 상당히 예우해 주었다. 이는 주 의원의 인품을 익히 아는 의원들이라 수긍한 측면이 크다.

주호영 의원은 이명박 즉, MB정권에서 40대에 특임장관을 역임한 바 있다. 따라서 박근혜 정부에서는 힐난 받았을 법하지만, 오히려 대통령 정무특보로 임명되기도 하였다. 21세기 TK를 대표하는 두 대통령을 지근거리에서 보필하면서 한국 정치의 큰 흐름도 익히 잘 파악하고 있다. 하지만 뜻하지 않게 주변의 이간질로 박근혜 대통령 시절에 공천에 탈락하는 수모를 겪기도 하였다. 그간 주 의원은 장관·대통령 특보·정책위원회 의장·상임위원회 위원장·원내대표를 거쳐서 야당 몫 국회 최고위직인 국회부의장을 맡고 있으니 대구·경북이 낳은 대표적 큰 정치인으로 성장하였다. 두 분 대통령 이후 대구·경북을 대표하는 정치인이 사실상 부재한 상황이라 더더욱 주 부의장 같은 분들의 정치적 리더십이 필요한 때이다. 더구나 이명박·박근혜 두 분 대통령이 퇴임 후 영어囹圄의 몸이 된 사건은 대구·경북인들에게 가슴을 메이게 하는 일임에 틀림없다. 지금은 KTX의 개통으로 전국이 일일생활권이다. 중앙정부와 지방정부로 구획하는 시대는 지났다. '지방화가 곧 세계화'의 시대에 살고 있다. 그런 점에서 지방과 지역을 거점으로 하여 전국적으로 나아감으로써 지방과 중앙이 공유하는 시대이다. 바로 지방의 인물이 전국 인물이 되고, 전국적 인물은 곧 지방으로부터 나온다.

이제 국회의원 주호영은 국가와 민족 그리고 대구·경북의 발전을 위해 보다 큰 책무를 맡아야 할 시점에 이르렀다. 역사는 어느 특정 정파 또는 특정인의 뜻대로 작동하지는 않는다. 시대정신Esprit Du Temps과 역사를 공유할 때 서로 뜨거운 입맞춤을 할 수 있다. 작금의 한국 정치는 혼돈의 연속이다. 이승만 대통령의 건국Nation-building과 박정희 대통령의 산업화Industralization가 쌓아 올린 성채 위에 민주화 시대를 개막함으로써 현행 1987년 헌법 체제가 탄생했다. 누가 뭐래도 오늘 우리가 누리는 국가적 번영은 박정희 대통령의 경제부흥이 밑거름이다. 얼마 전 주 부의장의 안내로 대구 수성관광호텔에 박정희·육영수 여사의 영정을 모시는 특별한 객실에서 1박을 하면서 새삼 감회에 젖은 바 있다. 1987년 헌법은 1948

년 제헌 헌법 이래 10번째 헌법이다. 39년간 9개의 헌법이 명멸해 간 것이다. 그런데 87년 헌법은 지금 39년째 지속한다. 정치헌법학 이론에서 여야 간 정권교체가 두 번 구현되면 외형적으로 정치적 민주주의가 작동하는 나라로 평가받는다. 그간 87년 헌법체제에서 현대판 역성혁명易姓革命이라 할 수 있는 대통령직의 여야 간 정권교체가 다섯 번에 이른다. 외형적 민주주의는 구현되고 있지만 아직도 산업화에 이은 민주화의 과실이 이 땅에 제대로 구현되지 못하고 있다. 이제 새로운 정치와 새롭게 단장된 정치체제와 헌법이 필요한 시점에 이르렀다. 성낙인, 87년, 『체제의 종언과 제7공화국』, 나남, 2025

2024년 12월 3일 윤석열 대통령이 발동한 비상계엄은 이 나라 민주주의에 찬물을 끼얹은 셈이다. 극도로 심화한 정치적 양극화는 극복되어야 할 이 시대의 과제다. 그 이후 전개된 비상계엄 해제, 대통령 탄핵, 새 대통령 선거라는 일련의 정치 과정을 거치면서 여전히 정치적 혼돈 상태는 계속된다. 절제하지 못하고 남 탓만 하는 정치가 계속되는 한 대한민국 헌법 제1조 제1항에서 명시하고 있는 진정한 '민주공화국'을 담보할 수 없다. 바로 이와 같은 혼돈의 시대에 주호영 의원같이 겸손과 미덕을 실천하는 정치인이 국민적 부름을 받아야 한다. 나는 서울대학교 총장 취임사에서 서울대 학생들이 '선한 인재'로 거듭 태어나서 이들이 사회에 진출할 때 우리 사회가 '선한 사람들의 공동체'가 되기를 역설한 바 있다. 그때 비로소 흩어지고 찢어지는 것이 아니라 함께하는 '공동선'Common Good을 구현하는 나라와 사회가 구현될 수 있다. 그 공동선을 구현하는 정신을 배양하기 위한 첫 출발점으로 학생들이 편하게 식사할 수 있는 '천 원의 아침 식사'를 대학 사상 처음으로 시행한 바 있다. 바로 이 지점에서 최다선 의원으로서 의정 생활을 하는 동안 단 한 톨의 흠도 남기지 않고 오직 봉사와 희생을 실천하여 온 주호영 의원의 경륜이 우리 사회의 소중한 보배로서 더 크게 기여할 수 있기를 간절히 소망한다. 개인적 생각으로는 이명박·박근혜 두 분 대통령에 이은 보수의 지도자로 주호영 의원에게 크게 기대해 보고도 싶다. 주호영 의원과 같은 합리적 보수만이 국민적 지지와 국가의 미래를 담보할 수 있다. 보수의 성지인 TK에서 진정으로 보수의 가치를 실현할 수 있는 지도자가 바로 주호영 의원이라고 확신한다. 보수의 가치란 우리의 일상과 저 멀리 떨어져 있지 않다. 전통을 존중하면서, 그렇다고 편협하게 문을 걸어 잠그는 것이 아니라 함께할 수 있는 환경과 여건을 조성할 때 보수는 진정으로 꽃을 피울 수 있다. 또한 보수가 자칫 기득권에 안주하면서 사리사욕에 의탁하는 퇴행과 수구로부터 벗어나기 위해서는 늘 쇄신하는 '일신우일신日新又日新'을 실천해야 한다.

머리는 차갑되 마음은 따뜻한 보수가 그 어느 때보다도 그리워지는 시점이다. 자랑스러운 정치지도자 주호영 의원이 보수의 성지이자 정치적 고향인 대구에서 시민들과 더 크고 넓고 긴 호흡을 함께 할 수 있기를 간절히 소망한다.

2026년 병오년 원단
서울대학교 제26대 총장
국회의원 주호영 후원회 회장
성 낙 인

서문

정현종의 『 방문객』에 이런 구절이 있다. '사람이 온다는 것은 그의 과거와 현재, 그리고 그의 미래와 함께 오기 때문이다. 한 사람의 일생이 오기 때문이다.'

나는 정치인이 낸 책들은 대부분 꼼꼼히 읽는 편이다. 그 책을 통해서 지금까지 알 수 없었던 부분들을 이해하고, 어떤 시간을 지나왔는지 조금은 선명하게 보이곤 한다. 삶의 한 분야에서 일가를 이룬 분들의 책에는 배울 점이 많기 때문이다.

나는 20년이 넘는 정치 생활 동안 책을 낼 생각을 하지 않았다. 정치인의 '출판기념회'가 갖는 상징적 의미들이 늘 부담스러웠고, '나'를 드러내어 자화자찬하는 것이 성격상 맞지 않았다. 또 허술한 내용으로 종이만 낭비하는 것이 아닌가, 내가 쓴 책이 두고두고 남아 다른 이들에게 가끔이라도 읽힐 만한 가치를 남길지에 대한 의문과 두려움도 있었기 때문이다.

그런데 이제 정치 생활 20년이 지나가고 당내 최다선 중진의 자리에 이르자, 생각이 조금씩 달라지기 시작했다. 그간의 일들을 정리해 뒷사람들이 참고할 수 있도록 하는 것이 국민에 대한 도리이자 의무라고 하는 분들도 있었다. 또한 나의 기억이 더 흐려지거나 자료가 흩어지기 전에 그동안 도움을 주신 분들을 기록하고 기억하는 것이 조금이나마 보은하는 일뿐만 아니라 중진 정치인으로서 본인의 성장 배경과 인격 형성 과정 등 신상을 국민에게 좀 더 소상히 전해야 한다는 생각으로 집필을 시작하게 되었다.

이 책은 크게 세 부분으로 나뉘어져 있다.

첫째는 나의 성장 배경과 경력에 대한 자전적인 글이다. 정리하다 보니 한편으로는 부끄럽기도 하고, 또 다른 한편으로는 '청년 주호영'이

제법 대견하게 느껴지기도 한다. 글 내용을 정리하면서 참으로 많은 분께 은혜를 입으며 여기까지 왔다는 사실을 더 절실하게 깨달을 수 있었고, 다시 한번 초심을 다질 수 있게 되었다.

둘째는 2004년 17대 국회의원으로 정치에 입문해 지금까지 오면서 경험한 정치적 사건에 대한 부분이다. 야당으로 시작해 여당, 야당, 다시 여당, 야당을 경험했던 까닭에 격변의 시간과 위기가 너무나 많았다. 모두 다 기록할 수는 없어 그중 내가 관여하거나 가까이서 경험한 일들 위주로 기술하였다.

셋째는 내가 겪었던 중요한 정치적 사건을 처음부터 끝까지 자세히 기록하고 싶었으나 필히 벗어날 수 없는 주관적 편견이 두려웠고 다른 사람에 대한 폄훼가 우려되어 최대한 간략히, 또 중립적으로 기술하려고 노력하였다. 그리고 내가 대표로 발의하여 통과된 법률들의 내용을 정리하였다.

나름대로 열심히 한다고는 하였으나 지금 돌아보니 회한이 적지 않다. 두 번씩이나 탄핵당한 정권의 구성원이다 보니 '왜 좀 더 일찍, 좀 더 강하게 잘못을 경고하거나 제지하지 못했던가?' 하는 아쉬움이 든다. 때로는 '나보다 더 선배 정치인이나 책임 있는 직책에 있는 분들이 알아서 해주겠지!'라는 생각에, 때로는 '권력자의 역린을 건드려서 나만 피해 보지 않을까?'하는 소심함이나 두려움이 있었던 것도 사실이다. 그런데 지나고 보니 '이건 아닌데' 하는 일들은 나중에 반드시 후유증을 남기고 민심을 흔들었다. 그랬던 내가 이제 후배들에게는 절대 소신을 양보하지 말라고 권유하지 않을 수 없으니 나는 '바담풍' 해도 너는 '바람풍風' 하라는 격밖에 더 되지 않을까 하는 자괴감이 앞선다.

많은 국회의원이 고등학교까지 대구에서 마친 뒤 서울로 유학하여 학업과 직장 생활을 하고, 이후 다시 정치를 위해 대구로 돌아온 경우가 많다. 우연이든 필연이든 나는 1973년 대구로 유학을 온 이후 50년 넘는 세월을 대구에 뿌리내리고 살아왔다.

중학교와 고등학교, 대학교를 모두 대구에서 마치고, 군 법무관으로서의 복무 역시 대구 50사단에서 했다. 판사로 근무하던 시절 또한 대구·경북 지역을 떠나지 않았다. 그래서일까, 대구가 겪고 있는 청년 문제와 산업의 어려움, 그리고 미래 대구에 대한 고민의 깊이는 다른 누구보다도 크고 절박하다고 말할 수 있다. 정치인이 가장 자주 듣는 비판은 '선거가 끝나니 코빼기도 보이지 않는다' 하는 것과 '해놓은 것이 없다'라는 말이다.

나는 자랑하기를 즐기지 않는 성정 탓에, 적지 않은 일들을 해왔음에도 불구하고 제대로 평가받지 못한 아쉬움도 있다. 혹여 변명과 같을 수 있겠지만, 이번 기록은 나 스스로 어떤 마음과 태도로 정치에 임해 왔는지, 그리고 우리 대구를 위해 무엇을 해왔는지에 관해 차분히 돌아보는 시간을 가져보았다.

대구는 박정희·전두환·노태우·이명박·박근혜 대통령을 배출하였음에도 불구하고 30년 이상 지역내총생산GRDP이 최하위에 머물러 지속적인 축소와 쇠퇴를 겪어왔다. 한때 대한민국 3대 도시로 불리던 위상을잃은 지도 오래다. 이러한 대구의 현 상황을 위기이자 기회로 보고, 위기의 본질과 함께 앞으로 나아가기 위한 대책에 대한 내 생각을 정리하였다. 다음으로 정당 국회 대통령에 대한 나의 경험과 소회를 적었다. 한국의 정치가 하루빨리 사류를 벗어나 세계 최고의 K-정치로 거듭나는 날을 소망해 본다.

막상 탈고하고 보니 부족한 부분이 적지 않음을 느낀다. 그러나 시간과 지면의 제약으로 인해, 일단은 이 정도에서 글을 맺고 더 자세한 내용은 후일을 기약하고자 한다. 독자 여러분들의 따뜻한 격려와 조언을 부탁드린다.

행복의 전제 조건은 감사하는 마음이라고 한다. 그런 점에서 많은 분께 감사할 일이 많은 나는 이미 행복한 사람이다. 지금까지 나를 키워주신 부모님, 조부모님을 비롯한 가족·친지들, 열심히 응원해 준 고향 분들, 학교 동문 선후배들, 법원 동료들 그리고 스님들과 불교 신자들, 수성구민, 대구 시민분들, 오랜 기간 정성스러운 후원금을 보내주신 후원자님들, 마지막으로 부족한 나를 불평 없이 지극한 열성으로 도와준 역대 보좌진들에게 깊이 감사드리며 이 책을 마친다.

2026년 1월에

주호영

목차

3부 한국 현대정치사와 함께한 나의 정치 역정

4부 마음속에 묻었던 이야기들

5부 한국 정치에 대한 단상

6부 대구를 위한 고민과 노력

1부 처음 털어놓는 나의 인생 이야기

1장

나의 뿌리와 고마운 은인들

1절 나의 뿌리와 우리 가족사

나의 선조先祖 — 그리고 형과 두 여동생

나는 신안新安 주朱가의 후손이다.

아래의 조상 이야기는 집안에 전해 내려온 족보와 공부한 역사 기록을 바탕으로 정리한 것이다.

한국에 본관을 중국 지명으로 쓰는 가문은 드물다. '신안 주가朱家'라고 하면, 본관이 전남 신안이라고 아는 사람들도 있다. 그러나 우리 집안의 본관은 중국 안휘성安徽省 휘주부徽州府 신안新安 지역이다. 우리 가문의 시조始祖는 중국 남송 시대의 청계공淸溪公 주잠朱潛이다. 주잠朱潛은 성리학을 집대성해 '성리학의 창시자'로 표현되는 주자朱子의 증손자다. 주잠朱潛은 조선 시대의 집현전集賢殿, 홍문관弘文館과 유사한 남송 한림원翰林院의 학사學士였다.

당시 중국은 큰 혼란을 겪고 있었다. 남송은 여진족이 세운 금金으로부터 공격 받고 있었다. 주잠朱潛은 '오랑캐에게 항복할 수 없다'라는 주전主戰파였다. 외침이 거세지자, 주잠은 주전파 동지들과 함께 남송을 떠나 고려高麗에 도착했다. 지금으로 따지면 정치적 망명이었다.

그때가 고려 고종 때인 1224년이었다. 2년 전인 2024년이 우리 집안의 시조가 한국을 찾은 지 800년이 되는 해였다.

주잠朱潛 일행이 도착한 곳은 지금의 전남 나주였고, 이후 전남 화순군의 능주綾州, 현재 화순군 능주면에 정착했다. 참고로, 능주의 옛 명칭이 능성綾城이었다. 능성綾城 구씨具氏의 시조는 구존유具存裕인데, 그의 부인이 주잠朱潛의 딸이었다. 이로인해 신안 주가와 능성 구씨는 혼인을 안 한다는 옛날 관례가 있었다.

한편, 중국에서는 몽골족이 세운 원元이 중국을 점령했다. 원나라는 1231년 고려를 침공했다. 주잠朱潛 일행이 고려에 도착한 이후 7년이 지난 시점이었다. 원나라는 남송에서 도망쳐 온 사람들을 색출했고, 주잠朱潛은 피신했다. 이 사건으로 인해 안타깝게도 우리 집안의 시조인 주잠朱潛의 묘는 아직도 찾지 못하고 있다.

주잠朱潛에게는 세 명의 아들이 있었다. 맏아들은 전남 쪽에 그대로 남았다. 그래서 여수와 고흥 지방에 신안 주가의 후손들이 많이 살고 있다. 둘째 아들은 경북 경주로 이동해 살았는데, 이분이 우리 집안의 선조다. 막내아들은 북한 지역으로 떠났다고 한다.

우리 집안의 선조들이 경주에서 경북 울진으로 거주지를 옮긴 데에도 역사적 사연이 있다. 조선 초기인 1500년대에 우리 선조들이 신라시대에 만들어진 진덕여왕릉 밑에 명당이 있다고 해서 그 자리에 묘를 썼다고 한다.

조선 시대에도 신라 시대 능에 대해서는 엄격한 조치가 있었다. 우리 선조들은 묘를 썼다는 사실이 적발될 것이 두려워 경북 울진으로 피신했다. 그때가 520년 전쯤이라고 하니, 대략 1500년대로 추정된다.

울진 지역에 살던 우리 선조들이 내가 태어난 '상토일上吐日'이라는 동족 부락에 정착한 것은 대략 300년 전이다. 조선 후기가 시작되는 1700년~1720년으로 추정된다. 그 시점부터 터를 옮기지 않고 살았던 것이다. '상토일上吐日' 부락의 주소는 경북 울진군 울진면 읍남리다.

나의 할아버지는 1917년에 태어났다. 할아버지는 독자獨子였는데, 증조할머니가 40세 넘어 할아버지를 낳았다고 한다. 자녀가 생기지 않자, 조상 묘를 옮기면 후손을 볼 수 있다는 이야기를 듣고 묏자리를 실제로 옮겼는데 이때 할아버지가 태어났다고 한다. 내가 어렸을 때, 집안의 어른들이 옮겨진 묏자리 앞에서 “이 묏자리 덕분에 너의 할아버지가 태어났다”라는 이야기를 해줬던 기억이 있다.

할아버지에게는 사촌 형제들이 네 명 있었다. 할아버지는 사촌 한 명과 함께 훈장訓長으로부터 한문을 배웠는데, 갑자기 그 사촌이 사망한 뒤 한문 공부를 그만뒀다고 한다.

나의 기억 속에 할아버지는 한문 학습의 초급 서적인 천자문千字文과 동몽선습童蒙先習을 줄줄이 외우고 있었다. 할아버지는 3남 1녀의 자식을 뒀다. 나의 아버지가 첫째다. 작은아버지가 두 분 계시고, 고모가 한 분 계신다.

장남이라 아버지만 대학춘천농대 농예화학과을 나왔다. 아버지는 대학 시절, 형편이 빠듯해 동향인 울진에서 온 후배들과 산에서 땔감을 구해 자취하며 공부했다고 한다

아버지는 농촌지도소에서 근무했다. 강원도 삼척시 농촌지도소를 시작으로 울진군 농촌지도소에서 근무했다. 내가 국민학교를 다닐 때 울진군 농촌지도소가 학교 오가는 길에 있어서 놀고 왔던 기억도 있다. 교사 자격증이 있던 아버지는 월급이 많다는 점에 끌려 농업 교사로 전직했다. 교사 근무 출발이 늦었기 때문에 평교사로 평생을 근무했다.

나의 형은 나보다 세 살이 많다. 형은 대구고를 거쳐 경북대 사범대 역사 교육과를 졸업했다. 형의 첫 교사 발령지는 경북 울진의 후포종합고등학교현 후포고였는데, 당시 아버지도 후포종고에서 학생들을 가르치고 있었다. 부자父子가 한 학교에서 근무했다.

이후 형은 공부에 뜻을 품고 교사를 그만뒀다. 형은 경북대에서 석사와 박사학위를 취득했다. 이후 형은 대구교대 국사 교수로 오래 근무

한 뒤 정년퇴직했다.

나는 두 명의 여동생이 있다. 나보다 세 살 어린 여동생은 효성여대 지금은 대구가톨릭대 영문학과를 졸업했다. 여동생은 교사로 근무하다가 결혼을 한 뒤 교편을 내려놓았다. 나의 매제妹弟는 조선 중기의 유학자인 간재簡齋 변중일邊中一 선생 가문의 종손宗孫이다. 그래서 여동생은 경북 안동의 원주변 씨 간재 종택簡齋 宗宅의 종부宗婦가 되었다. 매제는 한국감정원의 부원장을 지냈다. 나보다 여섯 살 어린 막내 여동생은 경북대 도서관학과를 졸업했다. 대구교육청의 사서를 거쳐 지금은 도서관장을 맡고 있다. 내년에 정년을 맞는다. 매제는 공립학교 서무과장 등을 역임한 뒤 정년퇴직했다.

이 책을 통해 나의 형과 여동생들에게도 고마운 마음을 전한다.

2절 군인이 꿈이었던 어린 시절

육군사관학교에 진학해 군인이 되는 것이 어린 시절의 꿈

인간의 운명運命은 지리적 환경과 시대적 분위기에 큰 영향을 받는다. 나의 어린 시절도 마찬가지이다. 내가 어린 시절부터 판사의 꿈을 키워왔던 것 아니냐고 지레짐작하는 사람들을 적지 않게 만났다. 그러나 어린 시절 나의 꿈은 군인이 되는 것이었다.

나는 경상북도 울진군의 산골 마을에서 태어났다. 당시 울진은 강원도에 속해 있었고 1963년 행정 체제 개편에 따라 강원도에서 경상북도로 편입되었다. 우리 집은 국민학교현재는 초등학교 4학년인 1969년에 울진읍내로 이사했다. 그때 전기가 들어오는 집에 처음 살았다. 이런 척박한 환경이었으니, 법원이나 검찰청은 말할 것도 없고, 변호사 사무실 하나 보지 못하고 어린 시절을 보냈다.

박정희 대통령이 집권하던 1960년~70년대에는 많은 어린이들이 군인을 꿈꿨다. 나도 그중 한 명이었다. 나는 무엇보다 육군사관학교에 진학하고 싶었다. 당시 울진농업고등학교 농업 교사였던 아버지의 제자 중에 전교 1등이던 학생이 육군사관학교에 진학한 적이 있었다. 육사 합격 소식에 군민들 모두 대견하게 여겼고, 부러워했던 기억이 선명하다. 울진농고 졸업생 중에 육사 필기시험에는 합격했으나 안타깝게도 신체검사에서 탈락되어 최종 불합격되던 사례도 있었는데 그때는 모두가 자기 일처럼 안타까워했다. 육사를 졸업한 뒤 육군 장교가 되는 것이 나의 꿈이었다. 어린 마음에, 동네 사람들이 대견하게 여기고, 부러워하는 사람이 되고 싶었던 것 같다.

다른 이유도 많다. 울진중학교를 다닐 때에는 교련 시간이 있었는데 울진농고와 분열 열병 행사를 함께하기도 했다. 당시 나는 학년 대표여서 중대장을 맡았다. 울진농고 학생회장이 가장 높은 연대장이었고, 울진농고와 울진중에서 각각 한 명씩 대대장이었다. 나는 분열과 열병이 너무 재미있었고, 구령을 외치는 울진농고의 연대장 형이 그렇게 멋있을 수가 없었다.

두 살 경. 어머니, 형, 이종 누나와

어릴 적 꿈이 군인이었던 데에는 울진이라는 지리적 특수성도 빼놓을 수 없다. 국민학교 3학년이던 1968년 10월에 울진·삼척 무장공비 사건이 발생했다. 정부는 북한의 무장공비를 잡기 위해 엄청난 군 병력을 울진에 투입했다. 지프차를 타고 다니고, 무전기를 들고 교신하는 장성이나 장교의 모습을 보고 동경에 빠졌다. 군복에 별을 달았던 미군 흑인 장성도 처음 보았다. 헬기도 그때 처음 보았다. 우리 군·경은 사살한 무장공비를 헬기에 싣고 밧줄에 매어 늘어뜨린 채 울진 상공을 날아다녔다. 전과戰果를 과시하기 위한 의도였다. 그러고는 사살한 무장공비를 울진의 왕피천王避川이라는 강가에 던져 놓았다. 그때는 그 모습이 신기했지만, 지금 돌이켜 생각하면 야만적인 모습이기도 했다. 무장공비의 습격을 우려해 군인이 동네 아이들을 모두 모아 인솔해서 학교에 갔다가 수업이 끝나면 다시 인솔해서 마을로 왔던 기억이 선명하다.

하지만, 나는 육사 진학과 군인의 꿈을 접게 되었다. 고등학교 2학년이 되면서 안경을 쓰기 시작했기 때문이다. 당시는 안경을 쓰면 육사에 떨어진다는 말이 정설처럼 떠돌았던 때로, 나 역시 '안경을 쓰고 군인 생활을 잘 하겠나' 하는 회의가 생겼다. 내가 법대를 진학해 사법시험에 도전했던 것도 시대적 분위기에 순응했던 결과였다. 나는 인문계였는데, 당시에는 성적이 좋으면 법학과로 진학해서 고시를 보는 것이 당연한 루트처럼 여겨졌다. 나는 그 길을 걸어갔다.

우리 형제의 대구 유학을 권했던 아버지의 동료 선생님들

돌이켜 보면, 어린 시절과 젊은 시절에 나의 전체 인생 경로에 엄청난 영향을 끼친 일들이 있었다. 울진 산골 마을 소년이 중학교 2학년 때 대도시인 대구로 전학 갔던 일, 영남대학교 법학과를 졸업한 뒤 사법시험에 합격했던 일 등이 대표적이다. 이 모든 일들에 운명처럼 등장해 나에게 큰 도움을 주었던 은인들이 없었다면, 나는 다른 인생 경로를 걸었을 것이다.

당시, 울진에는 인문계 고등학교가 없었다. 형과 내가 울진에 계속 살았다면 아버지가 농업 교사로 근무했던 울진농고를 다녔을 것이다. 울진과 대구의 교육 격차는 매우 컸다. 그러나 아버지는 우리 형제의 대구 유학에 소극적이었다. 이런 상황에서 아버지의 동료 교사였던 조상수 선생님과 울진농고 교장선생님이었던 오해석 선생님은 "공부 잘하는 아이들의 미래를 생각하라."며 형과 나의 대구 유학을 아버지에게 강권했다.

당시는 교통편이 열악해 울진에서 대구까지 버스를 타고 이동할 경우 7시간 40분이나 걸렸다. 아버지는 울진에서 교편을 잡고 있었기 때문에 온 가족이 대구로 이사 가는 것은 불가능했기에, 아버지는 두 선생님의 설득을 받아들였다. 대구고에 진학한 형에 이어, 나도 중학교 2학년 때 부모님 품을 떠나 대구로 전학했다. 보다 나은 교육 환경에서 공부할 기회를 얻었던 것이다.

이 대목에서 또 한 명의 은인이 등장한다. 당시 우리 형을 가르쳤던 울진중학교의 이수복 영어 선생님이다. 이 선생님은 나이 어린 막냇동생을 직접 키우다시피 하며 함께 살고 있었다. 이 선생님의 동생이 형과 친구였다. 이 선생님은 자신의 막냇동생을 대구에 있는 고등학교에 진학시키기 위해 직접 영어를 가르쳤는데, 운 좋게도 형이 그 동생과 함께 과외수업 형식으로 영어를 배웠다. 당시에는 학교 선생님이 과외하는 것이 불법이 아니었다.

나는 형이 대구고에 합격한 데에는 이 선생님의 도움이 컸다고 생각한다. 당시 울진중의 교육 환경이 열악했기 때문이다. 내 기억에, 내가 울진중 1학년 때 영어 선생님이 무려 6명이나 바뀌었다. 총각 선생님은 학기 중에 군대를 가기도 했고, 외진 울진에 발령 받은 것에 불만을 품고 사표를 냈던 선생님도 있었다.

나는 국회의원 생활을 하면서도 이수복 선생님과 인연을 이어갔다. 이 선생님이 정년 퇴직을 한 뒤 다녔던 교회가 내 지역구 안에 있었다. 이 선생님을 만나서 대화 나눌 때마다 감사한 마음을 잊지 않았다. 만약, 형이 대구고 시험에 떨어졌다면, 나도 울진에 남았을 것이다. 그래서 형을 별도로 가르쳤던 이 선생님도 내 인생의 은인이다.

해외 유학도 보편화된 지금의 관점에서는 코웃음을 칠 수도 있는 말이지만, 내가 전학을 갔던 1973년에는 울진에서 대구로 전학 가는 것에 대해 '유학'이라는 표현을 써도 전혀 이상하지 않았다. 격세지감隔世之感을 느끼는 변화다.

나는 대학 입시에서 서울대 사회계열에 지원했으나 낙방했다. 어린 나는 대학 입시에 대해 '개똥철학' 같은 것이 있었다. 모든 수험생들이 동등하게 한 번만 기회를 갖는 것이 공정하지, 두 번, 세 번 입시를 치르는 것은 불공정하다는 생각을 갖고 있었다. 지금 생각해 보면 철부지 같은 생각이지만, 당시 내 생각은 확고했다. 넉넉지 않은 가정 형편도 재수를 하는 데에 부담으로 작용했다.

나는 재수를 하지 않고 영남대 법정계열 78학번으로 진학했다. 영남대의 '천마 장학생'으로 뽑혀 등록금은 전액 면제였고, 여기에 더해 장학금도 매월 20만원을 받았다. 장학금을 받았던 덕분에 나는 돈 걱정 하지 않고 사법시험을 준비할 수 있었다. 지금도 나의 모교인 영남대에 대해 고마운 마음을 가지고 있다. 나는 공직을 모두 마친 이후 영남대에 내가 받았던 은혜를 보답할 생각을 갖고 있다.

당시, 영남대 법정계열 학생들은 공부를 잘했다. 행정고시에서는 많은 합격자를 배출했지만, 사법시험은 2~3년에 한 명의 학생이 나오는 정도였다. 나는 법학과로 전공을 선택한 뒤 1982년 사법시험에 합격했고, 영남대 78학번 가운데 가장 먼저 사법시험에 합격했다.

사법시험 합격도 나 혼자만의 노력으로 이뤄진 것은 아니다. 두 명의 은인이 있다. 지금은 변호사로 활동하고 있는 부장판사 출신의 최종한 선배와 당시 영남대 법학과의 젊은 교수였던 호문혁 전 서울대 법대

학장이다. 이분들의 도움이 없었다면, 사법시험에 일찍 합격하는 것은 힘들었을 것이다.

나의 법학과 1년 선배인 최종한 변호사는 당시 나에게 '이런 책을 보고, 이렇게 준비하라' 등의 조언을 하면서 사법시험 공부 요령을 가르쳐 주었다. 최 변호사는 당시 대구·경북의 최고 명문고등학교였던 경북고를 졸업했다. 서울대를 비롯해 사법시험을 준비하는 선후배들이 많았기 때문에 공부 요령이나 참고서 등의 정보가 많았다. 나는 모르는 것이 있어도 잘 묻지 않고 혼자 해결하려고 노력하는 스타일이었기 때문에, 최 변호사의 조언이 없었다면 많은 시행착오를 겪었을 것이다. 최 변호사 덕분에 나는 시행착오를 줄이고 사법시험을 체계적으로 준비할 수 있었다.

호문혁 교수는 영남대 고시반의 지도교수였다. 호 교수님은 고시반 학생들에게 "너희들은 충분히 합격할 수 있다."는 말을 자주 하며 자신감을 심어주었다. 자칫 위축되기 쉬운 지방대 학생들에게 큰 힘이 되는 격려였다. 민사소송법이 전공이었던 호 교수님은 고시반 학생들을 위해 직접 모의시험 문제를 출제하기도 했다. 민사소송법은 사법시험 과목 중 가장 어려운 과목으로 대학 수업이나 독학으로 이해하기 힘든 내용이 많았다. 그러나 호 교수님의 설명을 들으면서 나는 민사소송법을 비교적 수월하게 공부할 수 있었다. 이 분들 외에도 내 인생의 중요한 국면마다 도움을 준 은인들이 많다.

나는 불교의 인생관과 세계관을 믿는다. 그물처럼 서로 얽혀 이어진 사람들 간의 인연因緣, 원인에 따라 행복과 불행이라는 결과가 나타난다는 인과응보因果應報, 그리고 인간사의 모든 일은 서로 연결되어 있으며 결과는 반드시 원인에서 발생된다는 연기緣起의 가르침을 늘 마음에 새기며 살아왔다.

물론, 나를 힘들게 했던 사람들도 있다. 그러나 지금까지 살아오면서 나에게 도움을 주고, 긍정적인 영향을 미친 사람들이 훨씬 많다. 수많은 은인들 덕분에 내가 여기까지 올 수 있었다고 생각한다.

할아버지·할머니의 보살핌

인생을 살아오면서 가장 감사한 분들은 나의 조부모祖父母님이다. 할아버지는 늘 나의 든든한 버팀목이었다. 소를 키우는 축산인이자 부지런하고 성실한 농부였다. 할아버지는 한문에 밝았고, 술과 담배를 하지 않았다. 내가 자랐던 울진에서는 '소 품평대회'가 있었는데, 할아버지가 튼실하게 키운 소는 해마다 상을 받았다.

나는 할아버지의 큰 사랑을 받고 자랐고, 다른 조손祖孫 관계에 비해 매우 가까웠다. 울진에서 국민학교를 다니던 시절, 장날에 읍내에 나오셨다가 손자가 공부하는 모습이 보고 싶어 학교까지 찾아와 교실 창가에서 나를 바라보시던 할아버지의 모습은 지금도 잊을 수가 없다.

1990년 부곡온천에서 할아버지와 할머니, 우리 가족

나는 대구에서 중·고등학교를 다닐 때 할아버지께 편지를 자주 보냈다. 문안問安을 드리고 우리 형제의 소식을 전하기 위해서이기도 했지만, 무엇보다 할아버지가 내 편지를 읽는 일을 무척 좋아하셨기 때문이다. 나는 할아버지의 노안老眼을 생각해 항상 큰 글씨로 편지를 썼다. 할아버지는 2001년에 향년 85세로 돌아가셨다.

10대 시절, 나는 부모님보다 할머니와 함께 산 시간이 더 길었다. 할머니는 대구에 단칸방을 얻어 우리 네 남매와 함께 지내시며 밥과 빨래를 해주셨다. 그 보살핌 덕분에 우리 네 남매는 대구에서 중·고등학교를 다닐 수 있었다.

할머니가 위독하셨을 때 병문안을 갔다가 나는 끝내 눈물을 흘렸다. 그때, 할머니는 "호영아, 울지 마라. 사람은 다 태어나면 죽는 거 아이가. 나는 한평생 잘 살다가 간다."라는 말씀을 유언처럼 남기셨다. 할머니는 2009년에 향년 96세로 돌아가셨다.

시간이 흐른 뒤, 절친한 스님께 할머니의 마지막 말씀을 전했더니, 그 스님은 "도인道人이 따로 없다."고 하셨다. 글을 쓰는 이 순간, 할아버지와 할머니가 사무치게 그립다.

1년 늦은 출생신고 — 교사로 전직한 아버지

나는 1960년 1월 8일 태어났다. 음력 생일은 1959년 12월 10일이다. 나와 같은 연배라면 잘 알겠지만, 당시에는 출생신고가 늦는 경우가 흔했다. 나 역시 주민등록상 출생일이 실제 태어난 날보다 11개월 늦은 1960년 12월 10일로 되어 있다. 아마도 아버지께서 출생신고를 거의 1년 가까이 늦게 하시면서 출생일이라도 음력 생일에 맞추려 하셨던 것이 아닐까 짐작할 뿐이다.

내가 태어난 곳은 경상북도당시는 강원도 울진군 울진면 읍남리 852

번지다. 태어나고 자랐던 부락의 이름은 '상토일'이었다. 동해 울진 바닷가와 3km 정도 떨어진 곳이었지만, 마을 사람들의 생업은 농업이었다. 산자락을 끼고 논과 밭이 있는 전형적인 시골 마을이었다.

이 마을의 독특한 점은 모두 스물두 가구로 이루어져 있었고, 전부 주朱씨 성을 쓰는 동족同族 부락이었다. 그래서 어린 시절의 나는 한국 사람들의 성은 모두 '주씨'인 줄로만 알았다.

나는 네 남매 가운데 둘째로 태어났다. 세 살 위의 형이 있고, 세 살과 여섯 살 아래의 여동생이 두 명 있다.

나의 아버지는 울진농업고등학교와 춘천농과대학 농예화학과를 졸업했다. 농예화학과는 농업과 관련된 화학을 전공하는 학과로, 비료와 토양 등을 주로 공부하는 곳이었다. 아버지는 넉넉한 형편은 아니었지만, 당시 춘천농대가 국립대학이어서 학비 부담은 크지 않았다고 한다. 아버지는 대학에 다니는 동안 집에서 쌀을 가져가 생활했고, 겨울철에는 산에서 직접 땔감을 구해 자취를 했다고 들었다. 대학 시절 농업 교사 자격증을 땄고, 이 자격증은 이후 아버지의 인생에 결정적인 영향을 미쳤다.

내 어린 시절, 아버지는 울진군 농촌지도소에서 근무했다. 울진 교육청에 근무하던 가까운 이웃이 "교사 월급이 농촌지도소 직원보다 두 배 정도 많다. 자녀도 네 명이나 되고, 교사 자격증도 있는데, 왜 교사를 하지 않느냐."고 했다.

아버지는 깊은 고민 끝에, 행정 절차를 거쳐 농업 교사로 전직했다. 내가 국민학교 5학년 때 일이다. 아버지의 농촌지도소 마지막 직책은 울진군 농촌지도소 개발계장이었다. 교사로 전직했을 때 아버지 나이는 서른일곱 살이었다. 평교사로 다소 늦게 출발한 탓에 정년퇴직할 때도 직책은 평교사 그대로였다.

아버지는 경북의 동북 끝자락인 울진과 영덕에서 교편을 잡았다. 울진농고에서 농업 과목의 교사로 오래 근무했다. 울진농고는 이후 울진종고를 거쳐 지금의 울진고등학교가 되었다. 한 학교에 너무 오래 근무하지 않도록 한 당시의 지침에 따라 아버지는 영덕종고와 울진의 후포고로 전근을 갔다가 다시 울진종고로 돌아와 정년퇴직을 했다.

아버지는 교사가 천직이었다. 가르치고 이야기하는 것을 좋아했고, 한문에도 능통했으며 글씨체도 좋았다. 무엇보다 아버지는 인자한 성품으로 제자들을 많이 아꼈다. 정년퇴직 이후에도 명절이 되면 인사하러 찾아오는 제자들이 많았다.

여담이 하나 있다. 내가 정치를 선택하기 이전부터, 고향인 울진에서는 국회의원 출마를 권유하는 사람들이 많았다. 김대중 정부에서 대통령 비서실장을 지낸 김중권 전 실장이 모델이 되었다. 울진군 평해읍 출신인 김 전 실장은 사법시험에 합격한 이후 울진군을 관할하는 영덕지원장을 지낸 뒤 정계에 진출해 고향 울진이 포함된 지역구에서 3선 국회의원을 지냈다. 김중권 전 실장뿐만 아니라, 울진이 고향인 사람들 가운데 사회적으로나 경제적으로 성공한 뒤에 울진에 출마하는 것은 하나의 코스였다.

나 역시 1997년 2월부터 1999년 2월까지 2년 동안 영덕지원장을 지냈기에 고향 사람들의 출마 권유는 자연스러웠다. 그러나 나는 단호히 거부했다. 아버지는 계속 울진에 살고 있었고, 아버지 제자들도 울진 지역에 많이 거주하고 있었기 때문에 '아버지 선거'가 될 수 있다는 걱정 때문이었다. 울진 출마를 권하는 사람들에게 "만약 내가 울진에 출마하면 아버지가 아들 걱정에 가만히 계실 수 있겠는가. 그렇게 되면, 아버지가 나의 당선을 위해 제자들에게 한 표를 달라고 읍소하는 일이 생길 수도 있다. 그것은 자식으로서 못할 짓이다."라고 못을 박았다.

산과 들, 바닷가에서 놀던 어린 시절

아버지는 교편을 잡고 있었지만, 우리 집은 농사도 지었다. 할아버지, 할머니, 어머니가 농사를 지었고, 아버지도 퇴근 이후에 일손을 보탰다. 울진에서 우리 가족을 아는 사람들은 내가 어린 시절에 복숭아를 팔았던 것을 기억하고 있다.

아버지가 농촌지도소에서 근무할 때, 정부가 신新품종 복숭아 보급에 나섰지만 복숭아 농사에 나서는 농민들이 없었다. 그래서 우리 집이 산을 직접 개간해 복숭아나무 50그루를 심었다. 우리 집 복숭아는 당도가 높아 맛이 아주 좋았다.

복숭아나무들이 같은 시기에 함께 익으면 도매상이나 통조림 공장에 한 번에 팔면 되는데, 복숭아가 익는 데에 시차가 있다 보니 여러 차례로 나누어 리어카와 지게에 복숭아를 싣고 할머니와 함께 읍내로 나가 과일 가게에 팔아야 했다. 과일 가게에서 사지 않을 경우 할머니와 내가 장터나 길가에서 직접 팔기도 했다.

우리 복숭아밭에는 작은 '명소'도 있었다. 원두막이었다. 우리 집 복숭아가 달고 맛있다는 소문이 퍼지자, 울진 지역의 청춘 남녀들이 복숭아를 사 먹는다는 핑계로 과수원을 찾아 원두막에서 소박한 데이트를 하기도 했다. 농사를 짓다 보니 내가 집안일을 돕는 것은 당연한 일이었다.

소를 이끌고 나가 풀을 먹이는 것이 나의 가장 큰 임무였다. 방학 때 도라지를 캐서 어머니에게 주면, 어머니가 시장에 가서 팔기도 했다. 살구씨를 깨서 한약방에 팔아 본 적도 있다.

그러나 집안일에 얽매일 정도는 아니었다. 나는 산과 들에서 뛰어노는 것을 좋아하는 전형적인 개구쟁이였다. 특히 울진의 자연환경은 최고의 놀이공원이었다. 푹푹 찌는 여름날에는 울진 바닷가로 걸어가 친구들과 수영을 하며 놀기도 했다.

출생신고는 1년 가까이 늦었지만, 나는 1960년 1월 8일에 태어났기 때문에 한국 나이로 일곱 살 때 국민학교에 입학했다. 1966년 울진국민학교에 입학했던 무렵의 일도 기억난다. 산골 마을의 시골 소년이었던 나는 운동장에 있던 그네가 그렇게 타고 싶었다. 쉬는 시간마다 뛰어가서 그네 앞에 줄을 서봐도 내 차례는 오지 않았다. 그렇게 기다리다가 수업 종이 치면 교실로 들어가는 일이 반복되었다. 그러다 꾀가 생겼다. 수업 종이 울려 아이들이 모두 교실로 들어가면 그네는 나의 독차지였다. 그렇게 그네를 신나게 타고 있는데 할아버지가 운동장에 나타났다.

손자가 공부하는 모습이 보고 싶어 학교를 찾은 것이다. 할아버지는 "호영아, 딴 친구들은 다 공부하는데, 니는 여기서 뭐하고 있노?"라고 교실로 데리고 가셨던 기억이 난다.

내가 공부를 잘한다고 자각한 시점은 울진국민학교 4학년 무렵이었다. 국민학교 1~3학년 때는 성적표에 반班 등수가 기재되었는지 기억이 확실치 않다. 그러나 4학년 성적표에서 처음으로 '1등'을 받았던 기억

6살 경 형과 함께

은 선명하다. 그리고 4학년 때부터 반장을 하기 시작했다. 5학년과 6학년 때에도 1등을 놓치지 않았다. 반장도 계속했고, 전교 회장을 지내기도 했다.

자랑 같지만 운동도 잘했다. 국민학교를 다닐 때에는 군내 체육대회가 있었다. 국민학생들에게는 800미터가 장거리였는데, 나는 800미터 달리기에서 1등을 차지했다. 국민학교 졸업 앨범에 1등으로 들어오는 사진이 담겨 있다. 400미터 계주 달리기에도 나갔는데 우리 팀이 2등을 했던 것으로 기억한다.

다른 분야에도 소질이 있었다. 국민학교 6학년 때에는 울진군에서 주최하는 과학경시대회에 학교 대표로 나갔다. 자석으로 전깃불을 켜는 실험과 편마암, 현무암 등 암석 이름을 외우는 시험도 있었다. 그 대회에서 내가 1등을 차지했다. 그 당시로는 거금이었는데, 상금으로 10만 원짜리 자기앞수표를 받았다. 내 인생에서 자기앞수표를 본 것은 그때가 처음이었다. 빳빳한 종이에 은행 도장이 찍혀 있고, 숫자로 금액이 쓰여 있는 자기앞수표를 처음 보았던 기억은 아직도 강렬하게 남아 있다. 1등도 차지하고, 거액의 상금까지 받아 오니 학교에서 칭찬과 부러움이 쏟아졌다. 그때를 생각하면, 적은 금액이라도 장학금을 주는 것이 얼마나 학생들에게 자신감과 용기를 심어 주는 일인지를 되새기게 된다. 나는 후배들을 격려 응원 하기 위하여 수성구청 산하에 '수성미래 장학재단'을 만들었다.

울진 읍내로 이사, 불교와의 운명적인 첫 만남
– 눈물의 '국민학교 졸업식' 아픈 기억

당시는 중·고등학교에도 입시가 있었다. 우리 형제가 다녔던 울진국민학교는 집에서 3km 정도 거리였다. 가깝지 않은 거리였는데다 여기에 더해 산길을 다니고, 개울을 건너야 했다.

형이 6학년 때, 중학교 입학시험을 위해 야간 수업을 했다. 나는 할머니를 따라 귀가하는 형을 데리러 갔던 기억이 생생하다. 당시에는 손전등이 없어 할머니는 호롱불을 들고 나갔다.

울진 읍내로 이사 가기 1년 전, 내가 국민학교 3학년 때였던 1968년에 울진·삼척 무장공비 사건이 발생했다. 당시, 밤에 산길을 걸어야 하는 울진군민들에게 무장공비 사건은 실제적인 공포였다. 부모님은 우리 형제가 산길을 걸으며 통학하는 데에 대해 걱정이 커서 이참에 울진 읍내로 이사해야겠다는 결정을 했던 것 같다. 내가 국민학교 4학년 때 우리 가족은 울진 읍내로 집을 옮겼다. 내가 태어난 이후 첫 이사였다. 할아버지가 키우던 소를 팔아 읍내에 40평 정도 되는 땅을 사서 직접 집을 짓고 이사를 했다. 소는 이사 외에도 우리 집안에 경제적으로 많은 도움을 주었다. 나는 전기가 들어오는 집에 처음 살게 되었고, 할아버지와 할머니는 상토일 마을에 계속 살았다.

이사도 나의 인생에 영향을 미쳤다. 그것은 불교와의 운명적인 첫 만남이었다. 우리 집안의 종교는 불교로, '부처님 오신 날'이나 집안에 큰 일이 있을 때, 한 번씩 절에 가는 정도였다. 그런데, 읍내로 이사한 집이 '동림사'라는 이름의 절과 담 하나를 사이에 두고 붙어 있었다. 그래서 동림사 마당은 나의 놀이터였다. 나는 자전거 타는 법을 그곳에서 배웠다. 스님이 반야심경을 외우면 과자나 빙과류를 사준다고 해서, 국민학교 학생이었던 나는 반야심경을 동림사에서 외웠다.

가장 큰 변화는 어머니였다. 어머니는 새벽 3~4시쯤 종소리가 들리면 동림사에 가서 새벽 기도를 했다. 노환으로 거동이 불편해지기 전까지 40년 가까이 새벽 기도를 하루도 빼놓지 않았다.

나는 동림사에서 들려오는 불경 소리, 기도 소리, 종소리를 들으며 자랐고, 불교는 내 인생에 큰 도움을 주었다. 삶을 살아가는 데 있어 인식의 기반을 제공했고 인생살이의 지혜를 주었으며, 힘들 때는 안식처가 되기도 했다. 우리 가족이 처음 이사했던 집이 동림사 옆이었다는 점도 불교적 '인연'을 되새기게 하는 대목이다.

국민학교를 다녔던 1960년대 후반과 1970년 초반은 인구가 폭발적으로 증가하는 '베이비 부머'의 세대였다. 내가 다니던 울진국민학교의 학생 수가 엄청나게 늘어 분교가 이뤄졌고 5학년 때, 새로 개교한 울진남부국민학교로 전학을 갔다. 나는 울진남부국민학교의 2회 졸업생이다.

어린 마음이었지만, 나에게는 가슴 아픈 기억이 하나 있다. 국민학교 졸업식 때 일이다. 울진남부국민학교의 졸업생은 120명 정도였는데, 경제적 형편 때문에 중학교 진학을 하지 못하는 여학생들이 졸업식장에서 대성통곡을 했다. 내 기억에는 그런 여학생들이 스무 명이 넘었던 것 같다. 어린 소녀들이 더 이상 학교를 다닐 수 없다는 슬픔과 절망감, 그리고 친구들과 헤어져야 한다는 현실 앞에 눈물을 멈추지 않았다. 졸업식장은 '눈물바다'가 되었다. 국민학교를 졸업한 지 50년이 넘었지만, 지금도 졸업식장에서 하염없이 울던 여학생들을 생각하면 가슴이 미어진다.

3절 대구 유학과 '뺑뺑이' 첫 세대, 자퇴를 고민했던 고등학교 시절

중학교 2학년 때 대구로 전학 – 넓고 큰 학교, 샤프펜슬 등에 문화적 충격

울진중학교에 진학해서도 공부를 잘했다. 중학교 2학년 때는 1학기 기말고사와 2학기 중간고사에서 전 과목 100점을 받는 '올백'을 기록하기도 했다. 돌이켜 보면, 아버지는 대구라는 도회지에 자녀들을 보낼 생각이 전혀 없었던 것 같다.

당시, 울진에 고등학교는 울진농고밖에 없었다. 아버지는 형과 내가 공부를 잘하니, 울진농고를 다니면서 대학 입시를 준비해도 큰 무리가 없다는 생각을 했던 것으로 짐작된다. 자신이 교편을 잡고 있던 울진농고의 전교 1등이 육군사관학교를 진학하는 결과를 보면서, 울진농고에서도 공부만 열심히 하면 괜찮은 대학에 입학할 수 있다는 판단을 했던 것 같다. 그러나 '대구 유학'이라는 내 인생에 결정적인 영향을 미친 첫 사건이 발생한다. 위에서 언급했듯이, 조상수 선생님과 오해석 교장선생님 덕분이었다.

내가 초등학교 5학년 때, 아버지는 15년 넘게 다녔던 농촌지도소를 그만두고 울진농고의 농업 교사가 되었다. 조상수 선생님은 내 인생에 운명적인 분이다. 조 선생님은 이명박 정부 때 법무부 장관을 지낸 김경한 전 장관의 맏자형姊兄이다. 조 선생님은 사립학교 교사였다가 공립학교 교사로 자리를 옮겼는데, 공립학교의 첫 부임지가 아버지가 근무했던 울진농고였다. 농촌지도소에서 학교로 직장을 옮긴 아버지와 사립학교에서 공립학교로 자리를 옮긴 조 선생님은 각각의 첫 부임지였던 울진농고에서 만나 친하게 지냈다.

당시, 조 선생님의 아들들은 공부를 잘해 모두 경북고와 서울대를 다녔다. 고등학교 입시가 있었을 때, 대구의 경북고는 대구·경북의 수재들이 다니는 학교였다. 나는 고등학교 입시가 사라진 '뺑뺑이 첫해' 세대다.

형이 중학교 3학년이고, 내가 중학교 1학년 무렵의 일이다. 형은 나보다 세 살 위였지만, 내가 국민학교를 한 해 일찍 입학한 탓에 학년 차이는 두 학년이 났다.

훗날 아버지에게 직접 들은 이야기다. 조 선생님이 아버지에게 형과 나를 가리키며 "애들은 어디 고등학교를 보낼 생각인가?"라며 물었다. 이에, 아버지는 "그냥 울진농고 보낼 생각입니다."라고 답했다. 조 선생님은 "그렇게 하면 안 된다. 울진농고에 그냥 보내기에는 애들이 너무 아깝다."면서 아버지에게 우리 형제의 대구 유학을 강권했다. 참고로, 조 선생님의 막내아들은 조정목 전 대구지방국세청장이다. 나보다 네 살 적은 조 전 청장과 형제처럼 지낸다. 대代를 이어 친하게 지내고 있는 것이다.

조 선생님의 강권에도 아버지가 결정을 내리지 못하자, 오해석 울진농고 교장선생님도 나섰다. 오 교장선생님도 아버지에게 "애들이 이렇게 공부를 잘하는데, 애들의 미래를 생각해서 대구로 보내라."고 강하게 설득했다.

오 교장선생님은 아버지가 울진농고를 다닐 때 은사이기도 했다.

은사이자 자신이 근무하는 학교의 교장선생님이 강권하니, 아버지의 마음이 움직였던 것 같다. 마침내, 아버지는 형부터 대구로 보내기로 결정했다. 조 선생님과 오 교장선생님, 이 두 분의 도움 덕택에 형에 이어 나, 그리고 두 여동생이 차례차례 대구로 나와 공부할 수 있었다.

형은 고등학교 입시를 거쳐 대구고에 진학했다. 당시에는 대구와 울진의 교육 격차가 매우 컸기 때문에 최고 명문이었던 경북고는 피하고 대구고를 선택했던 것이다. 형이 대구고를 다니기 시작하면서 할머니도 대구에 함께 살며 형을 보살폈다.

이 책을 쓰면서, 대구에서 고등학교를 다녔을 때보다 중학교 때의 기억이 더 많이 떠오른다. 전학 갔을 때 받았던 문화적 충격과 친구가 없었던 외로움 등이 겹쳤기 때문이라는 생각을 한다.

내가 대구의 경상중학교로 전학 갔던 시점은 중학교 2학년 때였던 1973년 11월이다. 나는 전학 갔던 첫날의 모습을 잊지 못한다. 내가 경상중을 처음 갔던 날, 학교에 학생이 한 명도 없었다. 모두 수학여행을 간 것이다.

나는 경상중을 다니면서 문화적 충격을 많이 받았다. 학교 건물이 크고, 운동장도 넓었다. 울진중은 단층이었는데, 경상중은 2층 건물이었다. 2층 건물이었지만, 당시 촌놈이었던 나의 눈에는 학교 건물이 그렇게 커 보일 수 없었다. 건물 색色도 베이지색 계통이라 세련되다는 느낌을 주었다.

지금도 경상중은 야구 명문이지만, 당시에도 야구팀이 있었다. 유니폼과 모자를 쓰고 훈련하는 야구부의 모습은 처음 보는 광경이었다. 울진중학교 때는 형편이 되는 가정의 학생들만 체육 시간에 체육복을 입었는데, 경상중의 체육 시간에는 학생 모두가 체육복을 입는 것도 신기했다.

특히, 나에게 가장 충격적이었던 '신문물'은 샤프펜슬이었다. 볼펜과 연필만 썼던 나는 경상중에서 샤프펜슬을 처음 보았다. 『완전학습』이라는 전 과목별 참고서와 『기본영어』라는 표지가 빨간색이었던 영어 참고서도 문화적 충격이었다. 울진에는 그런 참고서가 하나도 없었다. 수업 시간에 궁금한 것을 묻는 학생들의 질문 수준도 매우 높았다. 모든 것이 새로웠고 신기했다.

전학 이후 첫 시험에 전교 121등 '충격'

나에게 더욱 충격적인 일이 발생했다. 전학을 온 직후 첫 시험으로 중간고사를 봤는데 전교 121등을 했다. 전학은 내가 인생을 살면서 처음 겪었던 큰일이라 기억이 뚜렷하다.

당시 경상중은 한 학년에 12반이 있었고, 한 반에 64명 정도의 학생이 공부했다. 대략 770명의 학생이 한 학년에 있었다. 울진에서 전교 1등을 놓치지 않았던 내가 전교 121등을 했던 데에도 이유는 있다. 선택과목과 진도의 차이였다. 울진중에서는 실업 과목으로 농업을 배웠는데, 경상중에서는 공업을 가르쳤다. 한 번도 배우지 않았던 공업 과목에 대해 시험을 치렀으니 좋은 성적이 나올 수가 없었다. 세계사도 시험을 못 봤다. 이 이야기도 코미디 비슷하다. 내 기억 속에 경상중은 1453년까지 존속했던 '동로마 시대'까지가 시험 범위였는데, 나는 울진중에서 네안데르탈인 등 인류의 기원을 배우다 왔다.

울진중은 국사를 1학기에, 세계사를 2학기에 각각 가르쳤는데, 국사의 진도가 밀려서 10월 말까지 국사를 배웠기 때문에 빚어진 일이었다. 내 입장에서는 배우지 못한 내용에 대해 시험을 치러야 했으니, 역시나 잘 볼 리가 없었다.

두 번째 시험이었던 2학년 2학기 기말고사를 앞두고는 열심히 공부했다. 시험도 잘 쳤다. 그런데, 막상 성적표를 받고 나니, 전교 등수가 조금 더 떨어졌다. 전교 130~140등을 했던 것 같다. 나는 당시 선생님의 채점 과정에 실수가 있었다고 지금도 확신한다. 가장 자신 있었던 한문이 60점 대가 나온 것이 내가 확신하는 이유 중의 하나이다. 그러나 전학을 온 지 얼마 안 되어 주눅이 심하게 들었던 나는 선생님에게 한 마디 질문이나 항의를 하지 못한 채 혼자 속앓이만 했다.

학년이 바뀌어서 3학년이 되었다. 당시 경상중은 성적이 우수한 학생들만 모아놓은 우반優班이 두 반 있었는데 5반과 6반이었다. 한 반에 64명씩 128명의 학생들이 우반에 배정되었다.

이 대목에서 당시 나로서는 아찔한 일이 생겼다. 2학년 2학기 중간고사와 기말고사의 성적을 합친 등수가 전교 128등이었다. 정확히 우반의 커트라인에 있었다. 그런데, 선생님이 반 배정을 하면서 나에게 "6반으로 가라."고 하셨다. 우반이었다. 그래서 3학년 6반으로 갔더니, 새 담임 선생님이 출석을 부르기 시작했고 내 이름은 도무지 나오지 않았다. 선생님이 호명하는 학생이 60명을 넘긴 것 같았는데, 내 이름은 나오지 않았다. 진땀이 나고, 초조해서 안절부절못했다. '전학 온 촌놈이 분수도 모르고 우반에 왔다가 바보처럼 쫓겨 나가 웃음거리 되는 것 아닌가' 하는 걱정이 나를 덮쳤다. 다행스럽게도, 내 이름이 맨 마지막에 불렸다. 지금 생각해도 손에 땀이 나는 아찔한 순간이었다. 나는 우반 최하위 성적으로 들어갔던 것이다.

지금 시점에서는 상상할 수 없는 일이 벌어지기도 했다. 공부를 잘하는 친구가 한 명 있었는데 이 친구가 3학년 주임 선생님께 무수히 뺨을 맞는 등 심한 체벌을 당했다. 내용을 들어 보니, 자기는 우반에 안정적으로 갈 수 있는 성적이었는데, 왜 우반으로 배정되지 않았는지 이유를 묻다가 선생님으로부터 매질을 당한 것이다. 당시 전근대적인 교육 환경에서는 집안 배경이 좋은 학생들을 배려하는 풍토가 만연했다. 선생님으로부터 뺨을 맞았던 학생 대신에, 우반에 갈 수 있는 성적은 되지 않았으나 아버지가 사회적 영향력이 있는 학생이 우반에 배정되었다.

교사들의 매질이나 체벌이 사라진 것만 해도 우리 사회가 많이 발전되었다는 생각이 들 정도로, 당시에는 그런 말도 안 되는 일이 잦았다. 사춘기 소년이 받았을 심적 고통을 생각하면 지금도 마음이 아프다.

나는 그 이야기를 듣고 128등으로 우반 꼴등이었고 집에 '빽'도 없는 데다 전학 온 지 얼마 안 되어서 아무런 항의도 할 수도 없었던 나 대신에, 왜 성적이 상당히 우수했던 그 친구를 콕 집어서 우반에서 뺐을까 하는 의문을 품기도 했다. 하지만 아무도 그 친구가 우반에 가지 못한 이유를 알지 못했다.

이 사건과 관련해 이어지는 이야기가 있다. 공부를 잘했던 그 친구는 의대에 진학해 의사가 되었고 내가 판사가 된 이후에도 연락을 하고 지냈다. 내가 상주지원장을 하고 있을 때, 마침 그 친구도 상주에서 개인병원을 하고 있었다. 2001년 무렵으로, 1975년 중학교를 졸업한 이후 26년쯤 지났을 때다.

당시, 경상중 근무 경력이 있는 퇴임 교사들은 모임을 만들어서 밥자리를 갖기도 하고 여행을 다니기도 했다. 은사 중 한 분이 나에게 경상중 퇴임 교사들이 상주로 여행을 갈 계획이라고 알려왔다. 나는 식사를 한번 모실 생각을 하고, 의사가 된 그 친구에게 동석할 의향이 있는지를 물었다. 그 친구는 흔쾌히 참석하겠다고 밝혔지만 다음날 나에게 전화를 걸어왔다. 아무 설명 없이 대뜸 한 교사의 이름을 대더니, 그 교사도 오느냐고 물었다. 참석자 명단을 확인하고 그 교사도 참석한다고 전했더니, 친구가 "나는 가지 않겠다."고 말을 바꾸었다.

나는 친구가 그 교사의 이름을 대는 순간, 참석하지 않을 것이라는 사실을 직감했다. 그 교사는 친구를 때렸던 교사였다. 타임머신을 탄 것처럼 중학교 때로 돌아가 그 친구가 무수히 뺨을 맞던 장면이 떠올랐다. 더 이상의 대화는 오가지 않았다. 나는 아무 말도 하지 못한 채 "바쁜 일이 있으면 오지 않아도 괜찮다."고 얼버무렸다. 그 친구는 우반 배정과 관련해 교사로부터 체벌 당했던 가슴 아픈 기억을 30년 가까이 떨치지 못했던 것이다.

한자와 대중가요가 나의 친구

울진 촌놈의 대도시 대구 생활은 처음에는 서글펐다. 무엇보다 친구가 없었다. 나를 괴롭히는 친구도 없었지만, 마음을 터놓고 이야기하고 같이 놀 수 있는 친구도 없었다.

지금은 책 제목이 생각나지 않지만, 당시 나는 표지가 빨간 한자漢字 책을 한 권 가지고 있었다. 한자를 부수部首 위주로 설명한 책으로, 상형문자인 한자가 어떤 원리로 구성되고 변형되었는지를 재미있게 설명한 책이었다. 친구가 없던 나는 그 책을 친구 삼아 달달 외웠다. 지금도 나는 한문에 능통하다는 이야기를 듣는다. 외로웠던 중학생 시절 그 바탕이 형성된 것이다.

중학교 3학년 때 5천 자 이상의 한자를 알았던 것 같다. 중·고등학생용 작은 옥편에는 모르는 한자가 없었다. 내가 고등학교에 다녔을 당시에는 국·한문을 혼용해 수업 시간에 한자 비중이 높았는데, 선생님들이 모르거나 헷갈리는 한자가 있을 경우 나에게 물을 정도였다.

또 하나의 벗은 대중가요였다. 나는 대중가요도 책으로 익혔다. 나는 당시 유행하던 대중가요 책을 한 권 사서 모든 가사를 외웠다. 노래를 잘 부르는 편은 아니다. 그러나 지금도 흘러간 대중가요는 3절까지 가사 전부를 암기하는 노래들이 많다. 대중가요를 책으로 익혔으니, 가수는 물론이고 작사가, 작곡가의 이름도 달달 외우고 다녔다. 한자 책과 대중가요 책은 외로운 중학생이던 나에게 유이有二한 친구였다. 전학을 온 이후에 대구역 앞에서 울진중학교 때 담임 선생님을 우연히 만난 적이 있다. 선생님과 대화를 나누는데 그렇게 눈물이 난 기억이 있다.

중학교 3학년에 올라가서 첫 시험인 1학기 중간고사를 앞두고 있을 때였다. 선택 과목과 진도의 차이 없이 똑같은 조건에서 배웠다는 자신감이 넘쳤다. 낯설었던 공업 과목도 자신이 있었다. 결과는 전교 1등이었다. 나는 동기생들에게 신화적인 인물이 되었다.

나는 대구·경북에서 고등학교 입시가 없어진 '뺑뺑이 첫해' 세대이다. 그런데도 고교 입시가 사라지지 않을 것이라는 근거 없는 루머가 계속되었다. 그래서 경북고에 진학하기 위해 더욱 열심히 공부했다. 내가 전교 1등을 차지할 수 있었던 이유 중 하나였다. 고교 입시가 그대로 있었다면, 내가 경북고에 합격했을 것을 의심할 사람은 없었다. 그러나 대구·경북에서 고교 입시는 내 학년 때부터 사라졌고 나는 강제 배정, 이른바 '뺑뺑이'로 능인고등학교에 진학했다.

할아버지의 손자 사랑이 낳은 '졸업식 사진'

경상중 졸업식 스토리도 나에게는 잊지 못할 일화다. 당시, 방학이 되면 울진의 집에서 지내면서 농사나 과수원 일을 도왔다. 중학교 3학년 겨울 방학 때도 울진의 집에 있었다.

지금처럼 휴대전화가 있는 때도 아니고, 당시 통신 수단은 열악했다. 졸업식 예행연습하는 날로 알고 학교를 갔는데, 그날이 졸업식 날이었다. 당시에도 나는 꼼꼼하게 전달 사항을 메모했는데, 그런 상황에서도 내가 착오를 했는지, 선생님이 겨울 방학 전에 실수로 고지했는지, 그 이유는 전혀 모르겠다. 여하튼, 나는 얼떨결에 중학교 졸업식을 치르게 되었고, 당연히 부모님과 우리 남매, 할머니도 오지 못했다.

다행스러운 것은 겨울철 농한기라 대구의 우리 단칸방에서 함께 머물던 할아버지가 내가 보고 싶어서 경상중을 찾았다가 뜻하지 않게 졸업식에 참석할 수 있었다. 그래서 나의 중학교 졸업 사진은 할아버지와 함께 찍은 사진밖에 없다. 그것도 둘만의 사진이 아니라, 나와 내 친구들이 서 있는 사진에 할아버지가 어색하게 끼어 있는 모습의 사진이다. 할아버지의 손자 사랑이 낳은 이야기다.

능인고 진학

능인고로 배정을 받았을 때 '능인고로 가서 어떡하노'라며 걱정을 해주는 사람들이 많았다. 중학교 2학년 늦가을에 대구로 전학 왔던 나는 능인고의 이름도 처음 들었고, 어디에 있는지도 몰랐다.

지금은 능인고가 대구의 명문고등학교로 자리 잡았지만, 내가 능인고에 입학했던 1975년은 그렇지 않았다. 고교 입시가 있었던 시절에 능인고는 대구 지역 최하위권 고등학교였다. 나는 나의 모교 능인고를 사랑한다. 이 글은 능인고를 폄하하는 것이 아니라 내가 입학하고 다녔던 시점의 능인고에 대해 설명하는 것이다.

당시 능인고 졸업생 중에 명문 대학에 합격한 경우는 거의 없었고, 4년제 대학에 입학하는 졸업생도 드물었다. 특히, 1968년부터 1980년까지 예비고사라는 제도가 있었다. 국가가 주관하는 대학 입시 1차 시험으로, 예비고사에 합격하면 대학별 본고사에 응시할 자격이 주어졌다. 예비

능인고등학교 문예반 후배인 주낙영 경주시장과 함께 (왼쪽)

고사 도입 이전에 각 대학이 자체적으로 입시를 주관하다 보니 부정 입학과 정원 초과 문제가 발생했다. 그 해법으로 등장한 것이 예비고사 제도였다.

내가 입학할 당시의 능인고는 대학 합격이 아니라 대학별 본고사에 응시할 기회가 주어지는 예비고사에 합격하는 것만으로도 대단한 일로 반겼던 학교였다. 성적이 좋은 학생이 거의 없었기 때문에 당시 능인고 선생님들도 대학 입시를 제대로 지도한 경험이 부족했다. 수업을 듣다 보면, 한숨이 나오는 경우가 많았다.

당시 능인고는 우리 1학년을 맞이하면서 기대에 부풀어 있었다. 고교 입시 폐지를 통해 학교의 부흥復興을 꿈꾸고 있었던 것이다. 그래서, 능인중·고에서 가장 뛰어난 선생님들만 모아서 우리 1학년에 배치했다. 그럼에도 상위권 수준 학생들의 눈높이를 만족시키지 못했다. 나로서는 부모님 품을 떠나 대구로 유학까지 왔는데, 학교에 가면 서글픔이 몰려왔다.

자퇴 결심, 선생님 눈물에 충격

능인고에 입학했던 1975년에 대구·경북의 고교 입시가 폐지되었기 때문에 대구 지역의 중학교에서 전교 1등을 하던 학생 5~6명이 능인고에 진학했다. 전교 2~3등을 하던 학생들까지 합치면, 대략 20명 정도의 우수한 학생들이 능인고에 들어왔다. 고교 입시가 사라지지 않았다면, 경북고에 진학했을 학생들이 능인고 배정을 받은 것이다.

그러나 이는 능인고만의 문제가 아니었다. 당시 대구 지역 고등학교 1학년생들에게는 '자퇴 붐'이 일었다. 능인고 외에도 자신의 수준에 못 미치는 고등학교에 진학한 학생들이 자퇴하고, 검정고시를 통해 대학에 진학하는 길을 선택한 것이다.

'자퇴 러시'에는 당시 대구에 있던 대영학원이 영향을 미쳤다. 대영학원은 대구의 유명한 대학 입시 학원이었는데, 자퇴한 뒤 대영학원에서 공부하면 좋은 대학에 갈 수 있다는 이야기가 퍼졌다.

능인고 동기들도 '자퇴 붐'의 태풍권에 들어갔다. 1학년 1학기가 끝날 무렵, 공부를 잘하던 동기생 20여 명이 나를 찾아왔다. 이 학생들의 능인고에 대한 불만은 하늘을 찔렀다. 수업 내용은 만족스럽지 못했고, 선생님들의 수준에도 깊은 회의가 퍼져 있었다. 각 과목 선생님들이 서울대 본고사의 전공 과목 시험을 치를 경우 높은 점수를 받지 못할 것이라는 비아냥이 떠돌았다.

이 학생들은 나에게 "이렇게 3년 능인고를 다니면 원하는 대학에 못 간다. 우리 모두 자퇴하고 대영학원에서 공부하자. 호영아, 우리가 자퇴하는 데에 네가 대표로 나서 주라."고 요청했다. 친구들이 나를 많이 따른 데다가 성적도 최상위권이어서 이른바 '총대'를 메달라는 주문이었다.

나는 며칠을 고민했다. 결론은 자퇴였다. 그래서 내가 대표로 나서서 나와 동기생 20여 명의 자퇴 의사를 학교 측에 전했다. 학교가 발칵 뒤집어졌다. 담임 선생님과 1학년 주임 선생님이 나를 찾아왔다. 주임 선생님은 자퇴를 만류하다가 끝내 눈물을 보였다. 주임 선생님은 '똑똑한 너희들이 입학해서 학교가 지금 발전할 것이라는 기대 속에 있는데, 스무 명이나 되는 우수한 학생들이 집단으로 자퇴했다는 사실이 알려지면 학교는 망할 것'이라고 읍소했다.

고등학교 1학년 때 선생님의 눈물을 직접 본 것은 나에게 쇼크였다. 그 당시 엄했던 교권을 감안하면 상상할 수 없는 일이 내 눈앞에서 벌어진 것이다. 나는 충격 속에 어떠한 결정도 내리지 못했다. 그런 상태로 어정쩡하게 시간이 하루이틀 지나면서 그냥 학교에 남게 되었다. 친구들도 마찬가지였다.

나는 지금도 능인고에 대해 강한 애교심을 갖고 있다. 능인고를 졸업한 것도 운명이며, 졸업 이후 사회에 나온 뒤에도 좋은 선후배들을 많이 만났다. 그러나 내가 '뺑뺑이 첫 해'에 들어갔던 능인고 수준은 지금과 많이 달랐다. 우수했던 동기생들의 일부는 대입에 실패했거나 자신의 실력보다 한참 떨어지는 수준의 대학에 들어갔다. '아, 그때 이 친구들이 자퇴를 했더라면 더 좋은 결과가 나왔을까' 하는 해답 없는 물음을 가질 때도 있었다.

전교 2~3등은 놓치지 않았으나 — 서울대 사회계열 '불합격'

내가 고등학교를 다닐 때에는 선생님들이 과외하는 것이 불법이 아니었다. 그리고 입시학원에서 단과반을 수강해 공부하는 학생들도 많았다. 나는 학교 수업과 자습 위주로 공부했다. 과외를 받을 형편이 되지 못했기 때문이다. 학원 수업도 제대로 받지 못했다. 화학 한 과목만 짧게 대입학원에서 수강한 적이 있다.

능인고 분위기는 크게 개선되지 않았다. 어떤 과목 선생님은 자신에게 과외받는 학생들에게만 시험 문제를 알려줬다는 흉흉한 소문이 돌기도 했다. 나는 경북고에 다니는 학생들이 부러웠다. '뺑뺑이'로 전환되기는 했지만, 당시 경북고에는 대구·경북에서 가장 잘 가르치는 선생님들만 모여 있다는 이야기가 있었다. 학교 수업에만 의지해야 했던 나로서는 그렇게 잘 가르치는 선생님들에게 한 번 배워 봤으면 하는 소망 같은 것이 컸다. 능인고 3년 동안 나는 전교 1등을 한 번도 하지 못했다. 그래도 전교 2~3등은 놓치지 않았다. 공부도 잘하는 데다가 과외까지 받는 학생은 따라잡기 힘들었다.

내가 대학 입시를 치른 1970년대 후반에는 서울대가 계열 별로 신입생을 선발했다. 인문계에서는 법학과와 경제학과, 경영학과, 정치·외교학과 등이 포함된 사회계열의 커트라인 점수가 가장 높았다. 사회계열로 입학한 뒤 과科를 정하는 시스템이었다. 드디어 대학 입시가 찾아왔고 서울대 사회계열에 원서를 냈다. 확신까지는 아니지만, 합격할 자신이 있었다. 그러나 결과는 불합격이었다. 나를 제외한 상위권 몇 명이 서울대 사회계열에 합격했다.

서울대 불합격의 결정적인 이유는 긴장이었다. 일단, 나는 수학 시험을 잘 치르지 못했다. 내가 가장 자신 있던 한문 문제도 틀렸다. '신체발부身體髮膚'에서 '부'자를 한자로 쓰라는 주관식 문제가 나왔다. 여기에서 부膚는 우리가 '피부皮膚'라고 말할 때 쓰는 그 '부'자다. 나는 '부'자를 쓰면서도 어딘가 어색하고 마치 그림을 그리고 있다는 느낌을 받았다. 틀렸다는 것을 알았지만 가운데 '밭 전' 자를 빠뜨렸다는 것을 끝내 찾아내지 못했다.

변명으로 들릴 수도 있겠지만, 지금 생각해 보면 아쉬운 대목도 많다. 나는 서울에 온 것이 처음이었다. 서울역에 내렸을 때 그즈음에는 신축 건물이었던 대우빌딩을 보고 신기해 했던 기억이 난다. 환경 적응을 위해 하루이틀 정도 일찍 상경해 깨끗한 숙소를 잡고 조용히 마무리 정리를 했다면 도움이 되었을 텐데, 나는 시험 전날 오후에 서울에 도착해 북아현동에 있는 친척 집에서 잠을 잤다. 여기에 더해, 입시 당일 아침에는 서울 지리를 전혀 모르는 상황에서 미리 번호를 외워둔 시내버스를 타고 서울대 관악캠퍼스의 시험장에 갔다. 길을 잃으면 안 된다는 긴장 속에 시험장 가는 도중에 진이 빠졌던 것도 사실이다. 택시라도 탔으면 하는 뒤늦은 후회를 하기도 했다.

시험장 내의 내 자리도 문제였다. 난방을 위해 설치한 온수 보일러 옆에 자리가 배정되어 점퍼를 벗어도 시험을 치르면서 계속 땀이 났다. 보일러의 수증기가 '칙칙' 소리를 내며 내 쪽으로 몰려왔다.

서울대에 불합격한 것이 내 인생에 영향을 미쳤던 것도 부인할 수 없는 사실이다. 그러나 나는 친한 동기생들이나 지인들이 "호영아, 니가 왜 서울대 시험에 떨어졌노?"라고 물을 때마다 "답안지에 이름을 쓰지 않는 실수를 했다."라는 농담을 모범 답안처럼 반복해 내놓았다. 내 나름대로는 '이미 지나간 일인데 마음에 계속 담아둬 봤자 뭐하겠느냐'라는 교훈을 체득한 결과였다.

4절 영남대 진학과 사법시험 합격, 그리고 연애와 결혼

영남대 법정계열 입학
― '비겁한 선택하지 말자'는 생각에 법학과 진학

앞에서 설명했듯이, 나는 대학 입시에 대한 나만의 확고한 신념이 있었다. 대입 기회는 누구에게나 한 번만 부여되는 것이 공정하지 두 번, 세 번 시험을 치르는 것은 불공정하다는 것이었다. 19세의 청소년이던 내가 왜 그런 '개똥철학'을 갖게 되었는지 지금도 그 이유를 모르겠다. 당시, 대학을 다니던 형과 여동생도 두 명 있었기 때문에 가정 형편상 재수는 크게 고려하지 않았다. 아버지도 재수를 하지 않았으면 하는 눈치였다.

내가 영남대를 진학하는 데에도 '인연'이 작용했다. 능인고의 이술 선생님이 고등학교 2~3학년 때 연속으로 나의 담임을 맡았다. 이 선생님의 고모부가 당시 영남대 행정학과 교수였다. 영남대 교무처장도 함께 맡고 있었다. 이 선생님은 나에게 영남대 행정학과로 진학할 것을 권했다. 이 선생님은 행정고시에 도전하거나 고모부를 통해 미국 유학을 가서 교수가 되는 데에 도움을 줄 수 있다고 제안했다.

고등학교 내신과 대학 입시 성적은 뛰어났다. 영남대 입장에서도 우수한 학생을 입학시키는 것이 학교 발전에 도움이 된다고 판단해 이 선생님을 통해 그런 제안을 했던 것 같다.

당시 영남대 행정학과는 행정고시 합격의 산실이었다. 영남대 행정학과 76학번에서는 행시 합격자가 스무 명이 넘게 배출되었다. 그리고, 1973년 행시에 최연소로 합격한 남효채 선배는 영남대 행정학과의 전설처럼 회자되었다. 남 선배는 상주시장과 구미시장을 거쳐 경북 행정부지사까지 지냈다.

나는 영남대 행정학과에 진학하기로 마음을 정하고 원서를 냈다. 이 대목에서 또 웃지 못할 일화가 있다. 당시 영남대는 법정계열로 신입생을 선발했는데, 영남대가 입학원서는 전년前年도 원서를 그대로 썼던 것 같다. 나는 분명히 '행정학과'라고 인쇄되어 있는 칸을 선택하고 써 내었는데, 법정계열로 뽑아서 2학년 때 과를 선택하게 되었던 것이다.

1980년대까지 대학 입시 결과를 발표할 때 각 대학들의 수석 합격자가 공개되었다. 나는 영남대 전체 입학생 중에는 차석, 법정계열에서는 수석으로 입학했다.

영남대의 상징은 하늘을 나는 말, '천마天馬'다. 경주 천마총에서 발견된 신라 시대 고분에서 천마 그림이 나왔다는 데에서 유래된 것이다. 나는 영남대의 장학생인 '천마 장학생'으로 입학했다. 참고로, 나는 영남대에서 학사, 법학 석사, 법학 박사 학위를 모두 취득했다.

행정학과 진학을 결심했기 때문에 1학년 때 행정학 개론 수업을 들었다. 담당 교수였던 장태옥 교수는 대학 신입생이던 나에게 '스타 교수'처럼 느껴졌다. 장 교수는 영남대를 졸업한 뒤 미국 주립대학 중에서도 유명한 텍사스A&M대학교에서 박사 학위를 취득했고, 한국의 유력 월간지에 장 교수의 선거 분석 관련 글이 실리기도 했다.

중간고사 시험을 치른 뒤 어느 날, 장 교수가 수업 시간에 답안지를 한 장 든 채로 "내가 교수를 하면서 이렇게 훌륭한 답안지는 처음 보았다."라고 감탄했다. 속으로 '내가 수석으로 들어왔는데, 나보다 더 똑똑한 학생이 있는가 보다'라고 생각했다.

장 교수가 그 답안지를 쓴 학생의 이름을 불렀는데 바로 나였다. 깜짝 놀랄 수밖에 없었다. 이후, 장 교수는 나를 따로 불렀다. 당시의 대학 분위기를 고려할 때 매우 이례적인 일이었다. 장 교수는 나에게 "행정학과로 오라."고 권했다. 나는 "예"라고 답했다.

장 교수가 "영남대 행정학과에서는 행정고시 합격생들이 많이 배출되는데, 법학과에서 공부해도 사법시험은 잘 안된다."고 말하면서 행정학과와 법학과를 비교했던 것도 기억에 남는다.

1학년을 거의 마칠 무렵, 학과를 정해서 학교에 원서를 내는 시기가 왔다. 금요일이었다. 나는 대구 삼덕동의 친구 집에 모여 서클 친구들과 거의 밤새도록 술을 마셨다. 누구의 집이었는지 기억이 날 정도다. '이복우'라는 친구의 집이었다.

당시는 토요일에도 낮 1시까지는 학교와 관공서, 기업들이 일했기 때문에 나는 내일토요일 오전에 학교로 가서 행정학과 원서를 낼 계획이었다. 원서도 이미 다 써놓은 상태였다. 제출만 하면 끝이었다. 그런데, 일어나 보니 1시가 훌쩍 넘어버린 시간이었다. 나는 대구의 단칸방으로 돌아가 주말 내내 고민했다. 원서 제출 마감까지는 시간적 여유가 있었다.

나는 '법조인이 되면 좋겠다'는 막연한 생각만 했을 뿐, 사법시험에 도전하겠다는 결심은 하지 않은 상태였다. 나는 행정고시를 준비한다면 합격할 자신이 있었다. 그런데 '힘들다는 사법시험을 피해 상대적으로 쉬운 행정고시를 택하는 것은 아닌가' 하는 생각이 슬금슬금 들기 시작했다. 생각은 꼬리에 꼬리를 물고 번졌고 '내가 비겁한 선택을 하는 것 아니냐'는 단계에까지 이르렀다.

마지막에는 '사법시험이 그렇게 힘들다면, 정면 도전해 보자. 비겁한 결정은 하지 말자'는 생각이 머리를 지배했다. 나는 다 써놓았던 행정학과 지원 원서를 찢었다. 그리고, 월요일 아침에 학교로 가서 법학과 지원 원서를 제출했다. 이 사실을 알게 된 장 교수는 매우 섭섭해했다. 하지만 나는 법학과에 진학했다.

소외감 좌절감을 달래줬던 대학 서클 — 결혼으로 이어지다

서클 활동을 빼고, 나의 대학 생활을 설명할 수 없다. 나는 대학교 3학년 때부터 사법시험을 본격적으로 준비했다. 대학교 1~2학년 때는 서클 생활이 모든 것이라고 해도 과언이 아니었다. 내가 속한 서클은 연합 서클이었다. 이름은 'SHCSocial Herald Club'로, 한글로는 '사회선구자회'로 불렸다. 지금 돌이켜 생각하면 대구 지역의 우수한 학생들만 모아놓은 배타적인 성격도 띠고 있었다.

나는 SHC 14기다. 정식 기수가 생기기 전에 특별 기수가 2기 있었다고 한다. 내가 78학번이니까 63~64학번 때 SHC가 생겼고, 65학번부터 정식 기수가 시작된 셈이다.

결혼식 당시, 군인이어서 머리가 짧았다

결혼식, 조희대 대법원장(뒷줄 맨 왼쪽)과 김수남 검찰총장(앞줄 맨 오른쪽)

SHC의 시작과 운영은 대구백화점 앞에 있었던 유명한 외국어 학원인 'ECAEnglish Conversation Academy'와 떼놓을 수 없다. ECA를 운영하던 최대일 원장이 대구 지역의 우수한 대학생들이 외국어에 능통해야 하는데, 돈이 없어서 외국어를 배우지 못하는 현실을 안타까워하면서 대학생들을 위해 무료 수강권을 주었다. 하지만, 무료 수강권을 무한정으로 배포할 수는 없어서 대구 시내의 5개 대학, 즉 경북대, 영남대, 계명대, 대구대, 효성여대현 대구가톨릭대에 우수한 성적으로 합격한 20명을 매해 선발해 무료 수강권을 주었다. 대학이 5개교라 각 대학 4명이 한 기수로 선발되었다. 이것이 SHC의 모태가 되었다.

앞에서 설명했듯이, 당시에는 각 대학의 수석·차석 합격자들이 공개되었기 때문에 나도 영남대에 입학했을 때, SHC에서 활동했던 영남대 선배로부터 가입하라는 연락을 받았다.

SHC에서는 어학 공부도 했지만, 2주에 한 번씩 토요일에 학술 발표회 같은 것을 열거나 봉사 활동을 다니기도 했다. 다양한 활동이 있었지만, 대학 서클의 특성상, 친목親睦이 가장 중요했다. 특별한 이유 없이 서클에 놀러 갔다가 선배들이 '술 한잔하자'고 해 술을 마신 적도 부지기수였다. 78일을 하루도 빠지지 않고 서클에서 술을 마신 기록도 있었다.

지금 생각해 보면, 연합 서클이었던 SHC는 우리의 소외감과 좌절감을 풀어주던 모임이었다. 그럼에도 서울대에 합격해 방학 때 대구에 내려온 친구들을 보면 기가 죽고 풀이 죽곤 했다. SHC 회원들에게는 동질감이 있었다. SHC 회원 모두 서울대를 포함해 서울의 명문 대학에 진학할 수 있는 실력을 갖추었지만, 대구 지역 대학에 재학 중인 학생들이었다. 다들 대구 5개 대학에 수석 차석으로 합격한 학생들이었다. 함께 만나고 어울리다 보면, 어쩔 수 없이 생겼던 소외감과 좌절감이 해소되는 느낌을 가졌다.

SHC는 대학 2학년이 회장과 부회장을 맡았는데 나는 2학년 때 SHC의 회장으로 선출되었다. 부회장이 지금의 아내다. 아내도 효성여대 인문계열을 수석으로 합격했다.

SHC에서 활동했을 때나 내가 사법시험을 준비할 때는 연애를 하지 않았다. 당시, 사회적 분위기에서는 같은 학년이라고 해도 남녀 대학생이 말을 쉽게 놓지 않았다. 대구는 더 그랬던 것 같다. SHC 회장과 부회장으로 활동할 때, 나와 아내는 서로에게 존댓말을 썼다. 우리가 본격적인 연애를 시작한 것은 내가 사법시험에 합격한 뒤였다. 어쨌든, SHC를 통해 결혼까지 한 것이다.

선발 과정부터 똑똑한 학생들을 엄선했기 때문에, 대학을 졸업한 뒤 사회적으로 성공한 SHC 회원들이 많았다.

장관은 2명이 배출되었다. 이명박 정부에서 특임장관을 지낸 나와, 박근혜 정부에서 농림축산식품부 장관을 지낸 김재수 전 장관경북대 경제학과 졸업이 SHC 출신이다. 이명박 정부 청와대 인사기획관을 지냈던 김명식 전 기획관영남대 경영학과 졸업도 SHC 선배다. 영남대 법학과 선배로 부장판사를 지냈던 최종한 변호사도 SHC 출신이다. 최 변호사는 나의 사법시험 합격의 최고 은인이다. 최 변호사와 나를 포함해 판사도 4명 이상 배출되었다.

재계 인사도 있다. 김순택 전 삼성그룹 부회장도 SHC 선배다. 김 전 부회장은 경북대 경제학과를 졸업했다. SHC 회원들 중에서 대학 교수가 된 사람들은 많았다. 대학교 총장도 2명이 배출되었다.

김재수 전 장관, 김명식 전 기획관, 최종한 변호사, 김순택 전 부회장은 모두 경북고를 졸업했다. 고교 입시가 있던 시절에 경북고를 졸업했다는 것은 대구·경북 지역의 수재였음을 의미했다. 나는 SHC라는 서클 덕분에 영남대를 잘 다닐 수 있었고, 사법시험에 합격했다. SHC도 고마운 모임이었다.

대구의 단칸방 시절 — 연탄가스와 판자촌의 공동화장실

영남대 법학과 2학년을 마칠 무렵에 사법시험에 본격적으로 도전하겠다는 뜻을 품었고 영남대 고시반에 들어갔다. 당시 영남대는 고시를 준비하는 재학생들을 위한 지원을 아끼지 않았다. 그 감사함은 지금도 잊지 않고 있다.

영남대는 안동댐 수몰 지구에 있던 한옥 건물 형태를 영남대에 옮겨 고시반 기숙사로 제공했다. 2인 1실이었는데, 방 10개 정도에 대략 20명의 고시생들이 기숙사로 이용했다.

고시반 기숙사는 나에게 다른 의미가 있다. 고시반 기숙사로 거처를 옮기면서 중학교 2학년 때부터 6년 동안 계속했던 대구 단칸방 생활에서 벗어난 것이다. 할머니와 여동생들은 계속 단칸방 생활을 이어갔다. 나는 고시반 기숙사에서 주중을 보내고, 주말에 할머니와 여동생들을 보기 위해 단칸방을 찾았다.

아버지의 교사 월급으로, 자녀들을 대구에서 공부시키는 것은 쉽지 않은 일이었다. 그래서 단칸방을 벗어날 수 없었다. 내가 중·고등학교와 대학교 1~2학년 때에 할머니, 형, 여동생들과 함께 대구의 단칸방에서 지냈던 시절을 생각하면 아련하기도 하고 어떻게 그렇게 살았나 안쓰러운 생각도 든다.

아찔한 순간도 있다. 할머니는 울진에서 평생 나무만 떼다가 연탄을 처음 접했다. 한 번은 연탄가스를 마셔 할머니와 우리 형제가 죽을 뻔한 적도 있다.

시신이 부패하는 냄새를 맡기도 했다. 주인집 할머니가 한여름에 돌아가셨는데, 주인집이 우리 집과 연결된 문 쪽에 할머니 관을 놓았다. 대구 땡볕 더위에 시신이 하루 만에 부패하기 시작한 것 같다. 나는 언론기사와 문학 작품 등에서 시취屍臭라는 표현을 볼 때마다 그때 맡았던 냄

영남대고시반 졸업기념

새가 떠오른다.

이사도 많이 다녔다. 대명동 안에서만 네 번 옮겨 다녔고, 대봉동과 남산동, 봉덕동에 살기도 했다. 여동생이 남산여고현 남산고등학교를 다녔을 때, 우리는 대봉동 방천시장 인근에 살았다. 6·25전쟁 때 판자촌이 있던 지역으로, 지금은 가수 김광석씨를 기리는 '김광석다시그리기길'로 화려하게 변신했다. '상전벽해桑田碧海'라는 표현은 이 지역을 두고 쓴 말이라는 생각이 들 정도다.

방천시장 인근의 단칸방은 남산여고 건너편에 있었다. 판자촌이 있던 곳이라 대부분의 집에 화장실이 없어서 공중화장실을 써야만 했다. 아침 등교 시간에는 주민들이 줄을 서기도 했다. 나는 너무 급해서 강둑으로 뛰어 내려가 용변을 본 적도 두어 번 있다.

지금도 김광석 거리를 걸을 때, 방천시장 인근의 공중화장실이 떠오를 때가 있다. 신천대로가 건설되면서 내가 살았던 동네는 모두 헐렸다. 돌이켜 보면 웃지 못할 일화들도 적지 않다. 전학을 위해 대구에 도착한 날이었다. 부모님께서 주신 쌀 두 가마니를 대명동 안지랭이 안지랑골에 얻은 단칸방으로 옮겨야 했다. 내 연배의 사람들은 수레와 비슷한 운반 수단인 '구루마'를 기억할 것이다.

대구역에 도착한 할아버지와 나는 택시를 타면 요금이 많이 나올 것 같아 구루마에 쌀을 싣고 안지랭이에 있던 단칸방까지 걸어갔다. 한참이 지난 뒤에야 구루마 비용이나 택시 요금이나 별 차이가 없었다는 사실을 깨달았다. 지금 지도를 검색해 보니 대구역에서 안지랭이까지의 거리는 7.9킬로미터였다.

경제학과 독일어를 사전에 준비
— 3학년 첫 도전 때 1차 합격했으나 연이은 2차 불합격

영남대 고시반에는 2학년이 끝날 무렵 들어갔고, 본격적인 사법시험 공부는 3학년 때인 1980년에 시작했다. 대학교 1~2학년 때에는 SHC 서클 생활만 했지만, 사법시험의 밑바탕을 깔았던 것도 있다. 그것은 경제학 공부와 독일어 공부였다.

당시, 사법시험 수험생들에게 가장 난관은 경제학과 외국어 과목이었다. 사전 준비 없이 사법시험에 도전할 때 경제학과 외국어 때문에 1차 시험에 탈락하는 경우가 많았다.

서클 생활을 하면서도 1~2학년 때에 경제학 수업을 11개 과목이나 들었다. 경제학은 나의 부전공이다. 거시경제, 미시경제, 화폐금융론, 경제학설사 등의 수업을 모두 들었다. 집중적인 경제학 공부는 사법시험 합격에만 도움을 준 것이 아니었다. 국회의원을 하면서 상임위로 기획재정위원회에서 활동했을 때나 우리 경제 현상을 이해할 때 대학 시절의 경제학 공부가 크게 도움이 되었다.

외국어도 변수였다. 사법시험의 영어 과목에서 고득점을 받기가 쉽지 않았다. 그래서 고등학교 때 선택했던 독일어로 사법시험을 치르기로 결심했고 대학 1~2학년 때 독일어 공부를 열심히 했다. 다만 사법시험에 합격한 뒤에, 영어로 시험을 치렀어도 괜찮았을 텐데 괜히 독일어를 선택해 에너지를 낭비했다는 후회를 잠깐 하기도 했다. 어찌 되었든 대학 1~2학년 때 경제학과 독일어를 탄탄하게 공부했던 것은 사법시험 합격에 원동력이 되었다. 사법시험 공부 시간도 단축할 수 있었다.

본격적으로 사법시험 공부를 시작했던 1980년에 1차 시험에 합격했다. 첫 도전에서 1차 시험을 통과한 것이다. 법학 과목이 내 적성에 맞았고, 공부에 집중한 결과였다. 그러나 2차 시험의 준비 시간이 절대적으로 부족했다. 사법시험 2차 과목이었던 민법과 행정법은 공부를 마치지 못한 상태였다.

사법시험 1차 합격자에 대해서는 다음 해의 1차 시험이 면제되기 때문에 나는 1981년에도 2차 시험에 응시할 자격이 있었다. 그래서 1980년에는 연습 삼아 치른다는 가벼운 마음으로 2차 시험에 응했다. 결과는 예상대로 낙방이었다. 4학년으로 올라간 1981년에는 사법시험 2차 시험에 매진했다. 한성대에서 2차 시험을 치렀는데 이번에도 불합격이었다.

사법시험이 워낙 어려운 시험이라는 인식 탓에 낙방의 충격은 전혀 없었다. 오히려 최종 점수를 받아 보고 '조금만 더 하면 합격할 수 있겠다'는 자신감을 얻었다. 어떻게 보면, 이런 긍정의 힘이 나의 사법시험 합격에 큰 힘이 되었던 것 같다.

1982년 2월 영남대 법학과를 졸업하고, 곧바로 영남대 대학원 법학과 석사 과정에 입학했다. 대학을 졸업해 학생 신분에서 벗어나면 군대에 가야 했기 때문이다. 대학원에 진학했던 것은 군대 문제에서 잠시 벗어나 사법시험 준비에 집중하겠다는 의도였다.

나는 불교 신자이지만, 사법시험을 준비할 때 절에서 공부한 적은 없다. 학기 중에는 영남대 고시반에서 공부했고, 방학 중에는 팔공산 아래에 있는 고시촌에서 공부했다. 대구 동구 도학동의 동화사 밑에 있던 지역이었다. 말 그대로 절 아래에 있는 마을, 사하촌寺下村이었다. 이 고시촌은 1950년대에 형성되었다. 마을 전체 집들이 고시생들을 위한 고시원 같은 것을 운영했다. 한 집에 20명 정도의 고시생이 기거했다.

학원 같은 교육 시스템은 아니었다. 독방에서 고시생이 낮에는 공부하고 밤에는 잠을 잤다. 고시촌 집들은 식사를 제공했고 밥을 먹을 때만 고시생들이 모여서 공부 이야기나 세상 이야기 등을 나누곤 했다. 내가 묵었던 고시촌 집을 처음 찾았을 때, 집주인이 자신의 집에서 공부해서 사법시험에 합격한 쟁쟁한 사람들의 이름을 쭉 읊었던 기억이 강하게 남아 있다.

영남대학교 졸업식

나만의 '공부 비법'으로 만 22세에 사법시험 합격

지금 돌이켜보면, 사법시험 준비는 무모한 도전일 수 있었다. 영남대는 행정고시 합격생들을 많이 배출했다. 그러나 사법시험 합격생은 가뭄에 콩 나듯이 나왔다.

나는 1982년에 실시되었던 24회 사법시험에 합격했다. 나의 합격 이전에, 영남대 법학과에서는 19회 사법시험1977년과 21회 사법시험1979년, 23회 사법시험1981년에서 각각 한 명의 합격자만 나왔다.

나는 주눅이 들 수밖에 없었다. 그런데도 상대적으로 이른 시기에 사법시험에 합격할 수 있었던 이유는 크게 두 가지였다.

첫째는 영남대 고시반에서 만났던 은인들 덕분이었다. 위에서 언급한 최종한 선배와 호문혁 교수의 도움이 절대적이었다.

두 번째는 공부 방법이었다. 나는 공부를 책상에서만 하는 것이 아니라고 생각한다. 특히 사법시험을 준비할 때, 법학 공부는 전체적인 얼개 구성과 정확한 개념 규정, 법률적 용어에 대한 완벽한 이해 등이 결합되어야 한다. 전체적인 구성이나 개념, 용어 이해 중에 하나라도 빠질 경우 허술하고 결점이 있는 답안지를 쓸 수밖에 없다.

나는 고시 잡지에 나와 있는 모범 답안들을 많이 복사해서 늘 주머니에 넣고 다녔다. 이것이 나의 비법秘法이었다. 그 모범 답안지는 한 문제당, A4용지로 세 페이지 정도의 분량이었다. 버스를 타고 이동할 때나 수업 시간 전후 시간이 남을 때, 식당에서 밥이 나오기를 기다릴 때 등 짬이 날 때마다 모범 답안 쪽지를 꺼내 읽었다. 일상생활에서도 공부의 끈을 놓지 않았던 것이다.

나는 고시 공부에서 잠시 벗어나 놀 때도 대구 동성로에서 친구들을 만나 즐거운 시간을 보냈다. 노는 것도 아니고, 안 노는 것도 아닌 것처럼 어정쩡하게 휴식을 취한 적은 없다. 쉴 때는 제대로 놀았던 것이다.

이 대목에도 웃음이 나오는 내용이 있다. 대구 동성로에서 놀고 있는 나의 모습을 봤던 친구들 중에 '호영이가 사법시험을 준비한다는데, 저리해서 붙겠나'하고 혀를 찬 사람들도 있었다는 이야기를 듣기도 했다. 하지만, 동성로에서 놀고 있을 때에도 나의 주머니 안에는 모범 답안 쪽지가 있었다.

불교 참선 용어 중에 '행주좌와 어묵동정行住坐臥 語默動靜'이라는 말이 있다. 움직이거나行 머물거나住 앉아 있거나坐 누워 있거나臥 말하거나語 침묵하거나默 이동하거나動 고요할 때靜, 그 모든 순간에 화두를 놓지 말라는 뜻이다. 나는 '행주좌와 어묵동정'의 의미를 실천하면서 사법시험을 준비했다.

나는 1982년 24회 사법시험에서 1·2차 시험을 모두 같은 해에 합격하는 '동차同次 합격'을 했다. 그해 2차 시험을 치르기 위해 서울로 올라가기 전날 밤을 잊을 수가 없다. 그때 나는 도학동의 고시촌에서 공부하고 있었다. 나는 잠을 하루라도 설치면 컨디션이 매우 좋지 않은 체질이다. 그러나 그날은 마지막 정리를 위해 공부에 집중하다 보니 날이 밝아오는 것도 몰랐다. 화장실에 가기 위해 방을 나섰는데, 팔공산 갓바위에 해가 떠오르는 것이 보였다.

'불교에서 말하는 삼매三昧, 잡념을 떨치고 오직 하나의 대상에만 정신을 집중하는 경지'가 이런 것이겠구나'하는 생각이 들었다. 떠오르는 해를 보면서 몸과 마음이 갑자기 상쾌해지는 것을 느꼈고, 이와 동시에 '아, 이번에는 사법시험에 붙겠구나' 하는 확신이 들었다.

영남대 동기생들에게 '긍정적 영향력'

1982년 9월에 사법시험 최종 합격자 명단이 발표되었고 내 이름이 있었다. 그때 느꼈던 기쁨과 감격은 말로 표현할 수 없다. 당시 내 나이는 만滿 21세였다. 최연소 합격은 아니었지만, 상당히 이른 나이에 사법시험에 붙었다. 대학 3학년 때부터 본격적으로 사법시험에 도전한 이후 3년 만에 이룬 성과였다. 영남대 법학과 78학번에서는 첫 사법시험 합격자였다. 사법시험 합격은 나의 개인적인 기쁨을 넘어 내가 속했던 공동체에도 긍정적인 영향을 미쳤다.

당시, 영남대 법학과 정원은 50명이었고 사법시험 합격자는 2~3년에 한 명이 나오는 정도였다. 그러나 내가 합격한 이후 영남대 법학과 78학번에서 7명이 사법시험에 붙었다. 조금 늦게 합격한 친구들도 있었지만 엄청나게 높은 합격률이었다. 내가 판사로 활동하고 있을 때 사석에서 사법시험에 합격한 동기생들을 만난 적이 있다. 많은 친구가 "사법시험이 너무 어려워서 중간에 포기하고 싶었던 때도 많았지만, 호영이 너도 붙었는데, 나도 끝까지 하면 합격할 수 있겠다는 자신감을 버리지 않은 덕분에 사법시험에 합격할 수 있었다."고 나에게 고마움을 전했다.

고시를 준비하는 영남대 학생들은 지방대라는 이유로 위축될 수도 있었다. 그런데, 나의 합격이 동기생들에게 긍정적인 자극과 자신감을 불어넣어 줬다고 하니, 내가 더 고마웠다.

서툴렀던 '고백'과 밋밋한 '데이트' — 군 법무관 된 뒤에 '결혼'

나는 사법시험 합격 이전에 연애라는 것을 해본 적이 없다. 연애를 하면 사법시험을 공부하는 데에 방해된다는 이야기가 많았고, 나도 자연스레 그 말을 믿었다. 그보다 더, 나는 중·고등학교 때나 대학 시절에 이성異性에 대한 특별한 관심이 없었고 사법시험을 준비하면서 다른 곳에 한눈을 판 적도 없었다. 공부에만 매진했다.

고시반에 들어간 이후 영남대에 농악반이 생겼는데, 농악을 배우고 싶어서 농악반에 한두 차례 나간 적이 있었다. 그런데, 법학과 교직원이 어떻게 알았는지 '고시 준비하는 놈이 쓸데없는 짓을 한다'면서 농악반을 그만두게 했다. 그것이 유일한 '딴짓'이었다.

영남대 고시반에서 공부했을 때, 고시에 합격한 선배가 여자 친구와 함께 짐을 빼러 왔던 모습이 그렇게 부러울 수가 없었다. 사법시험에 합격한 이후 '나도 이제 연애하며 결혼을 준비해야겠다'라는 생각이 들었다. 그리고 한 사람이 떠올랐다. 대학 서클인 SHC에서 회장을 했을 때, 부회장을 했던 효성여대 학생이었다. 지금의 아내다.

당시는 집 전화밖에 없었고 여학생의 집에 전화를 걸었다가 아버지가 받으면 전화를 끊기도 했던 그런 시대였다. 1982년 11월쯤 나는 용기를 내어 아내 집에 전화를 걸었다. 통화가 이뤄졌고 나는 "차 한잔 합시다."라고 제안했다. 아내는 당시 중학교 영어 교사였다.

나는 첫 만남에서 "사귀고 싶습니다. 나와 결혼해 줄 수 있겠습니까?"라고 '직진'을 했다. 무뚝뚝한 경상도 남성의 스타일이었다. 지금 생각해 보면, 얼굴이 화끈거리고 부끄러운 마음이 든다. 하지만, 나는 그 정도로 연애에 서툴렀다. 아내는 정확하게 답하지 않았지만, 싫지 않은 표정이었다. 그렇게 우리는 연애를 시작했다.

돌이켜 보면, 연애와 결혼에도 나의 불교적 인생관이 결정적인 역할을 했던 것 같다. 사법시험을 준비할 때도 서클 모임이 있으면 간간이 참석했고, 아내도 나왔다. 이렇게 우리는 대학 1학년 때부터 5년 동안 만남을 지속할 수 있었다. 각기 다른 환경에서 자란 남녀가 한 서클에서 만나고 5년 동안 알고 지냈던 것도 불교에서 말하는 '인연'이라고 생각했다. 그리고 그 시간 동안 지켜보면서 아내의 성품을 잘 알 수 있었다. 나는 아내의 정숙함과 현명함이 마음에 들었다.

당시, 고시 합격생과 부잣집 딸을 연결해 주는 이른바 '뚜마담'이라는 것이 있었다. 그러나 나는 뚜마담의 연락을 받은 적은 없다. 다만 아는 스님이 사업을 크게 하는 집안의 딸을 소개해 준 적이 한 번 있다. 그 집

사법연수원 졸업식에서 아내와 함께

에 초대되어 갔는데, 당시에는 귀했던 소파가 있었고, 특히 벽 전체를 채운 수족관이 기억에 남아 있다.

그런데, 부잣집이라는 것이 나한테 맞지 않았다. 팔려 간다는 소리를 들을까 봐 신경 쓰였던 것도 사실이다. 그 집에 갔던 것을 제외하면 맞선이나 소개팅을 한 적이 없다. 더욱 솔직하게 말해 집안이 잘살고, 못 살고를 떠나 나는 새로운 사람을 만날 생각이 전혀 없었고, 자신도 없었다.

우리의 데이트는 밋밋했다. 근사한 곳에서 데이트를 즐겼던 기억은 없다. 당시 데이트의 가장 기본이었던 영화 관람도 거의 하지 않았던 것 같다.

1983년 1월 3일, 사법연수원에 들어갔다. 사법연수원 입소식에서 아버지가 아내를 처음 봤다. 역시 경상도 남성이었던 아버지는 나의 연애에 관해 묻지 않는 것으로 찬성 의사를 전했다.

1997년 찍은 가족사진

사법연수원에 다니면서 주말에 대구로 내려가 아내를 만났다. 나는 아내와 1985년 6월 9일 결혼했다. 사법연수원을 졸업한 이후 군법무관 훈련을 마치고 부대 배치를 마친 직후였다.

2장

나를 정치로 이끌었던 운명적인 사건들

1절 할아버지의 당부 “호영아, 정치는 절대로 하지 말거라”

“저는 정치를 하면 안 되는 네 가지 이유가 있습니다”

1996년쯤의 일이다. 대구고등법원에서 판사로 근무하고 있었다. 지홍원 대구고등법원장이 ‘차 한잔하자’며 법원장실로 나를 불렀다. 편안한 분위기에서 대화가 오갔다. 그러던 중 지 법원장이 대뜸 “내가 쭉 지켜보니, 주 판사는 정치를 하면 좋겠다.”라고 말했다. 가벼운 수준의 ‘정치 권유’였지만 전혀 예상하지 못한 화제話題였다.

솔직히, 나는 이 이야기를 듣자마자 기분이 상했다. ‘판사를 그만두라’는 뜻으로 받아들였기 때문이다. 그래서 “법원장님, 제가 무슨 잘못한 것이 있습니까. 저는 평생을 판사로 일하겠다는 생각을 가지고 있는데, 그런 저에게 ‘정치를 하라’니 도대체 무슨 말씀인지 이해하기가 힘듭니다.”라고 말했다. 정중하지만, 단호한 질문이었다.

그랬더니, 지 법원장은 내가 오해하고 있다는 사실을 알아차린 것 같았다. 지 법원장은 “주 판사가 잘못한 것은 하나도 없다. 내가 다른 법원에서 법원장을 할 때, ‘정치를 하겠다’라고 나간 판사가 있었다. 그런 사람보다 주 판사가 잘 할 수 있다.”라고 말했다.

지 법원장은 "내가 그동안 주 판사를 지켜보니까, 재판받는 사람들이 편안한 마음을 가질 수 있도록 대하고, 무엇보다 화해와 조정을 잘 이끌어내더라. 그런 점에서 나는 주 판사 같은 사람이 정치를 하면 정치를 잘할 것 같아서 하는 말이다."라고 설명했다.

나는 주장을 굽히지 않았다. "저는 판사를 하다가 바로 정계로 진출한 선배들을 존경하지 않습니다."라고 했다. 당시에는 판사 사직과 동시에 정치에 뛰어든 판사들이 일부 있었다. 이런 사람들의 판사 '마지막' 시기에는 문제가 심각했다. 그들은 판사 직책을 정계 진출의 '사다리'로 이용했다.

정치라는 '딴마음'을 품은 사람들이 판사를 하고 있으니, 정계 입문을 위해 재판을 악용하기도 했고, 청탁을 목적으로 외부 사람들을 만나는 데에 시간을 쏟아부어 부실한 재판을 하기도 했다. 지금으로서는 상상할 수 없는 일이지만, 당시에는 그런 일이 있었다.

법원 내부에서도 판사가 정치로 직행하는 데에 대해 반감이 강했다. 나는 이런 사람들을 '판사 선배'로 인정하지 않았다. 이 같은 생각을 품고 있던 나에게 지 법원장이 정치 권유를 했으니, 나로서는 도저히 수긍할 수가 없었다.

지 법원장도 자기 생각을 굽히지 않았다. "내 이야기는 그런 취지가 아니다." "내 말은 주 판사가 좋은 정치인이 될 자질을 갖추고 있으니 정치하는 것을 한번 생각해 보라는 뜻이다."라고 재차 설득했다.

갑자기 진지한 토론 분위기가 만들어졌다.

나는 숨을 잠시 고른 뒤 지 법원장에게 "저는 정치를 하면 안 되는 이유가 네 가지 있습니다."라고 정중하게 말했다. 짧은 순간이었지만, 평소 가지고 있던 내 생각을 논리적으로 설명했다.

"첫째로, 저는 경북고와 서울대를 나오지 못했습니다. 능인고와 영남대를 졸업한 제가 공천을 받고 당선될 수 있겠습니까?"

내가 정치를 하려면 대구·경북TK에서 해야 했다. 그때만 해도, 경북고와 서울대를 졸업한 인사들이 TK 지역의 정치를 주름잡고 있었다. 특히 경북고와 서울대라는 간판과 학연을 통한 인맥이 매우 중요했다.

나는 설명을 이어갔다.

"둘째로, 법원장님, 저는 돈이 없습니다. 정치에는 돈이 많이 든다고 하던데 저는 돈이 없습니다. 셋째로, 저는 '권력욕權力慾'이라는 것이 없습니다. 정치는 권력을 차지하고 싶은 사람들이 하는 일로 알고 있습니다. 그런데, 저는 권력을 갖고 싶다는 생각을 한 번도 해보지 않았습니다. 그러므로, 저는 정치에 맞지 않는 사람입니다. 넷째로, 제가 지켜본 바로 정치인들은 말로末路가 다 좋지 않습니다. 정치인들은 욕을 많이 먹고 선거에서 떨어져 마지막에는 '거지 신세'가 되는 경우를 많이 봤습니다."

마지막으로 한 마디를 덧붙였다.

"법원장님, 정치는 저에게 안 맞고, 생각도 전혀 없습니다. 판사로 정년퇴직하는 것이 저의 꿈입니다."라고 단호하게 말했다.

지 법원장은 자상한 말투로 내 의견을 조목조목 반박했다.

"주 판사가 지금 이야기한 그 네 가지 이유는 앞으로는 다 쓸데없는 주장이 될 것이다." "첫째, 앞으로는 일류 학벌이 오히려 선거에 지장이 될 것이다. 앞으로는 '잘난 사람들'보다 국민에게 친화력이 있는 사람들이 선거에 유리한 시대가 올 것이다. 국민이 자신의 입장을 더 잘 이해하는 사람들을 뽑는 시대가 올 것이다. 그러므로 능인고와 영남대를 졸업한 것이 정치하는 데에 도움이 되면 되었지, 정치를 하지 못하는 이유가 되지 않는다."

지 법원장은 나지막한 목소리로 설명을 이어갔다.

"둘째, 지금 한국 정치가 잘못되어서 그런 것이지, 앞으로는 돈 없는 사람도 정치를 하는 세상이 올 것이다. 그러므로, 돈 문제도 이유가 되지 않는다. 셋째, 권력욕이 과도하게 넘치는 사람들은 균형 감각과 판단력을 잃게 되고, 그렇게 되면 사고로 이어질 수 있다. 정치하는 데에 있어서 권력욕이 없는 것은 흠이 되는 것이 아니라, 말과 행동을 조심할 수 있어 오히려 장점이 될 것이다. 넷째, 비단 정치뿐만 아니라 사람들이 늙으면 말로가 다 그렇게 된다. 아무리 대가大家라고 하더라도 생로병사生老病死를 피할 수 없다. 정치인이어서가 아니라 사람이 늙고 병들어 인생을 끝마칠 때가 되면 다 그렇게 된다."

그러면서 "주 판사가 근거로 제시한 네 가지 이유는 정치를 하지 못하는 이유가 되지 못한다."라고 판결문 읽듯이 강조했다.

그날의 대화는 평행선을 달렸다. 나는 평소 지 법원장을 많이 따랐고, 지 법원장의 이날 설명에 공감이 되는 대목이 많았다. 그러나 아무리 가벼운 수준의 조언이라고 해도 정치 입문에 관한 권유는 도저히 받아들일 수 없었다.

그때는 정치할 생각이 전혀 없었다. 더 솔직하게 말해서, 정치하는 것에 대해 상상조차 하지 않았다. 정치는, 정치에 맞는 특수한 성향을 지닌 사람들이 하는 일이라고 생각했다. 나와 전혀 다른 사람들이 하는 일이 바로 정치였다.

30년 전에 그랬던 내가 지금은 6선 국회의원이 되었다. 내가 걸어온 과정들을 돌이켜 보면서, 인간의 운명에 대해 다시 한번 깊은 생각을 해본다. 인간의 의지와 뜻도 운명에 있어 중요한 요소다. 그러나 운명이 의지와 뜻에 의해서만 결정되지 않는다. 운명은 전혀 예상하지 못한 상태에서 발생하는 다양한 일들의 상호 작용과 그 인과 관계에 따라 결정되는 것이라고 생각을 한다. 이는 내가 믿고 있는 불교적 세계관의 핵심 내용이다.

죽음의 문턱까지 갔던 '교통사고'
— 이후 계속되는 내 인생의 거대한 변화

나에게도 운명을 뒤바꾼 결정적인 사건이 있었다. 1998년 3월 11일 저녁

7시쯤 발생한 교통사고였다. 나는 영덕지원장을 하고 있었다. 그 교통사고로 죽음의 문턱까지 갔다. 목숨을 잃거나, 평생 장애를 안고 살아도 놀라지 않을 정도의 중상重傷을 입었다.

두개골頭蓋骨이 깨져 코와 귀를 통해 뇌척수액腦脊髓液, 뇌와 척수를 보호하는 액체이 흘러나왔다. 뇌척수액은 일반적으로 뇌수腦水라고 불리기도 하는데, 뇌수는 정확한 의학 명칭이 아니다.

여기에 더해, 두개골과 안와골眼窩骨, 다리와 손목, 턱 등 골절 부위만 10곳이 넘었다. 특히, 눈동자를 둘러싸고 있는 안와골이 부러져 조각이 되었는데, 그 일부가 안구의 뒤쪽에 박혔다. 그래서 안구를 들어내고, 그 뼛조각을 집어내는 수술을 받아야 했다.

나는 경북대병원에 후송되어 있었다. 지금도 그렇지만 당시에도 경북대병원의 의료 수준은 상당히 높았다. 가족들의 병간호 문제도 고려해야 했다. 경북대병원이 아닌 곳에서 수술을 받을 생각은 전혀 하지 않았는데 예상치 못한 변수가 발생했다.

내가 교통사고를 당하기 전, 나와 똑같이 안와골이 부서진 법원의 과장이 한 명 있었다. 법원 과장은 경북대병원이 아닌, 대구 지역의 다른 종합병원에서 안와골 수술을 받았는데, 심각한 후유증을 앓고 있었다. 눈이 감기지 않아 잠을 제대로 자지 못하는 고통에 시달리고 있었던 것이다. 그 과장이 나를 찾아와 서울의 병원에서 수술 받을 것을 강권했지만 나는 극심한 고통 속에 정신이 혼미한 상태였다. 어떤 결정을 내릴 수 있는 상태가 아니었다.

최덕수 대구고등부장 판사께서 내 걱정을 많이 했다. 최 부장은 내가 안와골 수술을 받아야 한다는 사실과 법원 과장의 후유증에 대해서도 알고 있었다. 법원의 다른 선배들도 내 걱정을 했다. 최 부장과 이종욱 법원행정처 기조실장이 나서서 내가 서울의 병원에서 수술 받을 것을 결정했다.

나는 서울대병원으로 이송되어 수술을 받았다. 당시에는 법원 선배들의 결정도 내 인생의 전환점에 영향을 미쳤다. 나는 서울대병원에서 '재수술'을 받기도 했다. 가장 큰 문제는 통원 치료였다. 영덕지원장으로 계속 근무하면서 일주일에 한 번씩 서울대병원에서 통원 치료를 받아야 했다. 당시는 KTX도 없던 때라, 서울대병원에서 진료받기 위해 몇 시간씩 차를 타고 왕복하는 것이 너무나 힘들었다.

결국, 나는 수도권 지역의 법원으로 전근을 요청했다. 법원은 내 상황을 이해하고, 성남지원으로 나를 보냈다. 판사가 된 이후 줄곧 대구·경북 지역의 법원에서만 근무해서 대구·경북 이외의 지역에서 근무한 것은 처음이었다.

서울 강남 지역에 전세를 구했다. 가족들도 나와 함께 상경했다. 우리 가족의 이사도 내 운명에 영향을 미쳤다. 당시, 강남 지역에는 조기 유학 바람이 불고 있었다. 중학교에 다니던 큰아들도 조기 유학을 선택한 친구들에게 영향을 받아 미국에서 공부하고 싶어 했다. 여기에 더해, 1994년에 내가 미국 듀크대학에서 법관 해외연수를 한 적이 있는데 큰아들이 1년 동안 미국 학교에 잘 적응했던 경험이 있었다. 그러나 판사 월급으로는 미국 유학을 보내는 것이 불가능해 보였다.

나는 조기 유학이 '남의 집 이야기'로만 알고 살았다. 하지만, '자식이기는 부모 없다'라는 속담은 우리 부부에게도 해당한다. 나와 아내는 큰아들을 조기 유학 보내기로 결정했다. 큰아들이 중학교 2학년 때였다.

그 결정을 하는 데에는 믿는 구석이 하나 있었다. 보험사에서 나온 교통사고 보상금이었다. 적지 않은 액수였다. 보상금으로 최소한 3~4년은 버틸 수 있을 것으로 예상했다. 하지만 오산誤算이었다. 2년을 채우지 못하고 보상금은 바닥이 났다.

큰아들은 미국 학교에 잘 적응했고,공부도 잘했다. 돈 문제만큼이나 대학 입시가 고민이 되었다. 큰아들이 고등학교 2학년 때였다. 나는 양 갈래의 길에 놓였다. '큰아들을 귀국시키느냐, 판사를 그만두느냐'의 선택지에서 하나를 골라야 했다.

미국의 고등학교 2학년에 재학 중인 큰아들을 귀국시켜 한국의 대학 입시를 새롭게 준비시키는 것은 아버지로서 차마 하지 못할 일이라는 생각이 머리를 떠나지 않았다. 깊은 고민 끝에, 나는 판사로 정년퇴직하겠다는 꿈을 접었다. 사직을 결심했을 때, 예상했던 것보다는 슬프지 않았다. 교통사고로 인해 발생한 내 삶의 거대한 변화도 운명으로 받아들이기로 생각했기 때문이다. 나는 변호사를 1년 정도 하고 정계 진출을 선택했다.

가끔 1998년 3월의 교통사고가 없었다면, 내 인생이 어떤 길을 걸었을까 하는 생각에 빠져보기도 했다. 교통사고 이후 서울대병원에서의 수술, 통원 치료, 전근과 이사, 큰아들의 조기 유학 등이 연쇄적으로 이어졌다. 운명이 이끄는 대로 움직였더니, 어느 순간 나는 정치권에 발을 딛게 되었다. 그래서 나는 인간의 운명에 작용하는 '보이지 않는 힘'의 존재를 믿는다.

손자가 커서 '정치 바람'이 들까 봐 걱정했던 할아버지의 습관적인 당부

내가 정치에 부정적이었던 것은 할아버지의 영향이 컸다.

나는 '정치는 절대 해서는 안 되는 것인가 보다'라는 막연한 생각이 각인된 채 어린 시절을 보냈다.

국민학교 저학년 때로 기억된다. 할아버지가 어린 나를 무릎 위에 앉혀 놓고 "호영아, 네가 다 컸을 때는 나는 이미 죽은 뒤겠지마는, 내가 죽고 난 뒤에라도 정치는 절대로 하지 말거라."라고 당부했던 기억이 난다. 할아버지는 한두 번이 아니고 여러 차례, 습관처럼 그랬다.

할아버지는 1950년대 이승만 대통령의 자유당 시절에 선거운동을 도운 적이 있다. 그때 할아버지가 못 볼 꼴도 많이 보고, 당하지 말아야

할아버지와 함께한 초등학교 졸업사진

할 일도 많이 겪지 않았나 하는 짐작만 할 뿐이다.

성실한 농부였던 할아버지가 선거운동에 나선 데에는 사연이 있었다. 일제 강점기에 강제 징용에 동원될 상황에 빠졌으나 어떤 사람의 도움으로 그 위기에서 빠져나왔다. 해방 이후 그 사람이 선거에 출마하자, 할아버지는 보은報恩을 위해 선거운동에 나선 것이다.

할아버지가 어린 나에게 "호영아, 모르는 사람 붙잡고 한 표 찍어 달라고 하는 것이 사람 할 짓이 아니더라."라고 말했던 것을 지금도 기억하고 있다.

할아버지의 반복된 당부는 아마도 내가 어렸을 때 공부를 잘했기 때문에 손자가 커서 '정치 바람'이 드는 것을 경계했던 것으로 추측할 뿐이다. 당시의 시대 분위기도 정치에 대해 매우 부정적이었다.

내가 어렸을 때 어른들에게서 들었던 정치인들에 관한 이야기는 부정적인 내용밖에 없었다. 부정부패를 일삼고, 거짓말을 밥 먹듯이 하며, 거들먹거리면서 사람들을 함부로 대한다는 것이 그 당시 정치인들에 대한 일반적인 평가였다.

지홍원 법원장과 나의 정계 입문에 관한 대화를 나눈 지 30년이 흘렀다. 지 법원장은 선견지명先見之明이 있었다. 그의 예상은 거의 들어맞았다.

첫째, 지금도 명문 학교의 졸업장이 도움이 되기는 하겠지만, 일류 학교의 간판이나 학연學緣의 중요성은 예전과는 비교할 수 없을 정도로 크게 줄어들었다.

둘째, 불법 정치 자금 문제가 완전히 뿌리뽑힌 것은 아니지만 과거에 비해서는 개선된 것도 사실이다. 유권자들에게 돈을 뿌리는 일은 그야말로 '옛날이야기'가 되었다. '검은돈'을 받는 정치인은 '철창신세'를 각오해야 하는 시대가 왔다.

셋째, 권력욕에 가득 찼던 정치인들은 자기 자신을 구렁텅이에 빠뜨렸다. 권력욕이 없는 것이 정치하는 데에 있어 흠이 되지 않는다는 것도 사실로 입증되었다.

그러나 내가 아직도 동의하지 않는 대목이 하나 있다. 정치인의 말로와 관련된 지 법원장의 이야기다. 지 법원장은 "정치인이어서가 아니라 사람이 늙고 병들어 인생을 끝마칠 때가 되면 다 그렇게 된다."라고 말했다. 그러나 다른 분야와 비교할 때, 여전히 정치인들 가운데 말로가 좋지 않은 경우가 더 많은 것도 사실이다. 권력욕이라는 정치만의 속성 때문에 빚어지는 일이라고 나는 생각한다. 정치인 모두가 풀어야 할 숙제다.

2절 군 법무관 시절, 희대의 병력 비리 브로커 김대업

사법연수원 때 쟁쟁했던 동기들과 함께 공부 — '서초반야회' 활동

나는 24회 사법시험에 합격했고, 사법연수원 기수로는 14기였다. 1983년과 1984년 2년 동안 사법연수원을 다녔다. 연수원 1반이었는데, 서울대 법대 학장과 새누리당국민의힘 전신 국회의원을 지냈던 정종섭 교수가 같은 반이었다. 사법연수원 동기 중에는 쟁쟁한 사람들이 많다. 정치인으로는 홍준표 전 대구시장과 추미애 더불어민주당 의원이 동기다.

14기에서는 법조계法曹界 고위직 인사도 많이 나왔다. 대법관을 지낸 사람은 두 명으로 이기택·권순일 전 대법관이다. 헌법재판관은 세 명이 나왔다. 강일원·이석태·안창호 전 헌법재판관이다. 검찰총장을 지낸 사람은 김진태·채동욱 전 검찰총장 두 명이다. 국회의원은 나와 홍 전 시장, 추 의원, 엄호성·홍일표 전 의원 등을 포함해 13명이 나왔다. 나는 사법연수원 14기가 국회의원을 가장 많이 배출한 사법연수원 기수로 알고 있다.

나는 사법연수원에서 열심히 공부했다. 사법연수원이 법학 이론과 실무교육의 최고 교육기관이라고 생각한다. 사법연수원은 실무 교육 프로그램이 매우 뛰어났다. 법원과 검찰에서 최고라고 평가 받았던 현직 부장 판사들과 부장 검사들이 사법연수원 교수로 발령을 받아 연수생들을 가르쳤다.

부장판사와 부장검사의 강의는 '살아있는 교육'이었다. 나는 사법연수원에서 판사 기초 실무를 잘 배운 덕분에 판사로 임용된 이후 재판 등 업무에 적응하는 데에 큰 어려움을 겪지 않았다.

내가 로스쿨법학전문대학원 제도에 반대했던 이유 중의 하나도 사법연수원 시스템에 대한 신뢰 때문이다. 이렇게 훌륭한 사법연수원을 왜 문 닫고, 검증되지 않은 로스쿨 제도를 성급하게 도입해야 했는지에 대해서는 아직도 비판적인 의견을 갖고 있다.

사법연수원 생활에서 빼놓을 수 없는 것이 '서초반야회'다. 서초반야회는 사법연수원의 불자佛子 모임으로, 총무를 맡으며 열심히 활동했다. 추미애 의원과 김진태 전 검찰총장이 서초반야회에서 활동했다. 김 전 총장의 불교에 대한 지식은 그 당시에도 매우 깊었다.

김 전 총장은 불교계에서 큰 깨달음을 얻어 후학 지도에 전념했던 백봉 김기추 거사로부터 직접 가르침을 받았다고 한다. 김 전 총장은 강릉지청장으로 근무했던 2004년, 한국 불교사에 큰 업적을 남긴 수월 스님의 삶을 기록한 책을 출간하기도 했다.

나는 서초반야회가 불교 공부에 있어 진정한 시작점이라는 생각을 한다. 나는 서초반야회에서 깊이 있는 불교 서적을 읽기 시작했다. 판사가 된 뒤에도 불교 공부를 계속했다. 서초반야회 활동은 내가 불교 가르침에 대한 이해와 지식을 쌓는 데에 소중한 계기가 되었다.

김대업이 대선을 흔들기 16년 전
― 金이 가담했던 군軍내 병역 비리 관련 사건에 참여

나는 병역 의무를 이행해야 했다. 당시 육군 법무관의 복무 기간은 3년이었고, 중위로 입대해 중위로 제대하는 구조였다. 사법연수원을 마친 뒤 1985년 1월에 입대해 4개월 동안 장교 교육 훈련을 받았다. 훈련을 마친 뒤 경기도 연천의 5사단에 배치되어 육군 법무관으로 복무했다. 전방 부대였다. 그곳에서 근무하던 나의 법무관 선임자는 조희대 대법원장이다.

당시 육군 법무관이 전방 사단에서 전체 복무 기간의 절반가량을 근무하면 이후 후방 사단으로 순환 배치하는 인사 원칙이 있었다. 나는 전방 근무 기간을 마친 뒤, 삶의 터전이자 고향과도 같은 대구의 50사단 근무를 희망했다. 그렇게 1986년 6월부터 50사단에서 법무관으로 근무했다.

1985년 녹원스님의 5사단 방문

육군 법무관으로 근무하면서 맡았던 사건 중에 아직도 강하게 기억에 남아 있는 사건들이 여럿 있다.

그중에서도 가장 대표적인 사건은 희대의 병역 비리 브로커 김대업 사건이다. 2002년 대선 당시 이회창 한나라당 후보 장남의 병역 면제와 관련해 허위 주장을 펼쳐 대선 판도를 흔들어놓은 바로 그 사람이다.

의무 부사관 출신인 김대업은 2002년 대선 때 "이 후보의 장남이 국군수도통합병원 부사관에게 돈을 주고 청탁해 불법으로 병역을 면제받았다."는 의혹을 제기했다. 그러나 그 내용은 거짓이었다. 김 씨는 증거로 부사관의 진술이 담겼다는 녹음테이프를 검찰에 제출했다. 하지만 이 녹음테이프는 조작된 것으로 밝혀졌다. 대법원은 2004년 2월 김 씨에 대해 무고와 명예훼손 혐의 등으로 유죄를 확정했다. 그 이후 '김대업'이라는 이름 석 자는 대선을 흔드는 거짓 의혹과 불법 정치 공작의 대명사가 되었다. 거짓 의혹으로 대선 판도를 뒤흔들기 16년 전에, 김 씨는 이미 병역 비리 브로커로서 활개를 치고 있었던 것이다.

사건의 내용은 이렇다. 1986년 6월, 내가 대구의 50사단에 배치된 직후였다.

나는 군 내부에서 검사 역할을 하는 검찰관을 맡고 있었다. 업무를 인계받으면서 서류들을 보다가 굉장히 특이한 사실을 하나 발견했다.'기소중지자起訴中止者'가 수십 명이었던 것이다. 기소 중지는 피의자의 소재불명所在 不明 등으로 수사가 일시 중단된 상태로, 소재가 확인되면 수사가 재개되는 잠정처분이다. 나는 그 사건의 담당자를 불러 "기소중지자가 왜 이렇게 많은가?"라고 물었다.

담당자는 얼마 전에 병역 비리와 관련해 큰 사건이 하나 터졌는데, 수사 대상이지만 이미 전역한 사람들 중에 소재 파악이 안 되거나 도망 다니는 사람들이 그 규모의 기소중지자가 되었다고 설명했다.

그 사건은 50사단의 법무관 선배가 군의관으로부터 제보를 받으며 시작되었다. '병역 비리가 너무 심하다'는 내용이었다.

신병훈련소에서 훈련받다가 거짓 질병을 이유로 재검再檢을 받은 뒤 불법적으로 병역 면제를 받는 사례가 심각할 정도로 많다는 것이 제보의 핵심 내용이었다.

대구·경북 지역의 신병훈련소에서 교육을 받는 훈련병들이 병역 면제를 받기 위해서는 국군 대구통합병원에서 정밀 검진을 받아야 했다. 그런데, 정밀 검진 대상이 아닌 훈련병들에 대해 '정밀 검진에 회부하라'는 압력이 군의관들에게 너무 많이 들어오고, 이렇게 불법적인 방법을 통해 정밀 검진을 받은 '멀쩡한' 훈련병들이 병역 면제를 받아 나간다는 것이 제보의 구체적인 내용이었다.

50사단 검찰부는 제보가 신빙성 있다고 판단해 전격적으로 국군 대구통합병원을 압수수색했다.

제보 내용은 사실로 드러났다. 압수수색 결과, 국군 대구통합병원에서 정밀 검진을 받은 훈련병들의 '건강한' 엑스레이 사진을, 사전에 준비해 놓은 병역 면제자들의 '질병' 엑스레이 사진으로 갈아끼는 수법을 통해 멀쩡한 훈련병들에 대해 병역 면제 조치를 내렸다는 실상을 밝혀냈다.

병역 비리는 조직적이었다. 의무醫務 병과는 물론이고, 인사와 헌병, 기무 병과까지 가담하고 있었다. 병역 비리를 통해 받은 부정한 돈을 나눠 갖는 구조였다. 이 조직적인 범죄에 김대업은 하수인 역할을 했다. 김 씨가 엑스레이 사진을 바꾸는 역할을 맡았던 것이다. 그는 의무 부사관으로, 엑스레이 기사 자격증을 갖고 있었다. 김 씨의 당시 계급은 중사中士로 기억한다.

김 씨의 아버지는 의정醫政 장교 출신이었다. 김 씨는 군대 입대 전에, 의무 병과에서 근무하기 위해 엑스레이 기사 자격증을 취득했다.

나는 이 사건을 직접 수사하면서 범행 수법과 개인사 등 김 씨에 대해 많은 것을 알 수 있었다.

김 씨는 내가 졸업한 능인고를 다녔다. 능인고를 다니다가 중퇴했다는 이야기도 있어 졸업 여부는 확실치 않다. 김 씨는 4년제 대학을 다니다 휴학하고 입대한 것처럼 학력도 속이고 있었다.

이 수사 과정에서 기막히는 일이 두 가지 발생했다.

50사단 검찰부는 김 씨 등 병역 비리 가담자들을 구속했다. 이 과정에서 관할 문제를 놓고 2군사령부와 50사단이 경합하는 문제가 벌어졌다.

국군 대구통합병원은 2군사령부 관할이었다. 하수인 역할을 했던 김 씨도 2군사령부 관할이었다. 그런데, 불법적으로 병역 면제를 받은 훈련병들은 50사단 소속이었다. 병역 비리에 가담했던 현역 군인들 중에 50사단 소속들도 많았다.

관할 경합 문제를 빌미로 상급 부대인 2군사령부의 헌병대장과 기무부대장이 김 씨가 구속되었던 당일 밤에 50사단장을 찾아왔다.

헌병대장과 기무부대장은 "50사단 검찰부가 관할권도 없는데, 왜 김대업을 포함한 2군사령부 장병들을 구속했느냐."고 따지면서 이 사건을 2군사령부로 이첩해 가져갔다.이들의 속셈은 뻔했다. 2군사령부의 헌병대와 기무부대 소속 장병들도 병역 비리에 많이 가담했기 때문에 이를 은폐하기 위한 의도였다. 하지만, 2군사령부의 헌병대장과 기무부대장이 간과한 대목이 있었다. 2군사령부에서 김 씨를 기소했기 때문에, 군법 재판의 공정성을 위해 법무사法務士, 군 판사의 과거 명칭는 다른 부대의 법무관이 맡아야 했다. 이에 따라 재판 교류를 하고 있던 50사단의 법무부법무 병과가 2군사령부 재판에 참여하게 되었다. 워낙 조직적인 병역 비리 사건이었기 때문에 여러 명의 법무사군 판사가 필요했다. 나도 그중의 한 명으로 선정되었다.

나는 김대업 재판에는 참여하지 않았다. 다른 법무사가 1심에서 김 씨에 대해 뇌물수수 및 공문서 위조 등의 혐의로 징역 6년형을 선고했다.

나는 기소중지자들을 포함해 병역 비리에 가담했던 다른 군인들에 대한 재판을 맡았다.

재판을 진행하면서 2군사령부에 이첩된 이후 수사가 '봐주기' 식으로 허술하게 진행되었다는 사실을 눈치챘다. 나는 재판 과정을 통해 혐의가 입증된 군인들에 대해서는 중형重刑을 선고했다.

이후, 황당한 소식이 들려왔다. 2심인 육군 고등군법회의에서 김 씨의 형량이 징역 1년 형으로 대폭 감형되었다는 이야기였다. 관할 문제로 인한 사건 이첩에 이어 두 번째로 기가 막힌 일이었다.

김 씨가 가담했던 병역 비리가 조직적이었기 때문에 자신의 비리 사실이 발각되는 것이 두려웠던 군 간부들이 김 씨에 대한 구명救命 작업에 나선 결과라는 추측이 있었고, 의정 장교 출신이었던 김 씨 부친과 친했던 법무 병과 장성이 봐주었다는 흉흉한 소문도 나돌았다.

김 씨가 징역을 살고 나온 이후 본격적으로 사기 행각을 벌이기 시작했다는 주장은 정설처럼 받아들여졌다. 김 씨가 재판에 연루된 부녀자에게 접근해 "유리한 결과가 나올 수 있도록 하겠다."고 속인 뒤 농락했다는 이야기까지 들려왔다.

김 씨는 국군 대구통합병원에서 벌였던 병역 비리 사건으로 구속된 이후 16년이 흐른 뒤 당시 이회창 한나라당 대선 후보의 장남에 대해 '거짓 의혹'을 터트리면서 불법 대선 공작을 주도했다.

이회창 후보는 2002년 대선에서 초박빙의 표 차이로 노무현 당시 새천년민주당 후보에게 패배했다. 김 씨가 주도한 불법 대선 공작이 대선 승패에 영향을 미쳤다는 분석이 우세했다.

나는 재선 의원 때인 2010년, 한나라당의 싱크탱크였던 여의도연구소의 소장을 맡고 있었다. 그때 여의도연구소의 고문顧問이 이병기 전 대통령 비서실장이다. 이 전 실장은 박근혜 정부에서 대통령 비서실장과 국가정보원장, 주일 대사 등 중책을 역임했다.

이 전 실장은 이회창 전 총재의 최측근이기도 했다. 내가 여의도연구소장 때, 이 전 실장과 대화를 나누다가 김대업이 화제에 오른 적이 있었다.

나는 군 법무관 때 김 씨와 연루된 병역비리 사건의 수사와 재판에 참여했던 이야기를 이 전 실장에게 전했다. 그러자 이 전 실장은 "이회창 대표가 주호영 판사를 진작에 알았더라면, 대통령이 됐을 텐데"라며 안타까워했던 기억이 선명하다.

나는 김대업의 실체에 대해 정확하게 알고 있었다. 하지만, 2002년 대선이 치러졌을 때, 나는 판사였고, 한나라당을 포함해 정치인들 중에 아는 사람이 한 명도 없었다.

'역사에는 가정이 없다'는 말이 있다. 그런데도 '만약 그때 내가 한나라당에 아는 사람이 있었더라면, 그래서 내가 김 씨의 실체를 전했더라면 2002년의 대선 승패가 뒤바뀌고 한국 정치는 많이 달라질 수 있었을까' 하는 가정을 해보기도 했다.

원칙대로 행동해 위기에서 벗어나다 — '억지 선물'과 회유 압박을 이겨내고...

'초보' 법무관 때 일이다. 장교 교육 훈련을 마치고, 1985년 4월 경기도 연천에 있는 5사단에 배치된 직후였다. 내가 속했던 5사단 법무부에 고참 부사관인 상사上士 한 명이 있었다. 군부대 매점인 PX에서는 과자, 음료수 등 음식류뿐만 아니라 면세 가전제품도 일부 판매하고 있었다. 그런데, 그 상사가 자꾸 나를 PX로 데려가더니 억지로 전축을 사주려고 애썼다. 나는 부담스러워 끝까지 사양했다.

뒤에 알고 보니, 충격적인 속내가 있었다. 5사단 전차부대의 상사 한 명이 사병들에게 제공되어야 할 쌀과 닭고기 등 부대 식량을 빼돌려 팔다가 적발된 일이 있었다. 내가 그 사건의 검찰관이었다.

법무부 소속의 상사는 적발된 전차부대 상사의 청탁을 받고 전축을 미끼로 나를 포섭하려고 했던 것이다. 이 두 사람은 같은 계급이라 서로 친했고 그 내막을 알게 된 이후 나는 경악했다. 적발된 전차부대 상사는 살아남기 위해 모든 수단을 동원했다. 나의 직속상관인 법무 참모와 사단장에게도 자신의 구명救命 운동을 했다.

법무 참모는 나에게 공소 취소公訴 取消를 집요하게 요구했다. 공소 취소를 하면, 적발된 부사관에 대한 군법 재판은 자동적으로 끝난다. 전차부대 상사는 어떠한 처벌도 받지 않고 '자유의 몸'이 되는 것이다. 법무 참모는 사건 초기부터 공소 취소는 사단장의 지시라고 압박했다. 하지만 나는 완강하게 버텼다. 중대한 사정변경이 없는데도 불구하고 적법하게 기소된 사건을 공소취소하는 것은 있을 수 없기 때문이다.

내가 법무 참모의 끈질긴 요구를 거부한 데에는 명확한 이유가 있다.

우선, 그 상사는 처벌을 받아야 했다. 여기에 더해, 이미 기소된 사건을 내가 공소 취소했다가 향후에 문제가 터질 경우, 모든 책임을 내가 뒤집어쓰는 상황이 발생할 수도 있었다.

그 사건에 대한 재판이 열리고 있는 도중에도 공소 취소하라는 압력이 들어왔다. 나는 '재판 정지'를 요청한 뒤 재판정을 박차고 나와 관사로 들어가서 나오지 않는 방식으로 저항했다.

하지만, 나는 물러설 수밖에 없었다. 군법에 따라, 사단장이 5사단 군법회의군사법원의 과거 명칭의 관할관이었기 때문이다. 군 법무관인 내가 군법을 어길 수는 없었다.

군대 분위기에 억눌렸던 것도 사실이다. 중위 혼자의 힘으로 해결할 수 있는 일은 아니었다. 계속 버티다가 '해코지'를 당하는 것은 아닐까 하는 걱정을 하기도 했다. 하지만, 마음속의 갈등은 계속되었다. 아무리 사단장이 관할관이라고 해도 공소 취소는 법리法理에 저촉되는 결정이었다. 나는 군법을 지키면서도 마지막까지 버티기로 결심했다.

나는 공소장 위에 사단장의 공소취소 명령을 받아오라고 요구했다. 내 뜻과 다르게 관할관인 사단장의 명령에 따라 공소 취소를 하지만,

그 공소 취소를 결정한 사람이 사단장이라는 사실을 증거로 남겨 놓기 위한 의도였다. 사단장도 나를 더 이상 어떻게 할 수 없다고 판단했는지 서명에 응했다. 당시로서는 매우 예외적인 일이었다.

나는 사단장의 사인 위에 투명한 접착테이프를 붙인 뒤 그 서류를 육군본부 법무감실에 보냈다. 사인한 필체가 번지거나 훼손되어 혹시나 이후에 '다른 말'을 하는 것을 막기 위한 의도였다. 육군본부 법무감실에 그 서류를 보내기 전에, 미리 복사해 보관하는 일도 빼놓지 않았다.

대반전이 일어났다. 사건이 묻혔다고 기뻐했던 전차부대 상사에게 날벼락이 떨어졌다. 처벌은 피했지만, '부적격 전역' 결정이 내려진 것이다. 아마도 사단장은 전차부대 상사를 군법에 따라 처벌하지는 않되, 군복을 벗기기로 내심 마음먹었던 것 같았다.

그 상사는 군 생활을 이어가겠다는 일념 하나로, 없는 돈을 마련해 뿌리면서 로비를 했는데 강제 전역을 당하는 처지에 놓였다. 전차부대 상사는 절망과 분노 속에 진실을 폭로했다. 돈을 받은 사실이 드러난 법무부 상사는 구속되었다. 나에게 전축을 억지로 선물하려고 했던 그 상사였다.

그리고, 사건 관련자 모두에게 육군본부 법무감실의 강도 높은 조사가 실시되었다. 그 사건의 검찰관이었던 나도 공소 취소 결정 경위에 대한 조사를 장시간 받았다. 그러나 어떠한 징계도 내려지지 않았다. 당연한 결과였다.

나는 공소 취소 결정은 군법에 따라 관할관사단장의 지시를 따른 것이었으며, 이 공소 취소의 결정권자가 사단장이었음을 입증하는 서류를 보낸 사실을 육군본부 법무감실도 인정했기 때문이었다.

나는 이 사건을 통해 큰 교훈을 얻었다. '세상은 원칙대로 살아야 한다'는 것이다. 만약, 내가 그때 전축을 무심코 받았더라면, 법무참모와 사단장의 압박에 굴복했더라면, 내 병적兵籍 기록부에는 '빨간 줄'이 그어졌을 것이고, 나는 판사 임용이 되지 않을 수도 있었다.

부당한 압박에 저항했다가 보복성 표적 감찰을 당하다

군 법무관 시절에 부당한 압박에 저항했던 사건은 하나 더 있다. 나는 그 일로 인해 나에 대해 앙심을 품었던 군단장의 지시에 따라 보복성 표적 감찰을 당하기도 했다.

이 사건은 내가 50사단에서 근무할 때 발생했다. 한 고등학교의 동기생 두 명이 방위병으로 근무했다. 두 사람은 친구였으며, 입대에는 두 달 정도 차이가 나 선임병과 후임병의 관계이기도 했다. 두 방위병이 퇴근 이후에 당구를 치다가 고참이 후임을 폭행하는 사건이 벌어졌다. 후임 방위병은 치아 네 개가 나가는 중상을 입었다. 나는 이 사건의 검찰관 업무를 맡았다.

그러나 사건의 처리는 꼬여갔다. 이유가 있었다. 가해 방위병의 아주 가까운 친척이 전국적으로 유명한 풍수지리가였다. 이 풍수지리가는 군단장과 매우 친했다. 가해 방위병이 힘센 친척을 믿고 고압적으로 나갔기 때문에 합의가 쉽게 이루어지지 않았다.

이 대목에서 예상치 못한 일이 발생했다. 합의가 되지 않은 상태로 시간만 보내다가 가해 방위병의 전역 날짜가 다가오자, 가해자 측에서 오히려 이 사건을 헌병대에 신고한 것이다.

가해 방위병 측은 검은 속셈을 갖고 있었다. 가해 방위병이 전역해 사회로 나가면, 이 사건 해결이 더 힘들어질 수 있다는 계산에 따라 군단장의 '빽'을 쓸 수 있는 군 복무 기간에 이 사건을 마무리하겠다는 '꿍꿍이'였다. 가해 방위병 측은 '초강수'를 두었다. 가해 방위병과 피해 방위병 모두에 대해 구속 영장을 청구하는 것이었다. 여기에는 음모陰謀가 깔려 있었다. 두 방위병 모두 구속되면, 피해 방위병 측은 영창營倉에서 나오기 위해 서둘러 합의하지 않겠느냐 하는 음흉한 계산이 숨어 있었던 것이다.

가해 방위병 측은 합의가 이뤄지면 처벌이 흐지부지되거나, 처벌을 받더라도 '솜방망이' 징계가 내려질 것이라는 잘못된 기대를 품었다.

피해 방위병 측이 오히려 합의를 요구할 경우 합의금을 낮출 수 있다는 부수 효과도 있었다.

나는 이 사건의 회오리에 빨려 들어갔다. 내가 이 사건의 검찰관이었기 때문에 가해 방위병과 피해 방위병 모두에게 구속 영장을 청구하라는 압박이 나에게 가해졌다. 나는 배후에 군단장이 있다는 사실을 직감했다. 방위병의 친척이 군단장에게 청탁했고, 군단장이 50사단 헌병대에 압력을 넣은 결과라는 사실을 눈치채고 있었다.

피해 방위병의 혐의는 상관 모욕죄였다. 후임병이 당구장에서 선임병을 놀리고, 말도 함부로 했다는 이유였다. 나는 가해 방위병에 대한 구속 영장 청구는 당연하지만, 피해 방위병에 대한 구속 영장 청구는 말이 안 된다고 판단했다. 그래서 가해 방위병에 대해서는 구속 영장을 청구했고, 피해 방위병에 대해서는 구속 영장을 기각했다.

군법무관 시절

후폭풍 강도는 나의 예상치를 뛰어넘었다. 군단장은 내 결정을 보고 받고, 엄청나게 격노했다는 이야기가 들려왔다. 난리가 났다. 군단장은 피해 방위병에 대해 구속 영장을 다시 청구하고, 반드시 구속하라는 압력을 가해 왔다. 나는 이번에도 거부했다. 그리고, 끝까지 버텼다. 가해 방위병이 구속되자, 그 가족들은 합의에 매달렸다. 피해 방위병 가족은 상당히 유리한 조건으로 합의를 했다. 내가 외압을 견딘 결과였다.

군단장의 나에 대한 분노는 가시지 않았다. 군단장은 나에 대한 감찰을 군단 헌병대장에게 지시했다. 내 뒤를 캐서 가혹한 징계를 내리는 방식으로 보복하겠다는 의도였다. 그러나, 나는 표적 감찰에도 아무런 피해를 보지 않았다. 문제가 될 행동이나 약점이 전혀 없었기 때문이다.

보복 감찰을 당한 뒤에 나에 대한 표적 감찰이 있었다는 사실을 알려준 사람이 두 명 있었다. 지금 보수 진영의 토론 패널로 왕성하게 활동하고 있는 전원책 변호사다. 전 변호사는 당시 군단 법무 참모로 일하고 있었다. 표적 감찰을 주도했던 헌병대장도 나에게 사과의 뜻을 전했다. 헌병대장은 "군단장의 명령이라 어쩔 수 없었다. 뒷조사를 했지만, 아무 문제가 없었다는 사실도 그대로 보고했다."라고 해명했다.

이 사건에서도 은인이 있었다. 김광석 50사단장이다. 김 사단장은 내가 군단장의 압력을 받고 있을 때 '방패막이' 역할을 해주었다. 당시 군단장은 김 사단장을 불러 '그까짓 네 부하 중위 놈 하나 관리도 못하면서' 라고 질책 하며 수첩으로 김 사단장을 툭툭 치는 등 모욕감을 주었다는 이야기를 전해 들었다. 그러나 김 사단장은 그 사건과 관련해 나에게 어떠한 부담도 주지 않았다. 오히려 내 결정을 지지해 주었다. 별을 하나라도 더 달아야 하는 장성 입장에서는 하기 힘든 행동이었다.

나는 50사단에서 근무하면서 김 사단장을 많이 따랐다. 신뢰가 있었기 때문에 내가 맡고 있는 사건들에 대해 숨김없이 보고했고, 김 사단장은 내 판단에 항상 동의했다. 김 사단장은 김영삼 대통령에 의해 발탁되어 육군에서 예편한 뒤 병무청장과 대통령 경호실장을 지냈다.

김 사단장은 붓글씨와 영어에도 뛰어났다. 김 사단장은 내가 겪었던 군인들 가운데 실력으로나 인격으로나 가장 훌륭한 군인이었다.

3절 실세 의원 보좌관의 교통사고 사건과 '한이 풀렸다'는 감사 편지

내가 판사를 선택했던 이유 — 대구지방법원에 첫 발령

나는 판사와 검사라는 두 갈래 길을 놓고 오랜 시간 고민했다. 변호사는 처음부터 나의 선택지에 없었다. 나는 검사가 되는 것을 진지하게 고민했다. 성격적으로는 검사가 더 맞겠다는 생각도 들었다. 나에게는 사건 관련자들의 자백을 끌어낼 수 있다는 자신감이 있었다. 그러나 능력 있는 검사가 오히려 억울한 피해자를 많이 만들 수 있다는 우려를 하기 시작했다. 나는 그 가능성이 항상 두려웠다. '나도 억울한 피해자를 낳을 수 있다'는 생각이 검사 대신 판사를 선택했던 가장 근본적인 이유였다.

법률가들은 세상의 일들이 어떤 계획이나 의도 속에서 발생했다는 사고思考 구조에 빠지는 경향이 있다. 예를 들어, A라는 사람이 B라는 사람과 술을 마시다가 심하게 싸운 뒤 A가 갑자기 숨질 경우, B가 유력한 용의자가 되는 것은 피할 수 없다. 하지만 A가 C라는 사람의 의도하지 않은 실수로 목숨을 잃을 수도 있고, A에 대해 깊은 원한을 가진 D라는 숨겨진 사람이 있을 수도 있다.

세상 사는 다양한 일들이 복잡하게 겹치고, 우연히 발생한 사건이 결정적인 영향을 끼치기도 한다. 그러나 법률가들은 사회에서 일어난 사건이 어떤 계획에 따라 발생했다는 식으로 구성하는 경향이 있다. 물론, 추론이 맞을 때도 많다. 그러나 법률가의 이 같은 사고 구조가 억울한 피해자를 낳는 결과로 이어질 수도 있다. 하지만 판사는 검찰의 기소로 재판을 진행하기 때문에 억울한 피해자를 만들 위험성은 낮다고 판단했다.

군 법무관으로 근무했을 때, 일반 검사가 수사도 제대로 하지 않고 결정을 내리는 바람에 억울한 피해자를 낳고, 죄를 지은 사람은 놓치는 상황도 목격했다. 이 경험도 나의 결정에 영향을 미쳤다.

현실적인 이유도 있었다. 당시에는 검찰에서 성공하기 위해서는 '빽'이 있어야 한다는 풍문이 사실처럼 나돌았다. 법원의 인사人事는 상대적으로 공정하다는 평가가 있었다.

나는 '반드시 출세하겠다'라는 욕심이 아니라 '혹시나 인사 문제에 있어서 불이익을 받는 일이 생기는 것은 아닐까' 하는 걱정이 되었다. 아버지는 평교사였고 아무런 '빽'이 없는 나로서는 '설마 그런 일이 생길까' 하는 생각을 하면서도 '혹시나 하는' 불안감을 쉽게 떨칠 수는 없었다. 여담이지만, 내가 판사로 근무할 때 검찰 인사에 외풍外風이 작용했던 사례를 여러 번 보았다. 전직 검찰 고위 간부를 장인丈人으로 둔 검사 등이 능력에 비해 좋은 자리를 차지하는 경우가 실제로 있었다.

법원은 상대적으로 인사에 공정했다. 나는 '내 선택이 틀리지 않았구나' 하는 사실을 재확인했다.

군에서 제대한 이후 판사와 검사 중에 하나를 선택해 지원해야 하는 시점이 왔다. 내가 24회 사법시험에 합격했을 때는 합격자 정원이 309명이었다. 우수한 인재들이 많아 최상위권은 아니었지만, 판사와 검사 중에 어떤 선택을 해도 합격할 수 있는 정도의 성적이었다. 나는 판사를 지원했고, 임명장을 받았다.

첫 발령지는 대구지방법원이었고, 1988년 3월 첫 출근을 했다.

대구는 내 인생에 있어 운명이고, 나의 집이다. 대구에서 중·고등학

판사 시절

교와 대학교를 졸업했고, 군 생활의 절반도 대구에 있는 50사단에서 근무했다. 판사로서의 첫 근무지도 대구였다. 심적으로 편했다.

나는 합의부에 배치되었다. 보통 합의부에서는 세 명의 판사가 모여 일한다. 부장 판사 한 명과 배석 판사 두 명이 있는 구조다. 그런데, 내가 합의부 발령을 받았을 때, 그 합의부에는 이미 세 명의 판사가 있었다. 배석 판사는 조배숙 판사와 김수남 판사였다. 법조계 경력으로만 따지면, 조 판사는 나의 2년 선배였고 김 판사는 2년 후배였다. 김 판사는 군대를 가지 않아 먼저 근무하고 있었다.

내가 그 합의부에 들어가면서 판사가 네 명인 독특한 합의부가 되었다. 하지만 재판을 분담하면서 효율적으로 일할 수 있었고, 판사들 사이의 관계도 매우 좋았다. 조 판사는 정계에 진출해 국민의힘 소속의 5선 국회의원으로 활동하고 있다. 김 판사는 이후 검찰로 옮겨 검찰총장을 지냈다. 훗날 한국 사회에서 중요한 역할을 하는 두 사람을 첫 근무지에서 만나 그 인연을 이어오고 있다.

대구지방법원에서 같이 근무했던 소중한 인연은 또 있다. 김기현 국민의힘 의원이다. 현재 5선 의원인 김 의원은 국민의힘 대표와 울산광역시장 등을 지냈다.

나는 대구지방법원의 합의부에서 형사항소부로 자리를 옮겼다. 형사항소부에서 근무하고 있을 때 좌배석으로 새로 왔던 판사가 김기현 판사이다.

무죄 판결은 많고, 유죄 판결엔 높은 형량
— 일부 검사들의 '눈엣가시'

판사로 근무했을 때, 변호사들로부터 들은 이야기다. 나에게 사건이 배당되면 무죄라고 생각한 피고인들은 무척 좋아했고, 나쁜 죄를 저지른 피고인들은 엄청나게 떨고 있다는 내용이었다.

판사들 가운데 양형量刑의 범위가 좁은 판사들이 있다. 유죄를 선고해도 처벌 수위가 높지 않고, 무죄를 내려야 할 경우에도 벌금형을 선고하는 방식으로 완벽하게 무죄 판결을 내리는 것을 꺼리는 판사가 있는 것이 사실이다. 나는 이런 판결을 '비겁한 판결'이라고 부른다. 책임을 회피하는 판결이라고 생각하기 때문이다. 자신의 판결에 대해 자신감이 없기 때문에 어정쩡하고 두루뭉술한 선고를 내리는 것이다.

나는 그렇게 하지 않았다. 판사로 근무하면서 무죄 판결을 많이 내렸다.

정확한 연도는 기억나지 않는데, 법원행정처가 1년 동안의 무죄 판결 건수를 조사한 결과, 광주지방법원 전체 판사의 무죄 판결 건수보다 나 혼자만의 무죄 판결 건수가 더 많았다는 이야기가 있었다.

나는 내가 맡고 진행한 재판의 내용을 꿰뚫고 있다는 자신감이 있었다. 사건 서류를 꼼꼼하게 분석했고, 당사자들의 진술을 최대한 경청했다. 억울한 피해자를 만들어서는 안 된다는 소신 때문이었다. 대신에, 유죄가 분명한 경우 높은 형량을 선고했다. 죄를 지은 사람에게는 매서운 처벌을 내린 것이다.

억울한 누명을 쓰거나 무고誣告를 당한 사람들은 나를 반겼고, 죄를 지은 사람들은 벌벌 떨었다는 이야기가 나왔던 배경이다.

'비겁한 판결'에는 또 다른 특징이 있다. 두 당사자가 특정 사건을 놓고 다툴 경우, 양쪽 모두에게 적당한 수준의 처벌을 내리는 것이다. 이해 당사자들 가운데 한쪽 편을 일방적으로 들지 않겠다는 의도지만, 때로는 책임을 회피하는 판결이기도 했다.

나는 두 당사자가 치열하게 다투는 재판을 맡았을 때, 시비를 걸거나 약속을 먼저 어기는 등 분쟁의 원인을 제공한 사람은 더 처벌했고, 원인에 반응한 사람들에 대해서는 확연히 가볍게 처벌했다.

검사 입장에서 무죄가 선고되면, 유형무형의 불이익을 받는다. 심한 경우에는 인사상의 불이익을 받는 사례도 있다. 그리고 모든 무죄 사건은 '무죄 이유서'를 써야 하는 불편함을 겪는다. 검사 입장에서는 무죄 이유서를 쓰는 것이 자존심이 상하는 일이다. 그래서 일부 검사들이 나를 '눈엣가시'로 여기고 있다는 이야기가 들려왔다.

나는 1988년 3월부터 2002년 2월 법복法服을 벗기 전까지 성남지원에서 근무했던 한 차례를 빼고 대구·경북 지역의 법원에서 근무했다. 당시는 노태우 정부에서 김영삼 정부를 거쳤던 시기였기 때문에 나의 관할 지역에 실세 정치인들이 많았다.

'실세' 의원 보좌관의 교통사고 사건

기억에 남는 일이 하나 있다. 1992년 12월 초에 발생했던 교통사고 사건이었다. 그해 12월 18일에 대통령 선거가 있었고, 김영삼 대통령이 당선되었다. 대통령 선거 운동이 최고조로 불붙었던 시점에 벌어진 사건이었다.

나는 김천지원의 판사로 근무하고 있었다. 1993년 초에 그 사건이 들어왔다. 검찰은 '약식 벌금형略式 罰金刑' 사건으로 처리해 보냈다. '약식 사건'은 경미한 형사 사건에 대해 법정 재판 없이 서류 재판으로 선고하는 사건을 의미한다. 약식 벌금형 사건일 경우, 판사가 재판 서류에 도장만 찍으면 벌금형으로 종결된다. 그러나 나는 약식 사건에 대해서도 서류를 꼼꼼하게 읽었다. 그래서 이 사건을 발견할 수 있었다.

교통사고 사건 기록을 읽어보니, 앞뒤가 맞지 않는 내용이 너무 많았다. 경북의 한 시골길에서 교통사고가 났는데, 이 사고로 할머니 한 명이 숨지고, 다른 할머니는 전치 16주의 중상을 입었다. 그런데, 벌금이 500만 원에 불과했다. 여기에 더해, 가해자는 숨진 할머니의 가족과는 합의를 했는데, 중상을 입은 할머니 측과는 어떠한 합의도 하지 않았다. '봐주기' 정황도 뚜렷했다. 가해자가 경찰 조사는 받았지만, 검찰에서는 조사조차 받지 않았다.

나는 문제가 있는 사건임을 간파했다. 사건 기록도 조작의 흔적이 가득했다. 사건 기록에는 교통사고가 발생한 장소가 왕복 2차선 도로의 바깥길이라고 기재되어 있었다. 도로 옆의 노견路肩, 갓길에서 교통사고가 발생했다는 것이다.

나는 경찰이 조작했다는 사실을 밝혀냈다. 실제 사고는 왕복 2차선 도로의 횡단보도에서 발생했는데, 당시 횡단보도에서 일어난 교통사고는 '중과실重過失'로 규정되어 일반 교통사고보다 처벌 수위가 훨씬 높았다. 그래서 노견으로 사고 장소를 조작한 것이다. 그러나 가해자 측이

간과한 것이 있었다. 노견 사고는 도로 밖에 있는 사람을 친 것이기 때문에 횡단보도 사고보다 죄질이 더 나빴다. 부도덕한 검사가 가장 두려워하는 판사의 결정이 있다. 검경은 눈감아 줘야 할 사건이 있을 경우 약식 사건으로 만들어 법원에 보내는 수법을 썼다. 그런데, 판사가 이를 눈치채고 '통상 회부通常 回附' 결정을 내리면 검찰은 기겁을 한다. 정식 재판으로 회부하는 결정이기 때문이다. 나는 이 교통사고 사건에 대해 통상 회부 결정을 내렸다. 검찰은 난리가 났다.

나는 통상 회부 결정을 내린 뒤에야 사건의 전모를 알 수 있었다. 통상 회부 결정을 내리자마자 공판 검사가 얼굴이 하얗게 질린 채 나를 찾아왔다. 그 검사는 '교통사고 가해자가 실세 의원의 보좌관이다. 의원실이 발칵 뒤집혔다. 통상 재판에서도 징역형 아닌 벌금형으로 해 줄 수 없느냐?'고 읍소했다. 그러나 도저히 받아들일 수 없는 요청이었다. 실세 의원은 노태우 대통령과도 깊은 인연이 있었지만, 특히 김영삼 당시 민주자유당 대선 후보와 가까운 사이였다. 대선 시기에 '킹 메이커'로 평가받던 인사였다.

정식 재판이 시작되었다. 나는 가해자에게 "중상을 입은 할머니와 합의는 해야 하지 않겠느냐."라면서 여러 차례 당부했다. 그러나 합의 소식은 들려오지 않았다. 가해자의 뻣뻣한 태도에는 변함이 없었다. 하루는 재판 일자를 미뤄달라는 요구를 했다. 그 실세 의원이 해외로 출국했다가 귀국하는데, '모시러 가야 한다'는 것이었다. 나는 받아들이지 않았다.

교통사고는 운전 부주의와 과속이 원인이었다. 하지만 음주가 얼마나 영향을 미쳤는지는 확인할 수 없었다. 사고 직후에 혈중 알코올 농도를 측정하지 않았기 때문이다. 그러나 경찰 조서에 기가 찬 대목이 있었다. 사고 발생 당일, '대통령 선거 운동을 독려하다가 낮술을 조금 마셨다'는 가해자의 진술이 경찰 조서에 버젓이 기재된 것이었다.

대선이라고 하면, 시골 판사와 시골 경찰이 겁먹을 줄 알고 일부러 그런 진술을 했다는 생각이 들었다. 범죄 혐의는 명백했다. 내가 선고를 내릴 때까지 합의는 이뤄지지 않았다. 나는 1심에서 가해자를 법정 구속하는 판결을 내렸다. 다른 검사가 나에게 '법정 구속 소식을 듣고 실세 의원이 고함을 지르고 격노했다'는 이야기를 전했다.

가해자는 법정 구속이 된 이후에야 중상을 입은 할머니 측과 합의했다. 2심을 의식한 뒤늦은 조치였다. 실세 의원 부인이 수감 중인 가해자를 면회했다는 이야기도 들렸다.

그 판결을 내린 뒤 나의 판사 사무실에 장문의 편지가 한 장 왔다. 피해 할머니들의 가족은 아니고, 그 마을 주민이 보낸 편지였다. 한자漢字도 섞여 있고, 문장도 좋았다. 마을에서 배움이 있는 사람이 대표로 보낸 것 같았다.

내용은 이랬다. "저희 마을 사람들은 그 가해자가 모 의원실세 의원의 보좌관이라는 사실을 진작에 알고 있었습니다. 경찰이 사건을 조작했다는 사실도 알고 있었습니다. 죽은 할머니도 억울하지만, 중상을 당한 할머니는 보상금 한 푼 못 받고 억울한 시간을 보내야 했습니다. 그 가해자가 법정 구속되었다는 소식을 듣고 온 마을 사람들이 만세를 불렀습니다. 판사님 덕분에 정의가 살아 있다는 것을 알게 되었습니다. 판사님이 좋은 판결을 내려주신 덕분에 마음에 맺혔던 한恨이 풀렸습니다. 너무 감사합니다."

편지를 읽고 오히려 내가 감사했다. 판사 생활을 하면서 그 편지를 가끔 꺼내 읽으며 초심을 다졌다. 하지만, 정치를 시작하고, 여러 차례 이사를 하면서 그 편지를 분실한 것이 너무 아쉽기만 하다.

'IMF 금융위기'가 빚은 안타까운 사건
— 종손宗孫의 누명을 벗겨 주다

2002년의 일이다. 나는 대구지방법원 형사항소부 재판장을 맡고 있었고

2심의 재판장이었다. 1심인 안동지원에서 '사문서 위조 및 동同 행사 혐의'에 대해 유죄 판결로 실형을 선고받은 사건이 하나 있었다.

경북 지역의 집성촌에서 발생한 사건이었다. 종친회관을 짓기로 했는데 돈이 부족했다. 그래서 집안의 종손이 금융기관으로부터 대출을 받고 같은 집안의 열두 명이 연대보증을 섰다. 그런데, 1997년 말 'IMF국제통화기금 금융위기'가 한국을 덮쳤다. 외환 부족이 낳은 '환란換亂'이었다. 당시를 겪은 사람들은 너무나도 잘 알 것이다. 기업은 무너졌고, 실업자들이 쏟아졌으며, 폐업하는 자영업자들이 속출했다.

이 집안도 'IMF 금융위기'의 피바람을 피할 수 없었다. 종친회관 건립은 중단되었다. 대출을 받았던 종손도 금융기관의 빚을 갚을 수 없는 처지가 되었다.

금융기관은 연대보증인 열두 명에게 채무債務를 변제할 것을 독촉했는데 이 열두 명이 오리발을 내밀었다. 이 사람들은 "연대보증을 섰던 사실이 없으며, 종손이 연대보증 서류를 위조했다."고 주장했다.

1심에서는 연대보증인들의 거짓말을 더 신뢰했다. 그래서 1심은 '사문서 위조 및 동同 행사 혐의'에 대해 유죄 판결을 내렸다. 재판도 사람이 하는 것이라 실수를 피할 수 없다지만, 너무나도 잘못된 판결이었다. 종손은 모든 빚을 다 뒤집어쓴 것도 억울한데, 감옥살이까지 해야 했다.

이 사건이 나에게 왔다. 의심스러운 대목들이 많았다. 특히 연대보증인이 열두 명이라는 점이 예사롭지 않았다. 종손이 사기를 치려고 작정했다면 1~2명의 사람만 내세워 허위로 연대보증서를 만들면 되는데, 열두 명이나 되는 사람들의 서류를 조작할 가능성은 낮다는 생각이 들었다. 또, 연대보증서에 간인間印이 있는 등 서류의 형식에는 문제가 없었다. 간인은 서류 속의 문서를 겹쳐 도장을 찍음으로써 이 문서들이 하나의 서류임을 증명하는 행위다.

나는 연대보증인 열두 명을 한 명씩 따로 불러가며 신문을 했다. 마침내 한 사람이 진실을 털어놓았다. 그 사람은 "연대보증서에 간인을 한 일이 있다."고 시인했다. 이 사람이 진실을 털어놓은 것이 양심의 가책 때문이었는지, 실수였는지 이유는 알 수가 없다. 이후에는 일사천리로 진행되었고, 나머지 열한 명이 도미노처럼 무너졌다.

'IMF 금융위기'가 사이좋던 한 집안을 파괴한 안타까운 사건이었다. 연대보증인들도 경제적으로 힘들어진 상황에서 채무까지 떠맡게 되자, 몇 사람이 "'연대보증한 적 없다'고 하자."고 주동해 빚어진 비극이었다.

나는 이 사건 재판을 마무리하면서 사람이 얼마나 비겁하고 나약한 존재인가를 다시 한번 절감했다. 무죄 판결을 받으며 누명을 벗은 종손이 재판정에서 눈물을 흘리며 나에게 "판사님, 억울함을 풀어주셔서 너무 고맙습니다."라고 말한 기억이 난다.

4절 '주 판사가 이렇게 죽는구나'

'죽음의 문턱'까지 갔던 교통사고
— '뇌척수액'까지 흘러나온 엄청난 '중상'

판사 생활을 하면서도 한동안 내 인생은 평탄하다고 생각했다. 인생을 살면서 굴곡을 피할 수는 없지만, 내 삶의 굴곡은 그 경사가 심하지 않았다고 생각했다. 하지만 나는 내 인생 경로를 바꾼 결정적인 사고를 당했다. 그 당시에는 너무나도 고통스러웠다. 그리고, 그 사고 이후 내 인생의 경로가 달라졌다. 지금은 이 또한 운명으로 받아들인다.

그 사고는 앞에서 설명했던 교통사고다. 나는 1998년 3월 11일 저녁 7시쯤 교통사고를 당해 중상重傷을 입었다. 사고 장소는 경북 영덕군 읍내에서 영덕의 강구항으로 가는 국도였다. 발단은 영덕의 특산물인 영덕 대게였다.

당시 나는 영덕지원장이었다. 교통사고가 나기 2주 전쯤에 가깝게 지냈던 의성지원장이 '지역의 선거관리위원들과 강구항을 찾아 저녁 식사를 할 예정인데, 대게를 좀 싸게 먹을 수 있는 방법이 없겠느냐'고 묻는 전화가 왔다. 지금도 법원 지원장은 지역 선거관리위원장을 겸하고 있다.

의성지원장은 '얼마 전에도 영덕에서 대게를 단체로 먹은 적이 있는데, 맛은 너무 좋았으나 값이 매우 비싸서 이런 부탁을 한다'는 설명도 덧붙였다. 의성지원장은 절친했던 판사 선배였고, 나의 관할 지역을 방문하는 것이었기 때문에 부탁을 흔쾌히 들어주었다. 3월은 대게 철이기도 했다.

나는 대게를 싸게 먹는 방법도 알고 있었다. 강구항에는 외부 손님들이 오면 식사를 대접하는 횟집이 있었다. 그 횟집 주인에게 먼저 양해를 구하고, 대게를 사가면 삶아줄 수 있는지를 문의했다. 열 명이 넘는 사람들이 회를 먹을 계획이었기 때문에 횟집 주인은 흔쾌히 승낙했다. 대게는 경매 중개인을 통해 구입했다. 그러고는 의성지청장 일행에게 내가 예약한 강구항의 횟집을 알려주었다. 대게만 전달하는 것이 어색한 기분이 들어 의성지원장 일행의 저녁 식사에 나와 영덕지원 판사, 직원들도 동참하기로 했다.

대게를 전달하며 저녁 식사를 함께하기로 약속한 날이 교통사고가 발생한 날이다. 그날 영덕지원의 직원 볼링대회가 있었던 것도 기억이 난다. 나는 지원장이었기 때문에 볼링대회에 빠질 수가 없었다. 그래서 짧게 참석한 뒤 대게를 전달하기 위해 출발했다.

관용차에는 나와 관용차를 운전하는 직원, 그리고 영덕지원의 판사, 사무과장이 동승했다. 강구항으로 이동하는 과정에 중앙선을 침범한 승용차가 우리 차를 정면으로 들이박았다. 뒤에 알게 된 사실이지만, 가해 차량 운전자는 문제가 있는 사람이었다. 포항에 있는 회사의 과장이었는데 부하 직원과 불륜 관계였다. 백암온천에서 밀회를 즐기기 위해 급하게 달리다가 교통사고를 낸 것이다.

사고가 난 국도는 왕복 2차선이었는데, 당시 4차선으로 확장공사를 하고 있었다. 마무리 공사가 한창이었는데 도로포장까지 마친 구간이 있었고 포장이 아직 이뤄지지 않은 구간도 있었다. 가해 차량은 유조차가 앞에서 천천히 달리자 공사 구간에 진입해 속도를 내서 추월을 시도

했다. 그런데, 포장 공사가 완료되지 않은 공사 공간에 들어서자 원래 달리던 차선으로 재진입하기 위해 방향을 틀었다가 차량을 제어하지 못하고 중앙선을 넘었던 것이다.

찰나의 순간이었다. 나는 가해 차량이 중앙선을 침범해 우리 차 쪽으로 돌진하는 모습을 목격했다. 온 힘을 다해 앞좌석 뒷부분을 양 손바닥으로 받치면서 버텼고, 두 다리도 힘껏 뻗으며 내 몸을 보호하기 위해 애썼다. 본능적인 움직임이었다. 나 자신을 보호하기 위한 무의식적인 동작이 피해를 더욱 악화시켰다. 손목뼈와 다리뼈가 부러진 것이었다. 왼다리 대퇴부 골절을 포함해 골절 부위가 무려 10곳이나 되었다.

정면충돌의 충격으로 얼굴이 앞좌석 뒷부분에 들이받혔다. 턱뼈가 부러지는 등 얼굴 절반이 날아갔다. 눈동자를 둘러싸는 안와골도 산산조각이 났다. 가장 심각했던 것은 두개골의 기저부基底部가 깨져 뇌척수액이 흘러나왔던 것이다. 뇌척수액은 입원 치료 중에도 흘러나오다가 멈췄다. 아마 계속 흘러나왔다면 나는 생명을 잃었을 것이다.

나는 몸이 만신창이가 된 상태에서도 정신을 잃지 않았다. 부러진 다리를 끌고 차에서 내려 비상조치를 취했다. 교통사고가 발생하자, 뒤에서 달려오던 차들이 도움을 주기 위해 멈춰 섰다. 놀라서 급하게 뛰어오는 운전자들에게 세 가지를 부탁했다. '현장을 그대로 보존해달라', '영덕지청장에게 연락을 취해 달라', '영덕지원 당직실에 전화해달라'는 것이 나의 부탁 내용이었다. 현장을 그대로 보존하고, 영덕지청장에게 연락을 취해달라고 했던 것은 하나의 맥락이었다.

나는 사고 수습 과정에서 내가 판사라는 사실이 알려지면, 우리가 일방적으로 당한 피해임에도 불구하고 판사라 사건이 유리하게 처리되었다는 근거 없는 음해가 걱정되었다. 이를 사전에 차단하겠다는 의도였다.

영덕지원 당직실에 연락을 부탁했던 것은 다른 이유였다. 사고 현장이 7번 국도와 인접해 있었다. 강원도 고성에서 부산까지 이어지는 7

번 국도는 동해안을 타고 가는 아름다운 도로다. 그러나 7번 국도는 '두 얼굴의 도로'다. 교통사고가 발생했을 때는 가장 무서운 도로로 돌변한다. 교통 체증 때문이다. 특히 여름철에는 인근에 해수욕장이 많아 피서객들로 인해 도로가 꽉 막힌다. 7번 국도에서 앰뷸런스로 이동하다가 길이 막혀 소중한 생명을 놓친 사고도 있었다.

이 같은 사실을 알고 있던 나는 부임赴任 초기에 영덕지원 당직실에 '응급상황 발생 시, 헬기 지원 조치 요령'이라는 문건을 붙여놓을 것을 지시했다. 비상 상황에 대비해 비상 헬기 지원을 받기 위한 조치였다. 하지만, 나는 병원으로 옮겨지는 과정에서 헬기에 두 번 태워졌다.

이 글을 읽으면서 '정신 차리기도 힘들었을 텐데, 진짜로 그렇게 대처했을까?' 하고 궁금해하는 사람들도 있을 것이다. 나는 그 의문을 이해한다. 나 역시 '어떤 정신으로 내가 그렇게 했을까?' 하는 생각을 하기 때문이다.

'주 판사가 이렇게 죽는구나' 생각한 사람도
— 13시간의 대수술

사고 직후, 나는 긴급 출동한 앰뷸런스에 실려 사고 현장에서 가장 가까운 영덕 제일병원으로 이송되어 지혈 등 응급조치를 받았다. 그러고는 '큰 병원으로 빨리 가야 한다'는 영덕 제일병원 응급실의 결정에 따라 다시 앰뷸런스에 태워져 포항 선린병원에 실려 갔다. 앰뷸런스 안에서 정신을 잃은 상태로 같은 질문들을 수백 번 되풀이했다는 이야기를 나중에 들었다.

"우리 직원들은 무사합니까?"

"우리 가족들은 무사합니까?"

이런 똑같은 질문들을 계속 반복했다고 한다. 내 가족은 교통사고 차량에 동승하지도 않았는데 횡설수설한 것이다. 앰뷸런스에 동승했던 사람은 '헛소리'하는 나의 상태를 보고 '주 판사가 이렇게 죽는구나' 하는 생각을 했다고 한다. 나도 어렴풋이 이 순간이 기억난다. '정신줄을 놓으면 죽는다'는 두려움 속에 무슨 말이라도 계속 던져야 한다는 생각을 했던 것 같다.

다행스럽게도 포항 선린병원에 입원한 다음 날에 뇌척수액이 흘러나오는 것이 멈췄다. 그러나 두개골 기저부가 깨져 있었기 때문에 뇌척수액이 다시 흘러나올 우려는 여전했다. 그럴 경우 생명을 잃을 수 있는 상황이었다. 다행스럽게도 그런 불상사는 발생하지 않았다. 나는 더 큰 병원에서 치료를 받아야 했고 소방 헬기에 실려 경북대학교병원으로 옮겨졌다. 의사들은 앰뷸런스를 이용할 경우 시간이 걸리는 데다 포장 상태가 좋지 않은 도로를 달릴 경우 차 내부가 흔들려 뇌척수액이 다시 흘러나올 수 있다고 걱정했다. 앰뷸런스로 이송 중에 예기치 않은 돌발 상황이 발생할 우려도 있었다.

나는 경북대병원에서 집중 치료를 받았다. 대수술을 피할 수 없었고 수술을 받기까지에도 우여곡절을 겪었다. 두개골 기저부는 깨져 있었는데, 잘못 건드리면 뇌척수액이 다시 흘러나올 우려가 컸다. 그러나 마냥 기다렸다가는 골절된 턱뼈 등이 그대로 굳을 가능성이 높았다. 그 절충점이 일주일이었다. 그래서 대형 사고로 중상을 입었는데도 수술을 받는 데에 일주일이 걸렸다.

이런 상황에서 법원 과장의 안와골 수술 후유증 사례가 변수로 등장했다. 최덕수 대구고등법원 부장판사와 이종욱 법원행정처 기조실장이 내 걱정을 하며 서울에서 수술받을 것을 결정했다. 나는 또다시 소방 헬기에 실려 서울대병원으로 이송되었다. 13시간에 걸친 대수술이었다. 전신마취를 했다. 온몸 전체에 골절 부위만 10곳이 넘었다. 나는 수술로 인해 얼굴의 대칭이 손상되었다.

수술 직후는 고통스러웠던 기억밖에 없다. 사흘 넘게 잠을 자지 못했다. 간호사가 가느다란 관管과 연결된 버튼 하나를 가르쳐 주면서 너무 아플 경우, 버튼을 누르면 진통제가 들어가 고통이 조금 완화될 것이라고 설명했다. 그러나 나는 단 한 번도 그 버튼을 누르지 않았다. 진통제를 쓰면 회복이 더디다는 말을 들었기 때문이다.

다음날, 간호사가 나의 진통제 용량이 그대로인 것을 확인하고, "혹시 제가 이 버튼 누르는 법을 안 가르쳐드렸나요?"라고 물었던 기억이 선명하다. 나는 진통제 투입 없이 극심한 고통을 참았는데, 그 간호사는 자신이 깜빡해 버튼 누르는 법을 안 가르쳐줬는지 확인했던 것이다.

또 다른 고통은 먹는 문제였다. 턱뼈가 부러지고 얼굴의 절반이 손상되었기 때문에 입으로 먹을 수 있는 것은 주스밖에 없었다. 서울대병원에서 퇴원했을 때, 나의 몸무게는 18kg이나 줄어 있었다.

한 달만의 퇴원과 후유증 — '소 꿈'이 준 교훈

수술 사흘 뒤에 병상에서 일어나 걸었다. 처음에는 다리가 풀리고 현기증이 심해서 일어날 수조차 없었다. 땀이 비 오듯 흘렀고, 한 발만 내딛어도 숨이 찼다. 입원 기간은 6개월 이상으로 예상되었지만 한 달 만에 퇴원했다. 병원에서 악착같이 치료와 재활에 매달린 결과였다.

수술은 성공적이었지만 후유증은 피할 수 없었다. 나의 인중人中, 코와 윗입술 사이에는 아직도 수술로 고정한 철사가 있다. 윗니와 아랫니가 완벽하게 접합되지 않아 치과에서 치아를 맞추기 위해 생니를 갈아 교정하는 치료도 받아야 했다.

비가 오거나 날씨가 갑자기 추워지면, 뺨을 맞은 것처럼 볼이 욱신욱신한 느낌이 들었다. 다리도 자연스럽게 펴지지 않았다. 그래서 휴일이 되면 온천이나 목욕탕을 찾아 뜨거운 탕에 들어갔다가 나온 뒤에 맨소래담 같은 것을 무릎에 발랐다. 그러고는 억지로 다리를 펴려고 온 힘을 썼다. 이런 행동을 반복하다 보니, 어느 날 다리에서 '두두둑' 소리가 나더니 다리 펴는 것이 자연스러워졌다. 피나는 노력으로 재활이 된 것이다.

꽃샘추위가 있던 3월 11일에 집을 나갔다가 교통사고를 당한 뒤 봄이 완연한 4월에 집으로 돌아왔다. 사고가 났던 당일은 날씨가 조금 풀려 출근할 때 구상나무 분재를 베란다에 내놓고 갔는데, 그 분재가 얼어 죽어 있던 것이 떠오른다. 그 대신에, 화단에 있던 목단牧丹 꽃이 탐스럽게 피었던 기억이 있다.

기억에 남는 이야기도 있다. 포항 선린병원에 입원해 있을 때다. 사고가 났던 3월 11일에 영덕 제일병원을 거쳐 밤 9시쯤 포항 선린병원에 옮겨졌다. 진통제 또는 수면제를 맞았는지, 아니면 큰 병원에 도착해 긴장이 풀렸는지 포항 선린병원에 도착한 이후 나도 모르게 스르르 잠이 들었다.

다음날 낮 1시쯤에 잠에서 깼다. 짧은 꿈을 꾸다가 깜짝 놀라 눈을 떴다. 찰나처럼 짧은 꿈에서 소 한 마리가 왼쪽 안면에 피를 흘린 채 지나가는 모습이 보였다. 몸은 성한 곳이 없었지만, 잠에서 일어나니 걱정이 없어지고 마음이 편해지는 기분이 들었다. 잠에서 깬 직후 비몽사몽非夢似夢 상태에서 의사들이 이야기를 나누는 소리가 들렸다. "다행스럽게 코와 귀로 흘러나오는 리키지Leakage가 멈췄네." 하는 말이었다. 뇌척수액이 흘러나오는 것이 멈췄다는 의미였다.

어린 시절 기억이 떠올랐다. 국민학교 2학년 때다. 당시에는 나와 나이가 비슷한 또래들이 자기 집 소에게 풀을 먹이기 위해 들판에 나갔다. 나의 역할은 소들이 농작물을 먹지 못하게 하기 위해 밭을 지키는 것이었다.

그 시간은 놀이시간이기도 했다. 마을 친구들과 노는데, 소 한 마리가 자꾸 밭으로 들어가려고 했다. 나는 놀이에 방해가 되는 소에게 짜증이 나서 돌을 던졌다. 겁만 주려고 했는데, 그 돌이 소의 얼굴에 맞았다.

다음 날, 이웃 할아버지가 나를 불렀다. 내가 살았던 마을이 동족 부락이었기 때문에 친척 할아버지이기도 했다. 그 할아버지가 "호영아, 니가 이 소에 돌을 던졌냐?"고 물으면서 한 소를 가리켰다. 그 소였다. 그런데, 왼쪽 안면에 피를 흘리고 있었다. 친척이었기 때문에 크게 혼나지는 않고 "다시는 그러지 마라."는 주의만 들었다.

30년이 흘러 그 소가 내 꿈에 나타난 것이다. 그리고 그 소가 나의 돌에 맞아 다친 부위가 내가 교통사고로 중상을 입은 부위와 위치가 똑같았다.

나는 너무나 신기해서 지인들과 스님들에게 내 꿈 이야기를 말했다. 각자의 해몽解夢을 내놓았다. 어떤 사람은 소는 조상을 의미하는데, 내가 조상의 도움으로 목숨을 건졌다고 풀이했다. 소 꿈에서 깨어난 직후에 공교롭게도 "리키지가 멈췄네."는 이야기를 들었던 것이 떠올라 오싹

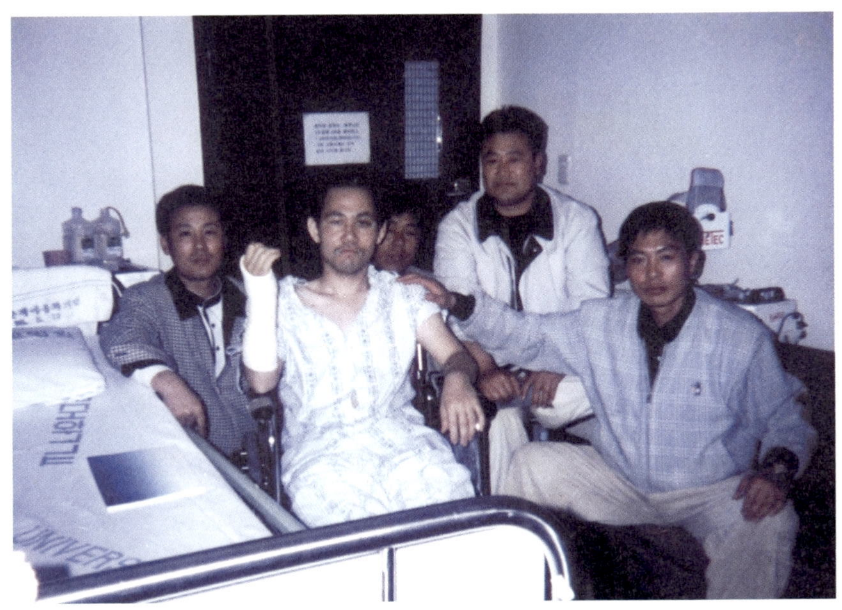

교통사고 수술 직후 고향친구들과

한 기분이 들었다. 한 스님은 내가 인과응보를 받은 것이라고 설명했다. 나 역시 '혹시나 내가 과거에 저지른 실수나 잘못 때문에 교통사고라는 업보를 겪은 것이 아니었을까' 하는 생각을 한 적이 있었다.

거의 60년 전의 그 일을 나는 지금도 가슴에 담고 있다. 나는, 나도 모르게 저지를 수 있는 사소한 잘못이 업보로 돌아올 수 있다는 생각에 지금도 언행에 많은 주의를 기울이고 있다. 그 꿈이 준 교훈이다.

성남지원으로 전근 — 두 가지 '비법'으로 일주일 400건의 '소액 사건' 처리

교통사고는 많은 것을 바꿔놓았다. 판사가 된 이후 판결을 내리는 데에 고심한 적은 있지만, 업무 환경 때문에 힘든 적은 한 번도 없었다.

다리의 철심을 빼는 재수술을 받아야 했다. 서울대병원에 가서 통원 치료를 받는 것도 쉽지 않아 수도권 지역의 법원으로 전근을 요청했다.

나는 성남지원으로 발령받았다. 전근을 했다고 해서 모든 문제가 풀린 것이 아니었다. 나는 치료를 계속 받아야 했다. 건강과 치료는 직장 동료들이 납득할 수 있는 이유다. 그러나 나는 개인적인 문제로 재판 진행에 지장을 주거나, 동료 판사들에게 민폐를 끼치는 것이 싫었다. 특히 재판 진행에 지장을 끼칠 경우, 그 피해는 재판을 받아야 하는 국민들에게 돌아간다는 걱정이 가장 컸다. 그래서 해법을 찾았다. 소액 사건 전담 판사를 자청한 것이다. 이유는 여러 가지였다.

우선, 소액 사건을 맡으면 '재판 차질'의 우려에서 벗어날 수 있었다. 병원 치료라는 합리적인 이유라고는 해도, 통상 재판通常 裁判, 법원이 일반적이고 표준적인 절차에 따라 사건을 심리·판결하는 재판 방식을 맡을 경우 공백은 재판 지연으로 이어질 수 있다. 그러나 소액 사건은 한 명의 판사가 진행할 수 있는 특징이 있다. 나만 부지런히 일하면, 재판 공백 문제는 해결될 수 있다는 생각이 들었다.

두 번째로, 경기도 성남이라는 지역적 특성이었다. 성남은 서민도 많고, 소상공인도 많다. 성남은 소액 사건이 많고, 여기에 더해 경제적으로 힘든 사람들이 치열하게 다퉈 조정과 화해가 안 되기로 유명한 지역이었다. 성남지원에서 소액 사건들을 많이 처리한다면, 통상 재판을 하는 것보다 더 큰 기여를 하는 것이라고 생각했다.

세 번째로, 나는 소액 사건을 처리한 경험이 많았다. 내가 지원장을 맡았던 영덕지원은 관할 지역이 넓다. 영덕군과 고향 울진군, 영양군이 관할 지역이다. 그래서 순회 재판 제도를 운영했는데, 순회 재판의 대부분은 소액 사건이었다.

영덕지원장을 맡았던 2년 동안, 처리한 소액 사건은 180여 건 정도로 기억한다. 그런데, 항소가 거의 없었다. 내 기억으로는 1건의 항소가 있었는데, 조정과 화해로 합의를 많이 이끌어 내며 소액 사건을 처리했기 때문이었다.

나의 요청이 받아들여져 소액 사건 전담 판사가 되었다. 그런데, 막상 그 업무를 맡아보니 성남지원의 소액 사건 건수가 상상을 초월했다. 일주일에 400건 정도가 들어왔다. 재판은 월요일과 수요일에 진행되었다. 월요일 오전과 오후, 수요일 오전과 오후로 각각 나눠 한 재판에 100건 정도를 처리했다. 나는 이 사건들을 모두 처리했다. 그렇다고 해서, 부실하게 처리하지도 않았다. 나의 전임 소액 사건 전담 판사의 항소율은 2%였지만 내 판결에 대한 항소율은 0.5%였다. 이는 내가 고안한 두 개의 '비법秘法' 때문이다.

첫 번째 비법은 송달 불능送達 不能 사건에 대한 신속한 처리였다. 송달 불능 사건이란, 법원이 발송한 서류가 피고 당사자에게 전달되지 못하는 사건을 의미한다. 이유는 여러 가지다. 거주 불명과 주소 오류다. 주소는 맞는데, 수취인이 집에 없는 수취인 부재受取人 不在도 있다. 주소도 맞고 수취인도 집에 있는데, 법원 서류 수령을 거부하는 경우도 송달 불능 사건에 포함된다.

송달 불능 사건에 대해서는 재판을 진행할 수 없다. 이에 따라 법원은 주소 보정 신청, 재송달·특별 송달, 공시 송달법원 게시판에 공고해 송달된 것으로 간주하는 절차 등의 조치를 취한다.

송달 불능 사건은 한 재판에 20-30건 정도가 되었다. 이들 사건에 대해 재판정에서 원고와 피고 등을 불러 그 이유를 설명하면 시간이 길어질 수밖에 없다. 그래서 나는 시간 절약을 추진했다. 소액 사건이 담당인 법원 직원 한 명을 따로 불러 고안한 방법을 알려 주었다. 그것은 송달 불능 사건 목록을 A4 용지로 정리해 법정 밖에 붙여 놓는 것이다. 사건명과 송달 불능 사유, 원고의 향후 조치 등을 자세히 기록한 목록이었다.

내가 지시한 내용을 바탕으로 법원 직원은 A4 용지에 목록을 만들었다.

만약, 재판정 옆 복도 한 곳에만 A4지 목록을 붙여 놓을 경우, 혼잡이 우려되어 A4지 목록을 3~4세트로 만들어 법정 밖에 붙였다. 세심한 배려라는 이야기를 들었다.

재판을 시작하면, 첫 순서로 소액 사건 당사자들을 모두 호명했다. 그러고는 그 사람들을 향해 '이러이러한 이유로 상대방 측에 법원 서류가 송달되지 않아 재판이 진행될 수 없습니다. 법정 밖에 자세한 내용을 기재한 A4 용지를 붙여 놓았으니 참고하십시오. 그래도 궁금하거나 이해가 되지 않는 내용이 있을 경우 법원 직원에게 문의해 주십시오'라는 취지로 설명했다.

내가 'A4지 목록'이라는 비법을 도입한 결과, 송달 불능 사건들을 빠른 시간 안에 처리할 수 있었다. 법원 직원을 찾아와 질문하는 경우도 거의 없었다. 설명을 쉽게 하고, 내용을 구체적으로 기재해 A4지 목록을 만들었기 때문이다.

두 번째 비법은 사법연수원생들에게 일부 사건들의 기초 조사를 맡긴 이후 보고서를 받는 방법이었다. 재판 진행도 신속하게 하고, 사법연수원생들은 살아 있는 실무 교육을 받을 수 있는 '일석이조一石二鳥'의 효과를 거두기 위한 목적이었다. 이 방법도 대성공을 거두었다. 당시 성남지원에는 세 명의 사법연수원생들이 파견 나와 있었다. 송달 불능 사건을 제외하면, 한 재판의 경우 70~80건의 사건을 처리해야 했다.

소액 사건의 경우 피고가 송달을 받고도 출석하지 아니하면 원고의 주장을 인정한 것으로 보는 '의제 자백' 제도가 있다. 대략 100건 중 50~60건의 사건이 의제 자백을 종결되었다. 채무는 인정하지만 형편이 되지 않아서 당장 갚기 어렵다는 뜻이다.

한 재판 당 20여 건의 사건이 문제였다. 어렵고 까다로운 사건들이었다. 이 가운데 사실 관계 판단과 법리 해석 등과 관련해 매우 신중하게 처리해야 할 사건은 5~10건이었다. 이 사건들은 내가 시간과 공을 들여 처음부터 끝까지 챙겼다. 나머지 절반인 5~10건은 다른 이유 때문에 어렵고 까다로웠다. 원고와 피고 간의 악감정과 구원舊怨 때문에 재판 진행이 쉽지 않은 사건들이었다.

돈도 문제였다. 재판의 승패가 정해져 있는 데에도 불구하고, 돈을 내기 싫거나 한 푼이라도 적게 내기 위해 억지를 부리는 사람들이 많았다. 이런 사건들의 기초 조사는 세 명의 사법연수원생들에게 맡겼다. 나는 사법연수원생들을 미리 교육을 시켜 놓았다.

재판정에서 사건 당사자들이 고성으로 다투는 사건들이 나오면, 시간만 잡아먹을 뿐 재판에 진척이 어렵다. 나는 언쟁을 벌이는 사람들에게 '사법연수원생들이 있는 사무실로 가서 자초지종을 설명하십시오'라는 취지로 안내했다. 그 사람들은 사법연수원생들을 만나 자신의 입장을 설명했다. 사법연수원생들은 면담 이후 개별 사건에 대해 보고서를 만들어 제출했다.

이 방법의 효과는 컸다. 원고 또는 피고는 법원에서 자신의 억울함을 들어주는 사람들이 있다는 사실에 감정이 조금 누그러졌다. 그래서,

격앙된 감정을 추스르고 조정 또는 화해로 결론을 맺는 사건이 적지 않았다. 나는 사법연수원생들의 보고서를 통해 원고와 피고의 입장을 더욱 자세히 이해할 수 있었고, 어떤 사유로 합의에 이르지 못했음을 파악했다. 나는 사법연수원생들의 기초 조사를 바탕으로 조정과 중재를 시도했다. 이로 인해 원고와 피고의 입장 차이를 충분히 이해하고 있었기 때문에 많은 합의를 이뤄낼 수 있었다.

솔직히 말해, 소액 사건은 법원에서 꺼리는 사건이다. 일단, 사건 수가 많고 잘 처리해도 티가 나지 않는다. 또, 법적으로는 소액이라고 해도, 경제적으로 힘든 사람들은 자신에게 불리하게 나온 재판 결과에 불만을 품고 '악성 민원인'이 되기도 한다. 내가 성남지원의 소액 사건 전담 판사가 된 이후에는 소액 사건 처리 건수가 획기적으로 증가했다. 그러면서 항소율도 기록적으로 낮았다. A4지 목록과 사법연수원생들의 기초 조사는 내가 일주일에 400건의 소액 사건을 처리할 수 있었던 '마법의 열쇠'였다.

예상치 못했던 인생 경로
— '판사 사직'도 운명의 일부로 받아들여

나의 전근은 나뿐만 아니라 우리 가족들의 삶에도 큰 변화를 불러왔다. 성남지원으로 발령 받으면서 1999년 2월에 온 가족이 서울로 이사했다. 나는 서울 서초동의 사법연수원에 다닐 때 2년 동안 '서울살이'를 한 적이 있지만 온 가족이 서울에서 사는 것은 처음이었다.

서울 강남 지역에 전세로 아파트를 구했다. 큰아들은 중학교를 다니고 있었다. 당시 서울 강남 지역에는 '조기 유학' 바람이 불고 있었고, 큰아들도 조기 유학을 원하기 시작했다. 나와 아내는 고심 끝에 큰아들을 조기 유학 보내기로 결정했다.

참고로, 작은아들은 조기 유학을 선택하지 않고 한국에서만 공부했다. 나는 판사와 짧은 기간의 변호사, 그리고 정치인의 삶을 살면서 바쁘다는 이유로 자녀 교육에 무관심한 편이었다. 그 죄책감 때문이었는지, 또는 명령이나 지시보다는 지켜보는 것을 좋아하는 내 성격 때문이었는지 두 아들의 선택을 존중했다.

강요한 적이 한 번도 없지만 두 아들 모두 나의 뒤를 따라 법조인이 되었다. 아내가 두 아들의 뒷바라지를 도맡았다. 두 아들이 자라면서 부모의 속을 썩이지 않고 학교 생활 잘하면서 공부를 열심히 했던 것에 대해 고맙게 생각한다.

5절 법복法服을 벗고 변호사 생활, 그리고 정계 진출 '결정'

변호사 시절 — 높은 승소율과 친절한 상담, 밀려들었던 사건 의뢰

나는 2003년 2월, 대구에 변호사 사무실을 열었다. 길고 긴 고민 끝에 판사를 그만두겠다는 결심을 했을 때는 '돈을 많이 벌어야 겠다'는 생각을 했다. 짧은 기간에 돈을 많이 벌어 '돈의 굴레'에서 어느 정도 벗어난 뒤 내가 하고 싶은 일을 마음껏 하겠다는 나름의 계획을 세워두고 있었다.

법원에서의 마지막 직책은 대구지방법원 부장판사였다. 성남지원에서 근무했을 때 서울살이가 몸에 맞지 않는 옷을 입은 느낌이었다. 건강이 완벽하게 회복되지 않았지만, 대구·경북 지역에서 근무하기를 희망했다. 고향이 그리웠다. 나는 상주지원장을 거쳐 대구지방법원 부장판사로 근무한 뒤에 법원을 나왔다.

변호사 사무실을 열었을 때는 기대 이상으로 승승장구乘勝長驅했다. 그러나 서울의 변호사 수임료에 비하면 턱없이 낮은 수준이었다. 한 사람 건너면 다 아는 사람들이라 수임료를 많이 받을 수도 없었다.

운運도 작용했다. 당시에는 대구지방법원과 대구지방검찰청에서 법복을 벗고 변호사를 택한 사람들이 해마다 네 명 정도 나왔다. 하지만 내가 개업했던 해와 그다음 해에는 나와 함께 일하기 위해 법원을 나온 후배 판사 말고는 개업한 사람이 나오지 않았다.

전략도 통했다. 역시나 서울과 달리, 대구는 대도시라고 해도 대형 사건이 없었다. 그래서 택한 전략은 '박리다매薄利多賣'였다. '박리다매' 전략이 통할 수 있었던 데에도 이유가 있다. 내가 부장판사로 재직할 때 배석판사를 했던 후배 역시 집안에 사정이 있었다. 내가 개업한다는 이야기를 들은 뒤 그 후배 판사가 나에게 함께 일하게 해달라고 요청했고, 나는 흔쾌히 수락했다. 이어 사법연수원을 갓 졸업한 신참 변호사 한 명도 영입했다.

나는 변호사로 활동하는 동안 약 800건의 사건을 수임했다. 그러나 '박리다매' 전략에만 의존하는 것은 한계가 있었다. 수임료가 싸다고 해서 결과가 좋지 않으면 많은 사건을 맡을 수 없기 때문이다. 나는 승소율이 매우 높았고 '모든 사건은 변호사가 상담한다'는 것을 원칙으로 내세웠다.

또한 두 단계 시스템을 도입했다. 후배 판사였던 변호사와 신참 변호사가 사건 의뢰자와 1차 상담을 하고 2차 상담은 내가 맡았다. 두 변호사가 1차 상담을 마친 뒤 보고서를 제출했고 나는 그 보고서를 바탕으로 사건 내용을 숙지한 이후에 의뢰자들을 만났다. 짧은 시간 안에, 우리 사무실이 승소율도 높고 친절하다는 소문이 퍼졌다. 그러니, 사건이 몰리는 것은 당연했다.

높은 승소율도 공짜로 얻어진 것이 아니었다. '3심 제도'에서 모든 판결이 중요하지만, 그중에서 최종 결정에 가장 분수령이 되는 판결을 고르라고 한다면, 나는 2심인 고등법원 판결을 꼽는다. 2심에서 1심 판결을 그대로 유지할 경우 그 결정이 끝까지 가고, 2심에서 1심 판결을 뒤집었을 때도 2심 결정이 대법원의 3심 판결로 이어지는 경우가 대부분이기 때문이다.

나는 판사 시절에 판결문 공부를 많이 했다. 특히 판사가 판결에 대해 더욱 깊이 있게 공부하기 위해서는 2심 판결문을 많이 읽어야 한다는 것이 나의 지론이다.

'판결 원본철'이라는 것이 있다. 말 그대로, 판결문의 원본들을 모아 묶어 놓은 것이다. 판결문의 원본이기 때문에 아무리 판사라고 해도 외부 대출은 금지되어 있다.

나는 판사로 재직할 때 시간이 날 때마다 판결 원본철을 읽었다. 그중에서도 2심인 고등법원의 판결 원본철을 집중적으로 읽었다. 이렇게 2심 중심으로 판결 원본철을 통달하니, 재판에 대한 눈이 트였다. '아, 이런 이유로 1심이 유지되었구나', '아, 이렇게 하니 1심이 뒤집혔구나' 하는 안목이 생겼다. 어지간한 사건은 결론을 도출해 내는 능력이 쌓였다. '판결 원본철'을 통해 습득한 안목은 새롭게 시작한 변호사 생활에도 큰 도움이 되었다. 내가 맡은 사건은 거의 다 이겼다. 여기에 더해, 아무리 많은 돈을 준다고 해도 패소가 확실한 사건은 맡지 않았다. 높은 승소율을 유지했던 또 다른 이유였다. 사건은 몰려들었고 '연전연승連戰連勝'을 했다.

"주 변호사 같은 사람이 정치를 해야 한다" 권유 — '떨어지면 정치 쪽을 쳐다보지 말자' 다짐

2003년 2월, 판사를 사직할 당시에는 나는 정계 진출을 결심하지 않았다. 다만 2004년 4월 17일에 치러질 총선을 전혀 의식하지 않은 것은 아니었다. 총선을 1년 2개월 앞둔 2003년 2월에 어슴푸레하게 정계 입문 가능성을 염두에 두고 법원을 나온 것이다.

정계 진출에 목을 맸던 것은 아니다. 다만, 여러 직업군 중에 변호사가 정계 진출하는 비중이 높다. 혹시나 내 마음도 정치 쪽으로 쏠릴 가능성이 있다고 판단해 판사 퇴직 시기를 그렇게 맞춘 것이다.

정계 진출 가능성을 고려하다 보니, 변호사 생활을 하면서도 매우 조심스럽게 처신했다. 가장 신경을 쓴 대목은 수임료 부분이었다. 다른 지역도 마찬가지겠지만, 대구 지역에서도 '무슨 변호사가 돈만 밝힌다더라' 하는 좋지 않은 소문이 빨리 돌아 '돈 문제'에 대해서는 조심할 수밖에 없었다. 그래서 수임료를 많이 받지 않았다.

거액의 '성공 보수'를 뜯긴 적도 있다. 변호사의 큰돈은 재판에서 이긴 이후 받는 성공 보수에서 나온다. 그런데, 의뢰인 한 명이 승소한 뒤에 약정했던 성공 보수를 주지 않았다. 계약서가 있었기 때문에 내가 소송을 제기했다면 '100%' 이기는 소송이었다. 그러나 희미하게나마 정치를 염두에 두고 있어서 소송 제기를 하지 않았다.

당시 변호사 업계에서는 이 같은 사례를 막기 위해 편법적 수단이 음성적으로 활용되고 있었다. 성공 보수를 미리 받고, 패소하면 돌려주는 방식이었다. 그러나, 이는 변호사의 윤리 강령에 위배되는 행위로, 편법적인 수단을 쓰지 않았다.

변호사 업무를 시작하자마자 '정계 진출 권유'가 쏟아졌다. 어느 정도 짐작은 했지만, 예상을 뛰어넘는 수준이었다. 과장을 조금 보태자면, 만나는 사람마다 정계 진출을 조언했다. 특히 많은 선배 판사들이 정계 진출을 권유했다. 한 선배 판사는 "주 변호사 같은 사람이 정치를 해야 한다."고 당부했다.

스승 같은 스님들도 "이제는 고집을 꺾고 정치를 해야 한다."라고 권했다. 나의 변호로 위기에서 벗어난 의뢰인들 중에서도 "변호사님 같은 분이 정치를 했으면 좋겠습니다."라고 말한 사람이 여럿 있었다.

내가 신뢰감을 준 것도 사실이지만 다른 이유도 있었다. 당시, 대구에서는 정치권 전반과 대구 지역 정치인들에 대한 불만이 지금보다 훨씬 높았다.

조직적인 움직임도 있었다. 내가 졸업한 능인고등학교 총동창회였다. 능인고는 나의 지역구가 된 대구 수성구에 있다. 능인고 총동창회는 모교가 있는 '수성구'로 지역구를 콕 집어 출마를 요청했다.

시대 상황에도 변화가 감지되었다. 당시 한나라당은 검찰의 2002년 대선 자금 수사와 관련해 '차떼기 당'이라는 오명을 뒤집어쓰고 있었다. 그래서 한나라당은 정치 자금의 투명화를 위해 정치자금법·정당법·공직선거법을 한데 묶어 법 개정을 추진하고 있었다. 이 법의 개정을 오세훈 서울 시장이 당시 주도해 이른바 '오세훈 법'이라고 불리는 바로 그 법이다. 지홍원 대구고등법원장의 예견이 들어맞고 있었다. '돈을 쓰지 않아도 정치를 할 수 있는 시대가 오긴 오나 보다' 하는 생각이 들었다.

나는 '정계 진출' 여부를 화두話頭로 삼고 진지한 고민을 시작했다. 세 가지 생각이 들었다.

첫 번째는 '법法'에 대한 나의 일관된 애정이었다. 판사는 정해진 법 조문을 한 글자, 한 글자 따져가며 판결을 내리는 직업이다. 국회의원은 법을 만드는 사람이다. 나는 '좋은 법을 설계하는 것도 법조인法曹人으로서 의미 있겠다'는 생각이 들기 시작했다.

두 번째는 미래에 대한 걱정이었다. 당시, 대구 지역 변호사들 가운데는 정치 '늦바람'이 들어 그동안 번 전 재산을 탕진한 사람들이 있었다. '정치병病'에 걸려 출마와 낙선을 '도돌이표'처럼 반복하다가 빚까지 짊어진 변호사들도 있었다. 나는 '사람 일은 모르는 것이다. 만약 나도 늦바람이 들어 뒤늦게 정치에 도전했다가 가산을 탕진하면 어떻게 하지' 하는 걱정이 슬금슬금 들기 시작했다. '실패를 하더라도 한 살이라도 젊었을 때 하는 것이 낫다'는 생각이 머릿속을 지배하기 시작했다.

세 번째는 정치에 대한 호기심이었다. '정치가 도대체 뭐길래, 사람들을 블랙홀처럼 빨아 들일까' 하는 생각이 들기 시작했다. 정치에 대한 호기심은 '내가 직접 뛰어들어서 정치가 무엇인지, 한번 경험해 보자' 하는 도전적인 생각으로 변해 갔다.

나는 결심을 굳혔다. '이참에 도전해 보고, 안되면 정치에 대한 호기심이나 미련을 뿌리 뽑자. 한 번 해보고 실패하면 정치 쪽을 다시는 쳐다보지 말자'는 다짐을 했다. 그러면서 '이왕 하려면 전 재산을 탕진하는 전철前轍을 밟지 않기 위해 한 살이라도 젊을 때 하자'고 결심했다.

나는 정계 진출을 결정했다. 2003년 10월쯤이다. 2004년 4월에 실시된 17대 총선이 다가오고 있었다. 말 그대로, 나의 운명을 바꾼 '운명적인 결정'이었다.

2부 내 정치 인생의 결정적인 장면들

1장

이명박·박근혜·윤석열 전 대통령과의 이야기

1절 MB 캠프의 '칠고초려七顧草廬'

집요했던 '합류 요청' — 고심 끝에 2007년 대선 때 이명박 전 서울시장을 돕다

2006년 11월, 서울 종로구 인사동의 어느 한정식 식당. 2007년 12월 실시되었던 대선을 1년 1개월 정도 앞뒀던 시점이다.

나는 당시 유력 대선 후보였던 이명박MB 전 서울시장과 저녁 식사를 함께했다. 이 전 시장이 측근을 통해 만남을 제안해 성사되었던 자리이고 독대 형식이었다. 그 자리에서 나는 '이명박 전 시장이 진심으로 나를 영입하고 싶어 하는구나' 하는 생각이 들었다.

MB는 한나라당현 국민의힘 전신 대선 후보 자리를 놓고 박근혜 전 대표와 치열한 경쟁을 펼치고 있었다. 당시 노무현 정부의 지지율이 낮아 '한나라당 경선의 승자가 차기 대선의 승자'라는 말이 회자되던 시점이었다. 그리고 이 전망은 현실이 되었다.

이처럼 중대하고 민감한 시점에 MB가 당시 초선 의원에 불과했던 나를 초대해 독대 형식의 만남을 갖는 것에 대해 '삼고초려三顧草廬'의 진중함을 느꼈다. 사실 이 저녁 식사 이전에도 나는 MB와 독대 형식으로 점심 식사를 함께한 적이 있었다. 같은 해 9월이었다. 다만, 그때의 점심 식사는 첫 만남이었고, 저녁 식사에 비해 짧은 시간 탓인지 대선과 관련된 깊은 이야기는 오가지 않았던 것으로 기억한다.

이후 만난 11월의 저녁 식사 자리는 MB와의 두 번째 독대 형식의 만남이었다. 그날의 만남은 지금도 내 기억 속에 강하게 남아있다. 분위기는 화기애애했다. 우리 두 사람은 모두 고향이 경상북도 동해안 지역이라 자연스럽게 고향 이야기를 나누었다. MB의 고향은 포항이고, 내 고향은 울진이다.

시간이 흐르면서 화제가 대선으로 옮겨 갔다. 반주飯酒도 가볍게 오갔다. 하지만 MB는 신중했고, 서두르지 않았다. MB는 에둘러 나에게 '도와달라'는 뜻을 전했다. 그러면서 나에게 "당신은 어떻게 행동하길래, 당신을 싫어하는 국회의원이나 정치부 기자들이 한 명도 없느냐."라고 웃으며 말했다. 나는 이 말을 덕담으로 받아들였다. 자신보다 나이가 어린 사람들 가운데 친근하게 느끼는 사람을 '당신'이라고 부르는 것은 MB 특유의 표현이었다. 이날 만남에서 MB가 신중하면서도 소탈한 사람이라는 인상을 강하게 받았다.

개인적으로 미안한 마음이 컸지만, 확답을 주지 못했다. 박근혜 전 한나라당 대표와 나 사이의 관계 때문이었다. 그러나 MB 캠프는 나를 영입하기 위한 노력을 멈추지 않았다. 당시 친이친 이명박계 지도부 역시 나를 '스카우트' 하기 위해 공을 들였다. MB의 친형이자 'MB 캠프'의 좌장이었던 이상득 당시 국회부의장은 세 번이나 독대 형식의 만남을 제안하며 'MB 캠프' 합류를 정중하게 요청했다. 이 부의장은 당시 국회부의장 자격으로 2006년 10월 러시아·핀란드·노르웨이 의회를 순방하는 의원 외교 출장 일정이 있었는데, 그 출장 의원 명단에 나를 포함시키기도 했다.

의원 외교 중에서도 국회부의장을 대표로 하는 출장은 당시 의원들이 가장 선호하던 해외 일정이었다. 방문국의 최고위직 인사들을 만날 수 있는 데다 국회의장을 대표로 하는 해외 출장에 비해 형식적인 공식 일정이 상대적으로 적어 내실內實 있는 해외 출장으로 평가받았다. 이 부의장 자신이 대표로 가는 해외 출장에 동행 의원으로 나를 포함한 것은 세심한 배려였다. 나는 그 뜻을 알고 있었다.

MB 캠프의 또 다른 좌장이었던 이재오 의원 역시 두 차례 만남을 가지며 캠프 합류를 제안했다. 영입 제안의 강도만 놓고 보자면, 이 의원이 가장 적극적이었던 걸로 기억한다. 이 의원은 나를 만난 자리에서 '그 바쁜 MB가 왜 주 의원을 '일대일'로 만나면서 공을 들이는지 그 의미를 생각해 보라'고 MB 캠프 합류에 대한 압박 수위를 높였다.

나는 MB 캠프의 핵심 인사들과 모두 일곱 차례의 독대 자리를 가졌다. MB와는 두 번, 이 부의장과는 세 번, 이 의원과는 두 번이었다. 이 때문에 MB 캠프가 나를 영입하기 위해 '삼고초려'를 뛰어넘는 '칠고초려'를 했다는 말까지 나왔다.

MB 캠프의 의중을 내가 모를 리는 없었다. 당시, MB의 가장 강력한 경쟁자는 한나라당 내부에 있었다. 바로 박근혜 전 대표였다. MB 캠프가 나의 영입을 원했던 이유는 크게 두 가지였다.

첫째, MB 캠프 입장에서는 박 전 대표의 아성인 대구·경북TK 지역에서 친이계 세력을 보강해야 한다는 절박한 과제를 안고 있었다. 당시 나의 지역구는 '대구 수성구 을'이었다.

둘째, 종교적인 문제였다. 나는 불교 신자로, 불교계 인맥이 비교적 두터운 편이다. 반면 기독교 신자인 MB는 2004년 5월 한 기도회에 참석해 '서울시를 하나님께 봉헌하겠다'라고 발언한 이후 그 여진에 시달리고 있었다. MB 입장에서는 불교계의 반발 여론을 누그러뜨리기 위해 내가 꼭 필요했던 것이었다.

원로 인사 "주 의원을 더 필요로 하는 곳으로 가라"

2007년으로 해가 바뀌었지만, 나는 결정을 내리지 못하고 있었다. 깊은 고민이 이어졌다. 잠을 못 이룰 정도로 고뇌의 시간을 보냈다. 솔직히 말해, 대선 국면이 본격화되면 어느 정도 '러브콜'을 받을 것이라는 예상은 하고 있었다. 그러나 MB 캠프가 이토록 집요하게 영입 제안을 해올 것이라고는 전혀 예측하지 못했다. 그것이 번뇌의 시작점이었다.

MB 캠프의 구애를 받기 전까지만 해도 2007년 대선에서 박근혜 전 대표를 도울 생각을 하고 있었다. 나는 경북 울진에서 자라고 대구에서 중·고등학교와 대학교를 모두 졸업한, 전형적인 TK대구·경북 정치인으로 지역구 역시 대구다. 주변 인사들 또한 내가 박근혜 전 대표 캠프에 합류할 것이라고 짐작하고 있었다.

이러한 결정에는 나의 '개인사個人史'도 영향을 미쳤다. 나는 영남대 법학과78학번를 졸업했다. 영남대는 박정희·박근혜 '부녀父女 대통령'과 인연이 깊은 학교다. 박정희 전 대통령은 영남대의 설립자이고, 박근혜 전 대통령은 영남대의 이사장을 지냈다.

나와 각별했던 사람들과의 관계도 고려할 수밖에 없었다. 나는 조계종 총무원장과 동국대 이사장을 지낸 오녹원 큰스님으로부터 많은 가르침을 받았다. 오녹원 큰스님은 내가 모교인 대구의 능인고등학교를 다닐 때, 능인고의 이사장을 지내기도 했다. 오녹원 큰스님은 박정희 전 대통령과 오랜 인연이 있었다. 나의 대학교 1년 선배이자 평생 절친하게 지내는 최외출 현 영남대 총장은 역시 당시 박 전 대표를 헌신적으로 돕고 있었다.

그럼에도 MB 캠프의 영입 요청은 집요할 정도라는 느낌까지 들었다. 깊은 고뇌의 시간이 계속되었다. 장고의 이유 중 하나는 당직 문제도 있었다. 당시 나는 한나라당에서 두 가지 당직을 맡고 있었다. 김형오 원내대표 체제에서 공보부대표지금의 원내대변인와 한나라당 윤리위원회의 윤리관을 맡고 있었다. 당직자로서 나는 정치적 중립을 지켜야 했다. 이명박 전 시장을 비롯해 MB 캠프 인사들의 거듭된 영입 제안에 즉각적인 답을 주지 못했던 것은 공보부대표와 윤리관이라는 당직의 영향도 있었다.

언론의 관심도 점점 커지고 있었다. 가장 먼저 보도가 나온 것은 2007년 1월 초였다. 조선일보는 내가 'MB 캠프에 합류해 대변인을 맡을 것'이라는 내용을 단독으로 보도했다. 실세도 아니고 초선 의원에 불과했던 나의 거취가 기사로 단정되자, 심적 부담은 적지 않았다.

이후 2007년 1월 15일, 매일신문은 '이명박 전 서울시장이 주호영 의원에게 관심을 보이고 있는 것으로 알려졌다'며, 이 전 시장 캠프 관계자의 말을 인용해 "주 의원이 초선 의원으로 실력 있고 의정 활동을 열심히 하고 있다. 결정은 본인이 할 것"이라고 전했다. 1월 21일에는 연합뉴스가 '한나라당 대선 후보 경선 레이스가 조기 가열되면서 당직자들이 각 캠프의 구애 요청 속에 참여 여부를 고민하고 있는 것으로 알려졌다. 공보담당 원내부대표를 맡고 있는 주호영 의원은 치열한 세勢 싸움을 벌이고 있는 박근혜·이명박 캠프 측에서 서로 모셔 가려는 대표적 당직자 중 한 명으로 꼽힌다'고 보도했다. 초선 의원의 선택을 둘러싼 언론의 관심이 잇따르자, 심적 중압감은 날이 갈수록 커져 갔다.

이 기사가 보도되었던 당일 아침, 나는 친박친 박근혜계 핵심 의원에게 전화를 걸어 "MB 측으로부터 영입 제안을 받은 적은 있지만 내가 '가겠다'고 답한 적은 없다."고 직접 설명했다. 이 해명은 사실 그대로였다. 나는 어떠한 결정도 내리지 못하고 있었다.

조선일보 기사와 관련해 MB 캠프의 어떤 인사가 나의 합류를 기정사실화 하기 위해 의도적으로 '대변인 영입설'을 흘린 것이라는 강한 심증은 들었으나, 이미 기사가 나온 뒤였고 파장이 커진 이후라 그 보도를 둘러싼 경위를 파악하지는 않았다.

MB 캠프의 압박은 거세졌다. 이재오 의원은 2007년 1월 중순, 나에게 "주 의원 때문에 캠프 공식 발족을 못 하고 있는 상황이다. 주 의원을 빼놓고 캠프를 공식적으로 출범할 수도 없고, 주 의원을 기다리기 위해 캠프 발족을 더 이상 미룰 수도 없는 상황이다." 라며 결정을 재촉했다. 직접적으로 표현하지는 않았지만, 나로서는 'MB 캠프가 거창하게 시작하려고 하는데, 왜 당신이 미적거리면서 애를 먹이고 있느냐' 하는 원망으로 느껴졌다.

선택의 압박이 너무 괴로웠기 때문에 일시적인 탈출을 잠시 모색했다. 당시, 내가 등록한 한 대학의 최고지도자과정ALP에서 중국을 방문하는 4박 5일 프로그램을 준비하고 있었는데, 그 프로그램을 빌미 삼아 잠시 한국을 떠날 계획을 추진했다. 비슷한 시기에, 한 신문사로부터 미국 워싱턴에서 주최하는 포럼에 1주일 초청을 받기도 했다. 이렇게 두 차례에 걸쳐 해외로 출국한다면 사람들의 시선에서 잠시라도 사라질 수 있을 것이라는 생각을 했다.

그러나 한시적인 도피로 해결될 문제가 아니었다. 나는 해외 출국 계획을 포기하고 주변 지인들에게 조언을 구했다. 혼자만의 생각으로는 도저히 결론을 내릴 수 없을 정도로 머릿속이 복잡했기 때문이었다.

그중에서도 내가 멘토로 모셨던 한 원로 인사의 조언이 가장 큰 영향을 미쳤다. 그 인사는 나에게 "보수 진영을 위해서라면 무조건 MB 캠프로 가라."고 권유했다. 그의 설명은 이러했다.

"이번 대선에서 이명박이나 박근혜, 두 사람 중에 한 사람이 무조건 당선된다. 누가 되었건, 한나라당의 후보가 이길 것이니 주 의원이 대선이나 정권 교체에 대한 부담을 가질 필요는 없다. 그러나 박근혜 전 대표가 한나라당의 대선 후보가 되면 대선 본선에서 주 의원의 역할이 별로 없다. 불교계에서나 TK 지역에서는 박 전 대표에 대한 지지가 압도적이기 때문이다. 반면, MB가 대선 후보가 될 경우 불교계의 반대가 거셀 것이다. 주 의원이 경선에서는 빠져 있다가 대선 본선이 시작할 때 MB 캠프에 합류하면 그때는 이미 늦은 타이밍이다. 그러므로, 지금부터 MB 캠프에 들어가 MB의 약점을 미리 보완하는 데에 큰 역할을 해야 한다.

MB 개인을 돕는 차원을 넘어, 한나라당을 위한 선택이다. 결론적으로 두 캠프를 비교해 보면, MB 캠프에서는 주 의원의 역할이 막중하다. 의원을 더 필요로 하는 곳으로 가라. MB 캠프로 가서 대선 승리를 도우라."

또 다른 인사의 '경고성' 조언도 내 판단에 영향을 미쳤다. 그는 "MB 캠프에서 이토록 공을 들였는데도 MB 캠프를 가지 않을 경우 주 의원이 친이계 인사들과 척을 지는 상황이 발생할 수도 있다."고 말했다.

여러 조언과 고민 끝에 2007년 1월 31일, 마침내 결단을 내렸고 MB 캠프에 합류 의사를 전했다. 즉각적으로 언론에도 결심을 알렸다. 같은 날 원내대변인과 윤리관을 사임했다. 내 결정을 전해 들은 MB를 비롯해 이상득 부의장과 이재오 의원 등 친이계 인사들이 크게 기뻐했다는 이야기를 전해 들었다. 그리고 합류 발표 다음 날인 2월 1일부터 MB의 비서실장을 맡았다.

이명박 대선 경선 후보 등록 당시

나의 유일한 요구사항 — "대변인만은 시키지 말아 주십시오"

MB 캠프에 합류하면서 나는 딱 한 가지 전제 조건을 달았다. 대변인만은 시키지 말아 달라는 것이었다. MB 캠프는 내 요구를 수용해 MB의 비서실장 역할을 맡겼다. 콕 집어 대변인을 맡기지 말아 달라고 요청한 것은 박근혜 전 대표와의 관계 때문이었다. 당시 MB와 박 전 대표 간의 경쟁은 '내전內戰'을 방불케 할 만큼 치열했다. 두 캠프는 상대방 후보를 향해 거친 공격도 서슴지 않았다.

나는 MB의 대통령 당선을 위해 모든 노력을 기울일 각오가 되어 있었지만 딱 하나, 내 입으로 박 전 대표를 공격할 수는 없었다. 사실, MB 캠프는 나를 대변인으로 점찍고 있었다. MB 캠프의 '컨트롤타워' 역할을 했던 이른바 '6인회이명박·이상득·이재오·박희태·최시중·김덕룡' 멤버 중 한 명은 "주 의원은 판사 출신이라 법률 지식도 해박하고, 인상도 거짓말을 못 하는 사람의 느낌을 준다."면서 나를 대변인으로 밀어붙였다. 내가 원내대변인이라는 당직을 무난하게 수행한 점 역시 나를 대변인으로 임명하려고 낙점해 둔 이유 중의 하나였다. 그럼에도 MB 캠프는 내 요구를 수용해 대변인 역할을 맡기지 않았다.

2007년 5월 서울 플라자 호텔.

MB 캠프의 '6인회' 인사들이 모두 모인 가운데 나를 불렀다. 친이계 핵심으로 활동했던 안상수 의원과 최병국 의원도 자리를 함께했던 것으로 기억한다. 당시 박 전 대표의 캠프는 MB를 겨냥해 BBK 주가 조작 의혹과 도곡동 땅 의혹 등을 제기하며 파상 공세를 펼쳤다. 상승 추세였던 MB의 지지율이 답보 상황에 빠졌다. 위기 국면이었다. 이날 회의는 이에 대한 대책을 논의하기 위해 급히 마련한 자리였고 시기 또한 긴박했다. 2007년 7월 19일로 예정되었던 이명박·박근혜 후보에 대한 한나라당 대선 후보 검증 청문회까지 불과 두 달밖에 남지 않은 시점이었다. 당시 청문회는 한국 정당 사상 처음으로 자기 당 소속의 대선 후보를 공개적으로 검증하기 위해 마련된 청문회였다.

회의장에는 무거운 긴장감이 감돌았다. 심각한 분위기 속에서 대화가 오가던 중 갑자기 이상득 부의장이 나에게 "단둘이 긴히 이야기할 것이 있다."며 "옆방으로 잠시 가자."고 말했다. 옆방에 들어서자마자 이 부의장이 무겁게 입을 열었다. "주 의원도 알다시피, 상황이 심각하네. 주 의원이 대변인을 맡아줘야겠네. '6인회'에서 결정한 내용을 내가 대신 전하는 것뿐이네."라고 말했다.

이 부의장은 자신의 단독 결정이 아닌 MB 캠프 지도부에서 결정된 사안이라는 점을 은연중에 강조했다. 나는 "제가 MB 캠프에 합류할 때 유일하게 제시한 조건이 '대변인만은 시키지 말아달라'는 부탁이었습니다. 그 약속을 더 이상 지키지 못하겠다는 뜻인지요?"라고 물었다. 이 부의장은 "우리도 주 의원의 부탁을 들어주려고 노력했네. 하지만 지금은 위급한 상황이네. 주 의원이 대변인을 맡아야 한다는 것이 우리의 결론이네."라고 답했다. 이에, 나는 "잘 알겠습니다. 대변인을 맡겠습니다. 다만, 앞으로는 제 이름을 '주 에밀레'로 바꿔 불러주십시오."라고 말했다. 이 부의장은 "그 말이 도대체 무슨 뜻인가?"라고 놀란 듯 물었다.

나는 신라 제36대 혜공왕 6년770년에 완성된 '에밀레종'성덕대왕 신종 또는 봉덕사 종으로도 불림 설화를 빗대어 말했다. 에밀레종은 제작 당시 실패를 거듭하자 어린아이를 쇳물에 녹여 넣어 만들었다는 설화가 전해지고 있다. 나는 "정 그러시다면 대변인을 맡겠습니다. 제가 대변인이 된다면, 저의 말과 글로 박 전 대표를 직접 공격하는 것은 피할 수 없겠지요. 저 하나 녹여 넣어 종소리를 내겠다는 의도 아니겠습니까. 그러니까 저를 이제 '주 에밀레'로 불러주십시오."라고 말했다. 이것은 가벼운 농담이 아니었다.

"MB 캠프에 많은 의원들이 참여하고 있지만, 저만큼 리스크가 큰 사람이 어디 있습니까. 저는 대구 출신에다 불교 신자이며, 영남대를 졸업했습니다. MB 캠프에 오신 분들은 형제나 서울시 인맥 등으로 MB를 도울 수밖에 없는 분들이 참여한 것 아닙니까. 저는 MB 캠프에 참여한 것만으로도 제일 부담이 큰 선택을 한 것입니다."

이 부의장은 심각한 표정으로 내 이야기를 경청했다. "주 의원의 말이 무슨 뜻인지 잘 알겠네. 대변인 이야기는 없었던 것으로 하세."라고 뜻을 굽혔다. 그러면서 "무리한 요구를 해서 미안하네."라고 말하며 사과의 뜻까지 전했다. 나는 이 전 시장의 대선 승리를 위해 온 힘을 쏟아부었다. 그러나 이 과정에서 박 전 대표를 공격한 적은 단 한 번도 없었다.

그동안 마음속에만 묻어왔던 이야기를 하나 꺼낸다.

MB 캠프에서는 나를 향해 집요하게 '구애 공세'를 펼쳤지만, 박 전 대표 측은 공식적으로나, 비공식적으로 단 한 번도 나에게 캠프 합류 제안을 하지 않았다. 박 전 대표 측 주요 인사들이 내가 당연히 박근혜 캠프에 합류할 것으로 생각했기 때문이었는지, 아니면 박 전 대표 측 내부에 어떤 사연이 있었는지 알 수 없다. 다만 나는 이 의문에 대해 답을 구하기 위해 애쓰지 않았다. 정치 생활을 하면서 친박계 인사들을 무수히 많이 만났지만 나에게 이 의문에 대해 어떠한 설명을 해준 사람도 끝끝내 없었다.

2절 박근혜 전 대통령과 동요 '오빠 생각'

박근혜 전 대표 "다음에는 도와주실 거죠?"

이명박 정부가 출범한 이후 비공식적인 자리에서 당시 박근혜 전 대표를 만난 적이 있었다. 나는 박 전 대표에게 다가가 "지난 대선 경선에서 도움을 드리지 못해 죄송합니다."라고 정중하게 사과의 뜻을 전했다. 박 전 대표는 미안해하는 나를 향해 "다음에는 도와주실 거죠?"라며 미소 지으며 말했다. 이에, 나는 "최선을 다해 대표님을 돕겠습니다."라고 답했다. 이명박 정부가 출범할 당시 친이계 의원들 사이에서는 박 전 대표가 친이계 의원들을 차갑게 대한다는 루머가 돌고 있었다. 박 전 대표의 근엄한 이미지에 주눅이 든 친이계 의원들이 지레짐작으로 그런 이야기들을 하고 다녔을 것이라는 생각을 한다. 박 전 대표는 나를 항상 따뜻하게 대했다.

나는 지금도 박 전 대표에 대해 고마움을 느끼고 있다. 당시, 한나라당 한 의원은 나에게 "주 의원이 MB 캠프에 있으면서도 박근혜 대표 공격을 하지 않기 위해 대변인 자리를 끝까지 고사했다는 이야기를 박 대표가 아는 것 같다."라는 추측을 내놓기도 했다. 그리고 나는 박 전 대표와의 약속을 지켰다. 2012년 대선에서 내가 국회의원 선거에 출마했을 때보다 더 열심히 박근혜 후보의 선거 운동을 도왔다. 그 선거에서 박 후보는 대선에서 승리했다.

내가 박근혜 전 대통령에 대해 감사함을 느끼는 대목은 또 있다. 나는 박근혜 정부 시절이었던 2016년, 20대 총선을 앞두고 새누리당국민의힘 전신 공천에서 탈락한 적이 있다. 나는 지금도 그때의 공천이 악의적이고 잘못된 공천이라고 생각한다. 나는 무소속으로 출마해 4선 국회의원 고지에 오른 뒤 나의 집이었던 새누리당에 복귀했다. 박근혜 전 대통령은 2024년에 『어둠을 지나 미래로』라는 제목의 회고록을 두 권 발간했다. 이 회고록 1권 237~238쪽에는 당시 상황에 대해 이렇게 설명했다.

'이한구 당시 공천 관리 위원장은 굉장히 소신이 강한 분이라 자신이 옳다고 생각하면 그대로 하는 스타일이었다. 나로서도 의외의 공천 결과가 꽤 있었다. 가령 대표적인 게 주호영 의원의 공천 탈락이었다. 나는 주 의원이 공천에서 배제되었다는 소식을 듣고 놀랐다. 주 의원은 이한구 위원장과 같은 대구 수성구 지역구였는데 두 사람 사이에 무슨 일이 있었는지 궁금했다. 하지만 대통령이 개별 공천에 관여하기 시작하면 또 다른 문제가 생길 수 있어 그냥 보고만 있을 수밖에 없었다'

이 대목을 읽으면서 나를 신뢰해 준 박 전 대통령에게 고마움을 느꼈다.

나는 20대 총선의 공천 실패가 박 전 대통령 탄핵의 시작점이라고 생각한다. 당시는 안철수 대표가 이끌던 국민의당이 창당되어 '야권 표'가 분산되는 유리한 상황이었다. 그러나 공천 실패로 20대 총선에서 새누리당이 다수당 자리를 빼앗기며 국회의장 자리를 더불어민주당에 내준 것이 '탄핵의 문'을 열었다는 판단에는 변함이 없다.

'오빠 생각' — 불교위원장을 맡은 사연과 대구 마지막 유세

2012년 대선 구도는 박근혜 후보와 문재인 민주통합당더불어민주당의 전신 후보 간의 '초박빙' 대결 양상이었다. 대선 당시, 나는 새누리당 선대위에서 불교위원장과 대구선대위원장이라는 두 가지 중책을 맡아 '분초分秒'를 아껴 가며 열심히 뛰었다.

대구는 흔히 새누리당의 텃밭이라고 생각하지만, 대선과 총선의 성격은 엄연히 다르다. 전국 단위로 실시되는 대선에서는 영남으로 대표되는 강세 지역에서 한 표라도 더 나오게 만들어야 한다. 나는 대구선대위원장으로서, 대구에서 마른 수건을 쥐어짜듯 선거 운동에 전력을 다했다.

내가 불교위원장을 맡은 데에는 숨은 일화가 있다. 선대위 출범 초기에는 다른 의원이 불교위원장에 임명되었다. 하지만 얼마 뒤 박근혜 후보가 직접 나를 불러 "주 의원님이 불교본부장을 맡아 주십시오."라고 요청했다. 나로서는 박 후보가 한 표라도 절실한 상황에서 당시 불교위원장을 맡고 있던 의원보다 나의 불교계 활동이 더 신뢰가 간다고 판단했기 때문으로 추측만 할 뿐이다. 나는 박 후보의 제안을 받고 정중하게 사양의 뜻을 먼저 밝혔다. 그러면서 동요 '오빠 생각'을 예로 들었다. 많은 국민이 아는 바로 그 동요다.

> 뜸북뜸북 뜸북새 논에서 울고/ 뻐꾹뻐꾹 뻐꾹새 숲에서 울 제/
> 우리 오빠 말 타고 서울 가시면/ 비단 구두 사가지고 오신다더니/
> 기럭기럭 기러기 북에서 오고/ 귀뚤귀뚤 귀뚜라미 슬피 울건만/
> 서울 가신 오빠는 소식도 없고/ 나뭇잎만 우수수 떨어집니다

이런 가사의 동요다.

나는 박 후보에게 "후보님, 혹시 '오빠 생각'이라는 노래 아시는지

요?"라고 물었다. 박 후보는 뜬금없는 나의 질문에 놀라는 기색으로 "무슨 말씀이신가요?"라고 되물었다. 나는 "그 동요 가사에 '서울 가신 오빠는 소식도 없고'라는 구절이 있습니다. 제가 지난 대선 과정에서 MB를 돕기 위해 불교계에 많은 도움을 요청했고, 불교계의 지원이 MB의 대선 승리에 일조一助를 했습니다. 하지만, 대선이 끝나고 나니까 불교계에서도 정부 측에 도움을 요청하는 일들이 생겼는데 MB가 대통령이 되고 난 뒤 연락도 잘 안되고, 저만 중간에서 골병이 들었습니다. 이번 대선에서도 만약 그 역할을 맡는다면 저만 '빚쟁이'가 될 것입니다."라고 이유를 설명했다. 박 후보는 하소연을 이해하는 듯한 표정을 지었다. 하지만 박 후보는 "그래도 어쩌겠어요. 도와주세요."라고 말했다. 박 후보의 거듭된 요청에 나는 고사의 뜻을 접었다. 그리고, 불교위원장을 맡아 불교계와 불교 신자들로부터 한 표라도 더 얻어 내기 위해 최선을 다했다.

나는 MB 선대위에 이어 박 후보의 선대위에서도 불교위원장을 맡아 대선 승리에 기여했다. 박 후보 선대위에서 불교위원장을 맡아 활동했을 때는 MB 선대위에서 일할 때보다 선거 운동 하는 것이 훨씬 수월했다. 불교계에서는 박정희 전 대통령과 육영수 여사에 대해 높은 존경심과 애정을 가진 스님들이 많았다. 직지사와 도선사 등 서른 곳이 넘는 전국의 주요 사찰은 박 전 대통령과 육 여사의 영정을 모셔 두고 기일忌日에 제사를 지냈다. 박 전 대통령이 나라를 가난에서 구하고, 부정 축재를 하지 않았으며 불교에 대한 지원을 아끼지 않았다는 데 대한 고마움의 표현이었다.

'오빠 생각'과 관련된 이야기는 여기서 끝이 아니다.

2012년 12월 19일 실시된 대선을 일주일 앞둔 같은 달 12일 저녁. 박 후보가 대구 동성로에서 대구 마지막 유세를 펼쳤다. '라스트 일주일'에는 수도권과 충청권 등 접전지를 돌기 위해 대선 일주일 전에 텃밭인 대구를 마지막으로 찾은 것이다. 엄청난 인파가 몰려들었다. 나도 6선 국회의원을 거치면서 많은 대선과 총선을 치러 봤지만, 지금까지 현장에서

2012년 박근혜 대선 후보

직접 본 유세 청중 가운데 가장 많은 인파였다. 매일신문은 그날 상황에 대해 '대구 동성로는 수많은 인파로 도심이 한때 마비되는 진풍경이 연출되었다'라고 보도했다.

동성로 유세는 박 후보의 이날 마지막 일정이었다. 말 그대로 '피날레'였다. 새누리당 소속의 대구 지역 의원들은 박 후보가 동성로에 도착하기 전에 모두 모여 연단에서 지원 유세를 하고 있었다. TK 지역을 한 바퀴 도는 유세 일정을 마치고 박 후보가 드디어 동성로에 모습을 드러내자 엄청난 환호성이 터져 나왔다. 박 후보는 대구 시민에 대한 애정을 감추지 않았다. 연단에서 "저를 키워 주시고 더 큰 길을 열어 주신 대구 시민들께 이제 제가 보답해 드릴 차례입니다. 저의 정치 인생을 모두 바쳐서 대구를 크게 발전 시키고, 우리 국민 모두가 행복한 대한민국을 반드시 건설하겠습니다."라고 강조했다.

박 후보의 연설이 끝난 뒤 나는 대구선대위원장 자격으로 마이크를 잡았다. 수많은 인파를 앞에 두고 박 후보를 향해 "후보님, 혹시 '오빠 생각'이라는 동요 아시는지요?"라는 질문을 재차 던졌다. 박 후보는 또다시 던져진 나의 느닷없는 물음에 "그 노래야 알지요."라며 답했다. 나는 "후보님, 대통령에 당선되신 뒤에 '서울 가신 오빠는 소식도 없고'라는 노래 가사처럼 하시면 안 됩니다. 그렇게 안 하시겠다고, 여기 나온 대구 시민들께 약속해 주세요."라고 말했다. 유세 청중들 사이에서는 큰 웃음이 터져 나왔다.

박 후보도 나의 의도를 간파하고 "그렇게 안 하겠다고 대구 시민들께 약속드립니다."라고 미소 지으며 답했다.

나는 농담을 섞어 박 후보에게 열성적으로 지지한 대구 시민들을 한 시라도 잊지 말아 달라는 당부를 전한 것이었다. '오빠 생각' 멘트는 내가 의도한 대로 성공을 거두어 동성로에서 있었던 대구 '피날레' 유세는 몰려든 시민들도 웃고, 박 후보도 웃으면서 끝맺음을 했다.

3절 윤석열 당시 검사를 돕기 위해 비밀리에 노력했던 사연

민주당 '총선' 출마 제안 받았던 윤석열 검사

내가 국회정보위원장으로 활동하던 2015년 연말로 기억한다. 그 당시는 윤석열 전 대통령이 국가정보원 댓글 사건 수사로 인해 박근혜 정부의 눈 밖에 나 대구고검 검사로 좌천된 이후 1년 반이 지난 시점이었다. 윤석열 당시 검사는 힘든 시간을 보내고 있었다.

나는 그 이전부터 윤 검사와 친분이 있었다. 윤 검사가 사법시험에 합격해 검사가 된 이후 첫 부임지가 대구지방검찰청이었다. 나 역시 대구지방법원의 판사로 근무하고 있었기 때문에 자연스럽게 상가喪家 등에서 만나 인연을 맺기 시작했다.

2015년 연말에 알고 지내던 인사가 나를 찾아왔다. 우리는 서로 존댓말을 쓰는 사이였다. 그는 당시 윤 검사의 절친한 친구였다. 이 인사는 "힘든 이야기 하나를 전할 것이 있습니다."라고 어렵게 말문을 열었다. 윤 검사에 대한 이야기였다. 이 인사는 "윤 검사가 차마 자기 입으로는 말 못하겠다고는 하는데, '도저히 고검에는 못 있겠다'고 합니다. '다른 것 다 필요 없고 전국 어디라도 좋으니까 지청支廳으로만 보내 달라'고 합니다. 어려운 일이라는 것을 알지만 주 의원님이 좀 도와주십시오."라고 간청했다.

나는 이 인사의 부탁을 듣자마자, 이 문제는 당시 박근혜 대통령만이 해결할 수 있는 문제라는 사실을 직감했다. 그래서 "제가 나선다고 해서, 그런 인사人事가 가능하겠습니까?"라고 반문했다. 그랬더니, 이 인사가 충격적인 이야기를 꺼냈다. "민주당이 내년2016년 총선을 앞두고 윤 검사를 영입하려고 하고 있습니다."라고 말했다. 이 인사가 나를 찾아온 시점은 20대 총선이 4개월 앞으로 다가온 긴박한 시점이었다.

나와 그 인사는 '윤 검사가 민주당 의원이 되어 박근혜 정부를 공격하는 상황이 발생하는 것은 막아야 하지 않겠느냐' 하는 점에 동의했다. 특히 윤 검사가 민주당에 영입되면, 선거전選擧戰이 새누리당에 불리한 구도로 급변할 수 있다는 우려도 컸다. 그때는 몰랐지만, 당시 국민의당 창당을 추진했던 안철수 의원 측도 윤 검사 영입을 시도하고 있었다. 2016년 4월 총선을 앞두고 당시 야권에서 윤석열 검사의 주가는 '상한가'였다.

나는 윤 검사가 민주당으로 가는 일은 막아야 했다. 그래서 윤 검사를 돕기 위해 조용히 움직였다. 내가 나선 데에는 다른 이유도 있었다. 나는 사람들이 지나치게 감정에 치우쳐 행동할 경우 반드시 후유증이 생긴다는 지론을 갖고 있다. 아무리 미운 사람이라도 그 사람의 입장을 조금이라도 이해하고 그 사람이 잘 되는 방향으로 선의를 베풀어 주면, 선의를 베푼 당사자에게도 좋은 일이 생긴다는 사실을 경험적으로 배워 왔다. 이는, 내가 믿고 있는 불교 세계관의 핵심 내용이기도 하다. 나는 윤 검사에게 선의를 베풀면 박근혜 정부에게도 좋은 일이 생길 것이라고 생각했다.

나는 본격적으로 '윤석열 검사 돕기'에 나섰다. 2015년 연말. 당시 청와대 정무수석과 민정수석을 따로따로 직접 만났다. 두 사람을 따로 만난 것은 일을 빈틈없이, 그리고 비밀리에 처리하겠다는 생각 때문이었다. 두 사람을 각각 만나 '윤 검사가 민주당에 가는 것은 막아야 되지 않겠느냐. 힘든 일이라는 것은 나도 잘 안다. 그러나 박 대통령께 잘 말씀드려서 윤 검사가 지청에 갈 수 있도록 도와달라'고 부탁했다. 만남 이후 시간이 어느 정도 지나서 한 명의 수석으로부터 연락이 왔다. 예상대로 '도저히 안 되겠다'는 답변이었다. 나머지 한 사람으로부터는 아예 연락조차 오지 않았다. 총선 날짜는 시시각각 다가오는데, 답이 올 것 같지 않아 내가 전화를 걸어 물어보았다. 역시 '도저히 안 되겠다'는 대답이 돌아왔다. 솔직히 나는 '두 명의 수석이 박 대통령에게 보고라도 했을까?'라는 의문을 지금도 갖고 있다.

시간이 한참 지난 뒤 그 인사의 말은 사실로 드러났다. 그것도 윤 전 대통령의 직접 발언을 통해서였다. 2019년 7월 8일 국회에서 윤석열 당시 검찰총장 후보자를 대상으로 한 인사청문회가 열렸다. 그 자리에서, 윤 후보자는 양정철 민주연구원장으로부터 총선 출마를 권유 받았으나 거절했던 일화를 공개했다. 윤 후보자는 대구고검으로 좌천되어 있던 2015년 말 양 원장을 처음 만났으며, 가까운 선배가 서울에 올라오면 한번 보자고 해서 나갔더니 양 원장도 그 자리에 나와 있었다고 밝혔다. 윤 후보자는 "그 자리에서 양 원장이 출마하라고 간곡히 얘기했는데 제가 그걸 거절했다."면서 "2016년 고검 검사로 있을 때도 몇 차례 전화해서 '다시 생각해 볼 수 없냐'고 했으나, 저는 '그런 생각이 없다'고 했다."고 설명했다. 윤 후보자가 영입 제안을 받았다고 밝혔던 시점과 그 인사가 나를 찾아와 인사 관련 도움을 요청했던 시점은 일치했다.

나는 평소에도 인간사人間事의 인과 관계에 대해 많은 생각을 한다.

윤 검사는 박근혜 전 대통령의 탄핵으로 이어진 '국정 농단 의혹' 사건을 수사하는 특검의 수사팀장으로 화려하게 복귀했다. 대구고검과 대전고검을 전전하며 3년 동안 힘든 시간을 보낸 윤 검사는 박 전 대통령을 정조준한 수사의 실무 책임자 역할을 맡았던 것이다. 부질없는 가정이지만, 당시 내 건의를 박근혜 정부가 수용했더라면, 이후에 벌어질 비극적인 일들은 조금이라도 줄어들지 않았을까 하는 생각을 지금도 한다.

윤 전 대통령의 탄핵과 이후 재판 과정을 지켜보면서 많은 생각이 든다. 참고로, 윤 전 대통령이 검찰총장을 사퇴하고 스포트라이트를 받으며 국민의힘에 입당했을 당시, 한 친윤친 윤석열계 의원 한 명이 "전에 주 선배가 윤석열 전 검찰총장이 힘들었을 때 도움을 주기 위해 뛰어다녔던 이야기를 언론에 직접 좀 하시죠."라고 권했던 일이 있었다. 당시는 국민의힘의 많은 의원들이 윤 전 총장과의 작은 인연이라도 부풀려 말하고 다닐 때였다. 그러나 나는 당시 윤 검사를 돕기 위해 조용히 움직였던 이야기를 꺼내지 않았다. 결국 인사 이동에 성공을 거두지 못했는데, 말을 꺼내 봐야 '생색내기'에 지나지 않을 것이라는 생각 때문이었다. 여기에 더해, 나는 정치인들이 자신의 성과를 부풀리면서 '자기 장사'를 하는 데에 거부감이 컸다.

홍준표 전 시장과의 '돌발 사건' — 尹 "선대위원장을 맡아달라"

윤석열 전 대통령이 국민의힘에 입당하면서 우리의 인연은 본격적으로 다시 시작되었다. 윤 전 대통령은 국민의힘 대선 후보 경선이 시작되기 전부터 나에게 '선거대책위원장을 맡아달라'고 요청했다. 이번에도 나는 즉답을 하지 못했다. MB 캠프의 영입 제안을 받았을 때와 마찬가지였다. 국민의힘 경선을 앞두고 '윤석열 대세론'이 거셌지만, 승패와 상관없이 홍준표 전 대구시장을 도울 생각이었다. 나와 홍 전 시장 사이의 오래된 인연 때문이었다.

나와 홍 전 시장은 대구에서 중·고등학교를 다녔고, 1982년 제24회 사법시험에 같이 합격한 공통점이 있다. 사법연수원도 함께 다녔다. 홍 전 시장이 한나라당 원내대표를 지낸 시기에는 내가 재선 국회의원으로 원내수석부대표를 맡아 그를 도왔다. 나는 사람과의 인연을 중시하기 때문에 홍 전 시장을 돕는 것이 신의信義에 맞는 행동이라고 생각했다.

다른 이유도 있었다. 정치인에 대한 세간世間의 인식은 부정적이지만, 나는 정치인의 '정치 전문성'은 인정받아야 한다는 지론을 갖고 있다. 정치인은 정치 현장에 오래 몸담고 있으면서 대화와 타협을 통해 문제를 해결하는 능력과 정국政局을 분석하는 판단력 등을 갖추게 된다. 나는 이러한 능력도 전문 영역이라고 생각하는 사람이다.

'바람'을 통해 짧은 순간에 지지도가 폭발적으로 상승한 비非 정치인 출신의 인사가 큰 선거에 직행하는 풍토에 대해 거부감을 갖고 있다. 그래서, 검사 출신이기는 하지만 정치 영역에서 오랜 경험을 쌓은 홍 전 시장 쪽에 마음이 기울어져 있었다. 그러나 홍 전 시장은 2021년 대선 후보 경선 당시 나에게 '도와 달라'는 말을 한 번도 하지 않았다. 반면, 윤 전 대통령은 나에게 '도와달라'는 요청을 적극적으로 했다.

홍 전 시장이 나에게 도움 요청을 하지 않은 데에는 '돌발 사건'의 영향이 결정적이었다. 신뢰 관계가 있다고 믿었던 기자의 잘못된 보도가 도화선이 되었다.

2020년 12월 초의 일이다. 나는 국민의힘의 원내대표를 맡고 있었다. 국민의힘의 '핫이슈' 중 하나는 홍 전 시장의 복당 문제였다. 홍 전 시장은 2020년 4월 실시된 21대 총선에서 무소속으로 출마해 나의 지역구였던 대구 '수성 을'에서 당선되었다. 그러나 21대 총선이 치러진 이후 8개월이 지난 뒤에도 홍 전 시장의 복당은 이루어지지 않았다. 특히 그때는 2021년 4월의 서울 시장·부산 시장 보궐 선거를 앞두고 있었던 시점이라 홍 전 시장의 복당 문제는 국민의힘 내부에서 '뜨거운 감자'였다.

한 신문사의 논설위원이 나에게 전화를 걸어 홍 전 시장의 복당 문제에 대해 취재했다. 사실, 나는 그 시기에 홍 전 시장의 복당을 성사 시키기 위해 물밑에서 노력하고 있었다. 그러나 국민의힘 지도부의 부정적인 기류는 바뀌지 않았다. 여기에는 당시 홍 전 시장이 김종인 당시 비상대책위원장을 공개적으로 공격한 것도 영향을 미쳤다. 나는 그 논설위원에게 '홍 전 시장의 복당이 서울 시장 보궐 선거 이전에는 어려울 것 같다'는 국민의힘 지도부의 분위기를 전했다. 그 논설위원은 이유를 물었다. '국민의힘 지도부가 당 내부에 홍 전 시장 복당에 대해 반대하는 의원들이 많고 일부 계층에서 홍 전 시장에 대한 비호감도가 높다는 점 등을 복당 반대의 이유로 들고 있다'는 상황도 설명했다. 그렇게 통화를 마쳤다.

통화 이후, 상황이 꼬이기 시작하면서 결국 사달이 났다. 나는 평소 집에서 여러 신문을 구독하고 있었고, 해당 논설위원이 소속된 신문 역시 배달 받고 있었다. 다만, 문제의 기사가 보도된 당일에는 바쁜 일정으로 인해 신문을 확인하지 못한 채 출근하였고, 해당 보도 내용을 인지하지 못하고 있었다.

그날 저녁, 당시 홍 전 시장과 가까운 장제원 의원으로부터 전화가 왔다. 장 의원은 다급한 목소리로 "형님, 혹시 홍준표 전 대표가 방금 페이스북에 올린 글을 읽어보셨습니까?"라고 물었다. 나는 홍 전 시장의 페이스북 글을 확인하지 못한 상태였다. 장 의원은 "제가 홍 대표의 페이스북 글을 보내 드릴 테니 한번 보십시오. 그리고, 내가 형님이 노력한 것 잘 알고 있으니 제발 형님이 맞대응을 안 해줬으면 좋겠습니다."라고 당부했다.

장 의원은 내가 당시 홍 전 시장의 복당을 위해 물밑에서 노력하고 있었던 사실을 잘 알고 있었다. 장 의원은 분란이 커질 것을 우려해 나에게 자제를 부탁한 것이었다. 그제야 나는 문제의 기사가 도화선이 되었다는 사실을 알게 되었다. 그 기사를 찾아보고 읽은 뒤 충격에 빠졌다. 내가 설명한 것과 다르게 보도된 것이다. 그 기사는 내가 '홍 전 시장의 복당은 상당 기간 어렵다. 반대하는 의원이 많고 30~40대 여성이나 화이트칼라층의 비호감도가 높아 복당은 당의 분열로 연결된다. 서울시장 선거를 앞두고 그런 모습은 곤란하다'고 '직접' 말한 것으로 보도했다. 국민의힘 지도부의 반대 기류를 설명한 것이 마치 나의 의견인 것처럼 둔갑되어

보도된 것이었다. 기사 형식도 마치 내가 1:1로 직접 인터뷰한 것처럼 보도되었다. 나는 논설위원에게 전화를 걸어 거세게 항의했다.

홍 전 시장은 페이스북 글을 통해 나를 거칠게 공격했다. 홍 전 시장은 '사람의 도리상 주호영 원내대표가 복당 문제를 앞장서서 풀어줄 것으로 여태 착각했었다'라며 '참으로 배은망덕하다'고 비판했다.

나는 장 의원을 통해 이 사달이 발생한 경위를 전했다. 그러나 홍 전 시장의 태도는 크게 달라지지 않았고, 제법 긴 시간 동안 불편한 관계가 지속되었다. 시간이 한참 지나 홍 전 시장을 만났을 때, 나를 공격했던 것에 대해 사과를 요구했다. 그러자 홍 전 시장은 "아무리 오보라고 해도 글로 나를 공격했기 때문에, 나도 글로 반박한 것을 남겨놓아야 한다."는 이유로 사과를 거부했다. 사과를 받지 못했지만, 홍 전 시장과 나는 오해를 풀었다.

나는, 홍 전 시장이 나를 페이스북으로 공격했던 인간적인 미안함 때문에 국민의힘 대선 후보 경선 당시 도움을 요청하지 않은 것으로 짐작하고 있다.

나는 국민의힘 경선을 앞두고 윤석열 전 대통령을 세 번 직접 만났다. 윤 전 대통령은 나에게 "선배님, 저 좀 도와주십시오. 경선 캠프에서 선대위원장 역할을 꼭 맡아주십시오. 선배님을 위해 다른 사람들을 데려와 공동선대위원장을 맡기는 일도 하지 않겠습니다."라고 캠프 합류를 강하게 부탁했다.

당시, 윤 전 대통령은 내가 법조계에서 선배여서 나를 '선배님'으로 주로 호칭했고, 편한 자리에서는 '형님'이라고 부를 때도 있었다. 그러나 나는 확답하지 못했다. 홍 전 시장과의 관계 때문이었다. 고민의 시간이 길어졌다. 하지만 홍 전 시장으로부터는 계속 아무런 연락이 없었고, 윤 전 대통령의 합류 요청은 그 강도가 높아졌다.

더 이상 지체할 시간이 없었다. 나는 '윤석열 후보'를 돕기로 결정했다. 특히, 부동산 정책 실패 등 문재인 정부의 실정 탓에 정권 교체 요구가 거셌기 때문에 윤 후보를 도와 정권 교체를 이루어내야겠다고 결심했다. 그것이 민심을 따르는 것이라고 판단했다.

나는 윤 후보와 함께 2021년 10월 17일 국회 소통관에서 기자 회견을 했다. 윤 후보는 나의 영입 사실을 직접 밝히면서 "함께 손잡고 반드시 정권 교체를 이루겠다."고 강조했다. "'선대위원장을 맡아달라'는 말씀을 드린 지는 좀 되었다."면서 나의 영입 과정에 대해 설명하기도 했다.

선거를 치르다 보면 예상하지 않은 상황이 생기는 것은 불가피하다. 국민의힘 대선 후보 경선이 진행되면서 중량감 있는 인사들이 윤 후보 캠프에 추가로 합류하면서 이들을 배려할 자리가 필요했다. 이 사정을 알고 있는 내가 윤 후보를 만나 먼저 제안했다. 나는 "후보님께서 필요하다고 판단하는 분들이 캠프에 오시겠다고 하면 그분들 모두 기분 좋게 공동선대위원장으로 모셔 오십시오. 대선 승리를 위해 뜻을 같이하는 사람들인데 누구는 선대위원장이고, 누구는 선대위 부위원장이고, 이럴

2021년 10월 17일 윤석열 캠프 선대위원장 합류

필요가 있겠습니까. 저는 공동선대위원장도 좋습니다. 경선 기간도 짧은데, 다 같이 공동선대위원장하면 좋은 것 아닙니까?"라고 건의했다.

윤 후보는 나에게 했던 약속을 의식한 듯 "그래도 되겠습니까?"라며 미안한 표정을 지었다. 나는 웃으면서 "이게 무슨 고민하실 일입니까. 윤 후보께서 모시고 싶은 분들이 있으면, 공동선대위원장으로 모두 영입하십시오."라고 재차 제안했다. 윤 후보가 그때 나에게 "감사합니다."라고 매우 고마워한 기억이 있다. 그 얼마 뒤였던 10월 24일 유력 정치인들이 윤 후보 캠프의 공동선대위원장으로 합류했다.

2022년 대선 당시 선대위에서 활동하면서 느낀 소회

2021년 11월 5일 서울 용산구 백범김구기념관에서 열린 전당대회에서 윤 후보가 국민의힘 대선 후보로 선출되었다. 그날 나는 경선에서 승리한 윤 후보와 단둘이 저녁 식사를 했다. 윤 후보가 국민의힘 대선 후보로 선출된 중요한 날에, 나와 독대로 저녁 식사를 한 것에 대해 당시 나는 '윤 후보가 나를 상당히 예우하고 있구나' 하는 생각을 했다. 나는 윤 후보에게 경선 승리 축하 인사를 전했다. 윤 후보와 나는 식사를 하면서 선대위 구성 등에 대해 의견을 나누었다.

그 뒤 선대위 구성을 보고 나는 놀라움을 감추지 못했다. 일부 예상하지 못한 인사들이 중용되었기 때문이었다. 나는 그때 '무언가 잘못 돌아가고 있구나'라는 위기감이 강하게 들었다.

그날 저녁 식사 자리에서는 나의 역할에 대한 이야기도 오갔다. 윤 후보는 나에게 "선배님이 선대위에서 맡고 싶은 직책이 있으면 뭐든지 맡아서 하십시오."라고 말했다. 나는 "후보님께서 판단하셔서 제가 필요하다고 생각하는 자리에 기용해 주시면 그 역할을 열심히 하겠습니다."라고 답했다.

이후 11월 25일 발표된 국민의힘 선대위 조직은 6명의 총괄본부장 체제였다. 나는 조직총괄본부장으로 기용되었다. 선대위에서 대구 총괄 선대위원장 직책도 맡고 있었다. 그런 와중에 대형 사건이 터졌다. 윤 후보와 김종인 당시 총괄선대위원장은 선대위 쇄신 문제로 갈등을 빚고 있었는데, 김 위원장이 윤 후보와 상의 없이 2022년 1월 3일 선대위 전면 개편을 발표한 것이었다. 충격을 받은 윤 후보는 1월 5일 기존 선대위 해산을 공식 선언했다. 윤 후보는 선대본부 중심 체제로 조직을 축소했다. 김 위원장도 총괄선대본부장에서 물러났다.

이 같은 논란의 후폭풍으로 내가 이끌었던 조직총괄본부도 사라졌다. 나는 조직총괄본부의 해체에 대해 '자해 행위였다'는 판단을 갖고 있다. 당시 조직총괄본부가 대선 승리를 위해 구축했던 전국적인 조직과의 협력 네트워크가 무너졌기 때문이다. 나는 그 직후 대구총괄선대위원장 역할을 하기 위해 대구로 내려갔다. 대구는 국민의힘의 텃밭이지만, 대선에서는 한 표가 중요하다. 나는 대구에 상주하며 대구 시민들에게 '윤석열 후보'에게 한 표를 줄 것을 간곡하게 호소하면서 다녔다.

나는 2004년 국회의원에 당선된 이후 치러진 모든 대선에서 우리 당 후보의 승리를 위해 전력을 다했다. 자기 사익을 버린 채 오로지 대선 승리만을 위해 열심히 뛰는 동지들도 많이 보았다. 그러나 안타까운 장면도 많이 목격했다.

중국의 『후한서後漢書』에 '작사도방作舍道傍'이라는 말이 나온다. '작사도방'이란 길가에 집을 지을 때 지나가는 사람마다 한마디씩 보태는 바람에 많은 시간이 지나도 집을 지을 수 없다는 뜻이다.

나는 대선이 있을 때마다 선대위에 참여했지만, 선대위의 어떤 직책에 인선할 때 모든 사람이 동의하는 경우를 단 한 번도 보지 못했다. 많은 사람이 잘 된 인선이라고 평가할 때에도 '뒷얘기'를 하는 사람은 꼭 있다. 이에 따라 선거 캠프 등을 꾸릴 때는 정확한 판단 속에 인사를 신속하게 결정해 조직을 최대한 빨리 출범시키는 것이 부작용이 적다는 것이 나의 지론이다. 그것이 '작사도방'이 주는 교훈이다.

나는 윤 후보의 선대위에서 활동할 때에도 자리싸움을 하고, 서로 상대방을 비난하는 장면들을 보아야 했다. 또한, 자신의 힘을 과장하기 위해 별도의 사무실을 운영하면서 허세를 부린 사람들도 있었다. 대선 후보가 아니라 자기 자신이나 자신이 모시는 다른 보스를 위해 부적절한 일을 하는 인사들도 경험해야 했다. 어떠한 선거 조직이라도 문제가 있는 사람은 반드시 있는 법이다. 이런 사람들을 빨리 알아차려 선거 조직에 들어오지 못하게 하거나, 빨리 나가게 만드는 것이 선거 승리의 중요한 방법이다.

윤 후보는 '0.73%' 포인트라는 예상보다 적은 격차로 대선에서 승리했다. 나는 국민의힘 선대위가 더 체계적이고 헌신적으로 움직였다면 더 많은 표 차이로 승리했을 것이라고 생각한다.

윤 전 대통령의 대선 승리 이후에도 개인적으로는 아쉬운 기억도 하나 있다. 정권 교체의 기쁨 속에 지내던 어느 날, 당시 당선인 비서실장을 맡았던 장제원 의원으로부터 전화가 왔다. 장 의원은 나에게 "형님, 대통령 당선인이 지금 미국·중국·일본·러시아 '4강국'에 특사를 보내려고 하는데, 이 중에 혹시 가고 싶은 나라가 있으면 말씀해 주십시오."라는 내용이었다. 장 의원에게 '가능하다면 중국에 특사로 가고 싶다'고 말했다.

나는 중국 역사와 고전에 대한 지식이 깊다고 자부하며, 이를 바탕으로 한중 관계 개선에 힘을 보태고 싶었다. 내 의견이 받아들여져 언론에 '주호영 의원, 중국 특사 내정' 기사까지 나왔다. 그러나 중국 특사는 성사되지 못했다. 당시 한중 사이의 미묘한 갈등 때문이었다. '사드THAAD·고고도미사일방어체계' 배치로 인해 발생한 불화는 계속되었고, 코로나19COVID-19 대유행도 끝날 무렵이었지만 영향을 미쳤다. 나는 대통령 당선인 특사로 중국을 방문해 한중 사이의 갈등 해결에 기여하고 싶었지만 그 뜻을 이루지 못한 것은 아쉬움으로 남아 있다.

2장

국가적 참사의 수습에 나서다

1절 '두 개의 특별법', 세월호 참사 수습

국가의 존재 이유를 물었던 사회적 대참사

2014년 4월 16일, 전남 진도군 인근의 맹골수도 해상에서 세월호가 침몰했다. 국민의 분노는 정부에 대한 비판을 넘어 근본적인 문제를 제기했다. '국민들의 생명과 안전을 지킬 수 없다면 국가는 왜 존재하는가'.

그날 오전 8시 49분부터 세월호의 선체가 급격히 기울기 시작했다. 사고 발생 102분 뒤인 오전 10시 31분 세월호는 선체가 뒤집힌 채 침몰했다. 인천에서 출발해 제주도로 향하던 여객선 세월호의 탑승자는 476명이었다. 세월호 참사로 탑승자 가운데 304명미수습자 5명 포함이 소중한 생명을 잃었다. 특히 제주도로 수학여행을 떠났던 안산 단원고 학생 250명이 희생되면서 세월호 참사는 전 국민의 '트라우마'가 되었다. 꽃다운 학생들이 생명을 잃었다는 사실에 국민들의 슬픔과 절망은 극에 달했다. 침몰 초기에 선내船內에서 방송된 '이동하지 말고 대기하라'는 안내 방송이 지시를 따랐던 학생들을 죽음으로 몰았다는 '인재人災' 비판은 국민들의 가슴에 쇠못을 박았다.

세월호 참사는 한국 사회의 문제점을 총체적으로 담은 '비리非理 종합판' 같은 사건이었다. 선박의 무리한 증개축, 화물 초과 적재, 허술한 선박 안전 점검, 부실한 인명 구조, 승무원들의 무책임한 자질 등이 복합적으로 작용해 발생한 참사였다. 이로 인해 '어처구니없는 후진국적인 참사'라는 비판이 쏟아졌다. 무리한 증개축, 화물 초과 적재 등으로 인해 '탐욕에 의한 참사'라는 비난도 거셌다.

좌파 세력의 준동蠢動도 빠지지 않았다. 좌파 세력들은 참사 원인을 두고 '세월호가 인근에서 항해하던 잠수함과 충돌해 침몰되었다'는 등의 각종 음모론을 퍼뜨리며 사회적 혼란에 기름을 부었다.

진상조사와 배상, '투 트랙'으로 합의 도출

세월호 참사로 박근혜 정부는 엄청난 위기를 맞았다. 세월호 참사와 관련된 각종 논란은 끝까지 박근혜 전 대통령을 괴롭혔다. 하지만, 슬픔에만 빠져 있을 수는 없었다. 세월호 참사에 대한 진상 규명 등 사태 수습과 피해자들에 대한 보상·배상 문제 등에 대한 여야 합의가 이루어져야 했다.

세월호 참사가 발생하고 3주 뒤인 2014년 5월 8일, 새누리당에서는 이완구 원내대표 체제가 출범했다. 나는 정책위의장으로 선출되었다. 이완구 원내대표 체제의 가장 큰 숙제는 세월호 참사 수습이었다. 이 원내대표와 정책위의장으로 뽑힌 나의 첫 공식 일정은 세월호 참사 희생자들에 대한 조문이었다. 이 원내대표와 나는 선출된 다음 날인 5월 9일 경기도 안산시 단원구 내에 마련된 공식 합동분향소를 찾아 조문했다. 이 원내대표는 조문 도중 눈물을 보였다. 나 역시 복받쳐 오르는 슬픔을 참느라 힘들었다.

세월호 참사의 진상 규명과 피해자 보상을 위해서는 반드시 법률이 제정되어야 했다. 여야는 '특별법 제정'을 위해 협상에 나섰다. 이 원내대표는 나에게 여야 협상에서 여당 측 대표를 맡아줄 것을 강력히 요청했다. 당시 정책위의장이라는 직책과 판사 출신의 법률 전문가라는 점을 고려한 판단이었다.

청와대도 역시 내가 맡아줄 것을 바라는 분위기였다. 무거운 책임감이 나를 짓눌렀다. 또한, 사회적 분위기도 영향을 미쳤다. 당시 정부·여당 입장에서는 '정치적 위기'라는 표현도 과분한 말이었다. 정부·여당에 대한 국민의 분노가 하늘을 찌르는 상황에서 여당 측의 협상 대표를 하겠다고 손을 드는 새누리당 의원들은 없었다. 하지만 누군가는 반드시 나서야 했다. 나는 이 원내대표와 청와대의 요청을 받아들였다. 나라도 나서 사태를 수습하고 유가족의 피눈물을 조금이라도 닦아줘야겠다고 결심했다. 여당의 협상 대표를 맡은 이후, 유가족들을 여러 차례 직접 만나 위로하고, 그들의 목소리를 경청했다.

그러나 여야 협상은 예상대로 험난했다 말 그대로 맨발로 가시밭길을 걷는 듯한 난항難航의 연속이었다. 세월호 참사 수습을 위해 내가 여야 협상 테이블에 나섰던 횟수는 무려 108회였다. 횟수만큼 마음이 무겁고 힘든 과정이었다.

하지만 나는 무수한 난관을 극복하고 여야 합의를 이끌어 냈다. 그 성과물은 두 개의 '세월호 특별법'이었다.

첫 번째는 진상 규명을 위한 특별법이다. 2014년 11월 7일, '4·16 세월호 참사 진상 규명 및 안전 사회 건설 등을 위한 특별법'이 국회를 통과했다. 참사 발생 205일 만의 일이었다. 이 법의 핵심은 '4·16 세월호 참사 특별조사위원회'의 설치였다. 세월호 참사의 진상 규명을 위한 본격적인 활동에 법적 근거를 마련했다. 특별조사위의 활동 기간은 1년 반으로 정해졌다.

두 번째는 피해자들에 대한 보상과 배상을 위한 특별법이다. 2015년 1월 12일, '4·16 세월호 참사 피해 구제 및 지원 등을 위한 특별법'이 국회를 통과했다.

이 법에 따라 세월호 참사의 피해자들은 정부의 위로 지원금 등을 받을 수 있었다. 생존 피해자에 대한 지원과 희생자들에 대한 추모 사업 내용 역시 이 특별법에 포함되었다.

진상 규명과 보상·배상이라는 '투 트랙' 방식으로 여야 협상이 진행된 것은 나름의 사정이 있었다. 세월호 참사를 수습하기 위한 여야 협상의 의제는 난제難題들로 가득했다.

새정치민주연합더불어민주당의 전신은 특별조사위 설치와 보상·배상 의제를 하나로 묶은 '세월호 특별법'을 제정하자고 주장했다. 이른바 '원샷', 일괄 타결 방식이었다. 그러나 나는 하나의 특별법에 모든 내용을 담을 경우 여야 협상이 언제 타결될지 기약할 수 없다고 판단했다.

하루라도 빨리 세월호 참사를 수습하기 위해서는 '세월호 특별법'을 두 개로 나누어 단계적으로 통과시켜야 한다는 결론에 도달했다. 이후 나는 야당 설득에 주력했고, 새정치연합은 내 의견을 수용했다. 지금도 여야 합의를 통해 두 가지 '세월호 특별법'의 국회 통과를 이끌어 세월호 참사 수습에 기여한 데에 대해 나는 자부심을 느끼고 있다.

여야 세월호 3법 합의

여야 협상이 타결된 이후, 이 원내대표는 안도의 표정과 동시에 기쁨을 표출하면서 "주호영 정책위의장이 아니었다면 불가능한 일이었을 겁니다."라고 덕담을 건넨 기억이 선명하다.

세월호 유가족들도 '세월호 특별법'에 대해 '미흡한 점도 있으나 반대하지는 않겠다'면서 특별법 수용의 입장을 밝혔다. 다만 특별조사위가 국민이 기대했던 만큼의 성과를 내놓지 못했던 데에 대해서는 지금도 아쉬움이 남는다. 이는 특별조사위의 활동 기간 동안, 여야의 계속된 힘겨루기, 정부의 소극적인 태도, 그리고 특별조사위의 일방적인 결정 등이 복합적으로 맞물려 작용한 결과였다.

'백팔번뇌'와 같았던 108번의 협상

세월호 참사 수습을 위한 여야 협상은 2014년 7월 11일에야 비로소 '본궤도'에 올랐다. 여야는 이날 '세월호 사건 조사 및 보상에 관한 조속 입법 TF태스크포스'를 구성했다. 참사가 발생한 지 87일이 지난 시점이었다.

협상이 늦어질 수밖에 없었던 데에는 여러 사연이 있었다. 먼저 협상 사전 준비 과정부터 적잖은 진통을 겪었다. 실무 협상은 내가 정책위의장에 선출된 5월부터 시작되었다. 당시 정국의 가장 큰 의제가 세월호 참사 수습이었음에도 협상에 시간을 지체할 수밖에 없었다. 큰 변수는 같은 해 실시된 6월 4일 지방 선거였다.

여야 모두 지방 선거 승리에 총력을 다했기 때문에 지방 선거가 끝난 뒤 본격적으로 세월호 참사 수습 협상을 하자는 데에 암묵적인 동의가 이루어졌다. 지방 선거 결과, 새정치민주연합새정치연합은 17개 시도 광역단체장 선거에서 9개 시도를 차지했다. 새누리당은 8개 시도에서 승리했다. 세월호 참사 직후에 치러진 지방 선거라 새누리당은 선방했다는 평가를 받았다.

여야는 '세월호 조속 입법 TF'를 구성하는 한편, 수시로 실무 협상이나 물밑 협상을 벌였다. 실무적인 어려움 중의 하나는 야당의 협상 파트너가 수시로 바뀐 점이다. 나는 새누리당의 협상을 전담했으나, 새정치연합 측은 사안에 따라 협상 대표를 달리했다. TF 출범 당시 새누리당의 정책위의장을 맡고 있었기 때문에 협상 파트너도 새정치연합의 정책위의장이었던 우윤근 의원이었다. 그러나 여야 협상 기간 중에 우윤근 정책위의장이 새정치연합의 원내대표로 선출되면서, 백재현 신임 정책위의장이 새로운 협상 파트너가 되었다. 여기에 더해, 새정치연합 측에서는 실무 협상이나 물밑 협상 과정에 다른 의원들도 등장했다. 초기 협상 과정에서 당시 원내대표였던 박영선 의원이 나올 때도 있었고, 나보다 선수選數가 낮았던 박범계 의원이 협상 대표로 나설 때도 있었다.

이 과정에서 나는 우윤근·백재현·박영선·박범계 의원, 네 명의 의원을 상대해야 했다. 이때 율사律士 출신의 새누리당 홍일표·경대수 의원과 당시 국회 농림축산해양수산위원회의 여당 간사였던 안효대 의원이 회담의 성격에 따라 각각 도와주었다. 나는 이들의 노고에 지금도 감사함을 갖고 있다.

역시 세월호 협상에서 가장 힘든 숙제는 의제 그 자체였다. 의제 하나하나마다 중요했고, 모두 민감한 사안들이었다. 문제 해결의 실마리를 쉽게 찾을 수 없을 만큼 어려운 이슈들이 겹겹이 쌓여 있었다. 특히, 특별조사위의 권한 문제는 여야 협상 진전을 가로막는 결정적인 장애물이었다. 새정치연합은 특별조사위에 수사권과 기소권을 부여할 것을 요구했다. 그러나 이 주장은 기존 사법 체제의 근간을 흔드는 문제로, 여당에서는 절대 받아들일 수 없었다.

결국, 수사권과 기소권은 부여하지 않되, 동행명령권 등을 포함하는 방식으로 특별조사위의 활동 권한을 대폭 강화하면서 타협점을 찾았다. 아울러 특별조사위의 위원장을 희생자가족대표회의가 추천하도록 하는 방안도 여야 합의에 도움을 주었다.

특별조사위의 활동 기간도 가장 큰 쟁점이었다. 참사의 규모와 성격이 컸기 때문에 기본 활동 기간을 1년으로 하는 데는 큰 이견이 없었다. 그러나 활동 기간의 연장을 놓고 여야는 해답을 찾지 못했다. 새정치연합은 특별조사위의 활동 기간을 연장할 필요가 있을 때 추가 기간으로 '1년'을 요구했다. 즉, 민주당의 요구는 '1년+1년', 총 2년을 보장하라는 것이었다. 하지만 기본 활동 기간 1년에 추가로 6개월을 연장할 수 있고, 종합보고서 작성을 위해 3개월 이내의 활동 기간을 별도로 보장하는 방식으로 절충점을 찾았다. '1년+6개월+3개월'로 최종 합의가 이루어진 것이다.

이 외에도 피해자들에 대한 보상과 배상 문제도 쉽지 않은 과제였다. 앞서 설명한 것처럼, 여야는 특별조사위 문제와 보상 문제를 한 번에 풀기에 힘들다고 판단해 보상 문제는 별도로 논의하기로 했다. 이는 내가 처음부터 주장해 왔던 것이다. 그 결과 '세월호 특별법'은 두 개의 법안으로 나뉘어 국회를 통과했다.

외관상으로는 여야 협상의 형식을 띠었지만, 협상과 관련된 주체들이 다양했던 것도 '고난도高難度 협상'으로 만든 원인이었다. 무엇보다 유가족들의 의견은 무조건 경청해야 할 '1순위' 대상이었고, 참사 수습 조치와 배상의 실질적인 책임을 지게 될 정부의 입장도 고려하지 않을 수 없었다. 여기에는 여러 분야의 전문가들의 조언이 중요한 참고 요소였다. 결국, 여야 협상은 여당, 야당, 유가족, 정부 및 전문가 등 다섯 주체가 복잡하게 얽힌 형태로 진행되었다.

여러 주체가 합의 도출을 어렵게 만들기도 했는데, 이미 합의했던 내용을 두고 '그런 적이 없다' 또는 '언제 그랬느냐'는 식으로 입장을 바꾸는 일이 잦아 나를 애태우기도 했다. 특히, 여론을 등에 업었다는 판단 아래 새정치연합은 무리한 요구를 제기하는 경우도 적지 않았다. 이렇게 다양한 어려움이 있던 세월호 협상은 말 그대로 '백팔번뇌'와 같은 108번의 협상이었다.

'세월호 협상'은 내 정치 인생에서 가장 힘든 협상이었다. 타협의 출발점조차 찾기 어려운 의제, 다양한 협상 주체들, 수시로 협상 태도를 바꾸는 새정치연합, 정부·여당에 비판적인 국민 여론, 거의 9개월에 달한 장기간의 협상 과정 등 나는 이른바 '5중고重苦' 속에서 협상을 이어갔다. 어떻게든 하루라도 빨리 여야 합의를 끌어내야 한다는 절박감 속에 협상 테이블에 매번 나섰다. 아주 작은 타협점이라도 보이면 이를 발전 시키기 위해 머리를 싸맸다. 그렇게 108번의 협상을 진행했고 마침내 성과가 나왔다. 특별조사위 설치를 핵심 내용으로 하는 '4·16 세월호 참사 진상 규명 및 안전 사회 건설 등을 위한 특별법'이 2014년 11월 7일 국회를 통과했다. 나로서는 그 날이 세월호 참사를 수습하는 첫 번째 관문을 통과한 느낌이었다.

나의 3대 원칙 — '법의 근간은 지키고, 위로 지원금은 높이고, 추모는 폭넓게'

세월호 유가족들과 생존 피해자들에 대한 보상과 배상 문제도 중요한 의제였다. 슬픔 속에서 빠져나오지 못해 일상을 회복하지 못하는 유가족들과 피해자들을 위로하고, 이후의 삶을 지원하기 위해 보상과 배상은 반드시 필요했다.

보상과 배상은 세월호 참사를 미리 막지 못하고, 참사 이후 대응 과정에 문제점을 드러낸 국가의 잘못을 인정하는 의미도 있었다. 하지만 '돈 문제'는 민감한 이슈였다. 그래서 더욱 조심스러웠고, 주의를 기울여야 했다. 나는 보상·배상 문제를 야당과 협의하면서 내 나름의 세 가지 원칙을 세웠다.

그것은 '법의 근간은 지키고, 지원금은 최대한 높이고, 추모는 폭넓게 하자'는 것이었다. 세월호 참사는 모든 국민에게 슬픔과 아픔을 안겼던 국가적 대참사이다. 하지만, 다른 참사의 피해자들과 형평성도 고려해야 했다. 특히, 법의 근간과 법에서 규정한 손해배상의 기본 원리를 지키면서 최대한의 보상과 배상을 해야 했다.

판사 출신의 법률 전문가의 관점에서, 손해배상 이론은 법 이론 중에서 가장 어렵고 복잡한 이론으로 꼽힌다. 하지만 로마법 제정 이후 1500년이 넘는 긴 시간 동안 손해배상의 기본 원리는 '상당한 인과관계가 있는 피해만 배상한다'라는 논리이다. 이 논리는 아무리 억울하고 슬픈 사건이라 하더라도 무한대로 배상하지는 않는다는 이론이다. 보상과 배상은 필연적으로 '돈 문제'와 맞닿아 있다. 그만큼 민감하고 더 신중히 접근해야 할 문제이다. 나는 이 같은 논리와 법의 원칙을 지키며 유가족과 피해자들을 가장 많이 지원하는 방법을 모색해 여야 협상에 임했다.

그 결과, 2015년 1월 12일 '4·16 세월호 참사 피해 구제 및 지원 등을 위한 특별법'이 국회를 통과했다. 세월호 참사 발생 이후 271일 만이었다. 특별법은 크게 세 가지 내용을 담고 있다. 피해자의 보상과 배상,

세월호 배·보상법 합의안 발표

생존 피해자 지원 그리고 추모 사업 등 세 가지 내용으로 구성되었다.

이 특별법에 따라 국무총리 소속으로 '배상·보상 및 위로 지원금 지원을 심의·의결하기 위한 심의위원회'가 설치되었다. 또한 사회복지공동모금회 등 13개 모금 기관이 조성한 1,288억 원의 국민 성금을 피해자들에게 위로 지원금으로 나누어 지급할 수 있는 법률적 토대를 제공했다. 아울러 특별법은 대학 입시에 필요하다고 판단될 경우, 세월호 참사 당시 단원고 2학년을 대상으로 대학별 정원 외 특별 전형을 실시하도록 규정했다. 더 나아가 참사로 인한 피해자의 정신 건강 관리를 위해 안산에 안산마음건강센터를 설립하는 내용도 담았다. 이어 피해자 지원 및 희생자 추모사업을 위해 국무총리 소속 '세월호 참사 피해자 지원 및 희생자 추모위원회'를 설치하도록 규정했다. 특별법에 따라 설치된 '배상·보상 심의위원회'는 세월호 참사로 목숨을 잃은 단원고 학생에게는 평균 4억 2,000만 원의 배상금을 지급했다. 일반인 희생자의 경우 소득과 연령에 따라 1억 5,000만 원에서 6억 원대까지 배상금이 책정되었다. 여기에 사회복지공동모금회 등이 모은 국민 성금 1,288억 원을 과거 관례에 따라 지급할 경우, 1인당 3억 원의 위로 지원금이 추가로 더해진 것으로 추산되었다.

예상치 못했던 비판도 제기되었다. 아무리 가슴 아픈 대참사라고 하더라도, 세월호 참사의 배상·보상금이 국가를 지키기 위해 목숨을 바친 천안함 피격 사건의 보상금보다 많은 것이 과연 타당한 일인가에 대한 지적이 제기되었다. 하지만, 이는 전후 내용을 완벽하게 이해하지 못한 데에서 발생한 오해였다.

세월호 참사의 배상·보상금이 천안함 피격 사건의 보상금보다 상대적으로 많은 것은 사실이지만, 이는 자발적인 국민 성금이 추가되었기 때문이었다. 특히, '배상·보상 심의위원회' 설치는 중요한 의미를 지녔다. 피해자들이 '배상·보상 심의위원회'가 제시한 배상 금액을 수용할 경우, 자신들이 입은 피해를 구제받기 위해 별도로 법원에 소송을 제기하는 등

'자구自救 노력'을 하지 않아도 구제 받을 수 있었기 때문이다.

이는, '엄청난 피해가 발생한 대참사이기 때문에 배상·보상 절차를 간소하게 하자'라는 나의 주장이 관철된 결과였다. 다만, 법률적으로 불가피한 한계도 있었다. 정부의 배상금을 수령할 경우, 민사재판상 화해의 효력이 발생해 이후에는 정부를 상대로 소송을 제기할 수 없다는 것이었다. 이에 따라 일부 유가족과 생존 피해자들은 정부 배상금을 신청하지 않고, 정부와 ㈜청해진해운을 상대로 손해배상 소송을 개별적으로 제기하기도 했다.

나는 이들의 또 다른 선택도 존중한다. 국가가 제시한 배상 방식을 거부하고 법원의 결정에 따르겠다는 결론 또한 법적 테두리 안에 있는 선택이기 때문이다. 뒤에서 자세히 설명하겠지만, 나는 세월호 참사 수습의 경험을 바탕으로 이태원 참사가 발생한 뒤에도 '배상·보상 심의위원회' 같은 특별위원회를 설치해 배상·보상 절차를 간소화하자는 주장을 펼쳤다. 그러나 이태원 참사 수습 과정에서는 민주당의 일방적인 공세와 정부의 소극적인 태도로 인해 나의 제안이 수용되지 않았고, 지금도 그 점에 대해 안타까움을 느끼고 있다.

억만금을 준다고 한들, 유가족들의 슬픔과 아픔이 치유될 수 있겠는가? 그것은 불가능한 일이다. 다만, 여야 협상에서 배상·보상 의제를 맡았던 나는 법적인 틀을 지키면서 유가족과 생존 피해자들에게 조금이라도 더 많은 실질적 지원이 이루어지기 위해 노력했다.

지난 시간을 돌아보며, 나는 스스로 결심했던 '법의 근간은 지키고, 지원금은 최대한 높게, 추모는 폭넓게'라는 원칙을 지켜냈다는 자부심을 느낀다. 나는 배상·보상 의제를 다룬 '세월호 특별법'에 대해서도 여야 합의를 이끌어 내면서 또 하나의 숙제를 마무리했다.

내가 정책위의장으로 선출된 2014년 5월부터 두 번째 '세월호 특별법'이 통과된 2015년 1월 12일까지 여야 협상에 매달린 시간은 모두 9개월이다. 그야말로 긴 시간이자, '대장정大長程'이었다.

야당의 무리한 요구와 내가 받았던 정치적 오해

'세월호 협상' 과정은 끝이 보이지 않는 '마라톤' 같았다.

나는 많은 일들을 겪었다. 그 과정 속에 있었던 이야기 하나를 지금 꺼내 놓는다.

세월호 협상을 진행하면서 나는 억울한 정치적 오해를 받았던 적이 있는데 2014년 7월 14일 새누리당 최고위원회의에 참석해 당시 여야 협상 상황에 관해 설명했던 발언을 꼬투리 삼아 새정치연합은 정치공세를 가했다. 여기에 당시 내 발언의 전문을 싣는다.

> "먼저 세월호 참사에 대한 진상조사기구만 발족하고 차차 논의하면 되는데, 새정치민주연합이 며칠 전부터 이번 기회에 지원과 배상·보상을 한 법에 담아서 하자고 입장을 완전히 정리해서 나왔습니다, 그렇게 되어 지원과 배상·보상을 논의하는 과정에 있는데 항목들이 대단히 많습니다.
>
> 저희의 기본 입장은 이것이 손해배상 관점에서 보면 기본적으로 교통사고입니다, 그래서 이 기본적 법체계에 의하면 선주를 상대로, 선박회사를 상대로 소송을 해서 판결을 받으면 그것을 강제 집행해야 되는데, '많은 사람이 희생되고 특수한 케이스이니 재판 절차를 특별히 간소화하게 하자', 그리고 '청해진 해운이나 선주 측에 재산이 없을 수 있으니 국가가 일단 전액을 대납해 주고, 국가가 나중에 절차를 거쳐서 받자'는 설계를 하고 있습니다. 그것만 해도 일반 사고에 비해서는 상당히 특별한 특례를 규정하고 있는 것입니다. 그런데 지금 새정치민주연합이 낸 지원과 배상·보상 규정에는 '재단을 만들어 달라', '기념관을 만들어 달라', '여러 가지 세제 혜택'이라든지, 특별한 지원이 많아서 저희의 기본 입장은 최소한 천안함 재단이나 천안함 피해자들보다 더 과잉배상이 되어

서는 안 된다는 이런 견해를 가지고 있습니다. 그래서 그 조문들의 본격적인 논의에 들어가면 짧은 시간에 결론을 보기가 쉽지 않은 상황이라는 보고를 드리겠습니다. 세월호 참사가 매우 특별한 사건이고, 빨리 처리되어야 할 필요성은 있지만 '세월호 조속 입법 TF'가 졸속입법을 해서는 안 되겠고, 사법의 기본체계나 근간을 흔들어서도 안 됩니다."

하지만 새정치연합은 나의 발언 중에 '교통사고' 부분만 부각시키면서 '유가족들 가슴에 대못을 박는 망발'이라고 정치공세를 가했다. 그러나, 지금도 변하지 않는 나의 논리는 두 가지다.

하나는 세월호 참사 유가족들과 생존 피해자들에 대해 하루라도 빨리 배상과 보상을 하기 위해 국가가 먼저 배상금 등을 지원하고, 이후 국가가 실제의 사고 책임자들에 대해 구상권求償權을 행사해야 한다는 방식을 제안했다.

나의 주장이 수용되어 두 번째 '세월호 특별법'을 통해 '배상·보상 심의위원회'가 설치되었다. 이를 통해 세월호 참사 유가족들과 피해자들은 별도의 자구 노력 없이도 보상과 배상을 받을 수 있었다. 이는, 나의 발언처럼 상당히 특별한 예우였다.

두 번째는 법의 근간을 지키면서 보상과 배상을 해야 한다는 나의 원칙과 관련된 내용이었다.

당시 새정치연합은 세월호 피해자들에 대해 전기요금과 수도요금, 전화요금, 텔레비전 수신료 등의 공공요금 감면 요구를 들고나왔다. 여기에 더해 새정치연합은 유가족들에 대한 상속세와 양도세 감면 등 세제稅制 상의 지원을 하자는 주장을 펼쳤다.

당시 경기도 안산 '상록 을'이 지역구였던 새정치연합의 전해철 의원은 이와 같은 내용을 담은 세월호 특별법안을 대표 발의하기도 했다. 하지만, 이 법안은 국회를 통과하지 못했다.

새정치연합은 '5·18 민주화운동'의 부상자 등이 이런 혜택을 받고 있기 때문에 세월호 유가족들과 피해자들에게도 같은 대우를 해줘야 한다는 논리를 제시했다. 그러나, 앞서 강조했지만, 새정치연합의 요구는 로마법 이래로 내려온 '상당한 인과관계가 있는 피해만 배상한다'는 손해배상의 법적 기본 원리를 무너뜨리는 주장이었다.

나는 세월호 참사가 엄청난 비극이고 억울한 죽음들이 발생했다는 평가에 아무런 이의를 달지 않는다. 다만, 손해배상을 하는 과정에서 법률적인 기본 틀을 깨서는 안 된다는 논리를 강조했던 것이다.

그리고 나는 손해배상의 법적 기본 원리를 지키면서 국민성금을 통해 위로 지원금을 제공하는 방식을 도입해 세월호 피해자들을 돕는 데에 온 힘을 쏟았다.

나는 새정치연합의 정략적인 공세로 인해 정치적 피해를 입었고, 현재까지도 내 발언이 담고 있는 내용을 모른 채 오해하는 사람들이 있다. 그러나, 나는 지금도 내 발언 중에 틀린 내용이 하나도 없다고 생각한다.

이 발언과 관련된 일화도 있다.

나는 여야 협상에 참여하면서 세월호 참사 유가족들을 여러 차례 만났다. 내 발언이 논란이 된 이후에도 유가족들을 만난 적이 있었다. 이때, 한 유가족이 "왜 그런 발언을 하셨습니까?"라고 따지듯 질문을 던졌다. 이에 대해, 나는 "혹시 제 발언 내용을 다 아시고 말씀하시는 것입니까?"라고 되물었다.

그러자 유가족은 "발언 내용은 다 알고 있습니다. 그중에 잘못된 내용은 없었습니다마는, 주 의원님 같은 분이 그런 말씀을 하시니 기분이 나빴습니다."라고 답한 적이 있다.

세월호 협상과 관련해 다른 일화도 있다.

내가 여야 협상에 참여했을 때, 박주민 민주당 의원이 당시 세월호 가족대책위원회의 변호인으로 활동하고 있었다. 나는 박 변호사와 여러 차례 만나며 대책을 논의하고, 설명을 듣기도 했다.

박 변호사가 세월호 피해 가족들을 대표해 정부·여당 측에 요청했던 일이 있었는데, 내가 직접 나서서 도움을 주기도 했다.

시간이 한참 흘러 2024년 4월 22대 총선에서 국민의힘이 참패한 이후 정국 수습책으로 국무총리 교체설이 일었고, 이 과정에서 '주호영 총리설'이 나왔을 때다. 나는 매우 난감하고 난처한 상황에 빠졌다. 이 시점에 박주민 의원이 시사 프로그램에 출연해 나의 총리설에 대해 "주 의원은 다른 국민의힘 의원보다는 훨씬 소통에 능하다고 본다."고 말했다.

당시, 윤석열 대통령을 만난 적이 있었는데, 윤 대통령은 나에게 "민주당에서 많은 의원들이 선배님을 총리로 추천하던데요. 박주민 의원까지 그런 이야기를 하는 것을 제가 들었습니다."라며 웃으며 말을 건넸다.

나는 윤 대통령에게 "박주민 의원이 그런 이야기를 한 것은 아마 이유가 있을 것입니다."라고 짧게 답했다. 하지만 나는, 나의 '총리설' 자체가 부담스러워 긴 설명은 하지 않았다.

나는 박 의원이 세월호 참사 수습 과정에서 나의 진정성을 보았기 때문에 그와 같은 말을 하지 않았나 하고 짐작할 뿐이다.

2절 ‘이태원 참사’에 대한 안타까움

이태원 참사가 발생한 2022년 10월 29일토요일 자정24시 무렵이었다. TV의 뉴스 속보를 통해 ‘이태원에서 대규모 인명 사고가 발생했구나’라는 사실을 처음 알았다. ‘핼러윈 데이10월 31일’를 이틀 앞둔 주말 축제 기간에 벌어진 참사였다. 뉴스를 보며 인명 피해가 최소화되기를 간절하게 빌었다. 그러던 중 두 아들이 이태원에 가지는 않았을까 하는 걱정이 번뜩 들었다. 곧바로 두 아들이 가지 않았을 것이라는 생각이 들었지만, 그래도 마음 한 켠이 계속 찜찜했다. 두 아들에게 차례대로 전화를 걸었고, 작은 아들과는 통화를 했다. 하지만 큰아들이 전화를 받지 않았다. 서너 번 계속 전화를 걸었으나 여전히 통화는 이뤄지지 않았다.

가슴이 철렁 내려앉고 심장이 두근거렸다. 미칠듯한 불안감이 덮쳤다. 말 그대로, 식은땀이 흘러내리고 안절부절못하는 상태가 계속되었다. 약 30분 정도 지난 뒤 마침내 큰아들로부터 전화가 걸려 왔다. ‘이태원에 가지 않았다’라는 말을 듣고 나서야 안도의 한숨을 쉬었다. 그럼에도 불구하고 놀란 가슴은 쉽게 진정되지 않았다. 큰아들과 통화가 이루어지지 않은 30분은 이후 이태원 참사를 수습하는 과정에서 내게 강렬한 자각自覺으로 남았다. ‘아, 이태원 참사와 같은 비극이 결코 남의 일이 아니구나, 나에게도 그리고 모두에게도 일어날 수 있는 일이구나'라는 생각이 마음 깊이 파고들었다.

나는 여당이었던 국민의힘의 원내대표를 맡고 있었다. 원내대표의 주요 업무 중의 하나가 여야 협상인 만큼 이번에도 이태원 참사 수습을 위한 협상에서 국민의힘 측 대표로 나서는 것은 피할 수 없는 역할이었다. 대통령실을 포함해 여권 내부에서도 이태원 참사의 수습 필요성에 대한 이견은 없었다. 특히 나는 세월호 참사 수습 과정에서 쌓은 경험이 있었다.

그 경험을 바탕으로 이태원 참사 수습에 힘을 보태야겠다고 다짐하고 있었다. 당시 민주당 박홍근 원내대표와 협상을 진행했다. 정치인이기 이전에 두 아들을 둔 아버지로서 이태원 참사 유가족을 만나 그들의 의견을 경청했고 위로했다. 위로의 말뿐만 아니라 백방으로 뛰어다니며 이태원 참사 수습에 사력을 다했다. 그 결과, 여야 협상을 통해 이태원 참사의 진상 규명을 위한 국회국정 조사특별위원회의 구성을 이끌어 냈다. 이를 통해 국회 차원의 국정 조사가 실시될 수 있었다.

'이재명 방탄' 민주당과 여권 강경파 사이 '샌드위치' 신세

나는 이태원 참사 수습 과정에서 적지 않은 안타까움과 아쉬움을 느꼈다는 점을 고백한다. 그 이유에는 여러 가지가 있다. 무엇보다도 민주당의 일방적인 폭주는 나의 노력을 힘들게 만들었다. 이태원 참사가 일어난 당시, 이재명 민주당 대표를 향한 검찰 수사는 같은 시점에 맞물려 돌아갔다. 특히, 대장동 개발 의혹 등과 관련해 이재명 대표를 향한 검찰의 수사가 정점으로 치닫고 있었던 때다. 민주당은 여야가 힘들게 타협점을 찾은 합의를 깨면서 '이재명 방탄防彈'에 열을 올렸다.

이태원 참사 이후 정부·여당에 대한 국민적 분노가 높았지만, 민주당을 향해서도 '민주당이 이태원 참사를 정치적으로 이용한다'는 비판이 거세게 제기되었다. 이러한 민주당의 '막무가내 공세'에 분노한 여권의 강경파들은 '협상 무용無用론'을 들고나오며 맞불을 놓았다. 여기에 용산 대통령실의 소극적인 입장까지 더해지며 상황은 더욱 복잡해졌다. 그 과정에서 나는 민주당과 여권 강경파 사이에 낀 '샌드위치 신세'였다.

세월호 참사와 이태원 참사의 성격이 근본적으로 다른 점도 협상의 어려움에 영향을 미쳤다. 세월호 참사의 경우에는 피해자 본인 과실過失이 '0%'였지만, 이태원 참사와 관련해 법조계를 중심으로 '자발적으로 모였다'는 근거로 피해자 본인 과실이 전혀 없다고 보기에는 어렵다는 법률적 해석이 설득력을 얻었다. 참사 원인을 둘러싸고 이러한 요인들의 근본적인 차이는 보상·배상 문제를 해결하는 데 엄청난 장애물로 작용했다.

그럼에도 나는 민주당과 여권 강경파, '양쪽'을 모두 설득하기 위해 애썼다. 민주당을 향해 '이태원 참사를 정치적으로 악용할 경우, 민심의 부메랑을 맞을 것'이라고 경고했다. 여권 강경파들에게도 "사람들이 이렇게 많은 목숨을 잃었는데 아무것도 안 할 수는 없다. 우리가 국회 진상조사를 계속 거부하면, 무언가 숨겨야만 하는 엄청난 의혹이 있을 것이라는 근거 없는 주장이 더욱 확산할 것이다."라고 말하며 설득에 주력했다. 이와 같은 험난한 과정을 거쳐 국회 국정 조사는 닻을 올릴 수 있었다. 그러나 끝내 나는 이태원 참사 수습의 마무리를 맺지 못했다. 이 점은 두고두고 회한悔恨으로 남아 있다.

'연쇄 깔림, 유체화流體化' — 법원 "막을 수 있었던 인재人災"

이태원 참사는 2014년 세월호 참사 이후 최대 규모이자 1995년 삼풍백화점 붕괴 이후 서울 도심에서 발생한 최대 인명 사고였다. 이태원 참사로 총 159명이 소중한 목숨을 잃었다. 이 가운데 외국인 희생자도 26명이었다. '핼러윈 축제'의 특성상 희생자 중 20대 사망자가 106명으로 전체의 66.7%에 달했다. 또, 여성 사망자는 102명으로 남성 사망자57명보다 두 배 가까이 많았다. 이는 사고 당시 압사 상황에서 상대적으로 근력과 체력이 약한 여성들에게 더 높은 압력이 가해졌을 것이라 분석된다. 경찰청의 발표에 따르면 사망자 외에 부상자는 총 195명이었다. 나 역시 자식을 둔 부모 입장에서 바라보는 것만으로도 억장이 무너지는 심정이었다.

경찰 특별수사본부는 수사 결과를 발표하면서 이태원 참사가 폭 3m가량에 불과한 좁고, 내리막 경사가 가파른 골목에 인파가 한꺼번에 몰려 쓰러지면서 발생했다고 밝혔다. 참사는 이날 오후 10시 15분쯤에 시작되었다. 골목 아래쪽에서 처음 넘어진 사람들이 발생한 이후, 이를 모르는 위쪽의 인파가 계속 밀려들었다. 이 같은 상황이 10분 정도 지속되면서 오후 10시 25분까지 수백 명이 연쇄적으로 깔리고, 겹겹이 쌓이는 압사壓死 참사로 이어졌다.

이 과정에서 '군중 유체화Crowd Fluidization' 현상도 참사의 원인으로 지목되었다. '군중 유체화' 현상이란 엄청난 압력을 받은 사람이 개인의 의지와 무관하게 물처럼 휩쓸려 움직이는 현상을 의미한다. '군중 유체화' 현상은 이날 오후 9시쯤 처음 발생해 10시 13분에는 극도로 악화된 것으로 분석된다. 코로나19 상황이 진정되면서 일정 인원 이상 집합 금지 등의 방역 조치가 해제된 것도 인파가 몰린 원인으로 지목되었다. 희생자들의 사인은 압착성 질식사, 뇌부종저산소성 뇌손상 등이었다. 인파에 깔리고 군중 사이에 끼어 정상적인 숨을 쉬지 못해 사망에 이르렀다는 것이었다.

관계 당국의 사고 대비 사전 점검 소홀과 부실 대응이 드러나면서 '인재人災' 비판이 쏟아졌다. 참사가 발생하기 4시간 전이었던 당일 오후 6시 34분 압사 위험을 경고하는 첫 신고가 서울경찰청 112상황실에 접수되었다. 이후 최소 11건의 유사한 신고가 이어졌고, 현장에 출동한 경찰은 골목에 몰려 있던 사람들을 해산시켰지만, 길을 차단하거나 인원 통제를 하는 등 적극적인 조치는 외면했다. '핼러윈 축제'를 앞두고 참사 당일에 10만 명 이상이 몰릴 것이라는 예상을 하고 있었지만, 경찰과 구청 등 관계 당국은 이에 대한 충분한 대비에 손을 놓고 있었던 것이다. 2021년 구축했던 지방자치단체·경찰·소방 당국 간의 재난안전통신망도 참사 당시에는 제대로 작동하지 않은 것으로 밝혀졌다. 이 통신망을 통해 해당 기관들은 음성 또는 영상으로 동시에 대화하면서 대처·공조할 수 있었으나, 이태원 참사 당시에는 사실상 '무용지물'이었다.

서울서부지방법원은 2024년 9월 30일 이태원 참사와 관련해 경찰 관계자 3명에 대해 업무상 과실치사 혐의로 유죄를 선고했다. 재판부는 "이태원 참사가 자연재해가 아니라 각자 자리에서 주의 의무를 다하면 예방할 수 있었던 인재임을 부인할 수 없다."고 밝혔다. 재판부는 "언론보도와 경찰의 정보 보고 등을 종합하면 2022년 '핼러윈 데이'를 맞은 이태원 경사진 골목에 수많은 군중이 밀집되어 보행자의 생명, 신체에 심각한 위험성이 발생할 수 있다고 예견하거나 예견할 수 있었다고 판단된다."면서 "참사 당일 오후 6시 30분쯤부터 압사의 위험 및 인원 통제를 요청하는 112신고가 있었음에도 제대로 청취하지 않거나 소홀히 대처했다."고 판결했다.

그러나 이태원 참사를 둘러싸고도 각종 음모론이 기승을 부렸다. 특정 인물 사람들이 '밀어'라고 소리치며 참사를 키웠다는 주장, 또는 마약이 연관되어 있다는 근거 없는 음모론 등이 여과 없이 확산되었다. 이는 우리 사회의 안타까운 단면이 아닐 수 없다.

이에 나는 11월 1일 국회에서 열린 국민의힘 원내대책회의에 참석해 '가짜 뉴스' 생산·유포에 대한 자제를 촉구했다. 그 자리에서 이렇게 말했다. "가짜 뉴스는 피해자와 유족에 대한 2차 가해일 뿐만 아니라 국민 분열과 불신을 부추기며 많은 사회적 비용을 치르게 하고 있습니다. 우리는 이전에도 가짜 뉴스의 폐해를 많이 경험했습니다. '미국산 쇠고기

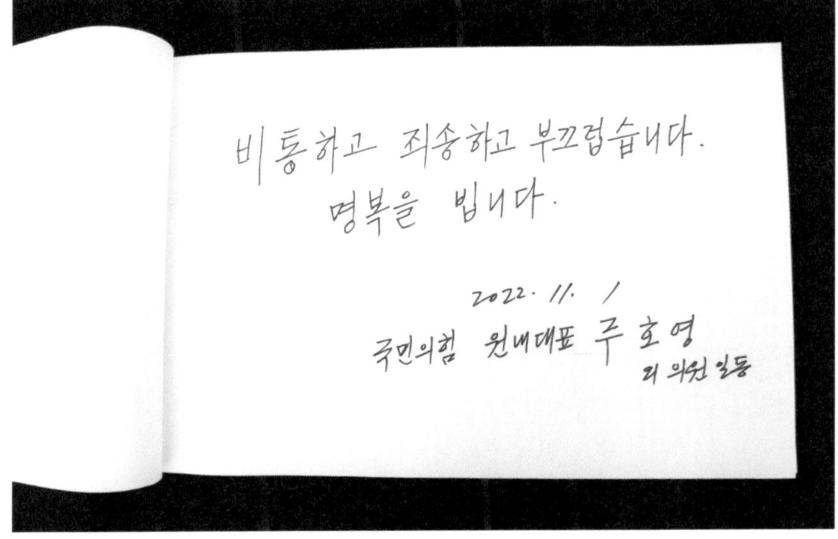

이태원 조문록

를 먹으면 뇌에 구멍이 뚫린다', '사드 전자파에 몸이 튀겨진다', '세월호는 미국 잠수함과 충돌했다'는 등 가짜 뉴스 사례는 나열하기 어려울 정도였습니다. 지금은 희생자들을 추모하고 사고 수습에 집중해야 할 때입니다. 대형 사고 예방을 위한 근본적인 사회 시스템을 구축할 수 있도록, 거기에 국가 역량을 모을 수 있도록 국민들께서도 같이 마음을 모아 주십시오."

이태원 참사 수습 과정을 덮친 '이재명 사법 리스크'

나는 11월 1일 서울 광장에 마련된 이태원 참사 사망자 합동분향소를 찾아 조문했다. 이 조문을 시작으로 이태원 참사 수습에 주력하기 시작했다. 세월호 참사 때와 마찬가지로 정부와 여당은 '사면초가四面楚歌' 신세였다. 국민은 여권을 향해 분노를 여지없이 쏟아냈다. 기댈 곳이 없는 '고립무원孤立無援'의 처지였다. 그럼에도 불구하고 이태원 참사를 수습하기 위한 여야 협상은 진행되어야 했다.

민주당의 정치 공세는 참사 초기부터 시작되었다. 민주당은 이태원 참사 발생 이후 닷새 뒤인 11월 3일 '정부의 '셀프 조사'를 못 믿겠다'라며 국회 차원의 국정 조사를 공식적으로 요구하고 나섰다. 하지만 내 생각은 달랐다. 이태원 참사 초기에는 증거 확보 등 수사를 통해 진상 규명에 집중해야 한다고 판단했다. 그래서 '선先 경찰 수사·후後 국정 조사'로 방향을 잡았다.

나는 11월 4일 국민의힘의 원내대책회의를 주재하면서 민주당의 요구에 대해 아래와 같이 반박했다.

"국정 조사든, 특검이든, 진실 조사와 재발 방지에 필요하다면 무엇이든지 할 수는 있습니다마는, 지금은 국정 조사를 할 때가 아닌 것 같습니다. 지금은 신속한 강제 수사를 통해서 여러 가지 증거들을 확보하고 보존하는 것이 제일 중요하지, 강제 수단이 없는 국정 조사를 지금 한다면 오히려 수사에 방해가 될 뿐이고 논점만 흐릴 뿐입니다. 수사 결과를 보고 미진하거나 부족한 점이 있으면 저희도 국정 조사를 거부하지 않겠습니다. 오히려 우리 국민의힘이 나서서 요구할 것입니다."

그러나 국회 다수 의석을 점하고 있던 민주당은 다른 야당들과 공조해 일방적으로 국정 조사를 강행하겠다고 압박 수위를 높였다. 힘겨운 줄다리기가 계속 이어졌다. 민주당은 예고한 대로 11월 9일 정의당·기본소득당과 함께 국회에 국정 조사 요구서를 제출했다. 민주당은 그러면서 국민의힘이 끝까지 반대할 경우 11월 24일 국회 본회의에서 단독으로 처리하겠다고 주장했다. 이러한 상황에서도 나는 '선先 경찰 수사·후後 국정 조사'의 입장에서 변함이 없었다. 민주당은 국민의힘이 불참하더라도 예고했던 대로 국회 국정 조사를 개문발차開門發車하겠다고 전의를 다졌다.

이 시점에는 이재명 대표의 '사법 리스크' 문제가 정치권을 강타하고 있던 때였다. 이에 따라 정치권 안팎에서 민주당을 향해 "이태원 참사를 '이재명 방탄'에 활용하고 있다."라는 비판이 제기되었다. 검찰은 11월 8일 이 대표의 최측근인 김용 민주연구원 부원장을 정치자금법 위반 혐의로 구속 기소했다. 이어 법원은 11월 19일 이 대표의 최측근인 정진상 대표실 정무조정실장에 대해 대장동 개발 의혹과 관련해 특가법상 뇌물 등 혐의로 구속 영장을 청구했다. 법원은 11월 19일 '증거 인멸과 도망 우려가 있다'라며 구속영장을 발부했다.

'정진상·김용' 최측근 두 명이 모두 구속되자, '검찰 수사가 이 대표 턱밑까지 왔다'는 언론 보도가 이어졌다. 실제로 이 대표는 2023년 1월 10일과 28일, 2월 16일 등 세 차례 검찰에 소환되었다. 검찰은 대장동 개발 의혹 등과 관련해 이 대표에 대해 구속 영장을 청구했다. 그러나 2월 27일 국회 본회의의 표결 결과, 이 대표에 대한 체포동의안이 부결되었다. 이처럼 이태원 참사 수습 국면에 이 대표의 '사법 리스크' 문제가 덮치면서 참사 수습을 위한 노력을 힘겹게 만들었다.

국민의힘 내부도 가만히 있지 않았다. 국민의힘에서는 민주당이 '이재명 방탄'을 위해 국정 조사를 급하게, 그리고 무리하게 들고나왔다는 주장이 확산되었다. 국민의힘에서는 민주당이 정국 전환과 '윤석열 정부 책임론'을 부각시키기 위해 국정 조사를 밀어붙이고 있기 때문에 이를 수용해서는 안 된다는 목소리가 거셌다. 하지만, 이 주장에는 치명적인 결점이 있었다. 압도적인 의석수로 우위에 있던 민주당이 단독으로 국정 조사를 강행할 경우, 우리로서는 막을 방법이 없다는 것이었다. 민주당이 '자기 마음대로' 국정 조사를 하는 것은 막아야 했다.

그래서 나는 선수選數별로 의원 간담회를 가졌다. 11월 14일 오전에는 3선 이상의 중진 의원들을 만나 의견을 교환했다. 같은 날 오후에는 재선 의원들과 간담회를 가졌다. 이어 11월 15일에는 초선 의원들을 만났다. 민주당이 '이재명 방탄' 목적으로 국회 국정 조사를 추진하고 있기 때문에 받지 말아야 한다는 주장이 대세였다. 그러나 이태원 참사에 대한 국민의 분노를 고려하지 않을 수 없었고 유가족들의 눈물도 닦아 주어야 했다.

현실적으로도, 민주당 단독의 국정 조사를 막을 방법이 없었다. 나는 국민의힘 의원들을 향해 간곡하게 호소했다. "의원 여러분들의 입장은 충분히 이해하고 있습니다. 저도 같은 마음입니다. 하지만, 국정 조사를 받지 않을 경우 우리가 '무언가를 숨기기 위해 그렇게 한다'는 거짓 주장은 더욱 확산될 것입니다. 더욱이, 민주당이 국정 조사를 강행할 경우 의석수가 모자라는 국민의힘은 막을 방법이 없습니다. 우리가 국정 조사에 참여하지 않을 경우 민주당이 '진짜' 이재명 방탄을 위한 국정 조사를 하게 될 것입니다."

설득 작업은 점차 효과를 발휘했다. 국민의힘 내부에서 "민주당이 단독으로 국회 국정 조사를 밀어붙이는 것을 막을 수 없다면, 국정 조사를 주는 대신 무언가를 얻어 와야 한다."는 주장이 고개를 들기 시작했다.

그 과정에서 나온 아이디어가 내년도2023 예산안이었다. 예산안의 중요성은 두말할 필요가 없을 정도다. 예산안이 국회를 통과하지 못하면 정부는 손발이 묶인 상태가 된다. 이런 점을 아는 야당 또한 예산안 '발목 잡기'를 통해 자신들의 정치적 목적을 채우려고 한다. 정부와 여당의 입장에서 예산안 통과는 중대한 과제이다. 어차피 민주당의 국정 조사 강행을 막을 수 없다면, 예산안 처리와 연계 시키는 것도 좋은 방안이었다. 나는 박홍근 민주당 원내대표에게 '국정 조사와 예산안' 연계를 제안했다.

민주당 '이상민 장관 해임 건의안' 공세로 여야 합의 '파기'

치열했던 '수싸움' 끝에 11월 23일 여야 합의를 끌어냈다. 핵심 내용은 '내년도 예산안을 처리한 직후에 본격적인 국정 조사 활동기관 보고·현장 검증·청문회 등을 실시한다'라는 것이었다. 다만 준비 기간 등을 고려해 국정 조사 기간은 11월 24일부터 45일간이며, 국회 본회의 의결로 이태원 참사 국정 조사 실시 기간을 연장할 수 있도록 했다. 여야는 11월 24일 국회 본회의에서 이태원 참사 국정 조사를 의결했다.

그러나 합의문의 잉크가 마르기도 전이었던 11월 25일, 민주당은 이상민 당시 행정안전부 장관의 해임 건의안을 들고 나왔다. 이 또한 당시 정국의 초점을 '이재명 사법 리스크'에서 '이상민 책임론'으로 돌리려는 민주당의 정치적 의도로 분석되었다. 여야는 다시 충돌했고, 예산안 합의 처리는 당분간 물 건너간 상태가 되었다. 민주당이 압박을 행동으로 옮겼고, 상황은 더욱 악화되었다. 민주당은 12월 11일, 이상민 장관의 해임 건의안을 강행 처리했다. 이에 반발해 국민의힘 소속의 국정 조사 특위 위원 7명은 이날 '국정 조사 결과에 따라 책임을 묻기로 했는데, 민주당이 약속을 파기했다'라며 전원 사퇴를 결정했다. 민주당은 이에 개의치 않고 단독으로 국정 조사를 진행하겠다고 버텼다. '강強 대 강強' 충돌의 연속이었다.

이러한 사태 악화에 브레이크를 건 주인공들은 다름 아닌 이태원 참사 유가족들이었다. 나와 국민의힘 소속 국정 조사 특위 위원 7명은 12월 20일 국회 의원회관에서 이태원 참사 유가족 열아홉 명을 만났다. 유가족들은 국민의힘 특위 위원들을 향해 '당장 내일이라도 국정 조사에 복귀해 달라'고 눈물로 호소했다. "국회가 애들 장난인가"라는 격앙된 목소리도 나왔다. 국민의힘 국정 조사 특위 위원들은 유가족들과의 간담회를 마친 직후 국정 조사 복귀를 선언했다. 참고로, 2023년도 예산안은 12월 24일 국회를 통과했다. 헌법에 명시된 기한12월 2일을 22일이나 넘긴 '지각' 처리였다.

국정 조사 특위, 현장 조사·청문회 등 성과 있었으나 막판까지 씁쓸한 '끝맛'

국민의힘 소속 특위 위원들이 복귀한 12월 21일부터 이태원 참사 국정 조사는 정상 가동했다. 국정 조사 특위는 이날 녹사평역 시민 분향소를 방문해 조문한 후 참사 현장을 조사했다. 이어 이태원 파출소와 서울 경찰청, 서울 시청 등에서 현장 조사를 진행했다. 이른바 '첫 현장 조사'였다. 이후에도 국정 조사 특위는 활동 기간 중에 서울 용산구청과 행정안전부 등을 방문해 현장 조사를 이어갔다. 국정 조사 특위는 기관 보고를 받으며 이태원 참사의 진상 규명에 힘썼다.

대통령실 국정상황실, 국가안보실 위기관리센터, 행정안전부, 경찰청, 소방청, 서울경찰청, 용산경찰서 등이 국정 조사 특위에 기관 보고를 했다. 청문회도 세 차례 진행되었다. 청문회에서는 국정 조사 특위 소속 여야 의원들은 여야를 막론하고 모두 이태원 참사 당일 경찰의 허술한 대응을 강하게 질타했다. 의원들은 이태원 현장에 인파가 몰리고 있다는 신고가 반복적으로 접수되었는데도 신속한 대응이 이루어지지 않은 점 등을 집중적으로 추궁했다. 여야 의원들은 용산구청의 미흡한 대응에 대해서도 따져 물었다.

국정 조사 기간은 여야 합의로 열흘이 연장되었다. 이에 따라 이태원 참사 진상규명을 위한 국회 국정 조사는 55일기본 45일+연장 10일 간의 활동 기간을 거쳐 2023년 1월 17일 종료되었다. 국회 국정 조사는 인파가 몰릴 것이 예상된 상황에서 미흡한 대비, 구조 과정에서 경찰과 소방당국의 허술한 대처 등 쟁점들을 부각 시켰고, 전문가 공청회를 거쳐 재발 방지 대책을 논의하는 등 나름의 성과를 거두었다.

그러나 '이상민 국정 조사'라는 비판도 받았다. 민주당은 이상민 행안부 장관을 집중 공격하며 정치적 쟁점화하기 위해 주력했고, 이에 국민의힘은 이 장관 방어에 힘을 쏟았던 것도 부인할 수 없는 사실이다. 이태원 참사 국정 조사 특위가 활동을 종료하며 결과 보고서를 채택하는 과정도 씁쓸한 끝맛을 남겼다.

민주당은 국민의힘 의원들이 퇴장한 상황에서 정의당과 기본소득당과 함께 '야野 3당' 단독으로 결과 보고서를 채택했다. 쟁점의 중심에는 역시나 이상민 장관의 책임 소재 여부가 갈등의 촉매제였다. 야당은 단독으로 채택한 결과 보고서에서 '이 장관은 법령에 따른 중앙사고수습본부 설치 운영, 상황 판단 회의를 통한 중앙재난안전대책본부 설치 요청 및 건의 등을 이행하지 않았다'라며 '모든 책임을 일선 소방서장에게 돌리는 태도로 희생자 및 유가족에게 2차 피해를 입혔다'라고 주장했다. 국민의힘 의원들은 "모든 책임을 이 장관과 윤석열 정부에게 뒤집어 씌우려는 의도" 라고 비판했다.

유가족 지원 '특별위원회' 위해 백방으로 뛰었으나 끝내 '무산'

이태원 참사 수습을 마무리하지 못해 회한悔恨의 심정을 아직도 가지고 있는 이유를 설명해 볼까 한다. 이태원 참사 수습 과정에서도 피해자들에 대한 배상·보상 문제는 빼놓을 수 없는 중요한 문제였다. 나는 사회적 참사의 피해자들이 개별적으로 소송과 재판 절차를 통해 배상·보상 문제를 해결하는 것은 국가가 해서는 안 될 일이라고 생각한다. 그래서 배상·보상 절차를 합리적으로, 그리고 간소하게 하는 특별위원회를 구성하기 위해 물밑에서 백방으로 뛰었다. 이태원 참사 피해자들을 지원하면서 '상당한 인과관계가 있는 피해만 배상한다'는 손해배상의 법적 기본 원리를 깨뜨리지 않는 해법이 중요했다.

그 해법을 깨뜨리지 않기 위해 세월호 참사 수습 과정에서 설치되었던 '배상·보상 심의위원회'가 모델이 되었다. 다시 생각해도 설계는 상당히 구체적이었다고 지금도 자평한다. 핵심은 이태원 참사 수습 과정에

이태원 참사 유가족 면담

서도 배상·보상 절차를 위한 '특별위원회'를 설치하는 것이었다.

특별위원회 설치 방법에는 두 가지가 있었다. '별도의 특별법' 제정으로 가는 방법이다. 또, 배상금을 지급해야 할 정부와 유가족들·생존 피해자들이 모두 동의하는 '민사상 화해 제도에 기반한 합의'를 통해서도 가능하다. 나는 이 같은 과정을 거쳐 설치된 특별위원회가 배상금과 위로 지원금의 규모를 결정하고, 이를 통해서 받아들이는 피해자들은 별도의 노력 없이 특별위원회가 제시한 배상금과 위로 지원금을 수령하는 방식이 반드시 도입되어야 한다고 생각했다. 물론, 특별위원회가 제시한 배상금과 위로 지원금을 거부하는 유가족이나 피해자들이 있는 경우, 각자 개별적인 소송과 재판 절차를 통해 배상·보상을 받는 것도 합법적으로 법적 선택의 테두리 안에 있는 것이었다. 특별위원회는 10명 내외의 고위 법관 출신들을 위원으로 임명하는 것이 나의 구상이었다.

앞서 말했듯이, 이태원 참사 수습의 배상·보상 문제에 있어 최대 난관은 세월호 참사와 달리, '자발적으로 모였다'는 근거로 피해자 본인 과실이 '0%는 아니다'라는 법률적 해석이었다. 이에 따라 특별위원회 소속 위원들이 피해자의 과실 비율을 심도 있는 논의와 토론을 거쳐 정한 뒤, 최종 배상금과 위로 지원금 규모를 결정하면 모두가 만족하는 결과에 도달할 수 있을 것이라고 판단했다.

이 구상이 성사될 경우, 특별위원회가 제시한 결정을 수용하는 유가족들과 생존 피해자들은 배상·보상을 받기 위해 별도의 소송과 재판 절차를 거쳐야 할 이유가 없어지게 되는 것이었다. 나는 이 구상을 현실화 시키기 위해 많은 사람을 만났다. 이태원 참사 피해자들을 지원하는 변호사들도 만났는데, 이 중에 한 변호사는 "저도 어느 정도 피해자 본인 과실은 인정해야 한다는 생각을 갖고 있습니다."라고 솔직하게 말하기도 했다.

결론만 말하자면 내 구상을 성사 시키지 못했다. 혼자만의 힘으로 해결하기에는 너무 많은 변수들이 복잡하게 얽혀 있었다. 아무리 작은 비율이라고 하더라도, 피해자 본인 과실 여부를 언급하는 것은 너무나도 민감한 문제였다. 용산 대통령실의 미온적인 반응도 영향을 미쳤다. 지금도 이태원 참사 피해자들은 자신들의 힘으로 힘겹게 소송과 재판 절차를 거치고 있는 것으로 알고 있다. 유가족들과 생존 피해자들에게 죄송한 마음을 금할 수 없다.

나의 '참회록' ― 국가적 참사 재발을 막기 위한 노력 멈추지 않아야

나의 정치 인생에서 세월호 참사 수습과 이태원 참사 수습에 참여했던 경험은 많은 교훈을 안겨 주었다. 또한 세월호 참사 수습과 이태원 참사 수습 과정은 나에게 서로 다른 의미로 남아 있다. 세월호 참사 때는 수습 과정에 기여했다는 뿌듯함을 느꼈다. 반면 이태원 참사 때는 수습을 끝까지 마무리하지 못했다는 안타까움과 유가족에 대한 미안함을 갖고 있다.

세월호 참사의 경우, 참사 원인을 놓고 사회적 혼란과 진통이 오랜 시간 이어졌다. 세월호 참사의 진상 규명을 위해 모두 아홉 차례의 조사와 수사가 이루어졌다. 참사 이후 7년 4개월 동안 검찰 수사와 감사원 감사, 검찰의 재조사, 세월호 특검 등이 계속되었다. 그러나 엄밀히 말해, 세월호 참사 진상 규명은 내 영역 밖의 임무였다. 나는 세월호 참사 수습 과정에서 특별조사위원회 설치와 배상·보상 문제를 나눠 두 개의 '세월호 특별법'을 만드는 데에 중요한 역할을 했다. 특히, '배상·보상 심의위원회'를 설치해 배상·보상 문제를 합리적이고 체계적으로 해결하는 데에 기여했다. 결과적으로 보자면 세월호 참사를 수습하는 과정에서는 내가 관철했던 내용이 참사 수습에 많은 도움이 되었다고 생각한다.

그러나 이태원 참사 수습 과정은 달랐다. 물론 국회 국정 조사 합의 등 성과가 없었던 것은 아니다. 하지만 이태원 참사 수습과 이재명 당시 민주당 대표의 '사법 리스크' 논란이 맞물려 돌아가면서 여야 충돌은 극에 달했다. 여야의 정쟁政爭은 이태원 참사 수습에 발목을 잡았다. 앞서 말하듯 나는 배상·보상 절차를 위한 '특별위원회'를 설치하지 못한 것에 대해 애석한 마음이 가장 크다.

'두 차례 참사를 겪은 이후 우리 사회가 국가적 참사의 재발을 막기 위한 시스템을 과연 완벽하게 구축했는가' 하는 질문에 대해 '그렇다'라고 말할 자신은 없다. 정치권이 근본적인 대책 마련보다는 대증요법對症療法과 임시처변臨時處變에 급급하지 않았나 하는 반성을 한다. 여야는 국가적 대참사가 발생한 직후에는 사태 수습에 전력을 다하다가, 어느 시점이 지나면 참사를 상대 정당을 공격하는 수단으로 활용하는 모습을 보여 왔다.

사회적 대참사가 발생할 때마다 어김없이 반복되는 국론 분열의 폐해도 심각하다. 음모론과 가짜 뉴스도 엄청난 해악을 끼치는 '사회적 암'이다. 이러한 정치권을 향한 비판에 대해서 6선 국회의원이자 국회부의장인 나도 자유롭지 못하다는 것을 잘 알고 있다. 인간사에서 재난을 피할 수는 없다. 그러나 그 피해를 최소화할 수 있는 시스템을 구축해야 한다. 특히 막을 수 있는 인재人災는 더욱이 예방해야 한다. 국가적 참사 재발을 막기 위한 노력을 멈추지 않아야 하는 이유가 여기에 있다.

마지막으로, 작금의 사태에서 묻어 두었던 이야기 하나를 꺼낸다. 사람의 운명과 관련해 나를 상념想念에 잠기게 하는 이야기다. 이태원 참사 수습 국면에서 나는 이상민 행안부 장관에게 단호하게 자진 사퇴 이야기를 꺼낸 적이 있다. 이 장관은 "저 인들 왜 그만두고 싶은 마음이 없겠습니까? 그러나 제 마음대로 그만둘 수도 없는 사정입니다."라고 조용히 답했다. 나는 그 이유에 대해서는 더 이상 묻지 않았다. 이 장관은 윤석열 전 대통령의 비상계엄령 선포와 관련해 구속기소 되어 고초를 겪고 있다. 그때, 이 장관이 물러나는 선택을 했더라면, 그의 운명이 어떻게 달라졌을까 하는 생각을 해본다.

3장

두 차례의 연금개혁, 사회적 대타협을 주도하다

1절 내가 연금개혁에 나서게 된 이야기

두 차례의 연금개혁에 기여했다는 자부심
— 민주당의 반대로 '미완의 개혁' 아쉬움도

65세 이상 노령인구가 전체 인구의 20%를 넘어섰다. 초고령화 사회에서 국민연금과 공무원연금 등 공적연금公的年金은 대표적인 사회 안전망이다. 공적연금은 수입이 없거나 재산이 많지 않은 은퇴자들에게는 생명줄이다. 국가의 관점에서 공적연금 제도는 백년지대계百年之大計이다.

공적연금 제도가 무너질 경우 개인의 삶과 국가의 안정이 동시에 파괴되는 최악의 상황이 발생한다. 그러나 평균 수명이 늘어나고 경제 성장이 둔화하면서 연금 기금의 재정 안정성에 경고등이 켜진 것은 우리나라만 아니라 전 세계적 현상이다. 연금 제도를 장기간 안정적으로 지속시키기 위해서는 받는 돈을 줄이거나 내는 돈을 늘려야 한다. 이 대목에서 그 어떤 선택도 강력한 저항이 발생한다. 정부의 연금개혁 추진으로 인해 정치적 혼란이 발생했던 프랑스가 대표적인 예다. 연금개혁은 어느 국가에서나 가장 인기 없는 정책이다.

박근혜 정부 이후 한국에서는 두 차례 연금개혁이 이뤄졌다. 공무원연금과 국민연금에 대한 개혁이었다. 나는 이 두 차례 모두 국회의 연금개혁 특별위원회 위원장을 맡아 연금개혁을 주도했으며, 우리나라의 연금 제도 개선에 기여했다는 사실에 엄청난 자부심을 느끼고 있다. 공무원연금법 개정안은 2015년 5월 29일 국회를 통과했다. 그로부터 약 10년 뒤인 2025년 3월 20일 국민연금법 개정안이 국회를 통과했다. 특히, 국민연금 개혁은 2007년 이후 18년 만이었고, 1988년 국민연금 도입 후 세 번째 연금개혁이었다.

2015년 공무원연금법 개정안이 국회를 통과했을 때는 내가 국회 공무원연금개혁 특별위원회의 위원장을 맡고 있었다. 나는 공무원연금 개혁 과정의 처음부터 끝까지 참여했다.

그러나 2025년 국민연금법 개정안이 국회를 통과했던 시점에는 내가 국회 연금개혁 특별위원회의 위원장에서 물러난 뒤였다. 나는 국민연금 개혁의 마무리를 짓지 못했다. 여야 협상이 합의 직전까지 갔지만, '받는 돈'의 비율인 소득대체율 '1% 차이' 때문에 결렬되었기 때문이다. 하지만, 그 1% 차이는 결코 가볍게 볼 수 있는 수치가 아니었다. 추산에 따르면 1% 차이가 40년 뒤에는 '580조 원의 차이'가 나는 것으로 분석되었다. 이후, 여야는 국민연금법 개정안에 대한 합의를 이뤄냈다. 국회를 통과한 국민연금법 개정안은 내가 국회 연금개혁 특위를 이끌면서 만들었던 안案이 바탕이 되었다.

두 차례의 연금개혁에 참여했다는 자긍심도 크지만, 동시에 느끼는 안타까움도 적지 않다. 나는 국민연금 개혁의 경우 민주당의 반대로 인해 반쪽에 그친 '미완의 개혁'이 되었다고 평가한다. 그러나 국민연금 문제를 그대로 방치하는 것보다는 '반쪽 개혁'이라도 반드시 이뤄내야 한다고 생각했던 소신은 지금도 변함이 없다.

반면, 공무원연금 개혁은 정부, 국회, 전문가 그룹에 당사자인 공무원노조까지 모든 이해관계자가 참여하여 상호 이해와 고통 분담을 통해 합의를 이끌어낸 '최초의 사회적 대타협'이었다. 협의 당시 우려했던 공

공무원 연금개혁

무원들의 집단 파업도 없었다. 이는 세계적으로도 유례가 없었던 일이었다. 공무원 재직 중에는 보험료를 '더 내고' 퇴직 후 연금은 '덜 받는', 불가능해 보였던 일을 성공적으로 해냈던 것이다.

그러나 문재인 정부는 집권 5년 동안 공무원을 13만 명이나 증원하면서 어렵게 개혁해 놓은 공무원연금의 안정성을 오히려 악화시켰다. 당시 공무원 증원으로 인해 공무원연금을 유지하는 데에 최소 70조 원 이상이 더 소요될 것이라는 추산이 나왔다. 나는 지금도 문재인 정부의 '포퓰리즘 정책'이 공무원연금 제도의 안정성을 훼손시켰다는 비판적인 인식을 갖고 있다.

그런 점에서 공무원연금 개혁을 추진했던 박근혜 정부와 국민연금 개혁에 나섰던 윤석열 정부의 애국심은 높게 평가해야 한다고 생각한다. 민주당 정권이 포퓰리즘 정책을 밀어붙이는 것과는 매우 대조적인 모습이다. 보수 정권이 대중의 여론과 인기를 고려하지 않고, 국가의 미래를 위해 꼭 필요한 '입에 쓴 약 같은 정책'을 추진하는 용기와 결단을 보여주었다고 생각한다.

연금개혁과의 인연

연금개혁의 기나긴 과정을 이야기하기 이전에, 판사 출신이었던 내가 어떻게 연금개혁과 인연을 맺게 되었는지 그 사연부터 설명할까 한다.

2014년 당시, 박근혜 정부와 새누리당은 공무원연금 개혁을 강력하게 밀어붙였다. 박근혜 정부는 공무원연금 개혁을 하지 않으면 공무원연금 제도가 안정적으로 지속될 수 없다는 위기의식을 갖고 있었다. 공무원연금을 개혁하기 위해서는 국회에서 '공무원연금법' 개정이 반드시 이루어져야 했다.

새누리당은 공무원연금법 개정을 당론으로 채택했다. 새누리당은 같은 해 10월 28일 소속 의원 전원 찬성을 받아 공무원연금법 개정안을 당론 발의했다. 공무원연금 개혁을 반드시 이루어내겠다는 강력한 의지의 표명이었다.

새누리당의 김무성 대표와 이완구 원내대표 등 지도부가 국회 의안과를 직접 찾아 공무원연금법 개정안을 제출했을 때 정책위의장이었던 나도 참여했다.

다음 단계는 여야 협상이었다. 이를 위해 여야는 국회 공무원연금 개혁 특별위원회 설치에 합의했다.

새누리당이 당시 여당이었기 때문에 특별위원회의 위원장은 새누리당의 몫이었다. 그러나 문제는 새누리당 의원들 중에서 위원장을 맡겠다고 나서는 인사가 없다는 점이었다. 당시 새누리당은 공무원연금 개혁 태스크포스TF를 출범시켰다. TF의 위원장은 이한구 의원이었다. 이에 따라 새누리당 의원들은 국회 공무원연금 개혁 특위가 설치되면 이한구 의원이 위원장을 맡을 것이라고 예상했다. 그러나 이 의원은 고사했다. 구체적인 이유는 모르겠으나 공무원연금법 개정이 실현되기도 어렵고, 인기도 없는 정책이라는 것이 영향을 미친 것으로 추정할 뿐이다.

당시 나는 새누리당의 이완구 원내대표 체제에서 정책위의장을 맡고 있었다. 이 원내대표는 나를 공무원연금 개혁의 적임자라고 판단해 공무원연금 개혁 특위의 위원장을 맡아줄 것을 집요하게 요청했다. 그러나 나는 고사했다. 이유는 세 가지였다.

첫째, 나는 연금 전문가가 아니었다.

둘째, 고생할 각오는 되어 있었으나 연금개혁이 워낙 힘든 일이기 때문에 성공 가능성이 낮다고 판단했다.

셋째, 나와 가까운 인사들의 만류였다. 연금개혁이 인기 없는 정책이기 때문에 주변 인사들이 "왜 주 의원이 공무원연금 개혁에 총대를 메느냐."고 나를 말렸다. 하지만, 나는 국회 공무원연금개혁 특별위원회의 위원장 자리를 수락했다.

여기에는 사연이 있다.

2014년 12월 29일. 이 원내대표가 고육지책으로 '묘책'을 만들어 냈다.

당시 국회 본청에 있었던 새누리당 정책위원장 사무실에는 출입하는 문이 두 개 있었다. 하나는 수시로 이용하는 문으로, 보좌진들이 쓰는 사무실과 연결되어 있는 문이다. 즉, 정책위의장실의 그 문을 열고 들어가면, 보좌진들이 있는 사무실이 있고, 그 사무실을 통해 정책위의장 사무실로 들어가는 것이다. 나가는 것도 마찬가지다.

다른 문은 국회 본청 복도와 바로 연결되어 있는 문이다. 복도와 연결된 문을 열 경우 정책위의장 사무실이 바로 보이기 때문에 그 문은 거의 쓰지 않았다.

이 원내대표가 정책위의장실로 나를 찾아왔다. 그러고는 "논의할 것이 있으니, 잠시 같이 나가자."며 나를 이끌고 복도와 바로 연결되어 있는 그 문을 열고 나갔다. 이 원내대표를 따라 복도를 나오니, 방송 기자들과 신문 기자들이 이미 모여 있었다.

이 원내대표는 기자들을 향해 "주호영 정책위의장이 국회 공무원연금개혁 특위의 위원장을 맡기로 했습니다."라고 '깜짝 발표'를 했고 나는 많은 기자 앞에서 '저는 공무원연금개혁 특위 위원장을 맡을 수 없습니다.'라고 도저히 말할 수 없었다. 이것이, 연금 전문가가 아닌 내가 연금개혁과 인연을 맺게 된 사연이다.

별칭 '연금 전문가' — 국민연금 안정성 위해 '자동조정장치' 필요

나는 그로부터 7년 반 뒤에 다시 연금개혁의 중책을 맡게 되었다. 이번에는 국민연금이었다. 2022년 7월 24일, 국회 연금개혁특별위원회의 위원장에 내정되었다. 용산 대통령실과 국민의힘 지도부가 나를 연금개혁의 적임자로 판단해 위원장직을 맡아줄 것을 요청했다. 이전 공무원연금 개혁을 성공적으로 마무리한 이력이 결정적 계기로 작용했다. 나는 국민연금 개혁이 쉽지 않은 일이라고 생각했지만, 이번에는 고사하지 않았다. 무엇보다 당시 시점에서 국민연금을 개혁하지 않을 경우 국민연금 체제의 안정성이 크게 흔들릴 것이라는 위기의식이 강하게 작용했다. 또한, 공무원연금 개혁에 참여하면서 연금에 대해 내공이 쌓였다는 자신감이 있었던 것도 사실이다.

이후 나는 2022년 9월 19일 국민의힘의 원내대표로 선출되었다. 내 개인적으로는 세 번째 원내대표였다. 나는 원내대표 역할과 연금개혁의 임무를 동시에 수행했다. 국회 연금개혁특위의 위원장을 맡아 일하면서 연금에 대해 스스로 연구하고 전문가들과 논의했다. 이 과정을 거치며 나는 국회를 대표하는 '연금 전문가'라는 별칭을 얻었다. 비록 '100점 성적표'는 아니지만, 두 차례 연금개혁을 이뤄내는 성과도 만들어냈다.

그러나 연금개혁은 아직도 갈 길이 멀고, 장애물들은 산더미처럼 쌓여 있다. 특히, 나는 국민연금 제도의 안정성을 위해 '자동조정장치'의 도입이 필요하다는 소신을 갖고 있다. 자동조정장치는 인구 및 경제 여건 변화 등과 연계해 자동으로 보험료율연금 납부액이나 소득대체율연금 수령액 등 국민연금의 모수母數를 조절하는 방식이다.

예를 들어 경제 상황이 나빠질 경우, 연금의 재정 안정성을 위해 보험료율을 높이거나 소득대체율을 낮춰 연금을 유지하는 방식이다. 독일과 일본, 핀란드 등은 연금제도의 지속 가능성을 확보하기 위해 이미 자동조정장치를 도입했다. 우리도 빠른 시일 내에 반드시 도입해야 한다. 이준석 개혁신당 의원과 김재섭 국민의힘 의원 등 젊은 정치인들이 미래세대를 위해 연금개혁에 적극적으로 나서줄 것을 당부한다. 민주당도 포퓰리즘에서 벗어나 연금개혁에 진정성을 보여야 한다.

2절 공무원연금 개혁
–'최초의 사회적 대타협' 평가, 그 성과를 물거품으로 만든 문재인 정부

박근혜 정부가 공무원연금 개혁에 나설 수밖에 없었던 이유

박근혜 정부의 대표적 치적治績 중 하나는 공무원연금 개혁이다. 박 전 대통령이 탄핵이라는 비극적인 결말을 맞으면서 박근혜 정부의 공功이 평가절하되는 경향이 있으나, 공무원연금 개혁의 성과는 정당한 역사적 평가를 받아야 한다고 생각한다. 박근혜 정부가 공무원연금 개혁에 나섰던 데에는 시대적 사회적 이유가 있었다. 의학이 발달하면서 평균 수명이 늘어나고, 정부 기능이 확대되면서 공무원 숫자가 확대된 것이 근본적인 이유였다.

공무원연금의 도입 초기였던 1960년에는 평균 수명이 52세였다. 그러나 52년이 지난 2012년의 평균 수명은 81세로 늘었다. 이에 따라 공무원연금을 받는 수급자受給者의 수급 기간이 거의 30년이나 늘어나는 상황이 발생했다. 여기에 더해 공무원이 증가하면서 공무원연금을 받는 수급자의 숫자도 늘어났다. 1990년 공무원연금의 수급자는 2만 5,000명으로 조사되었지만, 2013년에는 수급자가 36만 3,000명으로 추산되었다. 수급자가 증가하고 수급 기간이 늘어나면서 공무원연금의 재정 안정성에 '빨간 불'이 켜졌다. 이에 따라 박근혜 정부는 공무원연금 개혁이 불가피하다는 인식을 갖게 되었다. 박근혜 정부가 공무원연금 개혁을 준비했던 2014년 연구 결과에 따르면, 향후 10년 동안 공무원연금을 운영하는 데에 있어 53조 3,000억 원이 부족하다는 분석이 제기되었다.

박근혜 정부 당시 여권은 공무원연금 개혁을 추진키로 뜻을 모았다. 공무원 연금 개혁을 위해서는 법 개정이 반드시 필요했다. 이를 위해 국회 공무연금개혁 특별위원회가 만들어졌고, 나는 위원장을 맡았다. 당시 여당 간사는 조원진 새누리당 의원이었고, 야당 간사는 강기정 새정치민주연합 의원이었다. 국회 공무원연금개혁 특위는 인선을 마친 뒤 2015년 1월 12일 첫 회의를 시작으로 본격적인 활동에 들어갔다. 여야는 공무원연금개혁 특위의 활동 기간을 최장 125일로 합의했다. 100일의 활동기간을 보장하고, 필요한 경우 1차례에 걸쳐 최대 25일 범위에서 활동 기간을 연장할 수 있도록 했다. 공무원연금 개혁 협의 과정은 우려했던 대로 진통을 거듭했다. 활동 기간은 연장될 수밖에 없었다.

예상했던 공무원 노조의 반발과 야당의 '발목잡기' — 예상치 못했던 여권의 분열

공무원연금 개혁 과정은 진통의 연속이었다. 여야 협상은 헛바퀴를 돌았고, 파행을 겪었다. 공무원연금 개혁 논의가 본격적인 궤도에 오르자 공무원 노조의 반발이 거세졌다. 전국공무원노동조합이하 전공노는 "정부가 국민의 노후보장 수준에 대한 논의와 합의를 외면한 채 과장된 공무원연금 재정 추계값으로 국민을 속이고 있다."라고 비판했다. 또한 "다른 연금도 연계해 논의해야 한다."라고 주장했다.

전공노는 공무원연금 '개혁'을 공무원연금 '개악改惡'이라고 비난했다. 여기에 전국민주노동조합총연맹이하 민주노총도 가세했다. 민주노총은

2015년 4월 24일 노동시장 구조 개악 저지 등을 명분으로 총파업을 벌였다. 전공노와 전국교직원노동조합이하 전교조 등이 대거 참여했다. 전교조 조합원들은 9년 만에 '연가 투쟁'을 벌였다.

야당은 공무원연금 개혁의 필요성에는 공감하면서도 공무원과 노조의 눈치를 보면서 여야 협상의 '발목잡기'에 나섰다. 특히 새정치민주연합은 "공무원연금을 깎는 데에만 주력해서는 안 된다."라고 주장하며 포퓰리즘 공세를 이어갔다. 받는 돈을 줄이지 않으면서 연금개혁을 하자는 야당의 주장은 '연금 개악'을 하자는 이야기나 마찬가지였다. 당시 여권은 "지금 공무원연금을 개혁하지 않으면 공무원 연금 제도 자체가 위기에 빠질 수 있다."라는 정치적 명분이 있었다. 야당도 공무원연금 개혁의 필요성에 공감해 2015년 5월 2일, 여야 합의를 이뤄냈다. 그러나 나흘 뒤인 5월 6일 합의가 깨졌다.

공무원 노조의 반발과 야당의 반대는 예상했던 것이었다. 그러나 예상치 못했던 돌발 변수가 등장했다. 바로 여권 내부의 분열이었다. 공무원연금 개혁 논의가 한창 진행되던 2015년 2월 2일 유승민 의원이 새누리당의 새 원내대표로 선출되었다. 유 원내대표는 청와대와 불편한 관계를 맺고 있었다. 그가 4월 8일 국회에서 진행한 교섭 단체 대표 연설에서 "증세 없는 복지는 허구."라고 발언하며 긴장감은 고조되었다. 당시 친박계는 유 원내대표가 박근혜 정부의 조세·복지 정책 전반을 비판한 것이라고 주장했다.

이런 긴장된 상황에서 '시행령 논란'이 터져 나왔다. 정부의 시행령에 대한 수정·변경 요구 권한을 강화하는 내용을 담은 국회법 개정안이 정국의 변수로 떠오른 것이다. 당시 국회법 개정안은 정부의 시행령에 대한 국회 통제를 강화하는 내용을 담고 있었다. 박근혜 정부는 이에 대해 반대 의사를 공개적으로 밝혔다. 청와대는 "정부의 시행령 제정권을 제한하는 것은 헌법상의 권력 분립 원칙에 위배될 수 있다."는 이유를 들어 국회법 개정안에 대해 반대 입장을 굽히지 않았다.

2015년 5월 28일 새벽은 공무원연금법 개정안이 국회를 통과했던 전날이라 선명하게 기억난다. 나와 유 원내대표는 국회에 함께 있었다. 당시 새누리당의 김무성 대표와 유 원내대표는 공무원연금 개혁을 위해 많은 노력을 기울였다. 여야는 공무원연금개혁에 대해서 사실상 합의를 마무리 지었다. 그러나 문제는 국회법 개정안이었다. 남은 선택지는 두 가지였다. 하나는 새정치연합의 연계 요구를 수용해 공무원연금 개혁과 국회법 개정안을 동시에 통과시키는 것이었고, 다른 하나는 새정치연합의 요구를 거부해 공무원연금 개혁과 국회법 개정안이 모두 무산되는 상황을 감수하는 것이었다. 나는 당시 청와대가 유 원내대표에게 분명한 입장을 전달하지 않았던 것으로 알고 있다. 결국 명확한 결론을 듣지 못한 채 나는 새벽 2시쯤 퇴근했다.

공무원연금법 발의

'더 내고 덜 받는' 방향의 공무원연금 개정 – 文정부 '공무원 대규모 증원'으로 성과 사라져

불가능해 보였던 공무원연금 개혁이 점점 타협점을 찾아가고 있었다. 협상이 좌초될 위기 상황은 수시로 발생했다. 나는 그때마다 끈기를 갖고 야당 의원들을 설득했다.

숨은 일화도 있다. 나는 야당의 협조를 얻기 위해 내가 할 수 있는 모든 일을 했다고 자평한다. 공무원연금개혁 특위 소속 야당 의원이 지역구에서 행사를 개최한다는 소식을 전해 듣고, 알고 지내던 연예인에게 부탁해 행사에 참석할 수 있게 했다. 그만큼 절박했다. 또 나는 공무원 노조의 입장을 이해하기 위해 애썼다. 특히 공무원 노조는 공무원연금개혁 특위가 운영되는 기간 동안 나의 대구 지역구 사무실 앞에서 몇 달 동안 시위를 벌이기도 했다. 곤란한 상황이 있기도 했지만, 솔직한 대화로 공무원 노조를 설득하는 데에 주력했다.

공무원연금법 개정안은 2015년 5월 29일 국회 본회의를 통과했다. 246명의 여야 국회의원이 표결에 참여해 찬성 233명, 기권 13명으로 가결되었다. 반대표가 단 한 표도 없었다는 것은 공무원연금 개혁과 같은 첨예한 갈등 사안에서 여야 합의를 성공적으로 이끌어 냈음을 의미했다. 국회를 통과한 공무원연금법 개정안의 핵심 내용은 공무원 재직 기간 중에 연금 보험료를 '더 내고', 퇴직 이후 연금액을 '덜 받는' 것이었다. 구체적으로 공무원이 내는 보험료율인 기여율은 5년에 걸쳐 7.0%에서 9.0%로 높이고, 받는 연금액의 비율을 의미하는 지급률을 20년에 걸쳐 현행 1.90%에서 1.70%로 낮추는 내용을 담았다. 여기에 더해, 연금 지급액을 2016년부터 2020년까지 5년간 동결하고, 연금 지급개시 연령을 2010년 이전 임용자에 대해서도 60세에서 65세로 상향했다. 유족의 연금 수령 비율 역시도 70%에서 60%로 조절했다.

그 결과 공무원연금 개혁에 대한 경제적 효과는 엄청난 것으로 평가되었다. 장기적으로는 향후 70년 동안 재정 부담 333조 원을 절감할 것으로 추산되었다. 정부가 공무원연금 지급 부족금을 메워주기 위해 지급하는 보전금 역시 70년 동안 497조 원을 아낄 수 있을 것으로 연구되었다. 단기적으로는 2022년의 경우, 국가가 내야 할 보전금이 공무원연금 개혁 이전에 비해 50%약 3조 8,000억 원를 절감할 수 있을 것으로 추산되었다.

이 과정에서 나는 끈기를 갖고 상대방을 설득하면 불가능해 보였던 목표를 달성할 수 있다는 교훈을 마음속에 새기게 되었다. 공무원연금 개혁 합의는 공무원들의 협조와 희생이 있었기 때문에 가능했다. 연금이라는 현실적 문제 앞에서 대승적인 판단을 해준 전 현직 공무원들에 대해 깊은 감사의 마음을 가지고 있다. 다만 문재인 정부가 공무원을 대규모로 증원하면서 공무원연금 개혁의 성과를 물거품으로 만든 것에 대해서는 비판을 멈출 수가 없다.

안타까운 일도 있었다. 국회법 개정안은 공무원연금법 개정안과 함께 국회를 통과했다. 이에 청와대의 분노는 폭발했다. 박근혜 전 대통령은 그해 6월 25일 국회법 개정안에 대해 거부권재의 요구권을 행사한 뒤 '배신의 정치'라는 말까지 사용했다. 여권의 내분은 극에 달했고, 유승민 원내대표는 7월 8일 원내대표 자리에서 물러났다.

여권의 분열은 심화되었고, 이는 2016년 20대 총선 패배로 이어졌다. 나는 지금도 당시 여권이 분열되지 않았다면 총선에서 패배하지 않았을 것이라고 생각한다. 더 나아가 박근혜 전 대통령의 탄핵이라는 비극적 결과도 발생하지 않았을 것이다. 그 점이 두고두고 안타깝다.

3절 국민연금 개혁, 소득대체율 '1% 차이'로 결렬된 협상과 나의 마지막 노력

尹정부의 3대 개혁 ― 공무원연금 개혁보다 훨씬 더 힘들었던 국민연금 개혁

국민연금 개혁은 윤석열 정부가 추진한 국정 과제였다. 윤석열 대통령은 취임 초기부터 연금개혁·노동개혁·교육개혁 등 '3대 개혁'을 주창하고 나섰다. 윤 대통령은 2022년 7월 22일 장차관 워크숍에 참석해 "연금·노동·교육 개혁 등 핵심 개혁과제는 국민이 우리 정부에게 명령한 사항."이라며 "이해 관계자들의 반발 등 어려움이 있지만 원칙을 지키며 추진해 나가야 한다."라고 강조했다.

윤 대통령이 '3대 개혁'에 시동을 걸며 국민연금 개혁도 정치권의 핵심 이슈로 부상했다. 국민연금의 개혁도 국민연금법의 개정을 통해 가능했다. 국민연금법의 개정을 위해서는 공무원연금 개혁 때와 마찬가지로 국회 연금개혁 특별위원회 구성이 필요했다. 용산 대통령실과 국민의힘은 나에게 국회 연금개혁 특위의 위원장을 맡아줄 것을 요청했다. 특히 권성동 당시 원내대표가 적극적으로 부탁했다. 나는 국민연금 개혁의 필요성을 절실하게 깨닫고 있었기 때문에 요청을 받아들였다.

그러나 국민연금 개혁은 공무원연금 개혁과 비교할 수 없을 정도로 험난한 과정이었다. 국민연금의 규모는 공무원연금과 비교가 되지 않을 정도로 컸고, 고려해야 할 변수도 많았다. 특히 2024년 기준으로 국민연금의 가입자 숫자는 2,205만 명, 수급자는 684만 명에 달했다. 국민연금은 사실상 모든 성인 국민을 대상으로 한 연금이기 때문에 국민연금에 잘못 손을 댈 경우, 그 피해와 부작용은 상상하기 힘들 정도였다.

국민연금을 개혁에 관해서도, 나는 문재인 정부를 비판하지 않을 수 없었다. 문재인 정부는 집권 5년 동안 국민연금 개혁 문제를 사실상 방치하다가 윤석열 정부에 그 부담을 넘겨 버리는 무책임한 모습을 보였다. 문 대통령은 2018년 8월 13일 청와대에서 "국민연금 개편은 노후 소득 보장 확대라는 기본 원칙 속에서 논의될 것"이라며 "국민 동의와 사회적 합의 없는 정부의 일방적인 국민연금 개편은 결코 없을 것"이라고 말했다. 문 대통령은 국민연금 기금이라는 곳간이 빠르게 비어가는 상황에서 '노후 소득 보장'을 원칙으로 제시한 것은 사실상 '실현 불가능한 약속'이었다. 국민연금의 안정성을 위해서는 국민의 자발적인 희생이 불가피하다. 그러나 문 대통령은 포퓰리즘적인 태도를 고수하면서 국민연금 개혁의 책임을 회피했다. 문재인 정부는 국민연금 개혁과 관련해 네 가지 안案을 제시한 뒤, 국회에서 이를 논의하는 수순을 택했다. 국민연금 개혁은 정부가 직접 나서 국민을 설득해도 성공하기 어려운 개혁이다. 정부가 손을 뗀 상황에서 국회에서 국민연금 개혁을 논의해달라는 주문은 사실상 국민연금을 개혁하지 않겠다는 뜻이나 다름없었다.

그 결과 국민연금의 상황은 더욱 악화되었다. 국민연금 재정추계 전문위원회는 국민연금이 개혁 없이 현행 제도대로 유지될 경우 2041년부터 적자가 발생하고, 2055년엔 기금이 바닥날 것이라고 분석했다. 충격적인 결과였다. 국민연금 기금이 바닥나는 것은 국민연금 체제의 붕괴를 의미했다. 또한 국민연금의 만성적인 적자도 가볍게 볼 수 없다. 국민연금에 대규모 적자가 발생하면, 한국 경제가 무너지는 상황이 발생할 수 있기 때문이다. 대규모 적자가 발생할 경우, 적자를 메우기 위해 보유하고 있던 주식이나 부동산을 팔 수밖에 없다. 이렇게 되면, 금융 시장은 패닉 상태에 빠지고, 한국 경제가 쓰러지는 위기 상황이 발생할 수 있다. 2041년은 윤석열 정부가 국민연금개혁을 추진하고 나섰던 2022년 기준으로 19년 뒤였다. 이런 절박한 상황 속에서 나는 국민연금 개혁이라는 '중책'을 떠맡았다.

국민연금 개혁 '대장정' — '재정 안정' 대對 '소득 보장' 끝없는 충돌

복잡한 국민연금 제도에 대한 이해를 돕기 위해 간단한 설명을 한 뒤 이야기를 이어갈까 한다.

2022년 당시, 국민연금의 '내는 돈'의 비율인 보험료율은 9%였다. 보험료는 국민연금 가입자의 기준 월 소득액에 보험료율9%을 곱해 산정된다. 2022년 당시 국민연금의 '받는 돈'의 비율인 소득대체율가입 기간 평균 소득 대비 연금 수령액은 42.5%였다. 여기서 중요한 차이점은 바로 보험료의 비율 '9%'는 고정이지만, 소득대체율 '42.5%'는 고정된 비율이 아니라는 것이었다. 이러한 차이는 2007년 여야가 합의했던 연금개혁의 내용에 따라 발생한 것이다. 2007년에 이뤄졌던 국민연금 개혁은 소득대체율을 2008년의 50%에서 매년 0.5%씩 소득대체율을 낮춰 2028년에는 40%까지 낮추기로 했기 때문이다. 이에 따라 2022년의 소득대체율이 42.5%였고, 2023년은 42.0%였다. 여야는 2007년 합의 당시, 연금개혁에 대한 반발을 낮추기 위해 소득대체율을 점진적으로 낮추는 방식으로 해답을 찾았던 것이었다.

윤석열 정부가 국민연금 개혁을 주창하고 나선 뒤 여야 모두 국민연금 개혁에 나서는 데에 합의했다. 이에 따라 여야는 국민연금법 개정

방향을 논의하기 위해 국회 연금개혁 특별위원회를 설치하기로 뜻을 모았다. 국회는 2022년 7월 22일 본회의를 열고 국회 연금개혁 특위 설치안을 의결했다. 나는 이 특위의 위원장으로 선출되었다. 여당 간사로는 강기윤 당시 국민의힘 의원이, 야당 간사로는 김성주 당시 더불어민주당 의원이 각각 활동했다. 국회 연금개혁 특위는 21대 국회의 임기가 종료되던 2024년 5월 말까지 계속되었다. 1년 10개월의 대장정이었다. 연금개혁 특위는 성과물을 도출하기 위해 활동 기간을 두 차례나 연장해야 했다.

이 과정에서 연금개혁 특위는 전체 회의만 열두 차례를 가졌다. 협상 진전을 위한 비공식적인 소회의小會議는 끊임없이 이어졌다. 연금개혁 특위 산하의 민간자문위원회의 회의도 스물여섯 차례 열렸다. 또, 연금개혁 특위 소속의 공론화위원회는 시민 대표 500명을 선정해 공론화 과정을 거치기도 했다.

합의점 도출은 쉽지 않았다. 국민연금 개혁 방향을 놓고 '재정 안정'과 '소득 보장'의 주장이 끝없이 충돌했기 때문이었다. '재정 안정'론은 국민연금 제도의 지속 가능성을 중시하는 입장이다. 재정 안정론은 수령할 연금을 '덜 받아야' 연금 기금 고갈을 막을 수 있다고 강조한다. 재정 안정론은 국민연금을 개선하지 않으면 미래 세대에 부담을 떠넘기는 결과를 초래할 것이라고 우려한다. 반면, '소득 보장'론은 수령할 연금을 '더 받는 것'이 필요하다는 논리를 펼치고 있다. 소득 보장론은 한국의 노인 빈곤율이 높으며, '받는 돈'의 비율인 소득대체율이 경제 협력 개발 기구OECD에 속한 국가들의 평균보다 낮다고 강조했다. 소득 보장론은 또 국민연금의 '누적 적자' 개념은 어떤 방식으로 계산하느냐에 따라 다른 결론이 나온다는 주장을 펼치면서 '누적 적자' 개념은 자의적 개념이라고 반박했다. 더 받아도 국민연금 기금의 안정성이 흔들리지 않는다는 논리다.

재정 안정론과 소득 보장론의 충돌은 여야의 입장 차이로 이어졌다. 윤석열 정부와 국민의힘은 재정 안정론의 입장을 취했다. 국민의힘은 '내는 돈'인 보험료를 올리고, '받는 돈'인 소득대체율은 동결하자는 기조를 채택했다. 국민의힘의 입장은 나의 일관된 소신이 반영된 결과였다. 나는 연금특위 위원장을 맡아 국민연금 개혁을 이끌었을 때, 보험료는 올리고 소득대체율은 동결해야 한다는 원칙을 고수했다. 이에 반해 더불어민주당은 내는 돈과 받는 돈을 모두 올리자는 주장을 펼쳤다. 이 같은 인식 차이는 연금개혁 특위가 활동하는 기간 내내 지속되었다.

엄청난 진통 속에 국민 '공론화위원회'까지 설치 — 기대가 '아쉬움'으로

더불어민주당은 소득 보장론의 입장에서 '더 내고 더 받아야 한다'는 입장을 굽히지 않았다. 더불어민주당이 거대 노조인 '민주노총'의 눈치를 보고 있었기 때문이다. 노조 입장에서는 소득대체율을 높이는 것이 무조건 유리하다. 노동조합에 가입한 근로자의 경우 국민연금의 보험료는 전체 보험료의 50%는 회사가, 50%는 본인 부담으로 국민연금을 낸다. 그러나 연금을 받을 때는 근로자 본인이 100%를 수령한다. 제도가 이렇게 운영되다 보니, 거대 노조는 국민연금의 안정성을 고려하기보다는 소득대체율을 높여야 한다는 주장을 펼쳤다.

국민연금 개혁이 좀처럼 속도를 내지 못하는 가운데, 2024년 4월 22대 총선이 다가오는 것도 변수로 부상했다. 국민의힘은 원칙대로 국민연금을 개혁했을 경우 반발과 역풍을 우려해야 했다. 반면, 더불어민주당은 포퓰리즘 노선을 고수하면서 '더 받는' 국민연금이라는 무책임한 주장을 포기하지 않았다.

이런 과정을 거치면서도 국회 연금개혁 특위는 국민연금 개혁의 합의를 이끌어 내기 위해 많은 노력을 기울였다. 특위는 2022년 11월

16일 전문가들의 의견을 듣기 위해 민간자문위원회 구성을 의결했다. 여야가 추천한 연금 전문가 16명이 참여했다. 그러나 안타깝게도 민간자문위원회도 뾰족한 해법을 제시하지 못했다. 민간자문위는 2023년 3월 29일 경과보고서를 제출하면서 국민연금의 보험료율을 올리고, 연금 수급 개시 연령을 높이는 내용을 제안했다. 그러나 보험료율을 올려야 한다는 방향에 대해서는 동의했으나, 인상 비율과 관련해 구체적인 수치는 제시하지 않았다. 민간자문위에 속한 전문가들도 재정 안정론과 소득 보장론 사이에서 이견을 좁히지 못했기 때문이었다. 민간자문위는 2023년 11월 16일 최종 보고서를 제출하면서 두 가지 대안을 제시했다. '보험료율 13%와 소득대체율 50%', '보험료율 15%와 소득대체율 40%' 였다.

2023년 당시 국민연금의 보험료율은 9%, 소득대체율은 42.5%였다. 이를 유지할 경우 기금 고갈 시점은 2055년으로 추정되었다. 민간자문위는 최종 보고서에서 '보험료율 13%로 하고, 소득대체율 50%로 인상

연금개혁 공론화위원회 출범식

할 경우' 연금 기금의 고갈 시점은 2062년으로, 고갈 시점이 7년 정도 연장될 것이라고 밝혔다 민간자문위는 또 '보험료율을 15%로 하고, 소득대체율을 40%로 유지할 경우' 국민연금 기금 고갈 시점은 2071년으로, 약 16년 정도 연장될 것이라고 전망했다. 민간자문위는 '보험료율 13%에 소득대체율 50%'와 '보험료율 15%에 소득대체율 40%'라는 두 가지 선택지를 내놓았던 것이다.

22대 총선이 다가오는 상황에서 국민연금 개혁 합의의 실마리는 보이지는 않았다. 국회 연금개혁특위는 마지막 승부수를 띄우기로 했다. 국민이 참여하는 공론화 기구를 설치키로 한 것이다. 국회 연금개혁특위는 2024년 1월 16일 국민연금 개혁안을 도출하기 위한 '공론화위원회'를 구성할 것이라고 발표했다. 공론화위원회는 민간자문위가 최종 보고서에서 내놓은 두 가지 선택지와 함께 '공론화자문단'이 추가로 제안하는 개혁안을 논의하기 위해 마련되었다.

공론화는 2단계로 진행되었다. 1단계에서는 근로자·사용자·지역가입자·청년을 대표하는 사람들로 50여 명의 '의제숙의단'을 구성해 의제를 구체화했다. 2단계는 인구 비례를 통해 500여 명의 '시민대표단'을 구성하고, 시민들이 직접 토의하면서 공론을 형성하는 방식으로 진행했다.

공론화 관련 절차에 24억 5,000만 원의 예산이 투입되었다. 공론화를 진행하고 2024년 4월 22일 공론화위원회의 최종 설문 조사 결과가 발표됐다. 설문에서는 '소득대체율을 40%로 유지하고 보험료율을 12%로 올리는 방안재정 안정론'과 '소득대체율을 50%로 늘리고 보험료율을 13%로 높이는 방안소득 보장론' 총 두 가지 안을 놓고 설문 조사를 진행했다. 최종 설문조사에 참여한 492명의 시민대표단 가운데 56.0%는 소득보장론을, 42.6%는 재정 안정론을 각각 선택했다. 공론화위원회는 이를 두고 소득대체율을 50%로 늘리고, 보험료를 13%로 올리는 이른바 '더 내고 더 받는' 방안을 더 선호하는 결론이라고 내놓았다.

나는 공론화위원회에 적지 않은 기대를 걸고 있었다. 이 결과를 통해 일반 국민도 합리적인 선택을 해 돌파구를 찾을 수 있다는 희망을 버리지 않고 있었다. 그러나 나는 공론화위원회가 발표한 결론을 접한 순간, 기대는 강한 아쉬움으로 바뀌었다. 나의 아쉬움은 설문 조사에 참여한 시민대표단의 잘못이 아니라 설문 조사 '설계'의 잘못 때문이었다. 나는 '양자택일' 선택지의 비례가 맞지 않았다는 점을 강조하고 싶다. 공론화위원회의 최종 설문은 '소득대체율 40%와 보험료율 12%'와 '소득대체율 50%와 보험료율 13%'의 두 가지 선택지로 진행되었다. 재정 안정론을 담은 설문 내용은 '소득대체율 40%와 보험료율 12%'이었지만, 보험료율 12%보다 1%를 더 내고 소득대체율을 50%를 얻을 수 있다면, 높은 소득대체율을 원하는 것은 인간의 보편적인 심리다.

나는 국민연금 기금의 안정성에 대한 고려 없이 '소득대체율 50%와 보험료율 13%'를 제시하면서 설문 조사가 실패로 돌아갔다고 판단한다. 최종 선택 설문이 비합리적으로 만들어지면서 공론화위원회가 국민연금 개혁 과정에 큰 도움이 되지 못했다고 생각한다. 만약, 공론화위원회가 비합리적이었던 '소득대체율 50%'보다 현실 가능한 소득대체율을 제시했더라면 결론은 달라질 수 있었을 것이라고 생각한다. 나는 설치와 운영에 많은 공을 들였고, 막대한 예산이 투입되었던 공론화위원회의 활동 결과에 대해 지금도 비판적인 평가를 내리고 있다.

소득대체율 '1% 차이'로 무산된 여야 협상 — 내가 받았던 '정치적 오해'

2024년 4월 10일 실시되었던 22대 총선에서 국민의힘은 참패했다. 국민의힘과 국민의힘의 비례 위성정당이었던 '국민의미래'가 얻은 의석을 합쳐도 108석이었다. 이에 반해, 더불어민주당과 민주당의 비례 위성정당이었던 '더불어민주당연합'이 얻은 의석수를 합친 결과는 총 175석이었다. 총선 결과에 따라 새로운 22대 국회가 2024년 5월 30일 개원할 예정이었다.

국회 연금개혁특위는 막판 '초읽기' 상황에 몰렸다. 21대 국회가 문을 닫기 전에 합의를 이끌어 내기에는 시간이 턱없이 부족했다. 여야는 막판 타결을 시도했다. 보험료율 인상에 대해서는 합의를 이뤘다. 현행 보험료율을 9%에서 13%로 올리는 내용이었다. 보험료 인상 없이는 국민연금의 제도적 안정성을 보장할 수 없다는 데에 여야가 모두 공감대를 형성했기 때문이었다.

문제는 소득대체율의 인상 폭이었다. '재정 안정론'과 '소득 보장론'의 갈등은 막판까지도 해결되지 않았다. 국민의힘은 소득대체율을 43%까지만 올릴 수 있다는 마지노선을 확정했다. 그러나 민주당은 노후 소득 보장을 위해 소득대체율이 '45%'는 되어야 한다는 주장을 내세웠다. 이 대목에서 공론화위원회를 지적해야 할 내용이 있다. 민주당도 공론화위원회가 제시했던 소득대체율 50%는 수용하지 않았다. 이러한 내용은 공론화위원회의 결론이 얼마나 비현실적이었는지를 단적으로 보여주는 증거다. 민주당도 마지막 협상 카드를 제시하며 한발 물러섰다. 소득대체율을 기존의 45%에서 44%로 낮추는 제안을 해온 것이었다. 그러나 국민의힘은 '소득대체율 43%'에서 한 발짝도 움직일 수 없다는 입장을 고수했다.

언론과 여론은 소득대체율 1% 차이로 국민연금 개혁이 무산될 경우 여야 모두 이에 대한 역사적 책임을 져야 할 것이라고 압박했다. 그러나 국민의힘이 고수하고 있던 소득대체율 43%는 과학적 근거에서 도출한 숫자였다. 나는 '1% 차이'로 이 문제를 가볍게 보는 시각을 도저히 받아들일 수 없다. 2024년 보건복지부 분석 자료에 따르면, 소득대체율을 43%로 확정할 경우 2064년까지 향후 40년 동안 국민연금 적자를 4,318조 원을 절감할 수 있는 것으로 추산되었다. 그러나 소득대체율을 44%

로 할 경우, 2064년까지 줄일 수 있는 국민연금 적자는 3,738조 원으로 추산되었다. 결론적으로, 소득대체율 '1% 차이'로 인해 580조 원의 차이가 나는 것이다.

협상 막판, 내가 받은 '정치적 오해'의 시작

협상이 막판 진통을 겪는 상황에서 예상치 못하게 정치적 오해에 휘말리는 사건을 겪었다. 사건의 내막은 이러했다. 여야는 이미 '보험료율 13%'는 사실상 확정한 상태였다. 마지막 쟁점은 소득대체율 43%국민의힘과 44%더불어민주당 사이에서 합의점을 찾는 일이었다. 이 과정에서 국회 연금개혁특위 소속의 민주당 의원이 나에게 하나의 제안을 했다.

해외 출장을 떠나 최종 담판을 짓자는 내용이었다. 여야 의원들이 호텔방에 머물며, 문을 잠그고 밤샘 토론해 소득대체율 인상 비율을 확정하고, 합의된 결과에 대해서 토 달지 말고 수용하자는 이야기였다. 나는 제안 내용이 나쁘지 않다고 생각했다. 언론과 여론의 압박에서 잠시 벗어나 해외에서 '끝장 토론'을 통해 결론을 내리는 것도 의미 있겠다는 판단했다. 무엇보다 어떤 식으로든 결론을 도출해야 한다는 중압감이 나를 짓눌렀다.

여기에 더해 연금 선진국을 직접 방문해 그 나라의 연금 제도를 눈으로 직접 확인하는 것도 도움이 될 것이라고 생각했다. 국회 연금개혁특위가 1년 10개월 운영되면서 특위 소속 의원들이 해외 출장을 간 적은 한 번도 없었다.

나는 민주당 측에 역제안을 했다. 민주당 의원들이 소득대체율을 43%로 하기로 합의한 이후에 다시 입장을 바꾸지 않을까 하는 우려 때문이었다. 그래서 해외 출장 중에 '끝장 토론'을 통해 무조건 결론을 도출하고, 이 결정에 승복한다는 합의서 작성을 요구했다. 내 제안을 수용해 해외 출장을 가는 여야 의원들은 합의서에 서명했고, 나는 그 문서를 보관했다. 여야 의원들은 '합의가 이뤄질 때까지 귀국하지 말자'라며 각오를 다졌다.

이에 따라 국회 연금개혁 특위는 2024년 5월 8일부터 5박 7일간의 일정으로 영국과 스웨덴을 방문하는 해외 출장 계획을 마련했다. 연금개혁특위 산하 민간자문위원회에서 활동했던 교수 두 명도 동행할 예정이었다. 영국에서는 런던의 국민연금기금운용본부를 방문할 예정이었으며, 스웨덴에서는 개인이 부담한 보험료에 일정 수준의 이자를 추가한 금액을 연금으로 보장받는 '확정기여형DC 연금제도'를 분석할 방침이었다. 관광 등의 문제가 될 일정은 아예 꿈도 꾸지 않았다. 유럽 2개국을 방문하는 데에 5박 7일 일정은 오고 가고, 중간에서 이동하는 데에만 최소 이틀 이상이 소요되는 점도 감안한 최소한의 일정이었다.

그러나 일부 언론이 해외 출장 사실을 아무런 성과도 내지 못한 국회 연금개혁특위가 21대 국회가 종료되는 시점에서 '외유성 출장'을 간다는 식으로 보도했다. 연금개혁 특위의 출장 목적은 '끝장 토론을 통해 무조건 합의를 이뤄내고 여기에 대해 승복한다'는 것이었다. 그러나 자극적인 언론 보도가 쏟아진 후, 많은 언론이 경위를 따져보지도 않은 채 외유성 출장으로 몰아갔다.

아무리 설명을 해도 외유성 출장이라는 딱지는 사라지지 않았다. 국회 연금개혁특위 소속 의원들은 출장 계획을 취소했다. 나는 1년 10개월 동안 국회 연금개혁특위를 이끌면서 국민연금 개혁을 위해 노력했으나, 이 일로 인해 언론의 자극적인 보도로 외유성 출장을 가려 했다는 정치적 오해를 받았다.

나는 지금도 그 해외 출장은 반드시 필요한 출장이라고 생각한다. 출장비가 지출되지만, 국민연금 개혁에 대해 중요한 타협을 이뤄낸다면 국가 재정에 미칠 긍정적 효과는 엄청났을 것이다. 오히려 천문학적인 혈세를 절감할 수 있었다. 이 상황에서 나는 정치적으로 오해받으며 억울함과 분노의 감정을 느꼈던 것도 사실이었다. 그러나 나는 무책임하고 자극적인 언론 보도 때문에 국민연금 개혁에 합의할 수 있었던 마지막 모멘텀Momentum을 놓친 것에 대해 더 큰 안타까움을 느끼고 있다. 소득대체율 '1%의 차이'를 해결할 수 있었던 마지막 기회가 물거품이 된 것이다.

나의 마지막 노력 — 尹 대통령에 '면담 신청', 이재명 당시 대표에 '당부 메시지'

2024년 5월 30일 22대 국회가 개원하면서 21대 국회에서 설치되었던 국회 연금개혁특위는 문을 닫았다. 나도 국회 연금개혁특위 위원장 자리에서 물러났다. 당시 윤석열 정부는 22대 총선 참패로 개혁 동력을 잃어가고 있었다.

그럼에도 나는 국민연금 개혁을 위해 마지막 노력을 기울였다. 총선 이후, 윤석열 대통령에게 면담을 신청했다. 소득대체율 1% 차이로 중단된 국민연금 개혁을 마무리해야 한다는 절박감 때문이었다. 나는 국회 연금개혁 특위에서 여당 간사로 활동했던 유경준 의원에게 동행을 부탁해 용산 대통령실에서 윤 대통령을 만났다. 그 자리에서 윤 대통령에게 국민연금 개혁을 매듭지을 방안에 관해 설명했다. 논의를 이어가던 도중 윤 대통령은 비서실장과 정무수석, 경제수석을 함께 불렀다. 나는 이 상황을 국민연금 개혁이 매우 중대한 사안이기 때문에 대통령실 참모들과 함께 머리를 맞대자는 취지로 이해했다.

이 면담에서 나는 국민연금 개혁과 관련해 대통령실의 기류가 변화가 있음을 감지했다. 국민연금 개혁에는 두 가지 큰 틀이 있다. 하나는 보험료율과 소득대체율 등의 비율을 결정하는 모수母數개혁Parametric, 기존의 연금제도 틀을 유지하며 재정 안정화를 위해 세부 방안을 수정하는 것이다. 다른 하나는 국민연금과 다른 연금의 관계 설정, 연금 운영 방식 등의 전환을 추진하는 구조개혁이다.

구조개혁의 핵심은 국민연금과, 기초연금 공무원연금 군인연금 등 다른 연금을 연계해 전체 연금제도의 틀을 개선하는 것이다. 모수개혁과 구조개혁 모두 장단점이 있다.

국민연금을 근본적으로 개혁하기 위해서는 구조개혁이 필요하지만, 엄청난 시간과 노력이 소요된다. 구조개혁은 너무 험난한 과정이기 때문에 성공 가능성을 장담하기 힘든 것도 약점으로 꼽힌다.

사실, 용산 대통령실은 국민연금 개혁과 관련해 혼선을 보였다. 내가 국회 연금개혁 특위의 위원장 자리를 맡기 전에, 대통령실 핵심 관계자가 나를 찾아온 적이 있었다. 이 관계자는 나에게 특위위원장을 맡아줄 것을 요청하며 "너무 부담 갖지 마십시오. 해외 선진국에서도 구조개혁을 하는 데에는 15년 이상이 걸립니다. 모수개혁만 성공해도 대단한 성공입니다."라고 말했다.

그러나 윤 대통령은 나와의 면담 자리에서 구조개혁의 필요성을 강조하면서 근본적인 개혁을 원했다. 여기에 더해, 윤 대통령은 '여야가 논의하는 소득대체율보다 더 낮은 비율로 결정되어야 한다'는 입장을 취했다. 그는 국민연금과 관련해 강력한 개혁을 원하고 있었다. 원칙론적인 입장이었고 궁극적으로는 옳은 방향이라고 생각했다.

하지만 나는 현실론적인 입장이었다. 구조개혁에 초점을 맞추고, 여기에 더해 국민의힘이 여야가 협의했던 비율보다 소득대체율을 더 낮추자는 새로운 주장을 제시할 경우, 합의가 이뤄질 가능성은 매우 낮았다. 합의 없이 시간만 흘려보낸다면, 국민연금의 손실은 계속될 상황이었다. 나는 윤 대통령과의 면담을 통해 국민연금 개혁의 마무리를 시도했으나, 이러한 인식의 차이로 인해 큰 진전은 이루지 못했다.

그러던 중 '12·3 비상계엄 선포'라는 불행하고도 안타까운 사건이 터졌다. 윤 대통령은 탄핵당했다. 보수 진영은 또다시 몰락의 위기에 빠졌다. 비상계엄 선포 이후 엄청난 정치적 혼란 속으로 빠져들었다. 그런 상황에도 내 머릿속에서는 국민연금 개혁에 대한 생각이 떠나지 않았다. 나는 연금개혁을 추진하면서 국민연금을 손보지 않을 경우 하루에도 수백억 원의 혈세가 새어나가고 있는 현실을 알고 있었다.

나는 이재명 당시 민주당 대표와 가까운 인사 한 명을 개인적으로 알고 있었는데, 그를 통해 통해 이 대표에게 당부의 메시지를 전했다. 내용은 이러하다.

'국회 연금개혁 특위가 마련한 개혁안이 합의 직전에 무산되었다. 지금까지 진행해 온 국민연금 개혁 협상의 성과가 이대로 사장死藏될 경우 국가적 손해가 막심하다. 국민의힘이 제시했던 소득대체율 43%를 민주당이 수용해 국민연금 개혁이 마무리될 수 있도록 협력해달라'.

그 후 이 대표를 국회에서 우연히 만난 적이 있었다. 이 대표는 내가 제삼자를 통해 전달했던 메시지 내용을 잘 알고 있었다. 나를 보자마자 국민연금 개혁 관련한 이야기를 꺼냈다. "노조를 설득하면서 소득대체율을 44%로 낮추는 데에도 힘이 많이 들었습니다."는 이 대표의 말에 "노조를 비롯한 이익 단체의 요구를 뚫고 나갈 수 있어야 진정한 개혁입니다."라고 답했다. 그때의 대화는 지금까지도 기억 속에 선명하게 남아 있다.

'더 내고 더 받는' 국민연금 개혁 — '절반의 성공', '미완의 개혁'

'12·3 비상계엄 선포' 이후 한국 정치는 윤석열 당시 대통령에 대한 탄핵 정국으로 급격히 전환되었다. 이 극심한 혼란의 와중에서도 여야는 2025년 2월 국민연금 개혁을 마무리하자는 데에 뜻을 모았다. 나는 이 결정을 내렸던 당시 여야 지도부에 경의를 표하고 싶다.

여야는 새로운 국회 연금개혁 특위를 설치하는 대신, 여야 원내대표를 중심으로 연금개혁 협상을 이어갔다. 국민의힘 권성동 원내대표와 더불어민주당의 박찬대 원내대표가 협상 테이블을 이끌었다. 국민연금의 소관 상임위인 국회 보건복지위원회 소속 여러 여야 의원들도 힘을 보탰다. 여야 협상은 한동안 난항을 겪다가 갑자기 '급진전'을 이뤘다. 더불어민주당이 국민의힘이 요구하던 소득대체율 43%를 전격적으로 수용했기 때문이었다.

2025년 3월 20일, 여야는 국민연금법 개정안을 국회 본회의에서 통과시켰다. 이는, 2007년 이후 18년 만이자 1988년 국민연금 도입 후 세 번째 연금개혁이었다. 국회를 통과한 국민연금법 개정안의 핵심 내용은 '더 내고 더 받는' 것이었다. '내는 돈'의 비율인 보험료율은 9%에서 2026년부터 매해 0.5%씩 8년간 올라 최종 13%로 인상되는 내용을 담았다. 보험료 인상은 1998년 이후 28년 만의 일이었다. '받는 돈'의 비율인 소득대체율은 2026년부터 43%로 오른다. 2007년에 이뤄졌던 국민연금 개혁 당시, 소득대체율을 2028년에 40%까지 낮추기로 했으나, 결과적으로는 오히려 소득대체율이 인상된 것이었다.

그래서 '더 내고 더 받는' 국민연금 개혁이라는 평가가 나왔다. 하지만 기존의 국민연금 제도를 방치하는 것보다는 나은 방안이었다. 여야가 예상을 깨고 빠르게 국민연금 개혁에 합의할 수 있었던 것은 내가 위원장으로 재직했던 연금개혁 특위의 기존 안이 바탕이 되었기 때문이었다. 그때 민주당이 국민의힘의 안이었던 '소득대체율 43%'를 수용했더라면 국민연금 개혁은 더 일찍 이뤄질 수 있었다는 아쉬움은 남는다.

나는 국민연금 개혁에 참여하면서 '더 내고 받는 돈은 동결하는' 방향을 고수했다. 그러나 여야가 이 정도 수준에서 국민연금 개혁안에 합의할 수밖에 없는 현실적인 고충도 이해한다. 결과적으로, 2025년 3월의 국민연금 개혁이 국민연금의 안정성과 관련해 만족할 만한 내용을 담고 있다고 생각하지는 않는다. 그러나 보험료율의 인상 등의 성과를 거뒀기에 이번 국민연금 개혁을 '절반의 성공', '미완의 개혁'이라고 평가한다.

특히 아쉬운 점은 국민연금법 개정안에 자동조정장치와 관련된 내용이 포함되지 않은 점이었다. 독일과 일본을 비롯한 연금 선진국들은 국민연금 가입자들의 생애 주기에 대한 연구를 바탕으로, 경제 상황에 따라 보험료율과 소득대체율을 자동으로 조정하는 자동조정장치를 도입했다.

현재 여야는 새로운 국회 연금개혁특위를 설치하고 국민연금 개혁을 추진하고 있다. 나는 여야가 향후 연금개혁에서 자동조정장치를 도입하고 국민연금의 안정성에 더욱 중점을 두는 개혁안을 만들어내기를 기대하고 있다. 이 과정에 내가 기여할 부분이 있다면, 나는 나의 경험을 바탕으로 최선을 다해 노력할 각오가 되어있다.

'당단부단 반수기란' 고사성어의 가르침

연금개혁 과정에는 엄청난 진통이 따른다. 이해 당사자들의 반발도 거셀 수밖에 없다. 국회 연금개혁 특위의 위원장을 맡아 일했을 당시에도, 고통스러울 정도로 힘이 들었던 순간도 많았다. 나는 그때마다 '당단부단 반수기란當斷不斷 反受其亂'이라는 고사성어를 떠올렸다. 중국 사마천의 『사기史記』에 나오는 말로, '마땅히 끊어야 할 것을 주저해 결단하지 않으면, 오히려 더 큰 재앙을 초래하게 된다'라는 뜻이다.

보험료는 적게 내고, 연금은 많이 받고 싶은 것은 인간의 기본적인 심리다. 그러나 연금 재원이 고갈되면 모두가 피해를 입을 수밖에 없다. 안정적인 노후 생활 보장을 위해 어느 정도의 희생을 요구하는 것은 불가피한 일이다.

연금개혁이 완벽하지 못한 것은 여야 구분 없이 정치권의 책임이 가장 크다. 연금개혁을 시도할 때마다 이해 당사자들은 강력히 저항한다. 비단 한국뿐이 아니다. 전 세계의 모든 나라에서 연금개혁 과정에 엄청난 진통이 발생했다. 그러나 역대 정부나 여야 정치권은 반대 여론이 두려워 연금개혁에 소극적이었다. 그 결과는 '비어가는 곳간'이었다. 정부는 정치적 고통을 감내하고 연금개혁을 추진해야 한다. 연금개혁은 은퇴 생활자의 생명줄이자 사회 전체를 유지하는 안전망이기 때문이다. 연금 제도의 지속 가능성이 유지될 때 우리 사회는 안전한 사회가 될 수 있다.

이제 나의 연금 스토리를 마무리하며 이준석 개혁신당 의원과 김재섭 국민의힘 의원 등을 비롯한 젊은 정치인들에게 한 가지 조언을 공개적으로 전하고자 한다. 이준석 의원은 국민연금법 개정안이 통과되던 다음 날인 2025년 3월 21일 국회에서 기자회견을 열고 국민연금 개혁안에 대해 "구조개혁 없는 모수조정은 미래 세대 착취 야합"이라고 비판했다. 나는 비판하는 이 의원의 진정성에 대해서는 신뢰를 갖고 있다. 그러나 이 의원 같은 젊은 정치인들이 국민연금 개혁안에 대해 공개적으로 비판하는 것에 그치지 않고, 젊은 미래 세대를 대변해서 연금개혁에 적극적으로 나서 주었으면 한다.

젊은 정치인들이 연금개혁 과정에 보다 적극적으로 참여하지 않은 데 대해 깊은 아쉬움을 느낀다. 같은 해 8월 26일 국회에서 이 의원을 우연히 만나 이 같은 생각을 전했다. 그들이 미래 세대를 위해 연금개혁에 주도적으로 참여해 성과를 낸다면, 미래 세대와 국가에 큰 도움이 될 뿐만 아니라 그 정치인에게도 중요한 업적이 될 수 있다. 앞으로 젊은 정치인들이 연금개혁에 더욱 큰 관심을 갖고 연금개혁을 이끌어 주기를 소망한다.

3부 한국 현대정치사와 함께한 나의 정치 역정

나는 2004년 초선 국회의원으로 당선된 후 현재까지 6선 국회의원으로 활동하고 있다. 22년이라는 적지 않은 세월 동안 정치를 하면서 한국 현대 정치사의 거대한 물결 한 가운데 서 있었다.

정치 인생을 뒤돌아보면 자부심과 뿌듯함을 느끼는 일도 적지 않았고, 동시에 지금까지도 후회와 아쉬움이 남아 있는 일도 역시 있다. 나의 대표적인 정치 경력 가운데 하나는 '원내대표'를 세 차례나 역임한 경험이다. '원내대표'는 여야의 협상을 책임지는 직책이다. 오랜 시간 정치를 하면서 나는 양극화된 한국 정치의 풍토 속에서 대화와 타협으로 갈등을 해결하기 위해 노력해 왔다.

그 결과 과분하게도 '의회주의자', '협치주의자'라는 평가를 받았다. 그러나 나는 민주당의 잘못된 행태에 대해서는 단호하게 맞서 싸웠다. 힘으로 압박하거나, 합의된 약속을 뒤집거나, 포퓰리즘의 정치를 앞세울 때는 정치적 투쟁을 피하지 않았다. 돌이켜보면, 내가 6선 국회의원이 될 수 있었던 비결은 정치인으로서의 성장과 발전 과정을 충실하게 거쳤기 때문이라고 생각한다.

초선과 재선 의원 시절에는 국회의원으로서의 마음가짐을 배우고, 국정과 정치 전반을 넓게 바라보는 시야를 갖출 수 있는 기회였다. 이후 중진 의원으로 활동할 때는 여야 협치와 한국 정치의 발전을 위해 노력했고, 여야의 지도자들에게 당부와 조언의 말도 솔직하게 전했다.

물론, 나 혼자만의 능력으로 6선 국회의원이 되는 것은 불가능하다. 22년 동안 정치를 하면서 중요한 순간 때마다 나에게 도움의 손길을 보낸 정치적 은인들을 많이 만났고, 그것은 큰 행운이자 복福이었다.

1장

'무명의 대구 변호사'에서 국정의 한복판으로

사투리 쓰는 원내대변인

내 정치 인생에서 처음 만난 정치적 은인은 김형오 전 국회의장이다. 김 전 국회의장은 한나라당의 원내대표로 선출되었을 때, 초선이었던 나를 공보부대표公報副代表, 지금의 원내대변인에 기용했다. 원내대변인은 많은 초 재선 의원들이 선망하는 자리다. 자신이 속한 정당의 입장을 공식 브리핑하는 모습이 텔레비전에 자주 나오고, 기사로 보도되면서 인지도를 높일 수 있는 계기가 되기 때문이다. 원내대책회의 등 주요 회의에도 자연스럽게 참석할 수 있다.

나는 김형오 원내대표 체제에서 원내대변인 역할을 하면서 정치인으로서의 인지도를 조금씩 높이고, 중앙 정치에 뿌리 내릴 수 있었다. 특히 나는 경상도 사투리를 쓴다. 사투리를 쓰는 정치인을 정당의 원내대변인으로 기용하는 것은 모험적인 선택이다. 그럼에도 김형오 당시 원내대표는 나를 과감하게 원내대변인으로 기용했다. 지금도 이 점에 깊은 감사함을 느낀다.

김형오 당시 의원이 한나라당의 새 원내대표로 선출되던 시점은

2006년 7월 13일이었다. 경선에서 승리한 김형오 원내대표는 당직 인선에서 나를 공보부대표에 기용했다. 공식 직책명은 공보담당 원내부대표였다.

나는 초선 의원 3년차에 공보부대표라는 막중한 역할을 맡게 되었다. 공보부대표로 일하면서 나의 대변인 경험이 시작되었다는 점도 개인적으로는 중요한 대목이다. 일할 당시, 내가 '원내대변인'이라는 이름으로 명칭 개정을 이끌었던 것도 나에게는 큰 의미가 있다. 솔직히 김 원내대표가 원내대변인 자리를 처음에 제안했을 때, 나는 두려움이 앞섰다. 경상도 사투리 억양이 강한 데다, 언론에 대한 경험이 그때까지 전무했기 때문이다. 같은 법조인이더라도 검사나 변호사와는 달리, 판사들은 사건 관련 공식 브리핑도 하지 않고, 어떠한 형식으로든 언론과 접촉이 없다는 것이 불문율이다.

원내대변인을 맡고 난 이후 처음에는 적잖이 힘들었다. 언론에 대한 경험이 전혀 없었던 내가 방송과 신문, 통신 등 모든 언론을 상대하고, 방송 송출용 카메라 앞에서 실시간으로 정국 현안에 대해 한나라당의 입장을 전달해야 했기 때문이다. 그러나 시간이 지나며 원내대변인 역할을 무난하게 하고 있다는 평가가 들려오기 시작했다. 기자들 사이에서는 "주 원내대변인은 최소한 거짓말은 하지 않는다."라는 평가가 나왔고, 당내 의원들에서는 "신뢰감이 있다."라는 호평이 이어졌다.

원내대변인 역할은 내가 정치적으로 성장할 수 있는 기회를 제공했다. 저녁 9시 뉴스 등 텔레비전과 신문에 자주 나오면서, 대구 출신의 '무명의 변호사'였던 내가 전국적으로 이름과 얼굴을 알릴 수 있는 첫 계기를 마련했다. 이 시기에 언론을 이해하게 된 것도 나에게는 큰 선물이었다. 실시간으로 정국 현안과 관련해 한나라당의 입장을 설명해야 했기 때문에, 빠른 판단력과 순발력을 갖출 수 있었다.

시간이 한참 흐른 뒤, 나는 김형오 전 국회의장에게 "경상도 사투리도 쓰고, 당시는 언론에 대한 경험도 전혀 없었던 저를 어떻게 원내대변인 자리에 기용할 생각을 하셨는지요?"라고 물어본 적이 있다. 이에 대해 김 전 국회의장은 웃으며 이렇게 말했다. "내가 그때부터 사람을 알아볼 줄 알았지. 내가 주 의원의 앞날을 다 내다보고 그랬지." 덕담처럼 답했던 그 말이 지금도 선명하게 기억난다.

공보부대표를 '원내대변인'으로

작은 일화도 하나 있다. 지금은 여야 가리지 않고 지금은 '원내대변인'이라는 명칭을 쓰지만, 당시에는 '공보부대표'라는 이름이 공식 직책명이었다. 이 명칭을 개정한 사람이 바로 나였다.

'공보부대표'라는 명칭이 어딘가 구식 느낌이 들기도 했고, '공보부대표公報部 代表'로 오해하는 사람들도 있었다. 내가 "명칭을 바꾸자."는 의견을 냈더니, 김형오 원내대표를 포함해 많은 선배 의원들이 "좋은 생각이긴 한데, 마땅한 대안이 있나?"라는 반응을 보였다.

'공보부대표'라는 명칭이 마음에 썩 들지는 않지만, 이미 입에 익은 이름이라는 점에서 명칭 개정에는 소극적인 분위기였다. 나는 이미 '원내대변인'이라는 대안을 갖고 있었다. 그래서 나는 "당의 전반적인 입장을 설명하는 당 대변인이 있으니, 여야 협상 등 원내 상황을 전달하는 대변인은 '원내대변인'이 적합합니다."라고 제안했다. 모두가 동의했다. 한나라당이 가장 먼저 '원내대변인'이라는 명칭을 사용했고, 이후 거의 모든 정당들이 뒤따라왔다.

그 결과 나는 '주호영 공보부대표'에서 '주호영 원내대변인'이 되었다. 크게 보면 작은 명칭 하나였으나, 국회의 언어를 현대화 했다는 점에서 의미있는 경험으로 남아있다.

국가보안법은 과연 악법인가

내가 초선 국회의원으로 당선되었던 17대 총선에서 한나라당은 참패했다. 열린우리당은 '노무현 탄핵' 후폭풍 속에 실시되던 2004년 4월 총선에서 국회의원 전체 의석299석의 과반을 차지하는 152석을 얻었다. 그에 반해 한나라당의 의석수는 121석이었다. 나의 정치 인생의 시작이 험난했던 것은 이 같은 정치 상황 때문이었다.

총선 결과에 고무된 노무현 정부와 열린우리당은 '개혁 입법'이라는 이름 아래 한국 사회를 깊은 분열에 빠뜨렸던 정책들을 힘으로 밀어붙였다. 가장 대표적인 것이 국가보안법 폐지 이슈였다. 내가 국회에 들어온 지 반년도 지나지 않은 시점이었다.

당시 한나라당은 국가보안법 폐지를 막기 위해 당내에 국가보안법 태스크포스TF 팀을 만들었다. 김기춘, 홍준표, 최병국 의원 등 당시 한나라당 내의 쟁쟁한 율사律士 출신 의원들이 TF팀에 참여했는데, 판사 출신이었던 나도 이 멤버가 되었다.

나는 국가보안법이 존재해야 하는 법률적 이유 등을 분석한 뒤 한나라당의 대응 논리를 구체화하는 역할을 맡았다. 또한 한나라당 지도부에 법률적 조언을 하기도 했다. 당시 열린우리당은 국가보안법 폐지를 포함해 사립학교법 개정, 과거사진상규명법 제정, 언론개혁법 제정을 '4대 개혁 입법'이라고 이름 붙인 뒤 이를 당론으로 채택했다.

열린우리당은 자신들의 명운을 걸고 이른바 '4대 개혁 입법'을 강하게 밀어붙였다. 이에 맞서 한나라당은 이들 법안을 '4대 악법', '4대 국민 분열법'이라고 명명하면서 강력한 저지 투쟁에 나섰다.

이 가운데 여야가 가장 격렬하게 충돌했던 사안이 바로 국가보안법 폐지 이슈였다. 나는 지금도 국가보안법은 필요한 법이며, 법 자체에 문제가 있는 것은 아니라는 견해를 가지고 있다. 법 조문만 보면 국가보안법이 '악법惡法'이라고 단정할 수 없다는 것이 나의 판단이었다. 국가보안법에 대한 부정적인 인식이 확산되는 데는 과거 검찰과 법원이 정권의 눈치를 보며 국가보안법을 엄격하게 적용하지 않았기 때문이었다. 검찰이 국가보안법을 이유로 무분별하게 기소하고, 법원이 엄격하지 않은 잣대로 판결했던 사례가 있었던 것은 부인할 수 없는 사실이다. 그러나 국가보안법이 그 자체로 문제가 있다고 보기는 힘들다. 국가보안법으로 유죄 판결을 내리기 위해서는 행위의 목적이 반드시 입증되어야 한다.

국가보안법은 이 법에 따라 처벌받는 행위와 관련해 '대한민국의 존립과 안전이나 자유민주적 기본 질서를 위태롭게 한다는 정情을 알면서 한 행위'라고 명확하게 규정하고 있다. 검찰과 법원이 목적과 행위를 엄밀하게 판단할 경우, 국가보안법은 우리 국가와 사회에 반드시 필요한 법이다. 실제로 민주화가 진행되고 국가보안법 악용과 남용에 대한 비판이 고조되면서 많은 문제점들이 바로 잡혔다. 검찰도 국가보안법의 취지대로 수사와 기소하고 있으며, 법원도 법 적용을 엄격히 해 무죄 판결을

법사위에서 충돌했던 국가보안법 폐지법

선고하는 사례가 많아졌다. 동서고금을 막론하고 국가 전복 사범이나 간첩을 처벌하지 않는 국가는 없다. 이러한 판단 아래 한나라당의 국가보안법 TF팀은 치열한 내부 논의를 거쳐 당시로서 최대한 양보한 개정안을 만들었다.

여야 대치와 '4인 회담' 성사

그러나 여야 합의를 위한 진척은 이뤄지지 않았다. 국가보안법 폐지를 촉구하는 시위와 집회가 잇따르면서, 혼란은 국회를 넘어 사회 전반으로 확산되었다. 국회에서는 몸싸움도 벌어졌다. 국회 파행이 장기화되자 여야는 2004년 12월 20일, '4인 회담'에 전격적으로 합의했다. 여야 지도부 네 명이 모여서 직접 담판 짓자는 의도였다. 여당인 열린우리당에서는 이부영 의장과 천정배 원내대표가, 야당인 한나라당에서는 박근혜 대표와 김덕룡 원내대표가 각각 참여하는 '여야 4인 대표 회동'을 통해 국가보안법 폐지 등 4대 입법 문제와 2005년 예산안 처리 등을 일괄 처리하자는 것이 그 취지였다.

4인 회담의 가장 큰 뇌관은 역시 국가보안법 폐지 문제였다. 4인 회담은 2004년 12월 21일부터 시작했고, 크리스마스였던 12월 25일에도 이어졌다. 대치 정국을 하루라도 빨리 해소해야 한다는 절박감 때문이었다. '마라톤협상'이 계속되었다. 내 기억에 가장 강하게 각인된 날은 12월 27일이다. 이날도 4인 회담이 국회 귀빈 식당에서 열렸다. 나는 법률 전문가로서 회담장 인근에서 기다리고 있었다.

저녁 7시쯤, 4인 회담장으로 급히 들어오라는 연락을 받았다. 열린우리당에서는 법조인 출신으로, 나와 같이 초선이었던 우윤근 의원이 호출되었다. 나와 우 의원은 4인 회담에 배석해 국가보안법에 대한 법률적 자문에 응했다. 그러나 4인 회담은 내가 급히 참석했던 12월 27일 회의를 끝으로 결렬되었다. 여야의 인식 차이를 극복할 수 없었기 때문이었다.

4인 회담은 성과 없이 끝났지만, 나는 그 과정에 참여하면서 많은 것을 느꼈다. 4인 회담에 배석했을 때 '국가보안법은 안보와 직결된 국가 중대사이기 때문에 최선을 다해야 한다'라는 막중한 부담감과 '정치 고수들끼리 만나 담판을 짓는 자리에 내가 참여하다니, 진짜 정치인이 되었구나'하는 개인적인 뿌듯함이 동시에 몰려왔던 기억이 난다. 특히, 국가보안법 폐지 이슈가 터져 나와 국론이 분열되었을 때, 나는 초선 국회의원이 된 지 6개월이 되던 시점이었다. 국가보안법 폐지 논란을 현장에서 지켜보며 나는 이런 문제 의식을 갖게 되었다. '국가보안법도 남용과 악용만 하지 않으면 꼭 필요한 법인데, 왜 열린우리당은 타협점을 찾으려는 노력은 하지 않고 무조건 폐지만 주장할까'

국가보안법 폐지와 민주당의 이율배반

당시 열린우리당 내부의 강경파들은 끝까지 국가보안법 폐지를 주장했다. 이들은 '국가보안법 폐지가 아니면 아무것도 받아들일 수 없다'라는 입장을 고수했고, 당내 지도부는 이 주장을 제어하지 못하고 끌려다녔다.

그러나 역설적으로, 그런 강경한 태도 때문에 당시 국가보안법은 폐지는커녕 개정조차 이뤄지지 못했다. 당시 한나라당에 최선책은 기존 국가보안법의 '유지'였다. 그러나 열린우리당이 힘으로 국가보안법의 폐지를 밀어붙이자, 한나라당은 '차선책'으로 국가보안법의 개정을 시도했던 것이었다. 열린우리당이 당시 한나라당 TF팀이 만든 개정안을 수용했더라면, 조금 더 자신들이 원하는 방향으로 국가보안법을 개정할 수 있었을 것이다. 그러나 열린우리당은 강경파를 제어하지 못하면서 국가보안법의 개정도 달성하지 못하는 우愚를 범했다.

21년이 지난 지금, 또다시 국가보안법 폐지를 추진하는 더불어민주당 일부 의원들의 행태에 대해 강한 분노를 느끼고 있다. 민주당을 포함한 범여권의 의원 31명은 2025년 12월 2일 국가보안법 폐지안을 대표 발의했다. 나는 우리의 안보의식이 약해지면서 지금도 북한 간첩들이 활개를 치고 있다고 확신한다. 그에 대한 사법적인 증거도 많다. 대법원은 2025년 9월 북한 공작원으로부터 지령문을 받고 간첩 활동을 벌인 혐의국가보안법 위반 등으로 기소된 전 민주노총 간부에게게 징역 9년 6개월의 중형을 선고한 원심 판결을 확정했다.

국가보안법은 입법 취지대로 대한민국의 존립과 안전, 자유민주적 기본 질서를 지키기 위해 반드시 필요한 법이다. 간첩을 잡지 않는 국가는 없다. 나는 또다시 국가보안법 폐지를 들고나와 우리 사회를 분열에 빠뜨리고, 국가 안보를 위태롭게 만드는 민주당의 행태를 거세게 비판한다.

민주당의 이율배반과 이중성

나의 의정 활동기간 동안 민주당의 이율배반과 이중성을 보여주는 사건들은 계속되었다. 내가 3선 의원 때 겪었던 테러방지법 논란, 4선 의원 때 '준準 연동형 비례대표제' 논란과 고위공직자범죄수사처이하 공수처 설치 법안 논란 등이 대표적이다. 나는 이런 상황들을 겪을 때마다 민주당의 모순적인 행동에 실망감과 분노를 느낄 수밖에 없었다. 특히, 국가보안법 폐지 논란은 정쟁政爭과 사회적 혼란만 부추기고 소득 없이 끝난 대표적 사례다. 나라가 두 쪽으로 분열되며 국가적 사회적 손해만 발생했다.

한국의 발전을 가로막는 소모적 정쟁정계에서의 싸움이 사라지기를 바라지만 그럴 가능성이 낮아 한숨만 나오는 것도 사실이다. 중진 의원의 한 사람으로서 책임감과 국민께 죄송함을 느끼고 있음을 밝힌다.

신중한 처신을 배우게 된 한나라당 윤리관

22년 동안 국회의원으로 활동하며 나 역시 크고 작은 오해로 억울한 일을 많이 겪었다. 그러나 수많은 오해에서도 다행스럽게 정치적·도덕적으로 물의를 빚거나 논란에 휩싸인 적은 없다.

곰곰이 돌이켜보면, 초선 의원 시절 한나라당의 윤리관을 지낸 것이 내가 신중하게 행동하는 데 있어 좋은 자양분이 된 것이 아닌가 하는 생각을 한다. 강재섭 신임 한나라당 대표는 2006년 7월 11일 열렸던 전당대회를 통해 새로운 당 대표로 선출된 이후 나에게 한나라당 윤리위원회의 윤리관 자리를 제안했다. 내가 판사 출신이라는 점이 영향을 미쳤던 것으로 알고 있다. 그리고, TK대구와 경북 출신이라는 공통점을 가져서인지 강 대표는 나를 매우 아꼈다.

정치인의 도덕성에 대한 국민의 눈높이가 높아지면서, 시대적 흐름에 맞춰 한나라당은 윤리위원회와 윤리관의 역할을 강화했다. 하지만 나는 처음에 강 대표의 제안을 정중하게 사양했다. 윤리관은 정치적, 도덕적 논란이 벌어졌을 때 사건을 면밀히 조사해 윤리위원회에 보고하는 역할을 담당했다. 그렇기에 윤리관은 어떠한 도덕적 흠결도 없고, 다른 사람들에게 가장 모범이 되는 사람이 맡아야 한다는 것이 나의 소신이었다. 나는 성직자 수준의 높은 도덕성을 갖춘 사람이 윤리관을 맡아야 한다고 생각했다.

나는 윤리관이라는 직책에 대해 높은 도덕적 잣대를 갖고 있었고, 내가 그 역할을 맡는 것에 대해서도 두려움을 가지고 있었다. 하지만 강 대표는 나의 이런 입장을 이상理想적이고, 관념적인 생각으로 받아들이는 것 같았다. 강 대표는 '너무 그렇게 어렵게 생각하지 말고, 공정하게만 업무를 수행해 달라'고 뜻을 꺾지 않았다. 나는 강 대표의 거듭된 권유를 이기지 못하고 윤리관을 맡았다.

윤리위원회의 윤리관 직책을 꺼렸던 데에는 다른 이유도 있었다.

윤리관을 맡을 경우 한나라당 내의 선배 동료 의원이나 당직자들을 조사하는 상황이 발생할 수 있기 때문이었다. 한 식구인 같은 사람들을 조사한다면, 마음이 불편해질 것이라는 생각이 들었던 것도 윤리관 직책을 고사했던 이유 중의 하나였다.

윤리관을 맡기로 결정한 이상, 공정하고 엄정한 잣대로 윤리관 업무를 수행하기로 결심했다. 특히, 한나라당을 위해서라도 더 엄정嚴正하게 할 수밖에 없었다. 사회적으로 물의를 빚은 당내 인사들을 눈감아주거나 솜방망이 처분을 내릴 경우, 부메랑처럼 되돌아올 수 있는 국민적 비판을 감당할 수 없다고 판단했기 때문이었다. 윤리적·도덕적 문제에 있어 국민의 높아진 눈높이에 맞춰야 했다.

윤리관에 임명된 직후였던 2006년 7월, '수해 골프' 논란이 발생했다. 나는 직접 강원도 한 골프장을 방문해 조사를 진행했다. 이 경험을 통해 내 행동에 더욱 신중을 기하고 매사에 조심해야 한다는 생각이 몸속에 각인되었다. 이후 나는 6선의 국회의원을 지내면서 논란이 우려되는 일의 근처에도 가지 않으며 나 자신을 다스렸다. 수해나 화재, 대형 사고 등 국가적 재난이 발생했을 때는 처신에 각별히 주의를 기울여야 한다는 다짐도 새겼다.

내가 윤리관으로 활동했던 시점인 2006년 11월 25일 인명진 목사가 윤리위원장으로 임명되었다. 훗날, 인 윤리위원장은 새누리당의 비대위원장을 지내기도 했다. 나는 윤리관 직책을 스스로 그만둘 때도 도덕적인 잣대에서 판단했다. 대통령 경선을 앞뒀던 2007년 1월 31일, 이명박MB 후보 캠프로 합류하겠다는 최종 결단을 내렸다. 결심을 굳힌 직후 나는 윤리관 자리에서 물러나야 한다고 생각했다. 당시 친이계와 친박계의 갈등이 극심했기 때문에 내가 윤리관으로 계속 활동할 경우 '편파 논란'이 빚어질 수도 있다는 우려 때문이었다.

나는 인 위원장을 직접 찾아가 사의를 전했다. 나는 인 위원장에게 정중히 말했다. "깊은 고민 끝에 MB 캠프의 합류 요청에 응하기로 결정했습니다. 제가 MB 캠프에서 활동하면서 윤리관을 계속할 경우 중립성 시비가 발생할 수도 있습니다." 인 위원장은 "오해받을 일을 하지 않으면 되는 것 아니냐"라며 사의를 만류했다.

나는 뜻을 굽히지 않았다. 인 위원장이 "당신 같은 사람 처음 봤다."라고 말하면서 내 사의를 수용했던 것이 기억난다. 나는 당시 윤리관을 스스로 그만뒀던 나의 선택이 옳았다는 생각에 변함이 없다. 이러한 경험을 떠올리며 나의 오래된 소신 하나를 전하고자 한다.

공정성 만큼 중요한 심판관의 신뢰성

재판이나 국가의 중대사를 결정함에 있어 결과나 과정의 공정성 문제만큼 중요한 것이 재판관이나 결정권자들에 대한 신뢰 문제다. 대법관의 임명 과정을 예시로 들며 설명하고자 한다.

'헌법 제104조 2항에 따르면, 대법관은 대법원장의 제청으로 국회의 동의를 얻어 대통령이 임명한다' 대법관이 대통령에게 대법관 후보자를 제청하는 과정은 법원조직법 제41조 2항에 규정되어 있다. 이에 따르면, 대법관후보추천위원회가 3배수 이상을 대법관 후보자로 추천하면 대법원장은 이 내용을 존중해야 한다.

이 같이, 우리 헌법과 현행법에서 대법관의 추천 과정에서는 대통령의 입김은 배제되어 있다. 대법원장과 추천위원회가 사실상 독점적 권한을 행사하면서 사법부의 독립성과 자율성을 보장하고 있다. 물론, 국회 인사청문회와 국회 본회의 통과 등 국회의 동의 절차는 있다. 그러나 대법관의 추천 과정에서는 사법부의 독립성이 보장되는 것이다. 하지만, 현실에서는 집권 세력이 자신들에게 유리한 판결을 이끌기 위해 우호적인 법관들을 대법관에 기용한다는 비판이 사라지지 않고 있다. 법치주의 국가에서는 용납될 수 없는 일이다.

대법원장부터 편향된 인사를 기용해 대법관 인사를 정치적으로 악용하는 사례가 있었던 것은 부인할 수 없는 사실이다. 특히 대법원장이나 대법관 후보자가 추천될 경우, 후보자의 정치 성향이 공개적으로 알려지는 것은 엄청난 문제다.

여기에 더해, 이재명 정부 들어 이 대통령을 둘러싼 대장동 재판 등에서 변호사로 활동했던 인사들을 이 정부의 요직에 임명한 것은 도저히 수긍할 수 없는 처사다. 겉으로는 공개 추천 방식의 형식을 취하지만 속으로는 추천위원회를 편향되게 구성하면서 '우리 사람'만 골라 추천하는 폐습은 고쳐지지 않고 있다. 추천위원회에 '우리 편' 인사들을 많이 넣기 위한 싸움이 치열하게 벌어지고 있는 것도 현실이다.

인사 문제와는 별개로, 개헌 등과 같은 국가 중대사를 논의하기 위해 다양한 위원회가 구성된다. 이 경우에도 중립적인 인사들을 배제하고, '우리 편'을 더 많이 넣기 위한 싸움은 계속되고 있다. 재차 강조하고 싶은 것은, 재판이나 국가 중대사를 결정할 때 심판관審判官의 신뢰성은 중대한 문제이며, 성직자 이상의 높은 도덕성이 요구된다. 그러나 한국 정치 현실에서는 심판관의 편향성 문제가 고쳐지지 않고 있다. 이 문제를 해결해야 할 텐데, 참으로 요원해 보여 걱정이 크다.

사립학교법, 왜 나라 전체를 실험실로 만들까

김형오 한나라당 원내대표 시기에도 노무현 정부와 열린우리당의 이른바 '개혁 드라이브'의 광풍은 계속되었다. 김 원내대표 때에는 열린우리당의 소위 4대 개혁 입법 중 정치적·사회적으로 가장 큰 이슈는 사립학교법 개정 문제였다. 나는 당시 원내대변인으로서, 원내대표가 사립학교법 '재개정' 문제를 처리하던 모습을 가까이 지켜보면서 많은 교훈을 얻었다.

사실, 노무현 정부 이전에도 사립학교 문제는 한국 사회의 뜨거운 감자였다. 일부 사학 재단은 인사 문제와 학교 운영 등과 관련해 비민주적으로 사립학교를 운영하고, 회계 처리가 불투명하다는 비판을 받아왔다. '비리 사학', '분규 사학'이라는 오명으로 불리는 사립학교 재단도 늘어나는 추세였다.

논란이 증폭되자 '사립학교의 자율성과 특수성 을 보장해야 한다'는 주장과 '교육 기관으로서의 공공성을 우선해야 한다'는 반론이 팽팽히 맞섰다. 뇌관이었던 사립학교법 문제가 노무현 정부 들어 폭발했다. 열린우리당은 사립학교법 개정을 '4대 개혁 입법'의 하나로 채택했다. 이에 맞서 한나라당은 강력한 저지 투쟁에 나섰다. 정치권을 뛰어넘어 한국 사회는 사립학교법 문제로 엄청난 진통을 겪었다.

전국교직원노동조합이하 전교조 등 교사 단체들과 일부 시민 사회 단체들은 개정 찬성 시위를 열었다. 사학 재단 측의 반발은 거셌다. 사학 단체들의 연합회는 열린우리당의 사립학교법 개정안이 '위헌적'이라면서 '이 법안이 통과될 경우 학교 폐쇄와 노무현 정권 퇴진 운동을 전개할 것'이라고 주장했다.

종교계가 사립학교법 개정의 강력한 반대 세력으로 등장한 것도 변수가 되었다. 기독교, 불교, 가톨릭 등 종교 단체가 세운 사립학교들이 많기 때문이다. 그러나 열린우리당은 물러서지 않았다. 열린우리당은 2005년 정기 국회의 마지막 본회의가 열렸던 12월 9일 사립학교법 개정안을 강행 처리했다. 국회 본회의에서는 여야 의원들의 격렬한 몸싸움이 빚어졌다.

국회를 통과한 사립학교법 개정안의 핵심은 '개방형 이사제'의 도입이었다. 개방형 이사제는 사립학교 재단 이사진의 일정 비율을 교사와 학부모 등으로 구성된 학교 운영위초·중·고나 대학평의원회에서 추천해 선임하는 제도를 의미했다.

열린우리당이 강행 처리한 사립학교법 개정안은 전체 사학 재단 이사 정수일곱 명 이상 가운데 학교 구성원이 추천하는 이사개방형 이사의 비율을 4분의 1 이상이 되도록 했다. 예를 들어 이사 정수가 일곱 명이면 두 명을 해당 학교의 교사나 학부모로 채우는 것이었다.

개정된 사립학교법은 사학 재단에 개방형 이사가 선임될 수 있는 길을 열어놓았다. 이에 따라 사학 운영 전반에 거대한 변화가 발생했다. 한나라당은 열린우리당의 강행 처리에 반발해 국회 등원을 거부하고 장외 투쟁을 벌였다. 사학 단체들은 행동에 나섰다. 서울을 비롯해 전국의 사립 중·고교에서 2006학년도 신입생 모집배정 거부 움직임이 들불처럼 퍼져나갔다.

노무현 정부는 신입생 모집을 거부하는 학교 법인에 대해 이사장과 학교장을 고발하고, 학교장에 대해서는 해임 요구를 한다는 강경책을 들고나왔다. 해당 학교가 계속 불응할 경우, 임원 승인을 취소하고 임시관선 이사를 파견할 것이라고 경고했다. 사학 재단들은 신입생 모집 거부 방침을 철회했다. 그러나 물러서지 않았다. 사학 재단들과 종교 단체들은 사립학교법 '재개정'을 촉구하고 나섰다.

바로 이 국면이었던 2006년 7월 13일, 김형오 원내대표 체제가 등장한 것이었다. 김 원내대표의 가장 절박한 숙제는 열린우리당이 일방적으로 처리한 사립학교법 '개정'안을 '재개정'하는 것이었다. 나는 원내대변인으로서, 김 원내대표가 사립학교법 재개정을 이끌어 나가는 데에 힘을 보탰다. 사립학교법 재개정 논란은 내가 정치인이 된 이후 국가보안법 폐지 문제에 이어 국가 중대사 논의에 직접 참여했던 '두 번째' 이슈였다.

당시 한나라당이 사립학교법 재개정을 이뤄낼 가능성은 매우 낮았다. 가장 큰 약점은 절대적으로 부족한 의석수였다. '과연 사립학교법 재개정이 될 수 있을까?' 하는 회의적인 생각을 가졌던 것도 사실이었다. 하지만 김 원내대표는 어려운 정치 환경 속에서 사립학교법 재개정을 이끌어냈다. 이 모습을 가까이에서 지켜보면서 '의석수가 아무리 적다고 해도 우리가 단결하고 민심을 얻으면 이길 수 있구나' 하는 교훈을 얻었다.

김 원내대표 리더십의 큰 강점은 치밀함과 세심함이었다. 당시 한나라당은 의석수에는 열린우리당에 밀리고, 종교 단체와 사학 단체들로부터는 "더 강경한 투쟁에 나서지 못한다."라는 비판까지 받는 '이중고'에 시달리고 있었다. 하지만 김 원내대표는 특유의 리더십으로 이 난관을 헤쳐나갔다. 특히 사립학교를 운영하는 종교 단체 설득에 주력했다.

나는 김 원내대표가 기독교계의 의견을 듣기 위해 교회와 한국기독교총연합회 등을 직접 방문했을 때 동행했다. 가톨릭 학교 법인 연합회장이었던 이용훈 천주교 수원교구 교구장 주교를 예방하는 자리에도 동석했다. 불교계 지도자들을 만나는 과정에서는 내가 도움을 주기도 했다.

김 원내대표는 종교계 인사들의 의견을 경청하고, 한나라당의 재개정 의지를 분명하게 전달했다. 이러한 과정을 거치면서 종교계는 한나라당에 더욱 확고한 지지를 보내기 시작했다. 종교계의 확고한 지원은 한나라당이 열린우리당과 협상을 할 때 가장 강력한 무기가 되었다. 김 원내대표 체제에서 한나라당은 사립학교법 재개정을 위한 여야 합의를 이끌어 냈다. 마침내 2007년 7월 3일, 사립학교법 '재개정'안이 국회를 통과했다. 열린우리당이 사립학교법 개정안을 일방적으로 통과시킨 이후 1년 7개월 만의 성과였다.

사립학교법 '재개정안'의 핵심 역시 개방형 이사제 문제였다. 다만 이전 개정안과 달리 사학 재단의 영향력을 확대한 것이 재개정안의 '키 포인트'였다. 사립학교법 재개정안은 개방형 이사제 '선임 방식'의 변화를 핵심 내용으로 하고 있다.

결론부터 설명하면, 기존 '개정안'에는 개방형 이사의 추천 과정에 있어 사학 재단의 참여가 막혀 있었다. 그러나 '재개정안'은 추천 과정부터 사학 재단이 참여하는 것을 법제화하면서 사학 재단의 자율성에 보호 조치를 취했다.

재개정안에 따르면, 일반 사학의 경우 학교운영위또는 대학평의회와 재단 이사회의 개방형 이사 추천 비율을 사실상 1:1비율로 맞췄다. 재개정안은 종교 사학의 경우에도 학교운영위와 재단 이사회에 해당하는 종단의 비율을 사실상 1:1비율로 만들었다. 재개정안의 핵심은 개방형 이사의 추천 과정에 재단이 동등하게 참여할 수 있는 길을 열어놓음으로써 사학 재단과 종교 단체의 불만을 무마시킨 것이었다.

엄청난 진통을 겪었지만, 여야가 미리 합의했기 때문에 재개정안이 국회를 통과되는 그 순간에는 큰 마찰이 없었다. 사립학교법을 힘으로 밀어붙였던 열린우리당도 한나라당이 종교계와 힘을 합치자 백기 투항한 모양새였다.

사립학교법 논란은 초선 의원이었던 나에게 많은 것을 생각하게 만들었던 사건이었다. 나는 원내대변인으로 활동하면서 사립학교법 재개정을 둘러싼 논쟁 한 가운데에 있었다. 나는 여야의 정쟁, 사회적 갈등을 지켜보면서 '개방형 이사제가 꼭 필요하다면 한두 개의 사학 재단에서 시범적으로 실시해 보는 등 점진적으로 제도를 운영하는 방식을 택하지 않고, 왜 이런 식으로 나라 전체를 실험실로 만들까?' 하는 의문이 들었다.

'왜 대화와 타협을 할 생각은 하지 않고, 자신의 주장만을 고집하면서 힘으로 밀어붙이려고만 할까. 정교하게 고민해 점진적으로 제도를 도입하면 부작용을 줄일 수 있을 텐데 왜 일시에, 한꺼번에 몰아붙일까?' 하는 회의감도 몰려왔다. 이러한 고민은 나의 정치 인생 22년 동안 계속되었다.

특히 사립학교법 재개정 논란 당시를 회고하면서 나는 지금 우리 국민의힘에 필요한 것은 김형오 당시 원내대표가 행동으로 보여준 가르침이라고 생각한다. 나는 의석수가 부족하다고 자포자기하지 말고, 우리가 단결해 민심을 얻으면 이길 수 있다는 강한 의지를 행동으로 옮긴다면, 국민의힘은 대선과 총선에서 다시 승리할 수 있을 것이라고 확신한다.

김 원내대표는 당시 의석수의 열세를 극복하고 종교계를 지지 세력으로 규합하면서 열린우리당과의 싸움에서 '뒤집기'에 성공했다. 나는 우리 국민의힘이 국민만을 바라보고 정치를 한다면 집권 여당, 국회 제1당의 자리를 되찾는 날이 빨리 올 것이라고 믿는다.

민주당에는 경고의 메시지를 전한다. 대통령 자리도 압도적인 국회 의석수도 민심을 이기지는 못한다. 권력과 의석수만 믿고 힘으로 밀어붙이는 정치를 계속해서는 안 된다.

MB의 도움, 넓어진 시야 깊어진 인연

2007년 12월 19일 실시된 대통령 선거를 앞두고 나는 당시 유력 대선 후보였던 이명박MB 전 서울시장의 비서실장을 지냈다. 2007년 1월 31일 나는 고심 끝에 'MB 캠프' 행行을 공식 발표했다. 다음날인 2월 1일부터 MB의 비서실장을 맡았고, 대선에서 승리한 뒤에는 대통령 당선인 대변인을 맡았다. 이 경험도 나의 정치 인생에 큰 도움이 되었다.

나는 MB의 비서실장으로 일하면서 MB의 실용적이고 현실적인 인식을 가까이에서 지켜볼 수 있었다. MB는 탁상공론卓上空論을 싫어했다. 회의에서도 구체적인 결론을 추구했다. 현대건설 회장 출신답게 현실 경제 인식도 탁월했다. 유력 대선 후보였기 때문에 MB 캠프에는 의미 있는 정보들도 많았다. 나는 MB를 보좌하면서 정치적 시야를 넓힐 수 있는 계기를 얻었다. 개인적인 인맥도 엄청나게 확장되었다. 비서실장을 지내면서 MB의 인적 네트워크와 긴밀하게 접촉하며 협업을 진행했다.

나는 MB를 통해 현대그룹을 포함한 경제계, 기독교계 등 다양한 각종 직능 단체 인사들과 MB의 동문인 고려대 출신 인사들까지 두루 만날 수 있었다. 그 이전에 나의 인적 네트워크는 법조계와 대구·경북 인사들에 국한되었던 것이 사실이다. MB를 통해 알게 된 인사들은 각자의 분야에서 최고 전문가이거나 권위를 가진 사람들이었다. 인품도 훌륭했다.

이후 나는 정치 활동을 계속하면서 MB를 통해 알게 된 인맥들이 큰 도움이 되었다. 그들은 폭넓은 경험을 바탕으로 나에게 많은 조언을 해주기도 했다.

MB의 비서실장을 맡았을 때의 일화들도 소개할까 한다. 한나라당 대선 후보 경선 때의 일이다. MB와 박근혜 전 대표는 치열한 경쟁을 펼치고 있었다. 양측은 상대방 후보에 대한 네거티브 공세도 멈추지 않았다. 결국 한나라당은 MB와 박 전 대표에 대한 후보 검증 청문회를 2007년 7월 19일 서울 용산구의 백범기념관에서 개최했다.

한 정당이 소속 대선 후보에 대한 검증 청문회를 실시한 것은 한국 정치에서 유례가 없는 일이었다. 박근혜 캠프는 MB의 도곡동 땅 의혹과 BBK 주가 조작 의혹 등을 집중 공격했다. 이에 맞서, MB 캠프는 박 전 대표와 박정희 정부 때 논란이 된 최태민 목사 문제 등을 추궁했다. 양 캠프는 효율적인 검증 청문회를 위해 대선 후보의 대리인을 선정키로 했다. MB 캠프의 청문회 대리인으로 내가 선정되었다. 후보의 비서실장을 맡고 있었던 것뿐만 아니라 판사 출신이라는 점이 고려되었다. 박근혜 캠프의 대리인은 역시 율사律士 출신인 김재원 한나라당 의원이 맡았다.

후보 검증 청문회가 실시되기 전의 마지막 일요일이었던 2007년 7월 15일로 기억된다. MB 캠프의 핵심 인사들이 검증 청문회에 대한 최종 준비를 하기로 비밀리에 약속을 잡았다. 검증 청문회에 대비한 마지막 '예행 연습' 성격이 강했다. 장소는 서울 남산의 서울유스호스텔이었다.

회의의 효율적인 진행을 위해 누군가가 사전 예상 질문을 추려야 했다. 그 역할이 후보의 대리인이었던 나에게 떨어졌다. 회의를 준비하면서 예상 질문을 뽑아보니, 대략 20개 문항이 나왔다. 검증 청문회에서 미처 예상하지 못한 질문이 나올 가능성도 있어서 예비 문항을 최대한 많이 뽑았다.

비밀리에 회의를 진행하기로 했던 당일, 서울유스호스텔을 방문했더니 '황당한' 일이 벌어졌다. 극소수의 인사들만 참여하기로 했는데, 정보가 새면서 MB 캠프에 소속된 의원들이 대거 서울유스호스텔로 온 것이었다. 캠프의 핵심 인사들은 난감한 표정을 지었다. 그러나 돕겠다고 찾아온 사람들을 내쫓을 수도 없는 상황이었다. 비밀 회의가 공개 토론회로 바뀐 양상이었다.

오전 10시쯤 회의가 시작되었다. 그러나 참석자들이 많다 보니, 회의가 그야말로 산으로 갔다. 참석자들은 훈수와 조언을 쏟아냈다. 딱 하나의 예상 질문을 토론했는데, 어느덧 점심 식사 시간이 되었다. 이렇게 회의를 진행했다가는 밤을 새우더라도 20개 예상 질문을 다 마무리하는 것은 불가능해 보였다. 오후에 회의가 재개되었다. 나는 발언권을 얻고 정리에 나섰다.

나는 회의의 정리하며 "선배 의원님들 앞에서 초선인 제가 결례를 무릅쓰고 한 말씀을 드리겠습니다. 두 시간 동안 예상 질문을 하나밖에 정리하지 못했습니다. 지금의 방식으로는 회의 진행이 안 됩니다. 아직도 20개 가까운 예상 질문이 남아 있습니다. 제가 제안을 하나 하겠습니다. 대리인의 자격으로, 예상 질문에 대한 저의 의견을 먼저 제시할 테니 선배님들께서 제 의견에 대해 덧붙이거나 지적할 말씀이 있을 경우, 발언권을 얻어 발언하는 방식으로 회의를 진행했으면 좋겠습니다." 라고 말했다.

참석자들도 오전처럼 중구난방衆口難防 식으로 회의를 진행했다가는 시간만 허비할 수 있다는 점에 공감했기에 내 의견에 동의했다. 그 뒤 회의는 일사천리로 진행되었다. 나는 MB를 둘러싼 논란을 정확히 이해하고 있었다. 내가 사전에 준비했던 의견을 제시했더니, 추가 발언 하는 의원들이 거의 없었다.

오후 회의는 세 시간 만에 끝났다. 예상 질문들도 다 정리되었다. 이날 회의를 계기로 MB 캠프의 선배 의원들이 나를 더욱 높게 평가하기 시작했다는 느낌을 받았다. 나는 이날 MB에 대해서도 좋은 인상을 느꼈다. 대다수 정치인들은 자신을 둘러싼 논란이 발생했을 때 쉬쉬하거나

이명박 후보와 함께

극소수의 인사들만 참여한 채 비밀리에 회의를 진행하는 것을 선호한다. 그러나 그는 감출 것이 없다는 태도로, 초대받지 않고 서울유스호스텔을 찾은 인사들이 모두 회의에 참석할 수 있도록 했다.

4%의 확률로 뽑은 연속 1번

다른 에피소드도 생각이 난다. 한나라당 대선 후보 경선을 앞두고 기호 추첨을 해야 했다. MB와 박 전 대표를 포함해 홍준표, 원희룡, 고진화 의원 등 다섯 명이 경선 레이스에 참여했다. 한나라당 경선관리위원회는 2007년 6월 13일 예비 후보 기호 추첨을 실시했다. 당시 MB 캠프의 분위기는 많이 처져 있었다. MB를 둘러싼 논란이 확산되며 지지율이 떨어지고 있었기 때문이었다.

당초 MB 캠프의 다른 인사가 기호 추첨에 가기로 되어 있었다. 그런데 기호 추첨 당일에 그 인사가 "갑자기 중요한 일이 생겼다."라며 도저히 참석할 수 없다고 MB 캠프에 알려왔다고 한다. 기호 추첨은 이미 오래전에 날짜가 확정되어 있었고, 이같이 중요한 일을 하는 당일에 갑자기 일이 생겼다는 것은 믿기 힘든 이야기였다. 그 인사가 좋지 않은 번호를 뽑을 수 있다는 부담감 때문에 기호 추첨하는 것을 피했다는 분석이 MB 캠프 내에서는 정설처럼 퍼졌다. 당시 MB 캠프의 최병국 의원이 나를 불렀다. 당시 재선이었던 최 의원은 '주 의원은 캠프 내에서 신망도 있고 하니, 기호 추첨에 대한 부담이 상대적으로 적지 않느냐'면서 나에게 기호 추첨을 하러 갈 것을 권했다.

시간도 촉박했고 다른 대안도 없었다. 나는 기호 추첨이 실시된 당시 서울 염창동 당사로 다급하게 이동했다. 모든 후보 캠프에서 가장 원하는 기호는 1번이었다. 나는 부담감과 긴장감을 느꼈다. 추첨은 2단계 방식으로 진행되었다. 추첨 순서를 정하는 '뽑기'를 먼저 하고, 그 정해진 순서에 따라 후보 기호를 뽑는 방식이었다.

추첨 순서를 정하는 '1차 뽑기'가 시작되었다. 상자에서 번호표를 뽑았는데 1번이 나왔다. 나는 추첨 순서 1번을 뽑았을 때, 기분이 좋지 않았다. 1번이 연속으로 나올 가능성은 극히 낮다고 판단했기 때문이었다. 다른 후보들의 대리인들도 뽑기를 마치면서 추첨 순서가 정해졌다.

이제, 진짜 기호를 정하는 추첨이 시작되었다. 추첨 순서 1번을 뽑았던 내가 맨 처음 번호표를 뽑았다. 역시나 1번이었다. MB가 한나라당 경선에서 기호 1번이 된 것이었다. 박 전 대표의 기호는 3번이었다, 다섯 후보의 대리인이 있었으니, 1번을 연속으로 뽑을 확률은 수학적으로 4%에 불과했다. 내가 기호 1번을 뽑았다는 소식이 전해지자, MB 캠프에서는 올림픽에서 한국이 금메달이 땄을 때처럼 환호성이 터져 나왔다고 한다. 특히, MB 캠프의 중진 의원들은 나에게 "MB의 지지율이 떨어져서 캠프가 의기소침해 있었는데, 주 의원이 기쁜 소식을 만들었다."라며 나를 격려했다. 이 소식을 전해 듣고 나도 매우 기뻤다. 하지만 기호 추첨은 후보 본인이 해야지 대리인을 시켜서는 안 되겠다는 생각이 들었다. 안 좋은 번호를 뽑더라도 후보 본인이 책임을 져야 하는데, 애꿎은 대리인 탓을 할 수 있기 때문이다. 이후 나의 초선 의원 기간의 후반기는 'MB 대통령 만들기'에 집중되었다. 그리고 MB는 대선에서 승리했다.

2장

특임장관으로 활동하다

특임장관이 필요한 3가지 이유

2009년 9월 3일의 일이다. 이명박 정부 출범 2년 차 때였고, 나도 재선 의원 2년 차였다. 그날 아침에 정정길 당시 대통령 비서실장으로부터 전화가 한 통이 걸려왔다. 정 실장은 나에게 "오늘 오후에 개각 발표가 있는데 주 의원이 특임장관에 지명될 예정이니, 그렇게 알고 있으라."고 말했다. 나는 사전에 어떠한 언질을 받은 것도 없었다. 전혀 예상하지 못했던 상황에서 특임장관에 지명된 것이었다.

이명박 정부가 출범하기 나흘 전이었던 2008년 2월 21일, 여야는 특임장관 설치 등을 내용으로 하는 정부조직법 개정안을 통과시켰다. 이명박 당시 대통령 당선인의 의중이 반영된 개정안이었다. 하지만, 특임장관은 1년 반 넘게 공석空席이었다. 그 결과, 내가 이명박 정부의 첫 특임장관이 된 것이다.

나의 재선 국회의원 시기는 특임장관 업무를 빼놓고 설명하기 어렵다.

나는 국회 인사청문 등을 모두 마친 뒤 2009년 10월 13일 특임장

특임장관실 개청식 및 초대 장관 취임식

관으로 공식 취임했고, 약 10개월 반 동안 직을 수행했다. 그리고 2010년 8월 30일 특임장관에서 물러났다.

국회의원을 겸직하고 있던 나에게 다른 역할이 맡겨졌기 때문이었다. 특임장관은 과거 정무장관을 모델로 만들어진 직책이다. 이름만 다를 뿐이지, 사실상 실질적 역할은 같았다. 정무장관이라는 명칭이 정치영역에 치중한 느낌을 주기 때문에 이명박 정부가 특임장관이라는 이름을 도입한 것으로 알고 있다.

정무장관은 김영삼 정부 때 홍사덕 정무장관을 마지막으로 사라졌었다. 홍사덕 전 정무장관 이후 최초의 특임장관이 나였다. 김대중 정부와 노무현 정부는 정무장관을 두지 않았다. 이명박 정부의 뒤를 이은 박근혜 정부와 문재인 정부, 윤석열 정부에서도 특임장관을 설치하지 않았다.

하지만 나는 특임장관이 필요하다고 생각한다. 이유는 크게 세 가

지다. 우선, 특임장관은 여야 소통에 큰 도움을 줄 수 있다. 특임장관의 역할과 대통령 비서실의 정무수석의 역할이 비슷하다고 생각하는 사람들이 많지만, 국무위원인 장관과 대통령의 참모인 정무수석은 본질적으로 다르다. 여야 협상을 하다보면 정치인들이 보안을 유지하기 위해 비밀리에 만나야 하는 상황도 자주 발생한다. 하지만 야당 의원들 가운데에는 대통령 참모를 물밑에서 만나 소통하는 것을 꺼리는 정치인들도 적지 않다. 정무수석을 몰래 만나는 행동을 '사쿠라さくら, 여당과 야합하는 야당 정치인을 부르는 말' 같은 행위라고 치부하는 경향이 있기 때문이다. 하지만 특임장관에 대해서는 이 같은 부담감이 매우 적다. 여기에 더해, 나는 같은 국회의원 출신이었다. 일부 야당 정치인들은 정무수석을 대통령의 수족手足처럼 여기는 분위기가 강했으나, 특임장관은 국무위원이었다. 물밑 회동이 공개되어도 부담감이 적었다. 특히 대통령의 신임을 받는 특임장관과 소통하는 것이 정무수석과 협의하는 것에 비해 성과를 내는 데에 있어 더욱 효과적이었다.

두 번째로, 특임特任장관은 용어 그대로 특수한 임무를 추진하는 장관이다. 대통령의 특명特命 사업을 수행하는 장관이 특임장관인 것이다. 정부조직법에 규정된 경제 부처 장관이나 국방 외교부 장관, 교육과 복지부 장관 등은 고유의 업무가 있다. 하지만, 특임장관은 대통령이 역점적으로 추진하는 사업을 전담해 추진할 수 있는 장점이 있다. 특임장관은 또 각 부처 장관 업무의 빈틈을 메워주고, 대통령 중점 사업에 대해 정부 부처 간의 협력을 이끌어 내는 역할을 할 수 있다.

세 번째로, 비용 대비 효과다. 특임장관실은 다른 부처에 비해 작은 부처다. 소속 공무원들의 숫자도 적고, 사업비도 적다. 특임장관실 예산의 절반 이상은 공무원들의 인건비였다. 하지만 특임장관실이 사회적 비용이 많이 드는 쟁점을 해결하거나 대통령 중점 사업을 성공적으로 추진할 경우 그 효과는 엄청나다. 나는 적은 인적 자원과 예산을 투입하고도 거대한 국가적 이익을 얻을 수 있는 부처가 특임장관실이라고 생각한다.

그래서, 나는 이재명 대통령을 포함해 앞으로 한국을 이끌어 나갈 대통령들이 반드시 특임장관실을 설치해야 한다고 강조한다.

세종시 수정안을 지켜라

언론은 내가 특임장관에 지명되었던 개각을 이른바 '9·3 개각'이라고 불렀다. 9월 3일에 개각이 발표되었기 때문이다. '9·3 개각'의 하이라이트는 정운찬 전 서울대 총장의 국무총리 지명이었다. 이 개각을 통해 정운찬 총리 지명과 여섯 개 부처 장관의 인사가 단행되었다. 신임 장관 후보자 중 한 명이 바로 나였다. 친박계 핵심 인사였던 최경환 한나라당 의원이 지식경제부현 산업통상부 장관에 지명되면서, 이번 인사를 보고 '탕평 인사'라는 평가도 나왔다.

정 총리 지명에는 큰 정치적 포석이 있었다. 바로 세종시 수정안 추진이었다. 이명박 정부는 세종시로 정부 부처를 옮기는 것보다 세종시에 좋은 기업들이 더 많이 유치되는 것이 세종시와 충청도의 발전에 더 도움이 될 것이라고 판단했다. 서울대 경제학과 교수와 서울대 총장을 지낸 정 총리의 고향은 충남 공주였다. 이명박 정부는 충청도 출신의 정 총리가 앞장설 경우, 세종시 수정안에 대한 충청 민심의 반발이 수그러들 수 있다는 정치적 기대감을 가졌다.

그러나 세종시 수정안은 정치적으로 엄청난 역풍을 맞았다. 야당의 반대는 예상했던 대목이었다. 결정타는 박근혜 전 한나라당 대표가 세종시 수정안을 반대하고 나선 것이었다. 박 전 대표의 입장도 어느 정도 이해는 된다. 당시 박 전 대표가 충청도 민심을 잃을 경우, 2012년 대선에서 어려움을 겪을 수 있다는 분석이 지배적이었다. 그럼에도 나는 국가적인 관점에서 볼 때, 이명박 정부가 추진했던 경제 중심의 복합 도시가 세종시와 충청도 발전에 더욱 도움이 되었을 것이라는 아쉬움을 지금도 갖고 있다. 정부는 세종시에 삼성과 한화, 롯데, 웅진 등 굴지의 대기업을 유치하는 방안을 추진하고 있었다. 특임장관인 나도 이 논의에 깊숙이 관여했다. 특임장관실의 최대 임무는 세종시 수정안의 국회 통과였다.

세종시 논의가 본격화되던 2009년 11월 초의 일이다. 이명박 대통령이 나를 불러 "주 장관이 박 전 대표를 직접 찾아가 세종시 수정안에 대한 내 뜻을 전하고, 박 전 대표의 답을 듣고 오라."고 말했다.

이 대통령은 삼성과 한화, 롯데 같은 굴지의 대기업들이 세종시에 가는 것이 세종시와 충청도의 발전에 더욱 도움이 될 것이라는 소신을 재차 역설했던 것이 기억에 남아 있다. 박 전 대표를 설득하는 작업은 극비리에 진행되었다. 정부 측에서는 이 대통령과 나, 박형준 당시 정무수석, 이렇게 세 사람만이 알고 있었다. 나는 박 전 대표 측에 "한번 찾아 뵙고 싶다."는 뜻을 전했다. 이후 날짜가 정해졌고 장소는 박 전 대표의 당시 의원회관 사무실이었다.

나는 약속 당일에 박 전 대표의 사무실을 방문했다. 나는 사무실의 안쪽 방으로 안내되었다. 독대 형식의 만남이었다. 인사를 마친 뒤 나는 박 전 대표에게 "이 대통령께서 박 전 대표를 직접 찾아뵙고 말씀을 드리라고 해서 이렇게 왔습니다."라고 방문 이유를 설명했다.

그리고 세종시 수정안에 대한 이야기를 조심스럽게 꺼냈다. 그러나 박 전 대표는 세종시 문제라면 대화할 내용이 없다는 취지로 단호하게 답했다. 어느 정도 예상은 했지만 당혹감이 몰려왔다. 무엇보다 놀라웠던 것은 1분도 안 되어 대화가 끝나 박 전 대표의 사무실에서 나올 수밖에 없었다. 나는 "세종시 문제 외에도 두 분께서 앞으로 논의하실 일이 있을 텐데, 제가 누구와 만나 상의하는 것이 좋으시겠습니까?"라고 공손하게 물었다.

그러자, 박 전 대표는 현재 인천광역시장인 유정복 당시 한나라당 의원과 상의할 것을 당부했다. 그렇게 박 전 대표와의 회동은 끝이 났다.

나는 박 전 대표의 사무실을 나와 유 의원에게 전화를 걸었다. 그러고는 박 전 대표의 결정임을 밝힌 뒤 "앞으로 논의할 일이 있으면 유 의원에게 연락을 하겠다."고 말했다.

나는 박형준 정무수석에게도 전화를 걸어 상황을 설명했다. 이 대통령은 박 전 대표 설득에 일말의 기대를 걸고 있었다. 그러나 설득 작업은 실패로 끝났다. 나와 박 수석은 '오늘은 이 대통령에게 곧바로 보고하지 말고, 하루 이틀 고민을 한 뒤 보고하자'고 뜻을 모았다. 나는 다음 날 이 대통령에게 박 전 대표와의 회동 사실을 보고했다. '0.1%의 가능성'에 기대를 걸었던 이 대통령의 얼굴에 실망감이 짙게 묻어나왔다. 내가 박 전 대표를 만났던 사실은 이야기가 퍼져 언론 보도로 이어졌다. 박 전 대표는 그해 11월 11일 국회에서 기자들과 만나 "며칠 전 주호영 특임장관으로부터 만났으면 좋겠다는 연락이 와서 국회에서 잠깐 만났다."면서 "그 자리에서 제 입장은 이미 밝혔고 할 말은 다 했다고 말씀드렸다."고 설명했다.

박 전 대표 설득에는 아무런 성과를 거두지 못했으나, 나는 세종시 수정안을 추진하는 데에 전력을 쏟아부었다. 나는 그해 12월에는 세종시에 2주 동안 머물면서 지역 여론 설득에 주력했다. 그러나 세종시 수정안은 2010년 6월 29일 국회 본회의에서 부결되었다.

국회의원 275명이 표결에 참여해 반대 164표가 나왔다. 찬성은 105표였고, 기권이 6표였다. 언론은 이를 두고 세종시 수정안에 사망 선고가 내려졌다고 표현했다. 세종시 수정안에 대해 민주당과 한나라당 내의 친박계가 반대표를 던졌다. 친이계가 고립된 결과였다.

특임장관의 성과, 네 배 더 많은 법안 통과

법치 국가에서 정부가 역점을 두고 추진하는 정책에는 법률적 토대가 반드시 구축되어야 한다. 그래서 어느 정부에서나 법안의 통과는 가장 중요한 일이다. 헌법 제52조는 국회의원과 정부가 법률안을 제출할 수 있다고 규정하고 있다. 이른바 의원 입법과 정부 입법이다.

내가 특임장관으로 재직했던 기간동안 이명박 정부가 발의해 국회를 통과한 법안의 숫자가 특임장관실이 설치되기 이전의 정부 입법 통과 숫자의 네 배에 달했다. 나는 각 부처가 발의한 법안들을 점검하는 회의를 정기적으로 주재했다.

또 정부 발의 법안이 야당의 반대로 인해 진척이 없을 때마다 국회 해당 상임위원회의 야당 의원들을 만나 법안의 국회 통과를 설득했다.

각 부처는 현실적으로 자신의 부처가 제출한 법안의 국회 통과에만 신경을 쓸 수밖에 없다. 그래서 정부 발의 법안을 전체적으로 점검할 수 있는 부처가 필요하다. 내가 지금도 특임장관의 기능을 복원해야 한다고 주장하는 이유 중 하나다. 특임 장관실이 있어서 정부가 발의한 법안의 국회 통과를 획기적으로 늘리고, 이명박 정부의 국정 운영에 큰 기여를 했다고 자부한다.

특임장관실의 장점을 입증하는 대표적 사례가 '10·27 법난'의 수습 마무리에 나섰던 일이었다. '10·27 법난'이란, 1980년 10월 27일 전두환 당시 대통령이 이끌었던 신군부 세력의 군인들이 불교계 정화를 명분으로 전국의 사찰과 암자 5,731곳을 난입해 군홧발로 스님과 불교계 관계자들을 무자비하게 폭행하고 153명을 강제 연행했던 사건을 의미한다. 많은 시간이 지났지만, 불교계는 '10·27 법난 피해자들에 대한 명예 회복과 보상이 제대로 이뤄지지 않았다'라며 강한 비판을 제기해왔다. 여기에 더해, 불교계는 이명박 대통령이 독실한 기독교인 점을 지적하면서 종교 차별과 편향성 주장을 제기했다.

나는 10·27 법난의 수습 마무리에 직접 나섰다. 문제 해결에 나선 것은 특임장관실의 기능적 특징 때문이었다. 정부 조직을 따질 때, 10·27 법난의 가해자는 군인들이었기 때문에 국방부 소관 업무였다.

피해자측은 불교계였기 때문에 종교 업무를 관할하는 문화체육관광부가 나서야 했다. 그러나 수습을 마무리하는 과정에서 문화부와 국방부 간의 업무 조율이 기대만큼 잘 이뤄지지 않았다. 내가 10·27 법난 수습 마무리에 나선 이유였다. 나는 유인촌 문화부 장관과 김태영 국방부 장관을 수시로 만나 회의를 하며 문제 해결을 주도했다.

내가 불교 신자이기 때문에 불교계가 나에 대해 강한 신뢰를 보낸 것도 긍정적인 영향을 미쳤다. 나는 피해자들의 명예 회복과 치료비 등 보상책 마련에 최선을 다했다. 불교계의 원성도 거의 사라졌다. 나는 문화부와 국방부 간의 업무 조율을 이끌어 내면서 특임장관실이 반드시 필요한 부처라는 점을 다시 한번 부각시켰다.

특임장관으로 일하면서 내 손으로 마무리하지 못해 아쉬움으로 남아 있는 작업도 있었다. 그건 바로 국가위기비상대책 매뉴얼을 최종 정리하는 일이었다. 이 매뉴얼은 갑작스런 휴전선 붕괴로 인한 북한 주민 대량 유입 사태나 대형 유조선 침몰로 인한 해양 오염 또는 해킹이나 전산 오작동으로 인한 국가 전산망의 무력화, 지진과 대형 산불 등의 자연 재해 발생과 같은 다양한 국가 위기 상황을 상정하고, 이에 대한 대응 체계를 구체적인 메뉴얼로 정리하는 작업이었다.

나는 국가위기비상대책 매뉴얼 작성에 심혈을 기울였다. 그러나 국회로 다시 돌아가게 되면서 이 작업을 매듭짓지 못했던 것은 아쉬움으로 남아 있다.

특임장관으로 일하면서 국정의 전반에 대해 많은 것을 배울 수 있었다. 나에게는 소중한 경험이다. 국정에 참여하면서 정부가 어떻게 돌아가는지를 직접 볼 수 있었고, 정부 운영에 대한 값진 교훈도 얻을 수 있었다. 대통령과 각료의 관계, 정부와 국회 관계에 대해서도 시야가 넓어졌다.

특히 나는 매주 화요일 국무회의가 끝난 직후에 열렸던 대통령 주례보고의 고정 멤버였다. 당시 대통령 주례보고에는 이명박 대통령, 정운찬 국무총리, 정정길 대통령 비서실장 그리고 특임장관이었던 나까지 이렇게 네 명이 참석했다. 사안에 따라 정무수석이나 해당 분야의 청와대 수석이 참여해 대통령 주례보고 참석자가 다섯 명이 될 때도 있었다. 대통령 주례보고에서는 국정의 가장 핵심 현안이 논의되었다.

나는 대통령 주례보고에 참석하면서 국정을 바라보는 시야가 넓어졌고, 국정에 대한 이해도가 깊어졌다. 정 총리와 나는 대통령 주례보고를 위한 사전 준비에 많은 노력을 기울였다. 정 총리와 나는 주례보고 전날이었던 매주 월요일에 만나 사전 조율 회의를 가졌다.

특임장관 경험은 내가 의정 활동을 하는 데에 큰 밑거름이 되었다. 나는 특임장관으로 일하면서 과거 정무장관을 지냈던 원로 인사들을 만나 조언을 구하기도 했다. 고인이 되신 홍사덕 전 정무장관이 소중한 조언을 가장 많이 해주셨다. 그분께 지금도 감사한 마음을 간직하고 있다.

원내수석부대표, 여야협상과 국회 운영

나는 재선 의원 2년 차였던 2009년 9월, 특임장관에 지명되었다.

이야기의 흐름을 잠시 되돌려 나의 재선 의원 시절의 시작점부터 이야기할까 한다. 나는 2008년 4월 9일 실시된 18대 총선에서 당선되면서 재선 국회의원이 되었다. 내가 6선의 국회의원이 될 때까지 유일하게 공천 과정에서 별다른 어려움이 없이 치른 선거이기도 하다. 18대 총선은 이명박 정부가 같은 해 2월 25일 출범한 직후 치러졌다. 한나라당은 18대 총선에서 153석을 얻어 국회 재적의원299석의 과반을 차지했다. 한나라당의 대승이었다.

통합민주당은 81석을 얻었다. 충청권을 기반으로 했던 자유선진당이 18석을 기록했고, 친박연대가 돌풍을 일으키며 14석을 확보했다. 친이계와 친박계의 갈등은 여전했지만, 이명박 정부의 출범 초기여서 한나라당은 내부 권력은 친이계에 기울어져 있었다.

이런 상황에서 그해 5월 22일 홍준표 의원이 한나라당의 신임 원내대표로 선출되었다. 그는 친이계로 분류되지 않았으나 이 대통령과 가까운 사이였다. 언론들은 홍 의원을 '범이명박계'로 분류했다. 친이계가 홍 의원을 지지했기 때문에 원내대표 경선에서 홍 의원의 경쟁자가 나오지 않았다. 단독 출마한 홍 의원은 원내대표로 추대되었다. 정책위의장에는 친이계 핵심이었던 임태희 의원이 선출되었다.

홍준표 신임 원내대표는 나보다 나이가 많고, 선수選數도 높았다. 하지만, 홍 원내대표와 나는 사법시험과 사법연수원 동기였다. 인간적으로도 가까운 사이다.

홍 원내대표는 나를 원내수석부대표원내수석로 임명했다. 이 원내수석 임기를 마친 뒤에 특임장관에 지명되었던 것이다. 민주당은 원혜영 원내대표, 박병석 정책위의장, 서갑원 원내수석 체제였다. 아주 특별한 경우가 아니면 원내수석은 일반적으로 재선 의원이 맡는다.

원내수석은 원내대표를 보좌하면서 여야 협상과 국회 관련 업무의 실무를 책임지는 직책이라 많은 재선 의원들이 선망하는 자리다. 홍준표 원내대표는 인지도가 매우 높아 이름 이외의 설명이 필요 없는 정치인이다. 원내대표직을 수행할 때에도 홍 원내대표는 정국 상황에 대한 판단력은 뛰어났다. 추진력도 강했다. 여야 협상 과정에서 치밀한 면모를 보였고, 압박이 필요한 상황에서는 매섭게 밀어붙였다. 홍 원내대표는 유머감각도 뛰어났다. 홍 원내대표와 나 사이의 호흡은 매우 좋았다. 홍 원내대표는 나를 신뢰해 전적으로 내게 일임하는 일도 적지 않았다.

나는 최선을 다해 그를 도왔다. 여당 입장에서는 여야 협상 과정에서 청와대의 입장을 이해하는 것은 중요한 일이다. 홍 원내대표는 그 당시에도 자존심이 강해 청와대 참모진들과 조율하는 것을 좋아하지 않았다. 그래서 청와대 비서실장과 정무수석 등과 협의를 진행하는 역할은 나의 일이 되었다. 그리고 나는 청와대와의 논의 내용을 정리해 홍 원내대표에게 보고했다.

홍준표 원내대표 체제는 두 가지 뚜렷한 특징이 있었다. 먼저, 이명박 정부 출범 직후 시점에 홍 원내대표 체제가 출범했다는 점을 들 수 있다. 두 번째는 18대 총선을 거쳐 18대 국회가 개원하는 타이밍에 홍 원내대표 체제가 닻을 올렸다는 것이다. 이 두 가지 특징은 나의 원내수석 활동에 큰 영향을 미쳤다.

모든 정부는 강한 의욕을 가지고 출범한다. 홍 원내대표 체제가 등장했던 시점은 이명박 정부가 출범한 이후 석 달이 지난 때였다. 이명박 정부는 핵심 정책을 추진하기 위해 국회 통과가 반드시 필요한 중점 처리 법안을 지정했다. 그 수가 늘어나면서 100개가 넘는 상황이 발생했다.

그러나 급하게 법안을 만든 탓에 법안의 형식이나 내용이 허술한 법안도 적지 않았다. 나는 이명박 정부의 중점 처리 법안들의 내용을 수정하고, 법안 통과 상황을 점검하는 역할을 자청했다. 정부 부처의 고위 관계자들이나 한나라당 의원들, 고위 당직자들과 수시로 회의를 열어 법안 내용들을 고쳐 나갔다. 처리해야 할 법안이 너무 많아 주말 내내 집에서 일했던 적도 많았다. 이러한 노력을 통해 이명박 정부 출범 초기에 중점 처리 법안들이 대부분 국회를 통과했다. 이 경험은 내가 특임장관으로 활동할 때 정부 발의 법안의 국회 통과를 획기적으로 늘렸던 성과로 이어졌다.

홍 원내대표 체제는 개원 국회의 원내대표 체제라는 특징도 가지고 있었다. 18대 국회는 2008년 5월 30일 4년 임기를 시작했고, 홍 원내대표 체제는 그 직전인 5월 22일 출범했다. 모든 원내대표의 활동이 중요하지만 개원 국회의 원내대표에게는 중요한 임무가 하나 더 있었다.

그것은 소속 국회의원들의 국회 상임위를 배정하는 일이었다. 상임위 배정은 까다로운 일이다. 대부분의 국회의원들이 '알짜' 상임위, 즉 인기 있는 상임위에 가고 싶어하기 때문이다. 통상적으로 인기 상임위는 지역 발전에 도움이 되는 국토교통위, 산업통상자원 중소벤처기업위, 교육위 등이다.

홍 원내대표는 상임위 배정과 관련해 나에게 전권을 맡겼다. 나는 개원 국회에서 한나라당 의원들의 상임위 배정 업무를 전담했다. 나는 의원들의 의견을 반영하기 위해 원하는 상임위를 5지망까지 받았다. 의견 조율이 필요한 경우에는 해당 의원들을 직접 만나 설득했고, 상황을 설명하기도 했다. 시간은 오래 걸렸지만, 상임위 배정 작업을 마무리했다. 거의 모든 한나라당 의원들이 상임위 배정에 만족했거나 결정을 이해했다.

딱 한 명의 초선 의원만 나에게 불만을 전했다. 상임위 배정을 마친 뒤 중진 의원 한 명이 나에게 "주 원내수석이 상임위 배정을 아주 잘했다."라고 격려한 적이 있었다. 이 선배 의원은 과거 일화를 예로 들면서 "예전에는 원내수석이 상임위 배정을 끝내면 의원들 보기가 무서워서 며칠 동안 국회 출근을 못 했다. 상임위 배정에 불만을 품은 의원이 원내수석 사무실의 유리창을 깬 일도 있었다."라고 말했던 것이 기억에 남는다.

2009년 5월 21일 안상수 의원이 한나라당의 신임 원내대표로 선출되면서 1년 임기였던 나의 원내수석 활동도 끝을 맺었다. 나는 원내수석으로 일하면서 여야 협상과 국회 운영에 대한 전반에 대해 기초를 쌓았다. 이 경험은 향후 내가 세 차례나 원내대표로 활동하는 데에 크게 도움이 되었다.

한나라당의 싱크탱크, 여의도 연구소장

2010년 7월 14일, 서울 잠실실내체육관에서 개최된 전당대회에서 안상수 의원이 신임 한나라당 대표로 선출되었다. 나는 그로부터 한 달 반 뒤인 8월 30일 특임장관 역할을 마치고 한나라당으로 돌아왔다. 안 대표는 같은 해 10월 나를 여의도연구소장에 임명했다. 여의도연구소현 여의도연구원는 한나라당의 싱크탱크였다.

당시에는 2012년을 앞둔 시점이었다. 2012년에는 중대한 선거가 연이어 예정되어 있었다. 2012년 4월에는 19대 총선이, 12월에는 대선이 각각 기다리고 있었다. 나의 임무는 한나라당의 총선과 대선 승리를 위한 마스터 플랜을 짜는 것이었다. 여의도연구소는 한때 한나라당을 뛰어넘어 보수 정치를 대표하는 싱크탱크로 명성이 높았다. 그러나 막상 여의도연구소장으로 부임하니, 외부에서 듣던 것과는 너무나도 달랐다. 환경이 너무 열악해 연구원들이 좋은 연구를 수행할 수 있는 여건을 제공하지 못하고 있었다.

나는 충격을 받았다. 가장 큰 문제는 예산 부족이었다. 특히 인력 부족 문제는 심각했다. 처우가 만족스럽지 못해 유능한 인재들이 대학이나 기업, 다른 연구소 등으로 자리를 옮겼다. 한나라당의 예산도 충분하지 않았기 때문에 당내에서 다른 일을 하는 당직자들이 여의도연구소에 이름만 걸고 월급을 받는 경우도 있었다. 그래서 내가 여의도연구소장으로 부임한 이후 가장 힘을 쏟았던 일은 인력 충원이었다. 하지만 구조적인 문제 앞에서 나의 노력은 한계가 분명했다.

인력 부족에 시달리다 보니, 연구 성과도 만족스럽지 못했다. 실제 연구만 전담하는 연구원은 고작 5명에 불과했다. 상황이 이렇게 어렵다 보니, 여의도연구소가 독자적으로 중요한 연구를 수행하기보다는 국책연구소 등 외부의 의미 있는 연구 성과를 요약해 한나라당에 공급하는 일을 주로 수행했다. 그런 열악한 환경 속에서도 나는 여의도연구소 연구원을 독려하면서 좋은 정책 연구가 많이 이뤄질 수 있도록 최선의 노력을 다했다. 지금의 국민의힘 여의도연구원은 과거 여의도연구소보다 많이 발전한 것은 사실이지만 한국의 보수세력을 대표하는 정당의 싱크탱크로는 아직도 부족한 부분이 많다.

국민의힘이 총선과 대선에서 다시 승리하기 위해서는 보수층과 중도층을 모두 흡수할 수 있는 정책이 많이 제시되어야 한다. 나는 여의도연구원이 한국의 보수 이념을 대표하는 싱크탱크로 재탄생하기를 기원하고 있다.

인재영입위원장, 인사데이터 구축

2011년 7월 4일 전당대회를 통해 홍준표 신임 한나라당 대표 체제가 출범했다. 홍 대표는 원내대표에 이어 한나라당의 대표 자리에 오른 것이었다. 홍준표 대표 체제가 맞이한 절체절명의 과제는 당시 9개월 앞으로 다가온 19대 총선의 승리였다. 훌륭한 인재의 영입은 총선 승리의 필수 조건이었다. 홍 대표는 7월 12일 한나라당 대표 선출 이후 첫 당직 인선을 단행하면서 나를 인재영입위원장으로 임명했다. 내가 한나라당의 인재영입위원장이 된 뒤에 제일 먼저 한 일은 전국적인 인사 데이터를 정리하는 것이었다. 나는 전국을 총선 지역구별로 나눠놓고 그 지역에 적합한 인사들을 채워 갔다.

시간과 노력이 엄청나게 들어간 작업이었다. 나는 방대한 양의 인사 데이터 작업을 마무리했다. 다음에 한 일은 대면 접촉이었다. 전문성과 참신한 이미지를 갖춘 인사들이 영입 1순위였다. 나는 영입 대상자들을 만나 설득 작업을 펼쳤다. 물론, 정계 진출을 고사하는 인사들도 있었다. 고사한 사람들 중에는 당시 과학 문화 분야의 참신한 인물들도 있었다. 인재 영입 대상은 아니었지만, 나는 현역 의원들의 의견을 경청하는 일도 빼놓지 않았다. 특히 비례대표 의원들의 경우에는 출마를 원하는 지역구에 대해 논의했다.

홍 대표 체제는 출범 5개월 만이었던 12월 9일 무너졌다. 이른바 '디도스' 사건이 결정타가 되었다. 이 사건은 2011년 10월 26일에 실시된 재 보궐 선거의 당일에 한나라당 의원의 비서가 중앙선거관리위원회 홈페이지를 디도스DDos, 분산서비스거부 공격으로 마비시켰던 사건이다. 이 사건의 후폭풍으로 홍 대표는 한나라당 대표에서 물러났다. 총선이 5개월 앞으로 다가온 상황에서 한나라당의 위기를 수습하기 위해 박근혜 전 대표가 이끄는 비상대책위원회가 12월 19일 공식 출범했다. '박근혜 비대위'는 총선 승리를 위해 별도의 인재 영입 분과를 설치했다. 분과위원장은 조동성 당시 서울대 경영학과 교수가 맡았다.

이에 따라 한나라당의 인재 영입은 내가 이끌었던 인재영입위원회와 조 교수가 위원장이었던 비대위 인재영입 분과의 '투트랙'으로 운영되었다. 나는 조 교수와 무리 없이 협의를 진행했다. 나는 조 교수를 만나 내가 직접 만든 인사 데이터를 전달하고, 인재 영입 진행 상황을 설명했다. 조 교수가 나의 설명을 다 듣고 "이렇게 세밀하고 충실하게 인사 데이터 작업을 해놓았을 것이라고 상상도 못했다."라며 놀랐던 기억이 선명하다.

인재영입위원장을 맡아 일하면서 '사람의 운명'에 대해 다시 한번 생각하게 된 일이 두 가지 있었다. 하나는 정종섭 당시 서울대 법대 교수와 관련된 이야기다. 정 교수는 훗날 박근혜 정부에서 행정자치부현 행정안전부 장관을 지냈고, 새누리당의 국회의원을 역임했다. 나와 홍 대표, 정 교수는 사법연수원 동기이기도 했다. 홍 대표는 한나라당 대표를 맡고 있었을 때 정 교수를 19대 총선의 공천관리위원장으로 점찍고 있었다.

2011년 9월쯤 일이다. 홍 대표는 나를 만나 "총선 준비를 빨리 해야 한다."면서 "정 교수를 공천관리위원장으로 임명하자."는 의견을 제시했다. 하지만 나는 반대했다. 정 교수 개인에 대해 반대한 것이 아니라 공천관리위원장 임명 '시점'에 대해 반대했던 것이다. 2012년 4월 총선까지 7개월의 시간이 남아 있었다. 나는 "지금 공천관리위원장을 발표하면, 사방에서 줄을 대려고 난리가 날 것이다. 그러면 정 교수도 못 견딘다. 공천관리위원장 발표 시기를 늦춰야 한다."고 말했다.

홍 대표는 나의 의견을 수용했다. 그 일 이후 홍 대표 체제가 무너졌다. 2012년 1월 31일, 박근혜 당시 비대위원장은 공직자후보 추천위원회의 위원장으로 정홍원 전 대한법률구조공단 이사장을 임명했다. 정홍

원 위원장은 훗날 박근혜 정부에서 국무총리를 지냈다. 공직자후보추천위원회의 부위원장에 정종섭 교수가 임명되었다.

나는 정 교수의 부위원장 임명 발표를 듣고, 사람의 운명에 대해 생각했다. 만약, 정 교수가 홍 대표 체제에서 공천관리위원장에 임명되었더라면 홍 대표가 한나라당 대표 자리에서 물러난 이후 공관위원장 자리를 유지하는 것은 힘들었을 것이다. '동반 사퇴' 주장이 분출했을 가능성이 높았고, 새로운 당 대표가 자신이 마음에 들어 하는 공관위원장을 뽑을 수 있도록 자리를 비켜주는 것이 정치 도의에 맞는 행동으로 비치기 때문이다. 하지만 정 교수는 '박근혜 비대위'에서 공직자후보추천위원회의 부위원장이 되었다. 그리고 행정자치부현 행정 안전부 장관을 거쳐 국회의원이 되었다.

다른 일화는 고사固辭와 관련된 이야기다. 내가 공을 들여 영입하려고 했던 인사들 가운데 두 명이 끝까지 총선 출마를 고사했다. 이 두 사람 모두 강원도 지역의 인사들이었다. 내 입장에서는 아쉬움이 컸지만, 그 인사들의 의견을 존중할 수밖에 없었다. 결국, 이 두 사람은 2012년 4월에 실시되었던 19대 총선에 출마하지 않았다. 이들을 내보려고 했던 지역구에 출마해 손쉽게 당선된 인사도 나왔다.

시간이 한참 지난 뒤 두 사람이 각각 나에게 연락을 취해 왔다. 이들은 정계 진출을 하고 싶은데, 어떻게 안 되겠느냐는 질문을 해왔다. 한 사람은 시장 선거 출마를 원했고, 다른 사람은 국회의원 선거 출마를 원했다. 나는 더 이상 인재영입위원장도 아니고, 그들도 각자의 위치에서 물러나 경쟁력이 예전만 못한 상황이었다. 나는 덕담만 건넸을 뿐 실질적으로 도움을 줄 수 있는 것은 없었다. 이들은 시장과 국회의원이 되지 못했다. 만약, 그 사람들이 내가 영입 요청을 했을 때 받아들였다면 하는 생각을 한 적이 있었다. 이들이 만약 성공적으로 정계에 진출했더라도 그들의 인생이 뜻한 대로만 펼쳐지지는 않았을 것이다. 나는 그 사람들을 떠올리며 사람의 인생은 정말 알 수 없는 것이라는 생각을 했다.

3장

내 정치 인생에서 의미 있었던 날들

1절 이완구 원내대표와 손발이 '척척'

나는 2012년 4월 12일 실시된 19대 총선을 통해 3선 국회의원이 되었다. 나는 3선 의원 시절에 이완구 원내대표 체제에서 정책위의장을 지냈다. 내 정치 인생에서 가장 의미 있었던 시기 중의 하나가 정책위의장으로 일할 때였다.

당시 새누리당과 한나라당은 원내대표 경선을 실시할 때, 원내대표 후보와 정책위의장 후보가 '복식' 조로 나서는 '러닝메이트' 제도를 운영했다. 관례적으로 정책위의장은 3선 의원이 맡았다. 하지만 나는 재선 의원 때부터 원내대표 경선을 준비하는 선배 의원들로부터 정책위의장 제안을 여러 번 받았다. 내가 초·재선 의원 때 특임장관과 원내수석부대표, 여의도연구소장, 인재영입위원장, 원내대변인 등 다양한 정치적 경험을 한 것이 가장 큰 이유였던 것으로 생각된다. 거기에다 나의 지역구가 새누리당의 텃밭인 TK대구·경북라는 점도 고려되었던 것 같다. 특히, 지역구가 영남이 아닌 선배 의원들은 지역 안배를 위해 나에게 정책위의장 '오퍼'를 많이 넣었다. 하지만 나는 정중하게 사양했다.

3선의 선배 의원들이 있는 상황에서 재선인 내가 정책위의장을 하겠다고 나서는 것은 정치 도의에 맞지 않는 것으로 생각했다. 중국 송나라 때의 시인 소동파가 쓴 문장 중에 '苟非吾之所有구비오지소유, 雖一毫而莫取수일호이막취'라는 유명한 글이 있다. '진실로 내 것이 아니라면, 비록 터럭 한 올이라도 취하지 마라'는 뜻이다. 나는 이 문장을 좌우명으로 삼고 정치 활동을 해왔다. 내가 재선 의원 때 정책위의장 제안을 고사했던 것도 이런 마음가짐 때문이었다.

2014년 초였다. 박근혜 정부는 2년 차 때였다. 나는 3선 의원이었다. 당시 새누리당의 3선 의원이자 충남지사를 지냈던 이완구 의원이 나에게 만남을 요청했다. 같은 선수選手였지만, 이 의원은 나보다 연배도 높았고 정치권에서도 선배였다. 이 의원은 '원내대표 경선에 나갈 계획'이라고 밝힌 뒤 나에게 정책위의장 러닝메이트를 제안했다. 나는 이 의원에게 "당내 경선은 하고 싶지 않습니다."라고 정중하게 사양의 뜻을 전했다. 나는 같은 당의 소속 의원들끼리 경선을 치르는 것에 대해 불편한 감정을 느끼고 있었다. 그랬더니, 이 의원은 "만약 경선을 하지 않는다면, 나를 도와 정책위의장을 맡아 주겠습니까?"라고 물으며 나에게 역제안을 했다. 나는 "경선을 하지 않는다면 정책위의장을 맡겠습니다."라고 답했다.

당시 원내대표 후보군에는 남경필 의원과 이주영 의원이 있었다. 그러나 남 의원과 이 의원 모두 원내대표에서 방향을 틀어 정치적으로 의미 있는 길을 걷게 되었다. 남 의원은 2014년 6월 지방 선거에 출마해 경기지사에 당선되었다. 이주영 의원은 같은 해 2월 12일 발표된 개각에서 해양수산부 장관으로 지명되었다. 이완구 의원 입장에서는 잠재적 경쟁자들이 다 좋은 길로 가면서 원내대표 자리에 무혈입성하는 결과를 얻었다.

이완구 의원은 그해 5월 8일 새누리당의 신임 원내대표로 선출되었다. 경쟁자가 없었기 때문에 표결 없이 만장일치로 합의 추대되었다. 그의 당선으로 나도 정책위의장이 되었다. 이완구 신임 원내대표에게 직접 물어본 적은 없었지만, 이 원내대표가 잠재적 경쟁자들의 '교통정리'

에 정치력을 발휘했던 것이 아닌가 하는 생각을 하기도 했다.

이완구 원내대표와 나는 손발이 척척 맞았다. 이 원내대표는 뚝심 있고 강단 있는 정치인이었다. 다른 사람을 편하게 해주는 배려의 리더십도 갖추고 있었다. 이 원내대표와 나는 좋은 동반자이자 파트너였다. 이 원내대표는 나에게 강한 신뢰를 보냈다. 나는 이 대표의 신뢰에 보답하기 위해 더욱 열심히 일했다.

이 시기에 정치적으로 많은 일이 발생했다. 정책위의장이 되기 3주 전, 전 국민에게 크나큰 슬픔과 아픔을 안겼던 세월호 참사가 발생했다. 세월호 참사 수습은 당시 여권의 최대 과제였다. 앞서 말했듯이 나는 세월호 참사 수습을 위한 여야 협상을 이끌었다. 나는 또, 공무원연금 개혁을 주도했다. 이완구 원내대표는 나에게 이 두 가지 임무를 맡아달라며 간곡하게 요청했다. 앞장에서 설명했듯이, 세월호 참사 수습을 위한 여야 협상과 공무원연금 개혁은 내 정치 인생에서 매우 중요한 일이었다.

朴대통령과의 두차례 독대

내가 정책위의장으로 일하던 시절, 박근혜 대통령을 만나 두 차례 독대 보고를 했던 것도 기억에 남아 있다. 나는 박근혜 정부가 중점적으로 추진하고 있던 정책들의 주요 내용을 꿰뚫고 있었다. 최선을 다해 정책 쟁점과 법안 추진 과정 등에 대해 박 대통령에게 보고했고, 박 대통령은 나의 설명을 경청했다. 이후 박 대통령이 나의 설명을 좋게 평가하고 있다는 이야기가 들려왔다. 청와대의 한 수석비서관이 나에게 "박 대통령이 회의에서 수석들에게 '주 정책위의장의 의견 중에 정부 정책에 반영할 것이 많으니, 주 의원으로부터 많은 조언을 들으라'고 당부했다."라고 전했던 적도 있었다.

나는 스스로 조심스럽게 처신하기 위해 애썼다. 박 대통령에 대한 세 번째 독대 보고 일정이 잡혔을 때는 청와대에 양해를 구해 새누리당의 의원 한 명을 동석시켰다. 독대가 잦다는 소문이 퍼질 경우, 여권 내부에서 나를 견제하거나 시기하는 인사들이 나타나지 않을까 하는 걱정 때문이었다. 나는 그렇게 몸가짐에 주의를 기울이며 행동했다.

내가 청와대의 대통령 집무실을 처음 방문했던 것도 박 대통령에게 독대 보고를 할 때였다. 나는 이명박 정부에서 특임장관을 하는 동안 이명박 대통령에게 여러 차례 직접 보고한 경험이 있었지만, 대통령 집무실에서 보고를 한 적은 없었다.

이 원내대표가 새누리당의 원내대표를 맡고 있던 2015년 1월 23일 그는 박근혜 정부의 국무총리로 지명되었다. 이 원내대표에 대한 박 대통령의 신임은 매우 높았다. 이 원내대표는 김종필JP 전 국무총리의 뒤를 잇는 충청권의 대표주자였다. 이 원내대표가 국무총리로 자리를 옮기면서 그해 2월 2일 새누리당에는 유승민 신임 원내대표 체제가 출범했다.

나는 정책위의장 자리에서 물러났다. 나는 박근혜 정부의 초 중반기 시기에 정책위의장으로서의 역할을 성공적으로 수행했다고 자부한다. 이 원내대표는 안타까운 상황에 내몰려 국무총리에서 자진 사퇴했다. 그리고 이 원내대표는 2021년 10월 14일 별세했다. 이 원내대표와 나는 업무적으로나 인간적으로 매우 가까웠다. 이 원내대표는 자신의 뜻을 펼치지 못하고 너무 일찍 별세했다. 그를 떠올리면 고마운 감정과 슬픈 마음이 교차한다.

지방의 안전한 식수食水 공급에 기여

상수도上水道 사업은 우리가 마시는 물과 직결된 사업이다. 인간이 건강하게 살아가기 위해 가장 중요한 사업 중의 하나다. 2014년 가을로 기억한다. 내가 새누리당의 정책위의장을 맡아 일했을 때였다.

새누리당 정책위의장실에 지방의 상수도 시설이 예산 부족으로 인해 관리가 제대로 안 돼 지역 주민들이 안전한 식수를 먹는 데에 불편함을 느끼고 있다는 민원이 들어 왔다. 강원도 지역의 식수 문제가 가장 심각했다.

나는 이 이야기를 듣고 '우리가 아프리카의 후진국도 아닌데, 아직도 마시는 물과 관련해 이런 문제가 있는가?' 하고 놀랐던 기억이 선명하다.

나는 곧바로 실태조사를 지시했다. 그해 11월 나는 환경부 당국자들로부터 '노후 상수도 시설 정비사업'에 대해 보고받았다.

민원 내용은 사실이었다. 나는 충격을 받았다. 나는 지방의 상수도 정비사업에 정부 예산을 투입할 것을 지시했다. 그러나 "안 된다"는 답이 돌아왔다. 문제의 근원은 당시 상수도 사업이 지방자치단체의 소관이라는 점이었다. 지방의 상수도 정비사업에 국비國費 지원을 할 수 있는 법적 근거가 없었다. 지방자치단체가 국비 지원을 받지 못한 채 지방비地方費로 상수도 정비사업의 책임을 떠안다 보니, 재정 상황이 열악한 지방자치단체의 경우 상수도 시설을 제대로 관리하지 못하고 있었다.

나는 충격을 받았고, 어이가 없었다. 경제 강국으로 부상한 한국에서 일어나서는 안 될 문제라고 생각했다.

국가가 국민들에게 안전한 물을 제대로 공급하는 것은 가장 기본적인 책무다. 나는 국가가 지방자치단체에 식수 책임을 떠넘기는 것은 직무 유기라고 판단했다. 나는 국민들이 마시는 물은 국가가 책임져야 한다고 생각했다. 나는 당장 지방의 상수도 사업에 국비를 지원할 것을 지시했다. 그러나 법적 절차와 규정상의 문제로 국고 지원에는 시간이 걸릴 것이라는 답변을 들었다.

나는 2015년 2월 2일 정책위의장 자리에서 내려왔다. 하지만 지방의 상수도 정비 사업에 대한 관심의 끈은 놓지 않았다. 환경부는 2015년 3월부터 12월까지 '지방 상수도 노후도 평가 및 정비 사업 타당성 조사'

를 실시했다. 드디어, 박근혜 정부 때인 2016년 3월 지방 상수도 현대화 사업에 대한 국고 지원이 결정되었다.

2017년부터 12년 동안 118개 지방자치단체에 국고 1조 8,000억 원이 투입된다.

나는 국민들이 맑고 안전한 물을 마시는 데에 기여했다는 사실에 자긍심을 느낀다. 일반적으로, 지방비로 운영되는 사업에 국고 지원의 물꼬를 트는 일은 쉽지 않다. 그러나 나는 국민들이 마시는 물만큼은 안전해야 한다는 일념에서 지방의 상수도 정비 사업에 국비를 지원하는 길을 열어놓았다.

세수稅收 확대, 나의 아이디어

내가 정책위의장으로 일했을 때 세수稅收 확대에 기여했던 일도 기억에 남아 있다. 2014년 당시 한국의 성인 남성 흡연율은 49%로, 경제협력개발기구OECD 회원국들 가운데 1~2위를 기록하고 있었다. 반면, 담배 가격은 한 갑당 2,500원으로, OECD 국가 중에 가장 낮았다.

이에 따라 박근혜 정부는 흡연율을 낮추기 위해 담배 가격 인상을 추진했다. 세수 확대도 고려한 조치였다. 그해 8월 무렵이다. 기획재정부현 재정경재부 및 기획예산처의 고위 당국자가 나를 찾아와 담배 가격 인상 문제를 논의했다. 기재부 당국자는 담배 가격을 한 갑당 1,500원을 올리겠다는 방안을 나에게 보고했다. 그러면서 이 당국자는 담뱃값 1,500원 인상에 대한 보도자료를 이미 배포했다고 설명했다. 그나마 다행스러웠던 것은 보도자료에 엠바고특정 사안에 대한 보도를 일정 시점까지 자제해 달라고 요청 또는 합의하는 것 를 걸어 뿌렸다는 점이었다. 나는 “담배 가격을 얼마나 올리는 것이 목표입니까?”라고 물었다. 기재부 당국자는 “1,500원 인상이 목표입니다.”라고 답했다.

나의 '질책성' 조언이 시작됐다. "일을 이렇게 처리해서는 안 됩니다. 여야의 협상 과정에서 야당의 반대를 반드시 고려해야 합니다. 1,500원 인상안을 갖고 여야 협상을 시작한다면 1,200원을 인상하는 선에서 타결될 가능성이 큽니다."라고 설명했다. 또한 기재부 당국자에게 정부가 1,200원 인상에 만족할 수 있느냐고 물었다. 기재부 당국자는 반드시 1,500원 인상을 끌어내야 한다고 답했다.

나는 기재부 당국자에게 "그렇다면 2,000원 인상안을 가져와야 합니다. 야당이 정부가 제시한 인상 금액에 대해 선뜻 '오케이' 하면서 합의할 가능성은 거의 없습니다. 야당은 반드시 정부가 제시한 인상액을 깎으려고 할 것입니다. 야당에도 협상 카드를 줘야 합니다. 야당에게 일정 금액을 깎았다는 정치적 명분을 줘야 합니다. 2,000원 인상안을 제시해야 정부가 목표로 하는 1,500원 인상이 가능합니다."라고 강조했다.

기재부 고위 당국자는 내 말을 이해한 것으로 느껴졌다. 하지만 이미 보도자료를 배포했다면서 어쩔 줄을 몰라 했다.

나는 "엠바고를 걸어 놓았으니, 지금 보도된 것은 아니지 않느냐."며 배포한 보도자료를 회수할 것을 지시했다.

기재부 측의 성급한 보도자료 배포로 빚어진 혼선이었다. 우여곡절을 거친 끝에 보도자료는 회수되었다. 나는 "흡연율을 낮추기 위한 목적으로 담배 가격을 올리자는 것인데, 1,000원 정도 인상해서는 흡연자들이 불만만 표시할 뿐 흡연율이 낮아지지 않을 가능성이 큽니다. 일단 2,000원 인상으로 여야 협상을 시작해서 합의가 이뤄진다면 그야말로 대성공이고, 여야 협상 과정에서 야당의 반대로 500원 정도 깎인다고 하더라도 정부가 목표했던 1,500원 인상은 이뤄내는 것 아니겠습니까. 흡연율도 낮추고, 세수도 늘리는 일석이조一石二鳥의 방안을 찾아야 합니다. 기재부는 2,000원 인상안을 준비해 주십시오"라고 말하며 설명을 마쳤다. 이 같은 생각은 여야 협상 과정에서 야당이 500원 정도는 깎을 것을 예상한 포석이었다. 나는 야당에 '2,000원 인상안에서 500원을 깎았다'

는 명분을 줘야 협상이 순조롭게 타결될 것으로 생각했다.

기재부는 그해 9월 담배 가격 2,000원 인상안을 새누리당의 최고위원회에 보고했다. 여야 협상이 시작되었다. 이 과정에서 대반전이 발생했다. 나의 예상을 깨고 새정치연합은 담배 가격 2,000원 인상안을 덜컥 받았다. 새정치연합도 흡연율을 낮춰야 한다는 데에 공감하고 있었기 때문이었다. 이에 따라 2015년 1월 1일부터 담배 가격이 2,000원 인상되었다. 담배 가격 인상으로 세수가 1년 만에 3조 5,968억 원 증가했다. 나는 그 세수 증가분의 25%는 나의 아이디어 덕분이라고 생각한다. 내가 제시했던 가이드라인을 통해 담뱃값 인상 금액이 1,500원에서 2,000원으로, 500원 올랐기 때문이었다. 증가치를 환산하면 8,992억 원에 해당하는 금액이었다. 기재부가 처음 들고 왔던 1,500원 인상안대로 여야 협상을 진행했다면 최고 성과는 1,500원 인상이 됐을 것이다. 새정치연합이 담뱃값 추가 인상을 요구할 가능성은 0%였기 때문이다. 나는 야당이 500원 정도는 깎을 것을 예상하고 2,000원 인상안을 관철했는데 새정치연합은 이를 수용했다.

나의 아이디어로 담배 한 갑당 500원이라는 '가외加外' 인상이 이뤄졌다. 이는 연평균 9,000억 원의 세수 확대를 이끌어낸 것으로 추산된다.

2026년을 기준으로 담배 가격이 인상된 지 11년이 됐다. 나는 그 기간 동안 10조 원이 넘는 세수 확대를 이끌어 냈다는 뿌듯함을 느낀다.

다만 아쉬운 점도 있다. 박근혜 정부는 담배 가격을 인상하면서 당시 49%였던 성인 남성 흡연율을 2020년에는 29%까지 낮추겠다는 목표를 제시했다. 그러나 2020년의 성인 남성 흡연율은 34%였다. 목표치를 달성하지 못한 것이다. 하지만 담배 가격 인상으로 성인 남성 흡연율이 15% 포인트 감소한 결과를 위안으로 삼고 있다.

대통령 정무특보가 되다 — 기가 찼던 '거짓 음해'

당시 청와대는 박근혜 정부의 국정 운영 효율성을 높이기 위해 '특보 체제'를 검토하고 있었다. 이완구 의원이 국무총리에 취임한 직후 나에게 만남을 요구했다. 이 총리는 나에게 "박근혜 정부의 성공을 위해서는 국회와 여당의 협력이 필요하다. 박근혜 대통령에게 주 의원을 대통령 정무특보로 추천했으니, 꼭 맡아달라."고 당부했다. 청와대는 2015년 2월 27일 나를 대통령 정무특보에 지명하는 인사 내용을 발표했다. 새누리당의 윤상현, 김재원 당시 의원도 나와 함께 정무특보로 발탁되었다. 박 대통령은 이명재 전 검찰 총장을 민정특보에, 임종인 고려대 정보보호대학원장을 안보특보에, 김경재 전 의원을 홍보특보에 각각 기용했다.

하지만, 정무특보의 시작은 순탄하지 않았다. 야당은 '겸직 논란'을 제기했다. 새정치민주연합더불어민주당의 전신은 "국회는 행정부를 견제하는 기능을 맡고 있는데, 현역 국회의원이 대통령 특보를 맡는 것은 삼권분립의 원칙에 위배된다."라고 주장하면서 공세를 펼쳤다. 하지만 특보단에 대한 청와대의 의지는 강했다.

박 대통령은 그해 3월 16일 나를 포함한 정무특보 세 명에게 위촉장을 수여했다. 지명 발표 이후 2주가 지난 시점이었다. 겸직 논란 진통 때문이었다. 청와대는 특보단 운영에 적극적이었다. 청와대는 대통령 특보들을 국무회의에 배석시키는 구상을 내비쳤다. 이에 대해 나는 강력하게 반대했다. 특보는 국무위원이 아니었기 때문에 국무회의에 배석하는 것은 불필요한 정치적 논란을 촉발시킬 수 있다는 우려 때문이었다. 무엇보다 특보단에 대한 야당의 공세도 의식했다. 청와대는 국무회의 배석이 안 된다면, 수석비서관회의에 대통령 특보들이 배석하는 방안을 대타代打로 검토했다. 나는 이 방안에 대해서도 반대 의견을 내놓았다. 비서관과 특보는 그 의미가 다르기 때문이었다.

특보는 '특별보좌관'의 약어다. 청와대 수석비서관은 대통령의 지시와 명령을 이행하는 직속 '참모'지만, 특보는 '보좌' 기능을 하는 직책이다. 그래서 나는 비서관이 아닌 특보들이 수석비서관회의에 배석하는 것은 맞지 않다고 생각했다. 대통령 특보는 대통령에게 민심을 전달하고, 특정 사안에 대해 조언하는 것이 핵심 역할이었다. 청와대는 나의 주장을 모두 수용했다. 청와대는 박 대통령이 대통령 특보들만 따로 모아 놓고 회의를 주재하는 방식을 채택했다.

나는 박 대통령이 주재하는 특보단 전체 회의가 개최될 때마다 빠지지 않고 참석했다. 나는 특보단 중에서 이명재 민정특보의 발언이 가장 인상 깊었다. 검찰 총장을 지낸 이 특보는 경륜에서 우러난 조언을 박 대통령에게 전했다. 나는 박 대통령의 국정운영에 도움이 되는 발언을 내놓기 위해 많은 노력을 기울였다. 나는 특보단 전체 회의 날짜가 확정되면, 사전 준비를 철저히 한 뒤 회의에 참석했다. 직전에 나는 정책위의장으로 일했기 때문에 정책 현안에 대해서도 자신이 있었다. 2015년 4월 말, 박 대통령이 주재한 특보단 회의 때였다. 나는 두 가지 내용을 건의했다. 방산 비리와 세무 조사와 관련된 내용이었다.

박근혜 대통령에게 '방산 비리 세무조사' 대책 건의

나는 여기서 "지금 방산 비리가 심각한 수준입니다. 그중에서도 해군의 방산 비리가 가장 심각합니다. 육군과 공군은 핵심 무기를 해외에서 주로 수입하는데, 여기에도 리베이트 문제가 발생할 여지가 있습니다. 하지만, 해군은 경우가 다릅니다. 군함은 국내에서 생산합니다. 군함 하나를 생산하는 데에 3,000가지가 넘는 부품이 들어간다고 합니다. 이 과정에서 입찰 비리가 발생하거나, 성능이 떨어지는 부품이 군함 제작에 사용되는 문제가 발생하고 있습니다. 우리 해군의 수중무인탐지기ROV가 성능 미흡에 따른 전력화戰力化 지연으로 인해 세월호 참사 실종자 수색 구조 작업 현장에 투입되지 못했던 후진국형 사건이 발생하기도 했습니다. 참으로 어처구니없고 안타까운 일이 아닐 수 없습니다. 이러한 고질적인 방산 비리를 막기 위해 방위사업청에 검사를 파견하는 방안을 검토해주시기를 요청드립니다. 검사가 방위사업을 주관하는 방위사업청에 파견된다면, 군 관계자들에게 경각심과 긴장감을 불어넣어 방산 비리를 막는 데에 큰 효과가 있을 것으로 생각됩니다.

두 번째는 세무 조사에 관한 이야기입니다. 박근혜 정부가 추진하는 '증세 없는 복지' 정책에 대해 많은 기업인들이 증세가 없을 것이라는 기대감을 가지고 있습니다. 그러나 현실은 다릅니다. 제 지역구가 있는 대구의 경우, 대구지방국세청이 부족한 세수를 메우기 위해 세무 조사를 과도하게 한다는 원성이 자자합니다. 기업인들은 '차라리 세금을 더 내는 것이 낫지, 시도 때도 없이 당하는 세무 조사 때문에 기업 경영이 너무 힘들다'라고 하소연하는 실정입니다. 무리하고 과도한 세무조사의 문제는 시정되어야 합니다."

나의 건의는 수용되었다. 정부는 방위사업청의 모든 사업을 감시하는 방위사업감독관 직책을 신설하고, 2016년 4월에 초대 방위사업감독관으로 당시 현직 검사였던 조상준 서울중앙지검 특수2부장을 임명했다. 조상준 검사는 대검찰청 형사부장 등을 지낸 뒤 윤석열 정부에서 국가정보원 기획조정실장에 기용되었다. 이후 무리하고 과도하게 실시되던 세무 조사도 크게 줄었다는 이야기를 전해 들었다.

나의 정무특보 활동 기간은 짧았다. 나는 그해 5월 2일에 정무특보 자리에서 스스로 물러났다. 정무특보로 위촉된 지 두 달 반만이었다. 여기에도 사연이 있다. 새누리당은 2015년 5월 말 두 명의 국회 상임위원장을 선출해야 했다. 그 직책은 예산결산특별위원장예결위원장과 정보위원장이었다. 예결위원장은 국회에서 정부 예산을 다루는 상임위의 장長이고, 정보위원장은 국가정보원NIS을 대상으로 국가 정보 업무에 대한 효율적인 통제와 국가 기밀 보호의 역할을 하는 상임위의 장이다.

나는 2014년에 다음 예결위원장을 맡기로 합의가 이뤄진 상태였다. 여당 입장에서 예산은 엄청나게 중요한 분야다. 나 자신도 예결위원장을 맡고 싶은 생각이 있었다. 나는 예산에 정통한 국회의원이 되고 싶었다. 나는 대통령 정무특보 직책을 가지고 있는 상황에서 정부 예산을 다루는 예결위원장이 될 경우 '이해 충돌'이 우려되었다. '겸직 논란'이 다시 불붙을 가능성도 컸다. 나는 깊은 고민을 한 후, 모든 것을 박 대통령의 의중에 따르기로 결정했다. 청와대의 한 수석에게 내 상황을 설명하고, '박 대통령의 의중을 알아봐 달라'고 하였다. 그러나 시간이 흘러도 답신이 오지않았다. 나는 청와대 수석이 '내 상황에 대해 박 대통령에게 보고했을까?' 하는 의심이 들었다.

예결위원장 경선포기 — 정보위원장으로

이 시점에서 새로운 상황이 등장했다. 김재경 당시 새누리당 의원도 예결위원장을 맡고 싶어 했다. 김 의원은 나와 같은 3선 국회의원이었다. 시간이 하루, 이틀 지나면서 예결위원장 자리를 놓고 나와 김 의원이 경선을 해야 하는 상황 쪽으로 일이 전개되고 있었다. 나를 지지했던 의원들은 '정무특보 자리도 중요하지만, 예결위원장 자리도 중요하다. 정무특보에는 다른 의원들도 있으니, 주 의원은 예결위원장을 맡는 것이 좋겠다'고 권했다. 나는 정무특보 직책을 내려놓기로 결정했다.

이병기 당시 청와대 비서실장에게 전화를 걸었다. 나는 이 실장에게 "예결위원장을 맡으라는 요청을 받고 있습니다. 그런데, 경선을 할 수도 있는 상황입니다. 제가 정무특보 직책을 갖고 경선에 나가면 이해 충돌과 겸직 논란이 불거질 것으로 예상됩니다. 정무특보 직책을 내려놓는 것이 맞는 것이 같습니다." 이병기 실장은 "정무특보는 법제화된 직책도 아니니, 지금 전화 통화로 사직 표시를 한 것으로 알겠습니다."라고 답했다.

애당초 경선을 피할 생각은 없었다. 당내에서 나에 대한 지지 기반도 두텁다고 자신했다. 하지만 실제로 경선을 준비하다 보니, '이건 아닌데' 라는 생각이 들기 시작했다. 특히 나는 같은 당 소속의 의원들끼리 예결위원장 자리를 놓고 경선을 하는 것이 국민의 시선에는 '자리 싸움' 하는 것으로 비쳐 모양새가 좋지 않다는 부담감을 크게 느꼈다.

김 의원은 예결위원장을 하겠다는 의지가 강했다. 김 의원은 경선이 실시되더라도 참여할 것이라는 이야기가 들려왔다. 마지막 순간에 나는 브레이크를 잡았다. 동료 의원과 경선은 할 수 없다는 생각 때문이었다. 한 선배 의원은 나에게 "주 의원은 당직을 많이 맡았으니, 이번에는 주 의원이 양보하는 게 좋겠다."라고 말하기도 했다. 내가 경선을 포기하면서 김 의원은 예결위원장을 맡고, 나는 자동으로 정보위원장이 되었다.

이야기는 계속된다. 7월쯤의 일이다. 청와대의 한 수석이 나를 찾아와 쭈뼛쭈뼛하면서 하고 싶은 말을 머뭇거리는 눈치였다. 나는 "할 말이 있으면 편하게 하십시오."라고 말했다. 그랬더니, 그 수석이 "청와대에서 주 의원에 대한 안 좋은 이야기가 떠돕니다."라고 전했다.

나는 놀랐다. 그 수석은 "누군가가 말을 지어낸 것 같은데, 박 대통령에 대한 지지도가 떨어지니까 주 의원이 정무특보를 내놓았다는 이야기가 청와대 내에서 돌고 있습니다. 어떻게 된 일인지 설명해줄 수 있겠습니까?"라고 물었다. 기가 찼고 어이가 없었다. 나는 다시 한번 거짓 음해의 피해자가 되었다.

스스로 박 대통령과의 독대 보고를 자제할 정도로 처신에 주의를 기울여왔다고 생각했다. 나는 자초지종을 이야기했다. 그 수석은 내 설명을 듣고, 이해했다는 표정을 지었다. 정치판에서는 온갖 거짓 루머와 음해가 떠돈다. 선거철이면 더 심해진다. 남몰래 특정인에 대한 중상모략을 퍼트렸던 것은 박근혜 정부 때도 예외가 아니었다. 박근혜 대통령이 거짓 루머의 피해자가 되기도 했다. '세월호 7시간' 관련된 '가짜 뉴스'가

대표적이었다. 나는 박근혜 정부 당시에 거짓 루머와 중상모략을 차단하지 못했던 것도 그의 비극적인 결말을 맞은 원인 중의 하나라고 생각한다.

2절 '테러방지법' 수정안 대표발의

북한 테러 위협에 대비 '자부심'

내가 정보위원장을 맡았던 시기는 2015년 6월부터 2016년 3월까지로 20대 총선을 앞둔 기간이었다. 정보위는 북한 지도부의 동향 등 민감한 정보를 다루기 때문에 국회의원들이 선망하는 상임위 중 하나다. 당시 박근혜 정부와 새누리당은 테러방지법 제정안 통과에 총력을 쏟고 있었다. 테러방지법은 북한의 테러 위협에 대비해 우리 국민의 생명과 안전을 지키기 위한 목적에서 추진되었다. 북한이 핵 실험과 미사일 시험 발사 등을 감행하며 안보 위협을 고조시키던 시점이었기 때문에 테러방지법이 제정되어야 한다는 목소리가 높았다. 오히려 북한이 끊임없이 도발하는 상황에서 테러방지법이 그때까지 없었다는 것이 더 문제였다. 테러방지법은 또한 국제 테러 단체의 국내 테러 위협을 사전에 차단하기 위한 내용을 담고 있었다.

더불어민주당은 테러방지법 제정 움직임에 대해 거세게 반발했다. 민주당은 국가정보원의 비대화와 인권 침해 가능성을 앞세우면서 '테러빙자법', '사찰공화국이 될 것'이라고 주장했다. 따지고 보면 테러방지법에 대한 민주당의 반대는 명분도 없는 것이었다. 테러방지법은 2001년 미국에서 발생한 9·11 테러를 계기로 김대중 정부가 국회에 제출했던 법안이었다. 15년 동안 국회에서 먼지만 쌓이던 법안이 박근혜 정부에서 재추진된 것이었다. 테러방지법의 내용은 국가정보원의 역할과 직접 연관되어 있어 국회 정보위가 소관 상임위가 되었다. 정보위원장이었던 내가 테러방지법 제정에 중요한 역할을 했던 것은 이 때문이었다.

2015년 11월부터 테러방지법은 정국 최대 뇌관으로 부상했다. 여야는 테러방지법 제정 문제를 놓고 정면충돌했다. 여기에 더해 20대 총선이 '재깍재깍' 다가오는 것도 큰 변수로 작용했다. 민주당은 총선과 연계하면서 테러방지법 반대 강도를 높여갔다. 여야의 극한 대치로 테러방지법 제정은 '헛바퀴'를 돌았다. 테러방지법 제정 문제는 해를 넘겨 2016년이 되었다. 민주당은 인권 침해 주장을 굽히지 않았다. 여야의 극한 대치로 테러방지법 제정에 진척이 없는 상황이 계속되었다. 더 이상 머뭇거릴 시간이 없었다. 2016년 4월 총선 이전에 테러방지법을 통과시켜야 했다. 총선 이후 20대 국회가 새롭게 구성되면, 테러방지법 논의를 처음부터 다시 시작해야 하는 상황에 놓일 수 있기 때문이었다.

2016년 2월 정보위원장인 내가 테러방지법 '수정안'을 대표 발의했다. 여야의 중재안을 만들었던 것이다. 내가 대표 발의한 그 법안이 테러방지법 제정안으로 국회를 통과했다. 나는 정보위원장으로 활동하면서 테러방지법 제정을 주도해 우리 국민의 생명과 안전을 지키는 데에 일조했다는 자긍심을 갖고 있다. 수정안을 만들면서 야당이 반대하는 인권 침해 가능성을 줄이는 데에 가장 역점을 뒀다.

나는 테러방지법에 테러 위협 인물 중 내국인이 한 명이라도 있을 경우 '고등 법원 수석부장판사의 허가'에 따라 국가정보원이 그 위협 인물의 휴대전화를 포함한 통신 내용을 감청할 수 있는 내용을 포함시켰다. 통신 감청이 무분별하게 남발될 수 있다는 우려를 해결하기 위해 고위 법관인 고등 법원 수석부장판사의 허가라는 안전장치를 만들었던 것이었다.

이 법안은 또 국정원이 테러 위험인물의 개인 정보·위치 정보를 수집할 수 있고, 금융거래상 지급 정지 조치와 추적을 허용하는 내용을 담았다. 테러 위협 인물들의 자금 흐름을 차단하는 것도 중요한 성과였다.

지금도 내가 대표 발의한 테러방지법의 내용이 매우 합리적이라고 생각한다. 테러방지법이 북한의 도발과 다른 테러 조직의 위협에 대비하기 위해 꼭 필요한 법안이라는 소신을 가지고 있다. 그러나 민주당은 내가 주도한 수정안도 거부하면서 테러방지법 저지에 사력을 다했다.

47년 만에 등장한 필리버스터

민주당은 반발 수위를 높였다. 민주당은 필리버스터무제한 토론을 통한 합법적 의사 진행 방해라는 초강수를 꺼내 들었다. 1969년 8월 박한상 신민당 의원이 박정희 대통령의 3선 개헌에 반대하기 위해 필리버스터를 한 이후 국회에 47년 만에 재등장한 필리버스터였다. 민주당은 필리버스터를 행동으로 옮겼다. 민주당은 테러방지법 저지를 위해 2016년 2월 23일부터 3월 2일까지 총 192시간 27분이나 필리버스터를 진행했다. 역대 최장 필리버스터로, 지금도 그 기록이 깨지지 않고 있다. 테러방지법의 국회 통과에는 정의화 국회의장의 역할이 매우 컸다. 정 의장은 야당의 반발에도 불구하고 법안을 직권상정했다. 나는 국회의장의 역할이 이토록 중요하다는 사실을 다시 한번 절감했다.

국회는 2016년 3월 2일 밤에 본회의를 열고 테러방지법 제정안을 통과시켰다. 민주당을 포함한 야당 의원들은 항의 표시로 퇴장하면서 표결에 불참했다. 특히, 테러방지법을 놓고 여야가 정면충돌했던 때는 2016년 4월 13일 실시되던 20대 총선이 코앞으로 다가왔던 시점이었다.

민주당은 테러방지법을 총선과 연계하면서 끝까지 반발했다. 그해

2월 민주당은 "테러방지법의 독소 조항을 전혀 제거하지 못할 경우, 선거구 획정안을 담은 공직선거법 개정안 통과에 협조할 수 없다."라고 주장했다. 총선 직전까지 선거구가 명확하게 획정되지 않으면서 대혼란이 불가피했다. 민주당은 국가 중대사인 총선을 인질처럼 삼으며 테러방지법 저지에 총력을 쏟아부었다.

민주당의 이 같은 강공책은 민심의 역풍을 맞았다. 민주당은 4·13 총선을 앞두고 국회 파행에 대한 비판이 거세지자 3월 2일 필리버스터를 종료했다. 국회는 같은 날 밤에 곧바로 본회의를 열고 테러방지법 제정안을 통과시켰다. 테러방지법 논란은 민주당의 이중성을 보여주는 대표적 사례 중 하나다. 당시 민주당은 "20대 총선에서 승리해 다수당이 되면 테러방지법을 폐지하겠다."라고 공언했다. 그러나 민주당은 그 뒤 국회의 압도적인 다수당이 되고, 문재인, 이재명 정부가 출범하며 여당이 된 뒤에도 그렇게 악법이라고 주장하던 테러방지법을 그대로 두고 있다.

민주당의 정략적인 공세는 4·13 총선 준비에 악영향을 미쳤다. 3월

테러방지법 필리버스터 비판 피켓 시위

2일 국회 본회의에서는 4·13 총선의 선거구 획정안을 담은 공직선거법 개정안이 테러방지법과 함께 통과되었다. 총선이 불과 42일 앞으로 다가온 시점에 선거구가 확정되면서 여야에 비난이 쏟아졌다. 선거 현장의 혼란과 선관위의 선거 관리 업무에 차질이 우려되기 때문이었다. 역대 최장의 필리버스터를 앞세운 민주당의 공세가 선거법 개정안 지연의 결정적인 이유였지만, 민주당을 설득하지 못했다는 이유로 새누리당도 도매금으로 비판받았다. 선거법상 선거구 획정안은 해당 선거일로부터 6개월 전당시 시점은 2015년 10월 13일까지 획정되어야 했지만, 여야는 당시 법정 시한국회가 법안을 처리하도록 법으로 정한 시한을 무려 110일이나 넘겼다. 국회가 법을 안 지킨다는 비판을 받아도 마땅했다.

4장

'고난의 시간'

1절 '탄핵의 문'을 연 공천 실패

4선, 무소속으로 당선

나는 2016년 4월에 실시된 20대 총선에서 승리하며 4선 국회의원이 되었다. 이전 세 차례의 총선과 달리, 나는 무소속으로 출마해 당선되었다. 나는 당시 이한구 공천관리위원장의 사감私感에 따른 잘못된 결정으로 공천에서 탈락했다. 나는 공천 결과를 받아들일 수 없어 무소속 출마를 선택했다. 총선에서 승리한 뒤 그해 6월 23일 새누리당에 복당했다. 돌이켜 보면 나의 공천 탈락은 20대 국회에서 벌어질 험난한 정치 여정의 '예고편'이 아니었나 하는 생각을 한다. 박근혜 대통령 탄핵이라는 비극적인 사건이 새누리당을 덮쳤고, 당시 여당 의원들은 고난의 시간을 보냈다. 나도 예외가 아니었다. 나의 정치 인생을 통틀어 4선 국회의원 시절이 가장 힘들었다.

나는 이한구 위원장이 주도한 잘못된 공천이 '탄핵의 문'을 열었다고 생각한다. 당시 안철수 의원은 민주당을 박차고 나와 2016년 2월 2일 국민의당을 창당했다. 총선이 불과 두 달 전이었다. 야권이 분열되면서 새누리당이 20대 총선에서 승리할 것이라는 기대감이 높았다.

그러나 막상 투표함을 열어보니 결과는 기대와 정반대였다. 새누리당이 패배했다. 야권이 분열되었다는 점을 고려하면 참패나 다름없었다. 20대 총선 결과는 민주당 123석, 새누리당 122석, 국민의당 38석이었다. '친박친박근혜 논란'으로 대표되는 친박과 비박비박근혜 간의 갈등이 총선 참패의 주요 원인으로 분석되었다.

여기에 더해, 이한구 위원장의 공천 실패도 결정적인 패인 중의 하나였다. 잘못된 공천은 총선 패배와 이후의 박 대통령 탄핵이라는 도미노 결과로 이어졌다. 20대 총선 이후 민주당은 1석이 더 많다는 이유로 개원開院 협상에서 국회의장 자리를 가져갔다. 나는 '민주당이 국회의장 자리를 차지하지 못했다면 탄핵 시나리오를 밀어붙일 수 있었을까' 하는 의문을 아직도 갖고 있다. 국회의장이 대통령 탄핵 소추안을 국회 본회의에 상정하기 때문이다. 탄핵안이 국회를 통과하면 대통령의 직무가 정지되고, 헌법 재판소는 탄핵 여부를 결정한다.

사실, 탄핵 정국 이전부터 민주당은 총선 승리의 기세를 모아 박근혜 정부를 흔들었다. 만약 새누리당이 20대 총선을 앞두고 성공적인 공천을 이뤄냈다면 새누리당은 야권이 분열된 상황 하에서 20대 총선을 승리로 이끌어 냈을 것이다. 이후 한국 정치는 전혀 다른 길을 걸었을 것이다. 나는 이 모든 비극적인 결과에 이한구 위원장의 책임이 가장 크다고 생각한다.

대통령의 탄핵, 가장 고통스러운 시간

2016년 9월부터 최순실최서원으로 개명씨에 대한 의혹이 수면 위로 부상하기 시작했다. 시작은 재단법인 미르재단과 K스포츠재단의 설립과 모금 과정에 의혹이 있다는 논란이었다. 이후, 최씨를 둘러싼 논란은 삽시간에 불길이 번지듯 확산되었다. 그가 박 대통령의 각종 연설문 등을 미리 받아봤다는 JTBC의 태블릿 PC 기사가 보도되면서 국민의 분노는 폭발했다.

10월 말부터 서울을 중심으로 전국 각지에서 촛불시위가 벌어졌다. 최씨를 둘러싼 의혹은 '최순실 게이트'에서 '비선 실세에 의한 국정 농단 의혹'으로 확대되었다. 민주당은 초기 국면에서는 박 대통령의 '2선 후퇴'와 거국 내각중립 내각 구성을 주장했다. 촛불 시위가 확산되며 민주당은 공세 수위를 높였다. 민주당은 하야와 탄핵을 요구했다. 상황은 급박하게 돌아갔다. 민주당은 11월 중순부터 박 대통령 퇴진 운동을 본격적으로 시작했다. 민주당은 11월 21일 의원 총회를 열고 박 대통령의 탄핵 추진을 공식 당론으로 확정했다. 나는 고통스러운 시간을 보냈다. 여러 수습책들 가운데 '질서있는 퇴진' 쪽에 마음이 기울어져 있었다.

당시 친박계 핵심 의원들도 탄핵 표결 이전에 박 대통령에게 '명예로운 퇴진'을 제안한 것으로 알고 있다. 박 대통령은 11월 29일 세 번째 발표한 대국민담화에서 "대통령 임기 단축을 포함한 진퇴 문제를 국회의 결정에 맡기겠다."라고 밝혔다. 그러나 민주당은 탄핵을 피하기 위한 '꼼수'라고 비판하면서 탄핵 절차에 가속도를 붙였다.

민주당과 국민의당, 정의당 등 야野 3당은 12월 3일 박 대통령에 대한 탄핵 소추안을 공동 발의했다.

탄핵 소추안에 대한 국회 표결은 12월 9일로 예정되었다. 국회 표결을 사흘 앞뒀던 12월 6일, 박 대통령은 이정현 당시 새누리당 대표와 정진석 원내대표를 청와대에서 만났다. 이 대표와 정 원내대표가 국회로 돌아온 직후 새누리당 의원 총회가 열렸다. 이 대표는 의총에서 회동 결과를 전하면서 '질서있는 퇴진' 수습책이 어려울 것 같다는 취지로 설명했다. 새누리당은 의원 총회에서 박 대통령 탄핵안에 대한 국회 표결에서 찬반 당론을 정하지 않고 소속 의원들의 자유 투표에 맡기기로 결정했다. 12월 9일, 국회에서 박 대통령 탄핵안이 가결되었다. 299명의 의원이 표결에 참여해 찬성 234표가 나왔다. 반대는 56표, 기권 2표, 무효 7표였다.

주말마다 확산되는 촛불 시위도 변수였다. 촛불 시위 참가자들은 탄핵을 외쳤다. 11월 13일의 촛불 시위는 1987년 6월 항쟁 이후 최대 규모라는 언론 보도가 나왔다. 안타깝게도 나는 여권이 수습의 '타이밍'을 놓치면서 탄핵 절차로 해결할 수밖에 없는 결말이 초래되었다고 생각한다. 여권은 야당의 공세를 막지 못했고, 성난 민심 앞에는 무력했다.

여권이 사태를 제대로 수습하지 못하면서 탄핵 절차가 헌정 질서를 지키며 민심을 수습할 수 있는 유일한 대안으로 떠올랐다. 나는 사태 막판 시점에 탄핵 절차가 아니면 더 큰 국가적 혼란이 발생할 수 있다고 우려했다. 나는 '내 정치 인생에 드디어 올 것이 왔구나'하는 생각을 했다. 그동안 정치를 해오면서 '나에게도 위기가 찾아올 텐데' 하는 걱정을 떨치지 못했다.

박 대통령 탄핵 국면은 내 정치 인생에서 가장 고통스러운 시간이었다. 나는 탄핵 찬성으로 마음을 정했다. 더 큰 국가적 혼란이 발생하지 않을까 하는 두려운 마음 때문이었다.

2절 바른정당의 원내대표, 그리고 반기문 전 총장 대선 행보를 돌아보며

바른정당의 원내대표가 되다

나는 보수 세력이 폐허에서 새롭게 탄생해야 한다고 생각했다. 김무성 전 새누리당 대표 등을 중심으로 신당 창당이 추진되었다. 나는 신당 합류 제안을 받았다. 동시에 새누리당 지도부로부터 "당에 남아 달라."는 요청도 받았다.

또다시 깊은 고민에 빠졌다. 신당 추진 세력의 합류 요청은 날이 갈수록 거세졌다. 나는 "신당 합류 의원이 33명을 넘기면, 나도 신당에 들어가겠다."라고 역제안했다. 내가 33명을 기준점으로 삼은 것은 1919년 3·1운동 당시, 민족대표 33명이 모여 독립 선언문을 발표했던 역사적 사건을 본뜬 것이었다. 여기에 더해 설마 33명을 모을 수 있겠어?' 하는 의심의 시선도 있었다.

다른 현실적인 이유도 있었다. 나는 신생 정당이 출범하면서 어느 정도의 규모를 갖춰야 한다고 보았다. 나는 그 기준점이 30명이 넘는 수준 정도로 추산했다. 신당 창당 작업이 본격적으로 진행되었다. 신당 창당을 주도하는 인사가 "주 의원까지 합류하면 신당 합류 의사를 밝힌 의원들이 딱 33명이 된다."라고 말했다. 나는 말을 바꿀 생각이 없었다. 그 이야기를 듣고, 신당 합류 의사를 공식적으로 전했다. 바른정당은 2017년 1월 24일 공식 출범했다. 창당할 때는 31명의 의원으로 시작했지만, 두 명의 의원이 추가로 합류하면서 바른정당 소속 의원은 총 33명이 되었다.

바른정당은 민주당과 새누리당, 국민의당에 이은 '원내 4당'이었다. 나는 바른정당의 초대 원내대표가 되었다. 22년 동안 국회의원으로 활동하면서 원내대표를 세 번 지냈는데, 바른정당의 원내대표가 나의 첫 원내대표 경력이다.

내가 새누리당을 탈당하고 바른정당에 합류하는 결정을 내린 데에는 새로운 보수의 탄생이라는 목적 이외에 다른 중요한 이유도 있었다. 헌법 재판소에서 박 대통령에 대해 파면 결정이 내려질 경우, 차기 대선이 치러질 수밖에 없었다. 국정 농단 의혹이 터진 이후 민심은 새누리당에 등을 돌렸다. 그렇다고 해서 보수 세력이 정권을 민주당에 헌납할 수는 없었다. 일말의 가능성에 기대를 걸고, 최선을 다할 수밖에 없었다. 당시는 문재인 전 민주당 대표의 대선 승리가 기정사실처럼 여겨지고 있었다. 그러나 보수 세력에게는 '구세주'가 있었다. 반기문 유엔 사무총장이었다.

반기문 전 총장의 대선 출마 선언, 불출마 선언

시기도 절묘했다. 반 총장은 5년 임기의 유엔 사무총장을 두 차례 역임한 뒤 2016년 12월 31일 공식 퇴임할 예정이었다. 당시 반 총장은 국내에서 팬클럽이 만들어질 정도로 국민적 인기를 끌었다. 보수 진영에서 반 총장 '모셔 오기' 경쟁이 붙었다. 새누리당과 바른정당은 반 총장을 영입하기 위해 치열한 '물밑 쟁탈전'을 벌였다. 반 전 총장은 유엔 사무총장 임기를 마치고 2017년 1월 12일 귀국했다. 그는 인천국제공항에서 기자 회견을 가지며 이렇게 말했다. "오로지 국민을 위해서 국가를 위해서 한 몸을 불사를 용의가 있다." 사실상의 대선 출마 선언이었다.

반 전 총장의 대선 행보는 시작부터 꼬였다. 반 전 총장은 귀국 직후 공항 철도를 이용하면서 무인 발권기에 1만 원권 두 장을 한꺼번에 넣는 장면을 연출해 논란을 자초했다. 지폐를 한 장씩 넣는 것도 모른 채 '서민 코스프레'를 하다가 빈축만 샀다는 비판이 쏟아졌다. 결국, 반 전 총장은 2월 1일 국회에서 기자 회견을 가지고 대선 불출마를 전격 선언했다. '금의환향' 이후 3주 만의 일이었다. 지지율 하락과 선거 자금 등 현실 정치의 벽에 한계를 느끼고 불출마를 결정했다는 분석이 지배적이었다.

반 전 총장과 관련해 안타까운 일화가 하나 있다. 반 전 총장이 귀국하기 전에, 반 전 총장의 측근 인사로부터 "반 총장이 귀국하면 대선에 출마할 계획인데, 그때 선대위의 총괄 본부장을 맡아달라."는 제안을 받았다. 나는 반 전 총장과 국제 전화로 두 차례 이야기를 나누기도 했다. 2016년 연말에 한 번, 2017년 초에 한 번이었다.

그러나 반 총장은 나에게 총괄본부장을 맡아달라고 공식적으로 제안하지 않았다. 나는 반 전 총장이 구체적으로 이야기를 꺼내면 총괄본부장을 맡을 생각이었다. 정권을 민주당에 헌납할 수 없다는 절박감 때문이었다. 하지만 공식 제안 없이, 시간만 흘러갔다. 이 시기는 바른정당 창당 시점과 맞물렸다. 나는 바른정당의 원내대표 제안을 동시에 받고 있었다.

나는 '초읽기'에 몰렸다. 시간은 흐르고 선택의 시간이 찾아왔다. 바른정당의 원내대표를 맡기로 결심했다. 반 전 총장의 공식 제안이 없는 상황에서 마냥 기다릴 수는 없었다. 새롭게 창당하는 정당의 원내대표 자리 또한 중책이었다.

특히, 바른정당에는 유승민 의원과 남경필 경기지사가 대선 출마를 준비하고 있었다. 나는 바른정당의 원내대표로 방향을 정하면서 반 전 총장 선대위의 총괄본부장 자리에 대한 생각을 완전히 접었다. 반 전 총장이 바른정당에 입당하더라도, 나는 공정한 대선 경선 관리를 위해 중립을 지켜야 했기 때문이었다.

내가 바른정당의 원내대표로 방향을 정하자 충청권의 다른 의원이 반 전 총장 선대위의 총괄본부장으로 거론되었다. 그러나 이번에는 충청권 출신이라는 점이 문제가 되었다. 반 전 총장의 고향은 충북 음성인데 충청권 인사가 총괄본부장이 된다면, 지역이 겹쳐 '시너지 효과'가 나지 않는다는 이유 때문이었다. 제3의 인사가 거론되었는데, 그 인사는 원외 인사였다. 그는 경력이 훌륭했지만, 현역 국회의원이 아니라는 점에서 배제되었다는 이야기가 들렸다. 네 번째 인사에 대해 검토하고 있을 때, 반 전 총장은 대선 불출마를 선언했다.

이런 내막을 알고 있던 나는 조마조마한 시선으로 반 전 총장의 대선 행보를 지켜보고 있었다. 반 전 총장은 결국 대선 불출마를 선언했다. 만약 반 총장이 만약 유능한 선거 참모를 신속하게 결정하고 제대로 된 보좌를 받았다면, 다른 경로를 걸었을 가능성이 크다고 생각한다. 반 전 총장의 대선 불출마를 보면서 다른 분야의 전문가가 국민적 인기가 있다는 이유 하나만으로 정계에 진출하는 데에 대한 비판적인 인식이 더욱 강해졌다. 나는 정치인에 대해 국민의 불신이 높은 것을 잘 알고 있지만, 정치라는 분야의 전문성도 인정받아야 한다고 생각한다. 선거를 전쟁에 비유한다면, 여러 번 큰 전쟁에 나선 경험이 있는 지휘관이 다른 분야에서 영입된 지휘관보다 전장에서 유능할 것이 틀림없다.

정치는 또 종합 예술이다. 협상과 설득, 진퇴를 잘 알아야 한다. 산전수전을 다 겪은 노련한 정치인들에 대해 비호감을 느끼는 국민도 적지 않다. 그러나 나는 정치 경험이 풍부한 정치인들이 시행착오를 줄이며 정국을 더 안정적으로 이끌 것이라 믿는다.

3절 민주당 폭주를 막기 위한 '기저귀 필리버스터'

헌법 재판소의 박근혜 전 대통령에 대한 탄핵 결정으로 2017년 5월 9일에 조기 대선이 치러졌다. 문재인 민주당 후보가 승리하면서 보수 진영은 긴 암흑의 시간을 맞이했다. 문재인 정부는 '적폐 청산'을 명분으로 전前 정권 인사들에 대해 수사의 칼날을 집중했다.

대선 직전이었던 2017년 2월 13일 새누리당의 간판은 내려졌고, 당명은 자유한국당으로 새 출발을 시도했다. 문재인 정부의 폭주는 계속되었다. 자유한국당과 바른정당으로 갈라져 분열되어 있던 보수 세력은 문재인 정부를 제대로 견제하지 못했다.

보수 통합 요구가 거세게 분출했다. 바른정당 의원들 사이에는 보수 통합파가 형성되었다. 이들은 바른정당을 탈당해 자유한국당에 복당했다. 나도 보수 통합파에 동참했다. 나는 2017년 11월 14일 자유한국당에 복당했다. 그러나 한번 떠난 민심은 쉽게 돌아오지 않았다. 보수 세력의 시련은 끝날 기미를 보이지 않았다.

한국당으로 복당한 이후, 나는 민주당 독주를 견제하는 데에 전력을 쏟아부었다. 대표적인 사건이 '기저귀 필러버스터'였다. 나는 2019년 12월 23일 밤 9시 50분부터 24일 새벽 1시 49분까지 필리버스터를 한 적이 있다. 3시간 59분의 필리버스터였다.

솔직히 필리버스터를 더 길게 할 수 있었으나, 국회 본회의장에서 밤을 새우며 대기하고 있는 다음 순서 의원들을 생각해 준비했던 것보다 일찍 마무리했다. 당시 민주당은 2020년 4월 15일로 예정된 21대 총선을 앞두고 '준準연동형 비례대표제'를 밀어붙이고 있었다. 나는 이를 막기 위해 필리버스터의 '1번 타자'로 나섰다.

내가 필리버스터의 첫 주자가 된 데에도 이유가 있었다. 민주당이 정략에 따라 준연동형 비례대표제라는 잘못된 제도를 힘으로 밀어붙이고 있는 상황에서 자유한국당이 대응할 카드는 거의 없었다. 그래서 나는 당 지도부에 '필리버스터라도 해서 국민들에게 이 실상을 알리자'라고 필리버스터를 가장 먼저 제안했다.

그러면서 "필리버스터가 성사되면 내가 첫 발언자로 나서겠다."고 약속도 했다. 필리버스터가 실제로 실시되자 내가 했던 말을 지키기 위해 '1번 타자'로 나섰다. 내가 참여했던 필리버스터는 앞서 설명했던 테러방지법 제정을 둘러싼 논란 당시 민주당이 필리버스터를 실시한 이후 3년 10개월 만에 국회에 재등장한 필리버스터였다. 통상적으로 필리버스터를 하는 국회의원이 국회 본회의장의 발언대를 떠날 경우, 차례가 종료된 것으로 간주한다. 그렇기에 가장 난감한 문제는 화장실 가는 것이었다. 나는 성인용 기저귀를 미리 착용하고 필리버스터를 진행했다. 이 사실이 알려지면서 '주호영 기저귀 필리버스터' 기사가 많은 언론에 보도되었다. 개인적으로 남사스러운 감정이 없지는 않았으나 당시 자유한국당을 위해서는 불가피한 행동이었다.

나는 내가 필리버스터를 했던 당시, 국회 본회의를 주재했던 문희상 국회의장의 회의 운영에 문제가 많았다는 비판적 인식을 여전히 갖고 있다. 필리버스터는 다수당의 횡포와 독주를 견제할 수 있도록 국회법상으로 소수 정당에 부여된 정당한 권한이다. 즉, 여당이나 국회 다수당이 필리버스터를 하는 것은 제도의 취지에 맞지 않는다. 그러나 내가 '기저귀 필리버스터'를 했을 때 문희상 당시 국회의장은 여당이었던 민주당 의원들에게도 필리버스터 기회를 부여했다. 당시 언론 기사를 찾아보니, 모두 15명의 여야 의원이 필리버스터에 나섰는데, 문 의장은 민주당 의원 6명과 정의당 의원 1명에게 필리버스터 기회를 부여했다.

필리버스터 훼손, 위성정당 탄생시킨 민주당

문 의장은 여당 의원들에게 '맞불' 필리버스터 기회를 제공하면서 필리버스터의 취지가 완전히 왜곡되었다. 여기에 더해, 문 의장은 필리버스터 도중에 화장실을 가고 싶어 하는 국회의원들에게 '3분 조건'으로 화장실을 다녀올 수 있도록 허용했다. 코미디 같은 일이었다.

물론, 화장실 이용은 인간의 가장 기본적인 문제다. 그러나 미국 등 많은 나라에서도 필리버스터 도중 화장실 이용 등을 이유로 발언대를 떠날 경우, 필리버스터가 종료된 것으로 간주한다. 어떤 의원이 발언대를 '왔다 갔다' 하면서 무한정으로 필리버스터를 하는 경우를 막기 위한 고육지책苦肉之策이다. 내가 체면도 고려하지 않고 기저귀를 착용했던 것은 필리버스터 절차를 제대로 준수하겠다는 생각 때문이었다. 아무리 사소한 것이라도 규정과 절차는 제대로 지켜져야 한다는 것은 나의 신념이다.

민주당은 필리버스터와 관련해 편법을 쓰기도 했다. 그것은 필리버스터 기간 단축이었다. 해당 임시국회 전체 기간에 필리버스터 제도를 활용할 수 있는 것이 일반적인 관행이었다. 국회법은 임시국회 회기를 30일 내로 규정하고 있다. 이 경우, 소수 정당은 최장 30일 동안 필리버스터를 할 수 있는 것이다. 그러나, 당시 민주당은 임시국회 회기를 3~5일로 줄였다. 필리버스터는 회기 종료에 함께 끝나기 때문에 필리버스터 기간을 짧게 하기 위한 꼼수였다.

내가 1번 타자로 필리버스터에 나섰던 임시국회는 민주당 주도로 그 회기가 12월 23일에 시작해 25일에 끝나는 것으로 의결되었다.

자유한국당은 3일간의 '초단기' 필리버스터에 의존할 수밖에 없었다. 필리버스터는 장단점이 있다. 힘없는 소수당이 다수당을 견제할 수 있는 장치지만, 국회 파행의 책임은 피할 수 없다. 그럼에도 불구하고, 필리버스터는 국회법에 보장된 합법적인 절차다. 문 의장 시절의 민주당은 다수당에도 발언 기회를 부여하고, 화장실 가는 것을 허용하고, 임시국회 회기를 엄청나게 짧게 하는 등의 술책을 쓰면서 필리버스터 제도를 기괴하게 변질시켰다는 내 생각에는 변함이 없다.

자유한국당의 필사적인 저항에도 불구하고, 민주당은 2019년 12월 27일 국회 본회의에서 준연동형 비례대표제 도입을 핵심 내용으로 하는 공직선거법 개정안을 통과시켰다. 민주당 주도로 정의당 등 야권이 힘을 합친 결과였다.

이에 따라 2020년 4·15 총선21대 총선에서 사상 처음으로 준연동형 비례대표제가 실시되었다. 애당초 준연동형 비례대표제는 거대 양당제도의 폐해를 극복하고 군소정당의 국회 진입을 용이하게 만들겠다는 선의의 취지에서 마련되었다. 이 제도는 지역구 선거의 당선자 숫자는 적지만, 비례대표 정당 득표율은 상대적으로 높은 군소 정당에게 과거 총선에 비해 많은 비례대표 의석을 배분하기 위해 고안되었다.

그러나 치명적인 약점이 있었다. 거대 양당이 당명만 바꾼 채 '비례대표용 위성정당'을 만들 경우 막을 방법이 없었다. 오히려 과거 비례대표 제도보다 더 많은 혼란과 폐해가 우려되었다. 선거제도의 개악이었다. 내가 '기저귀 필리버스터'를 감행하면서 준연동형 비례대표제의 도입을 막으려고 했던 것도 이 때문이었다. 불행하게도, 나의 우려는 현실이 되었다.

당시 언론도 민주당이 추진했던 공직선거법 개정안을 '누더기 선거법'이라고 비판했다. 언론은 또 거대 양당이 간판만 바꿔 달고 신장개업했던 비례대표용 위성정당들에 대해 '꼼수 위성정당', '떴다방 위성정당', '페이퍼 위성정당' 등의 용어를 붙이며 비판했다.

우려했던 대로 민주당의 공직선거법 개정으로 인해 21대 총선에서 비례대표용 위성정당이 출현했다. 실제로 21대 총선 결과 비례대표 의석 수를 보자면, 민주당의 비례대표용 위성정당이었던 더불어시민당은 17석을, 미래통합당자유한국당 후신 국민의힘 전신의 비례대표용 위성정당이었던 미래한국당은 총 19석을 각각 얻었다. 21대 총선의 비례대표 전체 의석 수는 47석이었다. 거대 양당이 급히 만든 위성정당은 모두 36석77%을 얻은 것이었다.

여기에다, 민주당계 다른 정당이었던 열린민주당2022년 1월 민주당과 합당이 차지했던 비례대표 3석을 더하면, 그 비율은 무려 83%로 올라간다. 군소 정당에 더 많은 비례대표 의석을 배분하겠다는 취지는 훼손되었다.

2024년 4월에 실시된 22대 총선에서도 비례대표 위성정당의 폐해는 계속됐다. 나는 이 같은 문제점을 미리 예상하고 필리버스터를 통해서라도 준연동형 비례대표제 도입에 대해 강하게 반대했던 것이었다.

민주당은 정략적인 욕심으로 준연동형 비례대표제 도입을 강행하면서 국회의원을 뽑는 총선 제도를 개악시켰다는 역사적인 비판을 피할 수 없다.

5장

정권 교체 이후 격랑에 빠진 국민의힘

1절 수성 갑 당선, 다시 원내대표로

당의 요구 '수성 갑' 출마

21대 총선을 눈앞에 뒀던 2020년 2월 17일, 미래통합당국민의힘 전신이 공식 출범했다. 자유한국당이라는 명칭은 3년 만에 역사 속으로 사라졌다. 미래통합당은 보수 세력의 통합을 위해 만들어졌으나, 문재인 정부 시기에 보수 세력의 고난은 계속되었다.

21대 총선을 앞두고 나는 지역구를 옮겨달라는 미래통합당 공천관리위원회공관위의 요청을 받았다. 4선 국회의원 때까지 나의 지역구는 대구 '수성 을'이었다. 통합당 공관위는 나에게 '수성 갑' 출마를 요청했다. 당시, 수성 갑의 현역 의원은 민주당 소속의 김부겸 의원이었다. 통합당 지도부는 대구의 심장부인 수성 갑에서 '2연패連敗'를 당할 수 없다며 절치부심하고 있었다. 나는 통합당 공관위의 요구를 받아들였다. 통합당 공관위는 총선 한 달 전이었던 2020년 3월 6일, 대구 '수성 갑' 지역구에 전략공천했다. 일부 언론은 나의 공천에 대해 김부겸 의원을 겨냥한 '자객 공천'이라는 표현을 쓰기도 했다. 당시 나이가 환갑을 맞이했던 나의 입장에서 '자객'이라는 표현은 달갑지 않았다.

그해 4월 15일, 21대 총선이 실시되었다. 나는 민주당 후보로 출마한 김 의원을 상대로 승리를 거두며 무난하게 당선되었다. 이로써 나는 5선 국회의원이 되었다. 그러나 기쁨은 그리 크지 않았다. 미래통합당이 21대 총선에서 참패했기 때문이었다. 민주당은 비례대표 의석수를 합쳐 180석을 차지했다. 미래통합당이 확보한 전체 의석수는 103석에 불과했다. 언론은 민주당을 '슈퍼 여당'이라고 불렀고, 통합당은 '난파선'이라고 표현했다. 나는 '의석수가 절대적으로 밀리는 상황에서 앞으로 4년 동안 어떻게 의정 생활을 해야 할까'하는 고민을 지닌 채 5선 의원 활동을 시작했다.

추대 인줄 알았던 두 번째 원내대표

총선 참패를 책임지고 황교안 당시 미래통합당 대표는 사퇴했다. 미래통합당은 새로운 지도부를 구성해야 하는 숙제를 안게 되었다. 4선 이상의 중진 당선인들이 5월 초에 여의도 한 식당에서 만났다.

이 자리에서 한 중진 당선인은 이렇게 말했다.

"의석수가 절대적으로 부족한 상황에서 우리 중진 의원들이 더욱 단결해야 한다. 민주당은 무지막지하게 힘으로 밀어붙일 것이다. 나는 통합당의 3~4선 의원들이 원내대표를 맡을 경우, 민주당에 잘 대응할 수 있을지 하는 걱정이 있는 것도 사실이다. 그래서 나는 원내대표 경험이 있는 주 의원이 한 번 더 원내대표를 맡아줬으면 좋겠다. 그리고 이번 원내대표는 경선보다는 추대 방식으로 선출했으면 한다. 결론적으로, 나는 정치 경험이 많은 주 의원을 원내대표로 추대하는 것이 좋겠다고 생각한다."

나는 깜짝 놀랐다. 나와 아무런 사전 협의가 없었던 제안이었기 때문이다.

그 자리에서 고사의 뜻을 밝혔다. 나는 "비록 큰 정당은 아니었지만 바른정당에서 원내대표를 이미 한번 해 봤기 때문에 더 이상 맡을 생각이 없다."고 말했다.

그러나 그 중진 당선인은 뜻을 굽히지 않으면서 다른 참석자들의 의견을 물었다. 그는 "주 의원이 나의 제안을 거부하지 않았으면 좋겠다. 혹시, 이 자리에 참석한 다른 의원들은 내 제안에 이의가 있는가?"라고 물었다. 다른 중진 참석자들은 아무런 이의를 제기하지 않았다. 그러자 그 중진 당선인은 "그렇다면, 우리 중진들은 추대 방식으로 주 의원을 원내대표로 선출하는 데에 뜻을 모은 것으로 하자."라고 결론지었다.

나는 그 자리를 마치고 나온 이후 추대 방식이라면 원내대표 역할을 한 번 더 맡을 의향이 생겼다. 시간이 하루 이틀 지나면서 민주당의 거친 공세를 막아내고, 미래통합당을 재건해야 한다는 절박감이 강해졌다. 나는 원내대표 출마를 결정했다. 그러나 추대는 현실화되지 못했고, 경선이 치러졌다. 나는 경선을 피하지 않았다. 2020년 5월 8일 실시된 통합당 원내대표 경선에서 승리했다. 나의 두 번째 원내대표 경력이었다. 이종배 의원이 정책위의장을 맡았다.

힘으로 밀어붙였던 민주당 — 나의 원내대표 사의辭意와 '잠적'

22년 동안 정치를 해왔지만, 여전히 정치와 관련해 정답을 모르는 문제들이 있다. 대표적인 것이 국회 원院 구성 협상에서 상임위원장의 배분 방식이다.

특히 법제사법위원장법사위원장 자리가 전쟁터다. 여야는 국회에 제출된 모든 법률안을 심사하는 법사위원장을 차지하기 위해 매번 치열한 전투를 벌인다. 그래서 법사위를 '상임위 중의 상임위', '상원上院'이라고 부르기도 한다. 현행 국회법에 따르면, 국회 상임위원장은 본회의에서 선거로 선출한다. 국회법을 따를 경우, 한 석이라도 의석이 많은 정당이 국회 상임위원장 자리를 독식하는 것은 법적으로 문제가 없다. 본회의에서 선거로 뽑을 경우 다수당이 승리하기 때문이다. 미국 등 많은 나라들도 이 같은 원칙을 따른다. 의회 다수당이 상임위원장을 '싹쓸이'하는 것이다. 한국도 12대 국회까지는 이와 같은 방식으로 상임위원장을 선출했다.

그러나 1988년 4월 26일에 실시된 13대 총선에서 거대한 변화가 발생했다. 당시 총선은 4당 체제에서 치러졌다. 노태우 대통령이 이끌었던 민주정의당과 김대중 전 대통령의 평화민주당, 김영삼 전 대통령의 통일민주당, 김종필 전 총재의 신민주공화당이 있었다. 13대 총선 결과, 전체 299석 가운데 민정당이 125석을 차지하면서 제1당이 되었다. 평화민주당이 제2당70석, 통일민주당이 제3당59석이 되었다. 신민주공화당의 의석수는 35석이었다. 여당인 민정당이 다수당의 지위는 지켰으나 단독으로 국회 과반을 확보하지 못했다. 야野 3당의 의석수를 합치면 164석이었다. 민정당보다 39석이 많았다. 이때 여소야대與小野大라는 말이 나왔다.

노태우 대통령과 3김金씨라는 정치 거인들은 운용의 묘를 발휘했다. 민정당은 전체 상임위원장 가운데 7개를 차지했고, 평화민주당은 4개, 통일민주당은 3개, 신민주공화당은 2개를 각각 나눠 가졌다. 이후, 이 방식이 관행처럼 굳어졌다. 하지만, 이 같은 상임위원장 배분 방식에는 치명적인 약점이 있다. 협상 과정에서 운용의 묘를 발휘하지 못할 경우, 여야 사이에 치열한 다툼이 벌어졌다.

나는 21대 국회 개원 당시, 미래통합당의 원내대표를 맡고 있었기 때문에 상임위원장 배분 싸움의 최전선에 있었다. 당시 국회 상임위원장 자리는 모두 18개였다. 민주당은 압도적인 의석수 우세를 바탕으로 상임위원장 '독식'을 힘으로 밀어붙였다.

압도적 의석수로 상임위원장 독식 나선 민주당

2020년 5월 30일, 21대 국회의 4년 임기가 시작되었다. 그러나 국회 상임위원장 배분 협상은 진통만 거듭했다. 진척이 없었다. 나의 맞상대는 김태년 민주당 원내대표였다. 나는 김 원내대표와 치열하게 논쟁했고, 서로 얼굴을 붉힐 정도로 고성이 오가기도 했다. 가장 난관은 역시나 법사위원장을 어느 정당이 갖느냐 하는 문제였다. 미래통합당도 명분이 있었다. 원활한 국회 운영을 위해 16대 국회부터 19대 국회까지는 야당에 법사위원장을 배정하는 관행이 있었다. 김태년 원내대표와의 협상 과정은 거칠었지만, 긴 협상 과정을 통해 어느 정도 진전을 이뤄냈다. 법사위원장을 민주당에 주는 대신에, 예결위원장을 미래통합당이 갖는 잠정안 쪽으로 타협이 이뤄져 가고 있었다.

당이 '법사위원장은 죽어도 못 준다'는 입장이었기 때문에 법사위원장을 얻어낼 가능성은 없었다. 나는 정부 예산안을 심사하는 예결위원장을 받아내 '예산'이라는 실리實利를 챙겨야 한다는 현실적인 입장을 취했다. 상임위원장 배분 비율도 11:7로 타협점을 찾아갔다. 민주당이 11개 상임위원장을 차지하고, 미래통합당은 7개 상임위원장을 확보하는 내용이었다.

나는 당시 협상 과정에서 '이중고二重苦'에 시달리고 있었다고 솔직하게 고백한다. 민주당은 계속 힘으로 밀어붙였다. 의석수 열세는 도저히 넘을 수 없는 벽이었다. 우리당 내부의 강경론도 내가 넘어야 할 산이었다. 강경파들은 "법사위원장을 못 받아온다면, 민주당이 18개 상임위원장을 독식하게 하라."는 주장을 펼쳤다. 협상 고착 상태가 장기화되자, 민주당은 "더 이상 못 기다리겠다."면서 강행 처리를 행동으로 옮겼다.

민주당은 6월 15일, 18개 상임위원장 가운데 법사위원장을 포함한 6개 상임위원장을 '1차'로 단독 선출했다. 통합당은 표결에 불참했다. 윤호중 민주당 의원이 법사위원장에 선출되었다.

나는 이 직후 열린 우리당 의원총회에서 민주당의 상임위원장 선출 강행에 대한 책임을 지고 원내대표직 사의를 표명했다. 나는 돌아올 생각이 전혀 없었다. 특히 '정치적 쇼'는 나와 맞지 않는다.

당시 내 생각은 이러했다. 압도적인 의석수 우세를 등에 업은 민주당의 거친 협상 스타일이 바뀔 가능성은 없었다. 민주당은 계속 힘으로 계속 밀어붙일 태세였다. 그렇다면 미래통합당이 의지할 곳은 국민 여론밖에 없었다.

나는 민주당의 폭주에 맞서기 위해 미래통합당은 원내대표 '사퇴 릴레이'를 불사해야 한다고 생각했다.

내가 사퇴한 뒤에도 민주당이 계속 횡포를 부릴 경우, 미래통합당의 후임 원내대표들이 계속 '줄사퇴'하는 방안을 떠올렸다. 미래통합당의 원내대표들이 과감하게 직職을 버리면서 '결사 항전'의 자세로 싸워야 한다고 보았다. 이 모습을 통해 우리당의 목소리에 귀를 기울여줄 것이라고 기대했다. 그렇게 '양비론'에서 벗어나 정국을 바라본다면, 민주당의 폭주에 대한 비판 여론이 높아질 것이라고 예상했다.

화엄사로 찾아온 김태년 민주당 원내대표

미래통합당의 입장에서 기댈 수 있는 곳은 국민 여론밖에 없었다. 나는 전국의 사찰을 돌아다니며 잠적을 시작했다. 불교 신자인 나는 절에서 생각을 정리하는 것이 가장 좋았다. 외부 연락을 최대한 끊고 지냈다. 그러나 김종인 당시 미래통합당 비대위원장이 오겠다는 것을 막을 수는 없었다. 사퇴 선언 6일 뒤였던 6월 21일, 김 위원장이 내가 머물고 있던 속리산의 법주사를 방문했다. 김 위원장은 "나와 함께 서울로 올라가서 원내대표직에 복귀하라."고 권했다. 당내 의원들도 나의 원내대표 복귀를 요청했다. 하지만 내 마음은 변하지 않았다.

이후 나는 강원도 고성의 화암사로 거처를 옮겼다. 6월 23일이었다. 차를 운전해 설악산의 오색 약수를 등산한 뒤 화암사로 돌아왔을 때였다. 운전석에서 김태년 민주당 원내대표가 화암사까지 나를 찾아온 모습을 보았다. 차를 돌릴까 고민도 했으나 도망가는 것처럼 느껴지는 것이 싫었다. 나는 차에서 내려 김 원내대표를 만났다. 김 원내대표는 "제가 심하게 대한 부분이 있다면, 사과드리겠다."라고 말했다.

우리는 반주를 곁들여 저녁 식사를 함께했다. 뒤에 들은 이야기로는 김 원내대표는 전국의 사찰을 중심으로 나를 백방으로 수소문했는데, 화암사 관계자 중에 민주당 지지자가 있었던 모양이다. 그 사람이 내가 화암사에 머물고 있다는 소식을 민주당에 전했다는 이야기를 들었다.

그날 이후 나는 원내대표 자리에 복귀하기로 마음을 고쳐먹었다. 김 원내대표와 우리당 의원들의 설득 작업이 내 마음을 움직인 것은 아니었다. 사찰에 머물면서 많은 생각을 했다. 물러나는 것보다 더 치열하게 민주당과 싸워야겠다는 생각 쪽으로 내 마음이 움직였다.

결심을 굳히고 나는 6월 25일 원내대표 자리로 돌아왔다. 사의 표명 10일 만의 복귀였다.

김종인 비대위원장에 최선을 다해 '예우'

황교안 전 대표가 총선 패배의 책임을 지고 사퇴한 이후 미래통합당 지도부는 공백 상태에 놓였다. 나는 김종인 비상대책위원장 체제로 가야 한다고 생각했다. 하지만 두 가지 문제가 있었다. 첫 번째는 총선 참패와 관련된 이유였다.

김종인 위원장은 21대 총선4월 15일의 3주 전이었던 2020년 3월 26일 미래통합당의 공동 선거대책위원장으로 영입되었다. 하지만 너무 늦은 타이밍의 구원 투수 등판이었다. 그럼에도 미래통합당이 총선에 참패하며 김 위원장을 향해서도 총선 참패의 책임론이 제기되었다. 두 번째는 자강自强론 목소리였다. 미래통합당의 근본적인 변화를 위해 더 이상 외부 인사에 의존하지 말고 통합당 내부에서 지도자를 키워 위기를 돌파해야 한다는 주장이 분출했다. 당내의 격론 끝에 김종인 비대위원장 체제로 결론이 모아졌다. 그러나 '김종인 비대위 체제'를 둘러싼 진통은 계속되었다.

4월 28일, 미래통합당은 전국위원회를 열고 김종인 비대위원장 임명안을 가결했다. 그러나 당헌 당규를 개정하지 못해 김 위원장의 임기는 4개월로 국한되었다. 김 위원장은 4개월짜리 비대위원장을 거부했다. 5월 8일에 내가 미래통합당의 원내대표로 선출되면서 '김종인 비대위 체제' 문제는 발등에 떨어진 숙제가 되었다.

나는 1박 2일 일정으로 진행된 당선인 워크숍에서 김종인 비대위 체제에 대한 동의를 이끌어 냈다. 나는 가장 민감한 사안이었던 김 위원장의 임기 문제를 해결했다. 미래통합당은 김 위원장의 임기를 2021년 4월 7일에 실시될 예정이었던 서울시장과 부산시장 보궐 선거까지로 정했다. 10개월 정도의 기간이었다.

큰 고삐가 풀리자, 나머지는 일사천리로 진행되었다. 2020년 6월 1일 김종인 비대위원장 체제가 공식 출범했다. 21대 총선 패배 이후 한 달 반만의 일이었다. 나는 '김종인 비대위 체제'의 출범을 주도했다. 김 위원장은 나에게 "주 원내대표의 정치력을 다시 보게 되었다."라고 덕담을 건넸던 것이 기억난다.

비대위 공식 출범 이후 나는 최선을 다해 김 위원장을 예우했다. 대선배인데다가 어려운 과정을 거쳐 모셔왔기 때문이었다. 당무를 전반적으로 책임지는 비대위원장과 여야 협상과 국회 업무 등을 맡는 원내대표의 역할은 다르다. 하지만, 나는 나의 권한인 원내대표 업무에 대해서도 김 위원장과 수시로 상의하며 그의 의견을 경청했다. 그는 역대 모든 선거의 내용을 완벽히 기억하는 선거의 천재였다. 역대 대통령에게도 할 말을 거침없이 하는 강단도 지녔다.

나는 김 위원장의 결정에 많이 따랐으나, 자신의 주장이 강한 김 위원장과 항상 의견이 일치했던 것은 아니었다. 때는 나의 원내대표 사의 표명까지 이어졌던 국회 상임위원장 배분 협상 때였다. 협상 과정의 중요한 순간마다 김 위원장에게 보고했다. 법사위원장 자리를 통합당에 가장 가져오고 싶었던 사람은 나였다. 만약 법사위원장을 가져오는 데에 성공했다면, 나의 협상력은 극찬을 받았을 것이다.

그러나 민주당의 강경한 태도를 감안할 때, 그럴 가능성은 '0%'였다. 나는 법사위원장을 민주당에 주는 대신 예결위원장을 받아오고, 상임위원장 배분 비율을 11:7로 타협하는 잠정안의 내용을 김 위원장에게 보고했다. 당시에 나는 그 잠정안이 현실적으로 얻어낼 수 있는 '최선의 안'이라고 생각했다. 그리고 나에게는 신경 쓰이는 대목이 하나 더 있었다. 통상적으로 3선 의원들이 국회 상임위원장을 맡는다. 국회 상임위원장 경력은 지역구 관리에 큰 도움이 된다. 여기에 더해, 상임위를 운영해 본 경험은 향후 정치 활동에도 좋은 밑거름으로 작용한다. 잠정안을 받을 경우, 7명의 미래통합당 3선 의원들이 상임위원장을 맡을 수 있었다. 나는 이들이 국회 상임위원장으로 활동할 수 있기를 희망했다. 한 중진 의원이 나에게 "지금 말을 공개적으로 못해서 그렇지, 3선 의원 가운데 일부는 상임위원장을 맡고 싶어 하는 눈치다."라고 귀띔하기도 했다.

나는 조심스럽게 김종인 위원장에게 잠정안을 수용하는 것이 어떻겠느냐고 의견을 물었다. 그러나, 김 위원장은 두 번이나 나를 불러 "민주당이 법사위원장을 주지 않으면 잠정안을 수용하지 말라."고 말했다. 김 위원장의 논리에도 이해가 가는 대목이 있다. 김 위원장은 "민주당이 상임위원장을 독식할 경우, 국민의 비판 여론이 높아질 것이다. 그렇게 되면, 정권 교체에 더 유리하다"라고 설명했다. 나는 완벽하게 동의하지는 않았으나 예우 차원에서 김 위원장의 의견에 따랐다.

하지만, 나는 김 위원장의 주장에 대해 섭섭함을 느꼈던 것도 사실이다. 김 위원장이 잠정안에 힘을 실어줬다면, 정치적으로 다른 결과가 나올 수 있었다는 아쉬움을 여전히 갖고 있다. 결국, 민주당은 18개 국회 상임위원장 자리를 독식했다. 나의 원내대표 임기를 마친 이후였던 2021년 7월 여야는 국회 상임위원장 재배분에 합의했다.

여야 합의안은 내가 추진했던 잠정안과 달라진 내용은 거의 없었다. 여야는 상임위원장 배분 비율을 11개민주당와 7개통합당로 하는 데에 합의했다. 법사위원장은 그대로 민주당이 맡고, 우리당은 예결위원장을 가지고 왔다. 이와 같은 방식으로, 국회 상임위원장 배분이 1년 2개월 만에 정상화되었다. 결실도 있었다. 국민의힘은 21대 국회 후반기에 법사위원장을 맡기로 합의했다. 김도읍 국민의힘 의원이 법사위원장을 지냈다. 나는 김기현 당시 원내대표가 여야 협상에서 거둔 성과라고 생각한다.

국민의힘 당명개정과 4·7 보궐선거 승리

우리당은 2020년 9월 2일 국민의힘으로 당명을 개정했다. 미래통합당이라는 이름은 출범 7개월도 되지 않아 역사 속에서 사라졌다. 당명 교체 과정만 봐도, 보수 정당이 얼마나 긴 고통의 시간을 보냈는지 여실히 알 수 있다. 가슴 아픈 역사다. 3년 7개월 사이에 한 정당의 이름이 4개였다. 새누리당에서 자유한국당2017년 2월 13일 출범, 미래통합당2020년 2월 17일 출범을 거쳐 국민의힘이 되었다.

재탄생한 국민의힘의 최대 과제는 4·7 보궐 선거였다. 국민의힘은 2021년 4·7 보궐 선거에서 서울시장 선거와 부산시장 선거에서 승리했다. 오세훈 서울시장과 박형준 부산시장이 각각 당선되었다. 4·7 보궐 선거의 승리로 국민의힘은 2016년 총선 이후 전국 단위 선거에서 5년 동안 연패連敗했던 기록에서 벗어났다. 2022년 3월로 예정되었던 차기 대선에 대한 기대감도 높아졌다. 국민의힘이 승리할 수 있었던 원동력은 문재인 정부의 독주와 부동산 정책 실패를 심판해야 한다는 여론이었다. 나는 원내대표로 활동하면서 4·7 보궐 선거 승리에 기여했다. 1년의 원내 대표 임기를 마무리하는 시점에 나온 승리였기에 나에게는 더 의미가 컸다.

김종인 위원장의 임기는 4·7 보궐 선거까지였다. 김 위원장은 4·7 보궐 선거의 승리로 그야말로 '박수를 받고 떠나는' 상황을 맞이했다. 김 위원장은 보궐 선거 다음 날인 4월 8일에 퇴임했다.

오해 그리고 억울함

나는 떠나는 김 위원장에게 "너무 수고가 많으셨습니다. 위원장님께서 당 지지율을 올려놓으시고, 4·7 보궐 선거의 승리도 이끄셨습니다."라고 덕담을 했다. 다만 의례적인 말로만 끝내기 싫어 나는 "위원장님 떠나신 뒤에 저희가 또 지지율 다 까먹고 위원장님께 '도와달라'고 손 내미는 일이 다시는 생기지 않도록 저희가 더욱 열심히 하겠습니다."라고 덧붙였다. 그런데 김종인 전 비대위원장은 이후 언론 인터뷰에서 나를 공격했다. 김 전 위원장은 "내가 그 사람은 도저히 이해를 못 하겠다."면서 "안철수를 서울시장 후보로 만들려던 사람."이라고 비난했다. 그러나 김 전 위원장의 발언은 사실이 아니었다.

나는 서울시장 경선 과정에서 안철수 의원을 포함해 그 누구를 도운 적이 없었다. 심지어 나는 안 의원과 가까운 사이도 아니었다. 다시 한번 억울함이 몰려왔지만 대응을 자제했다. 김 전 비대위원장은 언론 인터뷰를 통해 당시 홍준표 의원 측근이었던 장제원 의원과 김병준 전 자유한국당 비대위원장에게도 독설을 퍼부었다.

나는 김종인 전 비대위원장이 비대위원장으로 활동하는 기간에 관계가 무난했다고 생각했다. 그의 의견 대부분을 거의 수용했고, 국회 상임위원장 배분 협상 때 섭섭함을 느꼈었지만 그의 노련한 판단력과 정치력을 따랐다. 나는 문득 김 전 위원장에게 "도와달라고 손 내미는 일이 다시는 생기지 않도록 저희가 더욱 열심히 하겠습니다."라고 말했던 것이 떠올랐다. 김 전 위원장이 나의 발언을 오해해 배은망덕하다고 느낀 것이 아닌가 하는 생각이 들기도 했다. 나는 김 전 위원장을 영입하는 과정에서는 김 전 위원장으로부터 덕담을 들었고, 떠난 뒤에는 독설을 들었다.

'김종인 비대위 체제'가 끝나면서 국민의힘은 새로운 당 대표를 뽑아야 했다. 자신의 비대위원장 임기 만료가 다가오는 시점에 김 위원장은 두 차례나 나를 불러 국민의힘 대표 경선에 출마할 것을 권했다. 나는 그 때마다 정중하게 거부의 뜻을 밝혔으나 결국에는 출마를 선택했다. 내가 준비 없이 국민의힘 대표 경선에 나섰던 데에는 김 전 위원장의 권유가 어느 정도 영향을 미쳤던 것이 사실이다. 그 이후에도 김 전 위원장을 여러 차례 만났으나 지금도 생각하면 그가 왜 그런 말을 했는지 이유를 알 수 없다. 언제가는 꼭 한번 물어보고 싶다.

이루지 못한 당대표의 꿈, 그리고 비상대책위원장

김종인 위원장이 떠난 이후 국민의힘은 전당 대회를 통해 지도부를 구성하는 방안을 확정했다. 나는 국민의힘 대표에 도전하기로 결심했고, 2021년 5월 10일 당 대표 출마를 공식 선언했다. 당시는 2022년 3월 대선이 10개월 남은 시점이었다. 나는 국민의힘이 승리해 반드시 정권 교체를 이뤄내야 한다는 각오를 다지고 있었다. 나는 국민의힘의 새로운 당 대표는 보수 통합을 이끌어 내고, 대선 관리를 안정적으로 할 수 있는 사람이 선출되어야 한다고 판단했다.

나는 스스로 그 역할을 해낼 수 있을 거라고 생각했다. 이 생각에는 하나의 이유가 있다. 국민의힘 전당대회가 진행되는 시점에 윤석열 전 검찰 총장이 선풍적인 인기를 끌고 있었다. 윤 전 총장은 그해 3월 4일 검찰 총장을 전격 사퇴한 뒤 정권 교체의 선두주자로 떠오르고 있었다. 당시 윤 전 총장은 정치권 경험이 없었다. 그래서 윤 전 총장의 정치권 안착이 가장 중요하다고 생각했다. 기존 국민의힘 세력과 윤 전 총장 간의 화학적 결합이 대선 승리의 필수 요소라고 생각했고, 이를 이뤄낼 적임자가 나라고 판단했다.

하지만 나는 뜻을 이루지 못했다. 2021년 6월 11일 이준석 대표가 국민의힘 대표로 선출되었다. 이후 윤 전 총장이 국민의힘 대선 후보 경선에서 승리했다. 선거 운동 과정에서 친윤친윤석열계와 이준석 대표는 갈등과 봉합을 반복했다.

그럼에도 2022년 3월 9일 실시된 대선에서 윤석열 후보가 승리했다. 그가 당선되던 그 순간, 나는 정권교체에 큰 감격을 느꼈다. 그러나 윤석열 정부가 출범한 뒤에도 친윤계와 이준석 대표 사이의 불협화음은 계속되었다. 양측의 갈등은 폭발했다. 국민의힘 중앙윤리위원회는 그해 7월 8일 이 대표에 대해 '당원권 6개월 정지'라는 중징계를 내렸다. 국민의힘은 대혼돈에 빠졌다.

이 대표는 법적 대응에 나서며 '당 대표 지키기'에 들어갔다. 국민의힘은 비상대책위원회 체제를 선택했다. 그러나 이 대표가 버티기에 들어가자, 최고위원들이 줄사퇴하면서 이준석 대표 체제의 붕괴를 시도했다.

이 격랑 속에 나도 빨려 들어갔다. 당시 여권 지도부는 위기 수습을 위해 나에게 비대위원장 자리를 제안했다. 나는 출범 1년 차였던 윤석열 정부의 성공과 당의 조속한 안정을 위해 필요한 역할이라면 어떤 역할이던 피하지 않겠다는 마음으로 제안을 받아들였다.

예상치 못했던 일이 발생했다. 법원이 이준석 전 대표가 비대위 체제 전환의 효력을 정지해달라며 제기한 가처분 신청을 받아들인 것이었다. 법원은 국민의힘 당헌을 근거로 제시하며 비대위 체제로 전환하기 위

2022년 예산안·세법 일괄 합의 발표

해서는 비상 상황이 있어야 하는데, 비대위로 전환할만한 비상 상황이 국민의힘에서 발생하지 않았다는 근거를 제시했다.

국민의힘 내부에서는 '정치적 편향성이 있는 판결'이라는 비판이 거셌다. 법원이 정당 내부의 문제에 대해서는 개입을 자제한다는 '사법 자제'의 원칙에서도 벗어난 판결이었다. 그래서 "요즘 법원은 정치 상황에 대한 판단도 한다."라는 비아냥도 나왔다. 솔직히 나는 법원의 판결이 '보복성 판결'이라는 의심이 강하게 들었다. 나는 김명수 당시 대법원장의 정치적 편향을 집요하게 비판했고, 김 대법원장의 사퇴 촉구에 앞장서고 있었기 때문이었다.

법원의 결정을 존중할 수밖에 없었다. 이런 상황에서 정치적 혼란의 책임을 지고 권성동 원내대표가 사퇴를 결정했다. 국민의힘은 당 대표와 원내대표라는 '투톱' 자리가 모두 공석인 상황에 빠졌다. '엎친 데 덮친 격'이었다.

우여곡절 끝에 원내대표가 되다

여권 지도부는 나에게 새로운 제안을 제시했다. 이번에는 원내대표를 맡아 달라는 요청이었다. 여권 내부에서는 새로 지명하는 비대위원장에 대해서도 법원이 가처분 신청을 받아들일 수 있다는 우려가 컸다. 여권은 새 비대위원장에 대해서도 가처분 신청이 수용되는 '최악의 순간'에 대비한 '비상 플랜'을 마련해야 했다. 그것이 내가 원내대표를 맡는 방안이었다. 새롭게 지명한 비대위원장이 또다시 법원의 결정으로 인해 물러나야 하는 '최악의 순간'이 현실화되더라도 원내대표인 내가 비대위원장 '대행'을 맡는 방식으로 안전판을 마련했던 것이었다.

특히 원내대표는 당내 의원들이 선출하기 때문에 법원이 개입할 수 있는 여지가 없는 점도 고려되었다. 나는 국민의힘의 위기 수습에 나서겠다고 이미 결심한 상태였기 때문에 원내대표 제안을 수용했다. 나는 9월 19일 국민의힘의 원내대표로 선출되었다. 개인적으로는 세 번째 원내대표 경력이었다. 또 1년 4개월 만의 원내대표 복귀였다.

법원의 잘못된 결정으로 인해 우여곡절을 거쳐 원내대표 자리에 오른 것이었다. 통상적으로, 원내대표 임기는 1년이지만, 여권 지도부는 나에게 새로 선출되는 만큼 1년 임기를 맡아달라고 요청했다. 그러나 나는 이미 권성동 전 원내대표의 잔여 임기만 하겠다는 생각을 가지고 있었다. 소방관 역할을 맡아 위기 상황의 불을 끄고, 국민의힘을 안정된 체제로 만든 뒤 물러나겠다는 것이 나의 계획이었다. 그 임기는 2023년 4월까지였다. 윤석열 정부 출범 1년은 국가적으로나, 여권의 입장에서나 엄청나게 중요한 시기였다. 그러나 여권은 내부 갈등으로 그 소중한 시기를 허비하고 있었다. 국민의힘은 정진석 비대위원장 체제를 출범시켰다. 이준석 전 대표는 또다시 가처분 신청을 제기했으나 법원은 이를 기각했다. 국민의힘이 당헌 당규를 정비했기 때문이었다.

윤석열 대통령에게 “이재명 대표를 만나 주십시오” 세 차례 건의

나는 정치를 하면서 ‘무슨 자리를 꼭 차지하겠다’라는 생각이 없었다. 무욕無慾을 강조하는 불교적 가르침에 영향을 받은 것 같다. 다만 ‘여당 원내대표는 한번 해보고 싶다’는 생각이 있었다. 야당과 대화하고 타협하면서 한국 정치의 발전에 기여하고 싶다는 소망이 있었다.

나는 ‘내가 여당의 원내대표라면 힘으로만 억누르지 않고 야당과 잘 이야기하면서 정국을 좋은 방향으로 풀어갈 수 있을 텐데’ 하는 생각을 하기도 했다.

나는 바른정당과 미래통합당에서 각각 원내대표를 했던 경험이 있었다. 그러나 모두 야당 원내대표였다. 국민의힘 원내대표 임무를 시작하면서 나는 처음으로 여당 원내대표가 되었다. 그러나 나의 기대와 소망과는 전혀 다른 방향으로 상황이 전개되었다.

나는 정권의 측면에서는 여당의 원내대표이지만, 국회의 측면에서는 소수당의 원내대표였다. 민주당의 압도적인 의석수 우위는 변하지 않은 장벽이었다. 민주당은 사사건건 발목을 잡았다. 정권을 빼앗긴 이후 민주당의 횡포는 더욱 심해졌다.

이재명 당시 대표의 ‘사법 리스크’ 문제는 민주당의 폭주에 큰 영향을 미친 요인이다. 민주당이 가장 비판받을 대목은 윤석열 정부 인사들에 대한 탄핵 소추안 남발이었다.

2022년 10월 29일 이태원 참사가 발생했다. 너무나도 안타까운 사회적 대참사였다. 당시 경찰의 미흡한 대비나 참사 이후의 정부 대응에 문제가 있었던 것도 사실이다. 나는 ‘선先 진상 규명, 후後 책임자 처벌’의 수순으로 이태원 참사를 수습해야 한다고 생각했다. 하지만 민주당은 2023년 2월 8일 이상민 당시 이상민 행정안전부 장관에 대한 탄핵 소추안을 국회 본회의에서 통과시켰다. 국무위원에 대한 탄핵 소추가 이뤄진 것은 75년 헌정사에서 처음이었다. 나 역시 이태원 참사 수습과 진상 규명이 어느 정도 이뤄진 뒤, 이상민 장관이 물러나는 방식으로 해결점을 찾는 것이 맞다고 생각했다. 그러나 민주당이 탄핵안을 강행 처리하면서 정국은 '여야 힘겨루기' 양상으로 변질되었다. 문제 해결의 실타래가 더욱 꼬여버린 것이었다.

민주당의 의회 폭주 — 29차례 탄핵 소추

헌법 재판소는 2023년 7월 이 장관에 대한 탄핵 소추안에 대해 기각 결정을 내렸다. 그럼에도 불구하고 민주당은 이후에도 탄핵 소추안을 남발하면서 여야 '정면충돌' 정국을 만들었다. 민주당은 윤석열 정부 기간 동안 무려 29차례 탄핵 소추안을 발의해 이 가운데 13건을 국회 본회의에서 강행 처리했다. 이재명 민주당 대표를 겨냥한 수사를 진행했던 검사 등 탄핵안 소추 대상도 전방위적이었다.

나는 국민의힘 원내대표로서, 그해 2월 14일 국회 교섭 단체 대표 연설을 진행했다. 나는 "민주당이 지난 총선에서 압도적 다수 의석을 차지한 이래 우리 의회 민주주의는 급격히 붕괴되고 있다."면서 "민주당은 자제와 관용은 커녕 왜곡과 견강부회牽强附會로 법치주의를 무너뜨리는폭거를 반복하고 있다."라고 비판했다. 나의 발언은 진심이었고, 답답함과 분노의 표출이었다.

하지만 여야 충돌을 방치할 수는 없었다. 해법을 찾아야 했으며 그것이 윤석열 정부의 성공을 위한 길이라고 확신했다. 내가 원내대표로 활동했던 기간에 윤석열 대통령은 연금개혁·노동개혁·교육개혁 등 3대 개혁에 강력한 드라이브를 걸고 있었다. 3대 개혁이 성공하기 위해서는 정책 추진을 위한 입법이 반드시 필요했다. 그러나 민주당의 반대로 3대 개혁의 입법에 난항을 겪었다. 민주당의 '발목잡기'는 더욱 심해졌다.

나는 꽉 막힌 정국을 뚫을 수 있는 해법은 하나밖에 없다고 생각했다. 그것은 윤 대통령과 이 대표의 회동이었다. 원내대표로 활동하면서 윤 대통령에 세 차례 "이재명 민주당 대표를 만나주십시오."라고 부탁했다. 이 부탁이 윤석열 정부의 성공을 위한 나의 충정이었다. 나는 윤석열 정부가 추진하는 3대 개혁이 완수되기 위해서는 여야 협치가 필수적이라고 판단했다. 다른 해법은 없었다.

나는 여야 충돌을 극복하고 정국을 안정적으로 이끌 수 있는 유일한 해법이 윤 대통령과 이 대표가 만나 허심탄회하게 대화를 나누면서 타협점을 찾아가는 것이라고 생각했다. 나의 원내대표 재임 기간 윤 대통령과 이 대표의 회동이 성사되지 않았다. 민주당의 태도는 비판받아 마땅했다. 윤 대통령이 2022년 10월 25일 국회를 찾아 시정 연설을 했을 때, 민주당은 시정 연설을 보이콧하고 피켓 시위를 벌였다. 대통령 시정연설에 대한 야당의 불참은 사상 초유의 일이었다. 민주당은 2023년 윤 대통령의 국회 시정 연설에는 참석했으나 국회 본청에서 피켓 시위는 이어갔다.

2024년 4월 29일 윤 대통령과 이 대표가 용산 대통령실에서 회담을 가졌다. 처음이자 마지막 회담이었다. 의례적인 인사가 끝나고 회담이 비공개로 전환되기 직전에 이 대표는 미리 준비했던 원고를 15분 동안 읽으며 윤석열 정부를 비판했다. 나는 이 대표의 행동이 옹졸했다고 생각한다. 이런 방식으로 진행된 회담이 성과를 거둘 수는 없었다.

尹정부 '3대 개혁' 챙기기

나는 원내대표로 활동하면서 윤석열 정부가 추진하는 3대 개혁연금·노동·교육개혁의 성공을 뒷받침하는 데에 전력을 다했다. 나는 민주당에 대해서는 3대 개혁을 위한 협력을 거듭 당부했다. 나는 원내대표 활동을 하면서 국회 연금개혁특위 위원장을 겸임하며 여야 연금개혁 협상을 이끌었다. 민주당과의 협상에는 항상 진통이 뒤따랐지만, 나는 조그마한 타협점이라도 얻기 위해 최선의 노력을 다했다.

또 하나의 중요한 업무는 3대 개혁의 실무 작업을 담당하는 정부 부처를 점검하는 일이었다. 나는 3대 개혁 주무 부처의 장관 차관 또는 고위 당국자들을 만나거나 수시로 연락을 교환하면서 3대 개혁과 관련한 업무 진행 상황을 점검했다.

교육개혁과 관련해 교육부와 있었던 일이 가장 기억에 남는다. 나는 원내대표로서 교육부의 교육개혁 진행 상황을 보고받았다. 진행 상황을 보고받는 자리에서 나는 충격을 받았다. 국민이 원하는 교육개혁의 '1순위'는 사교육비 절감이다. 교육부의 보고에서 사교육비 대책은 빠져 있었다. 교육부가 교육개혁의 최우선 정책으로 보고했던 과제는 '유보통합'이었다.

'유보통합'은 유치원과 어린이집의 이원화된 관리 체계를 통합해 모든 영유아에게 차별 없이 수준 높은 교육·돌봄 서비스를 제공하는 정책이다. 유보 통합도 중요한 정책이다. 나는 윤석열 정부가 추진하는 교육개혁 정책에 사교육비 절감 대책이 빠진 것을 보고 실망감을 넘어 화를 감출 수가 없었다. 나는 그 자리에서 교육부 당국자를 질타했다.

"대부분의 국민은 교육개혁이라고 하면 사교육비 절감과 공교육 정상화를 생각하는데, 그것을 빠뜨린 교육개혁을 국민이 진정한 교육개혁이라고 받아들일 수 있겠느냐." 나는 교육부 당국자에게 암기식 교육을 지양하고 창의적이고 융합적인 인재들을 양성하기 위한 정책을 준비할 것도 지시했다. 나는 체육교육의 강화도 주문했다.

그 이후, 용산 대통령실에서 윤 대통령을 독대로 만나 3대 개혁에 대한 국회 진행 상황을 보고했다. 윤 대통령에게 "제가 교육부의 교육개혁 방안에 대해 보고받았는데, 문제가 많았습니다. 특히, 국민이 교육개혁에서 가장 원하는 것이 사교육비 절감과 공교육 정상화인데, 그 내용이 빠져있었습니다. 저는 교육개혁이 이런 방향으로 추진되어서는 안 된다고 생각합니다. 3대 개혁은 큰 프로젝트가 되어야 합니다. 3대 개혁의 성공을 위해 담당 정부 부처를 더욱 채찍질하는 것이 필요하다고 생각합니다."라고 건의했다.

2023년 4월 7일 국민의힘 원내대표 자리에서 물러났다. 그 이후인 같은 해 6월 15일 윤 대통령은 이주호 교육부 장관에게 "공교육 교과과정에서 다루지 않는 분야의 문제는 수능 출제에서 배제해야 한다."라고 지시했다. 언론들은 윤 대통령의 이 발언과 관련해 '킬러 문항 수능 배제'라고 해석했다.

교육부가 내놓은 교육개혁 방안에는 체육교육 강화 등 내가 윤 대통령에게 건의했던 내용들이 담겨 있었다. 나는 '킬러 문항'과 관련해 윤 대통령에게 직접 물어본 적은 없으나, 아마도 내가 건의한 내용을 윤 대통령이 수용한 것이 아니었나 하는 추측을 해본다.

6장

22대 국회는 현재 진행 중

이제 소수 야당, 뼈를 깎는 노력으로 민심 되찾아야

22대 국회는 현재 진행 중이다. 나는 2024년 4월 10일 실시되었던 22대 총선을 통해 6선 국회의원이 되었다. 21대 총선에 이어 대구 '수성 갑' 선거구에서 출마해 다시 한번 승리했다. 22대 국회에서는 6선 의원이 최다선 의원이었다. 6선 의원은 모두 네 명인데, 바로 그중에 내가 한 명이었다. 하지만, 총선 결과를 보고 나는 엄청난 충격을 받았다. 민주당이 비례대표 의원을 포함해 175석을 차지했다. 21대 국회에 이어 압도적인 국회 다수당 지위를 유지한 것이었다. 조국혁신당은 12석을 얻었다. 이에 반해 국민의힘이 얻은 의석수는 108석에 불과했다. 나의 6선 의원 활동도 '22대 국회에서 과연 어떻게 정국을 풀어나가야 하나' 하는 중압감 속에 시작되었다.

국민의힘은 여전히 '소수 여당' 신세에서 벗어나지 못했다. 22대 국회가 개원하면서 민주당이 국회의장 자리를 차지했다. 여당 몫의 국회부의장을 선출해야 했다. 국민의힘 소속으로 6선이 된 의원은 나와 조경태 의원이었다. 최다선 의원이 국회부의장을 맡는 것이 좋겠다는 요청이 있었고, 나 역시 국회 운영에 참여할 수 있길 바랐다. 나는 2024년 6월 27일 열렸던 국회 본회의에서 국회부의장으로 선출되었다. 우원식 의원이 국회의장이 되었고, 됐고, 민주당 몫의 국회부의장은 이학영 의원이 뽑혔다.

미국 정치에는 부통령 직책과 관련해 유명한 농담이 있다. 부통령의 유일한 임무는 대통령이 사망하는 것을 기다리는 것일 뿐이라는 내용이다. 그만큼 미국 부통령의 역할이 보잘것없다는 점을 강조하기 위한 정치 조크다.

나는 국회부의장직을 수행하면서 이 농담이 떠올랐다. 국회부의장직을 막상 맡아보니, 내가 예상했던 것과 크게 달랐다. 솔직하게 말해 나는 실망감을 느꼈다. 중요한 법안 상정 문제나 국회의사 일정과 관련한 협의는 국회의장과 여야 원내대표가 진행한다. 여기서 국회부의장은 배제되었다. 나는 지금까지의 정치 경험을 살려 국회 운영에 도움을 주고 싶었다. 그러나 현실은 달랐다. 나는 '언제 열리는 국회 본회의에 사회를 봐줄 수 있겠습니까' 하는 질문을 받는 것이 전부였다. 이 역할을 수행하며 나는 국회부의장의 역할과 기능에 대해 재조정이 있어야 한다는 생각이 절실하게 들었다. 국회의장이 여야 원내대표를 만나기 전에, 국회부의장들과 미리 만나 사전 협의를 진행하는 절차가 있어야 한다고 생각한다.

나는 지금의 시스템은 국회부의장의 경험과 경륜을 제대로 활용하지 못하고 사장死藏시키는 것이 아닌가 하는 안타까움이 들었다. 국회 운영을 더욱 원활하기 위해 지금이라도 국회부의장 역할에 대한 재검토가 필요하다고 생각한다.

이런 상황 속에서, 2025년 12월 3일 윤석열 대통령의 비상계엄 선포로 보수 세력은 또다시 엄청난 위기에 빠졌다. 계엄령 선포는 헌법에 규정된 대통령의 권한이지만, 나는 윤 대통령의 비상계엄 선포는 잘못된 결정이라고 생각한다.

헌법은 대통령의 계엄 선포와 관련해 엄격한 조건을 설정했다. 헌법 77조는 '대통령은 전시·사변 또는 이에 준하는 국가비상사태에 있어서 병력으로써 군사상의 필요에 응하거나 공공의 안녕질서를 유지할 필요가 있을 때에는 법률이 정하는 바에 의하여 계엄을 선포할 수 있다'고 규정하고 있다.

법률가 출신으로서, 윤 대통령이 비상계엄을 선포했을 때 이 조건을 충족하지 못했다고 판단한다.

계엄, 감옥갈 사람을 대통령으로

윤 대통령의 탄핵은 참으로 안타까운 일이다. 이로 인해 보수 세력은 또다시 고난의 시간을 겪고 있다. 내가 윤 대통령의 계엄 선포에 대해 비판적인 입장을 취하는 데에는 다른 결정적인 이유가 있다. 윤 대통령이 탄핵되면서 이재명 대통령이 당선되었다. 나는 만약 비상계엄 선포가 없었다면 이재명 당시 민주당 대표는 유죄를 받아 감옥에 갔을 가능성이 크다고 생각한다.

하지만, 윤 대통령이 비상계엄을 선포함으로써 자신은 옥고獄苦를 치르고 있고, 옥고를 치를 수도 있었던 이재명 대표는 대통령이 된 '완벽한 임무 교대'가 발생한 '아이러니한 비극'을 지금도 이해할 수 없다.

그렇다고 '절망의 늪'에 빠져있을 수만은 없다. 나는 보수 세력이 다시 일어날 수 있다는 희망으로 버티고 있다. 국민의힘은 민심을 되찾기 위해 사력을 다해야 한다. 살을 도려내고 뼈를 깎는 노력을 기울여야 한다.

보수 세력은 박근혜 전 대통령의 탄핵을 딛고 새롭게 시작했던 경험이 있다. 나는 국민의힘을 비롯한 보수 진영의 저력을 믿는다. 그리고 국민의 지지와 신뢰를 회복하기 위해 모든 힘을 쏟아부을 것이라는 각오를 다지고 있다.

4부 마음속에 묻었던 이야기들

1장

공천의 이면

1절 받는 것도 주는 것도 힘들었던 공천

공천받는 과정에 아픔도 있었고
— 공천 주는 과정에선 인간적인 '비애悲哀'도 느껴

대구는 한나라당과 새누리당, 국민의힘으로 거쳐 온 보수 정당에 대한 지지도가 높아 '공천=당선'이라는 등식이 성립되어 왔다. 그러나 내가 대구에서 '6선 고지'에 오를 때까지 재선 국회의원이 되었던 2008년 18대 총선 한 차례만 제외하고 공천을 받는 것은 항상 힘들었다.

나는 공천 탈락의 아픔도 한 차례 겪었다. 지금도 도저히 용납할 수 없는 사감私感에 의한 잘못된 결정이었다. 공천은 받았으나, 그 과정에서 불쾌감이나 당혹감, 모욕감을 느꼈던 적도 있었다.

내가 대구에서 6선 국회의원을 한 것에 대해 평가절하하는 시선이 있는 것도 잘 알고 있다. 대구는 보수의 텃밭이기 때문에 대구에 지역구를 둔 국회의원들은 쉽게 당선된다는 인식이 있는 것도 부인할 수 없는 사실이다. 그러나 이는 대구 유권자들의 높은 자존심을 경시한 주장이다. 명예와 염치를 중시하는 대구 유권자들의 눈높이를 충족시키는 것은 매우 힘든 일이다. 여기에 더해, 대구는 수많은 인재人才들을 배출한 산실

産室이다.

나는 대구에서 공천받는 것을 한국 양궁이나 쇼트트랙 종목의 국가대표 선발전에 비유한다. 이 두 종목은 올림픽에서 메달을 따는 것만큼 국내 선발전이 힘들기로 유명하다.

나는 본선인 총선에서도 민주당 진영의 거물들을 상대로 승리를 거두면서 민주당의 '동진東進'을 막아 냈다. 2008년 18대 총선 때는 대구 '수성 을'에서 유시민 무소속 후보와 맞붙어 대승을 거두었다. 당시 민주당은 유 후보를 돕기 위해 민주당 후보를 공천하지 않았다. 2020년 21대 총선에서는 대구 '수성 갑'으로 지역구를 옮겨 김부겸 당시 민주당 의원을 꺾고 당선되었다.

공천은 받는 것도 힘들지만, 주는 것도 고뇌의 연속이다. 지방 선거가 실시될 때마다 내가 우리 지역구의 구청장, 시·구 의원에 대해 공천을 하는 과정은 번뇌煩惱라는 표현이 적합할 정도로 힘들고 괴로운 일이다.

나는 국회의원 선거에서 공천을 받는 과정에서 마음의 깊은 상처를 받은 적이 적지 않다. 역逆으로 공천을 할 때도 공천에서 탈락한 이들의 오해나 음해로 인해 마음고생을 한 적이 많았다. 이 과정에서 인간적인 비애悲哀도 여러 차례 느꼈다. 한국 정치가 발전하기 위해 반드시 실현해야 할 여러 과제들이 있다. 그중에서도 가장 중요한 것은 공천 개혁이다.

"권력자에 줄 대지 않아 6선이 될 수 있었던 거야"

2012년 4월 실시된 19대 총선을 앞둔 시점의 일이다. 이명박 정부 말기末期였기에, 사실상 공천의 전권全權은 박근혜 전 대표가 쥐고 있을 때다. 나는 당시 3선 국회의원을 도전하고 있었는데, 대구 '수성 을' 선거구는 당 내부에서 강력한 경쟁자가 없었다. 따라서 공천에는 큰 무리가 없을 것이라 생각하며 내심 안도하고 있었다. 그러나 오판이었다. 차일피일 공천이 미뤄지고 있었다. 조금씩 초조한 마음이 들었다.

이때, 당시 여권의 핵심 인사가 나에게 전화를 걸어 전한 이야기는 충격적이었다. 당시 공천을 좌지우지했던 친박계 핵심 인사가 "다른 의원들한테는 다 공천을 부탁하는 전화가 걸려오는데, 주호영 의원만 나에게 전화를 하지 않는다."고 불평 섞인 말을 했다는 것이다. 그러면서 여권 인사는 나에게 "전화 한 통 하라."고 당부했다. 전언 속에는 그 친박계 핵심 인사 앞에서 다들 슬슬 기는데, 나만 그렇게 하지 않아 괘씸하다는 뉘앙스가 담겨 있었다. 나는 불쾌함을 느꼈다.

그 전화를 받고 몇 날 며칠을 고민했다. 전화 한 통만 걸면 공천 문제가 쉽게 정리될 것이라는 생각이 들었지만, 자존심이 허락하지 않았다. 마침내 전화를 하기로 마음을 먹었다. 전화 한 통이면 되는데 오기 때문에 계속 이 문제에 신경을 쓸 필요가 없다고 생각했다. 전화를 걸었더니 친박계 핵심 인사는 "다른 사람들은 이미 다 나에게 전화를 해서 공천을 부탁했는데, 주 의원은 이제야 전화를 하네."라고 말했다. 말투에서 느껴졌던 오만함이 아직도 기억에 선명하다.

나는 총선 과정에서 공천의 실권을 쥐어 본 적이 없다. 다만 내가 그 친박계 인사처럼 공천에 영향력이 있었다면, 공천을 위해 뛰고 있는 사람들에게 실질적인 도움을 주지 못하더라도 '열심히 활동하는 모습 잘 보고 있다. 좋은 결과 나올 수 있도록 기원하겠다'는 덕담과 격려를 전했을 것이라고 생각했다. 사람은 권력이 있을 때, 더 겸손하게 처신하고 언행을 신중하게 해야 한다는 교훈을 이때에도 얻었다.

한국 정치에서 '계파 정치'는 필요악必要惡이라는 생각이 든다. 계파 없이 대동단결大同團結하는 것이 가장 바람직하지만, 권력을 차지하기 위해서는 계파 정치가 효율적일 때가 있다. 같은 목적을 가진 사람들이 일사불란하게 움직일 수 있기 때문이다. 한국 정치에서 계파 정치가 사라지지 않는 이유다.

나는 초 재선 때 친이친이명박계로 활동했다. 그러나 당시에는 선수選數가 낮아 한계가 뚜렷했다. 초선 의원 때 '계파 정치'에 대해 제대로 알지 못했기 때문에 친이계 선배 정치인들의 '스카우트 제의'에 응했던 것 같다는 생각이 들 때도 있다. 이명박 정부가 5년 임기를 마친 이후에는 계파 정치와는 거리를 뒀다. 선수가 쌓이다 보니, 계파 정치가 나한테 맞지 않다는 생각이 들었던 것도 사실이다.

자랑인지, 아닌지 모르겠지만, 나는 6선 국회의원을 하면서 '실세'나 '2인자' 소리를 듣지 못했다. 성격상 공천 문제로 권력자에게 줄을 대거나 기웃거린 적도 없다.

한국 정치에서 계파 정치는 '하나의 거래'다. 권력자에게 '충성'을 바치면, '공천'이라는 보상을 받을 수 있다. 하지만 권력을 영원히 차지하는 계파는 없다. 권력은 언젠가는 손아귀에서 빠져나가는 모래 같은 것이라고 생각한다. 권력에서 밀려난 계파의 실세나 2인자들은 다음 공천에서 학살을 당하는 경우가 많다.

지금은 정계에서 은퇴한 선배 정치인을 만나 환담을 나누다가 나의 공천 이야기가 화제에 오른 적이 있었다. 그때, 선배 정치인이 "주 의원은 권력자나 특정 계파에 줄을 대지 않아서 6선이 될 수 있었던 거야." 라고 말했던 기억이 난다.

대구 수성 을 도전, 면접이 전부가 아니라고?

2004년 4월 15일 실시된 17대 총선을 통해 정계에 입문했다.

정치 신인이었던 나로서는 지역구를 선택하는 것이 가장 중요한 과제였다. 나는 대구 '수성 을' 지역구에 도전장을 내기로 결정했다. 수성 을은 내가 살고 있던 지역이었다. 여기에 더해, 내가 졸업한 능인고도 수성구에 있었고, 능인고 총동창회는 수성구를 콕 집어 나에게 출마를 권했다.

2004년 17대 총선 선거공보

예상하지 못했던 변화도 발생했다. 당시 한나라당은 '수성 을' 지역구를 공개경쟁 지역으로 확정한 것이다. 당시 3선 의원으로, 수성 을이 지역구였던 윤영탁 의원은 총선 불출마를 선언한 상태였다. 정치 초보였던 나는 '공개경쟁'이라는 공정한 기회를 받는 것만 해도 감지덕지할 일이었다.

나를 포함해 공천 신청자가 일곱 명이었다. 모두 경쟁력을 갖춘 인사들이었다. 공개 경쟁 면접은 2004년 2월 4일 대구시당 강당에서 열렸다. 기자들도 면접 과정을 취재했다. 대구를 직접 찾은 공천관리위원들이 일곱 명의 신청자들 모두에게 질문을 던졌다. 공천관리위원장이 김문수 당시 의원이었고, 부위원장이 홍준표 의원이었다.

공관 위원들은 한나라당이 나아가야 할 방향과 총선 승리 대책 등을 질문했다. 나는 면접을 잘 치렀다고 스스로 평가했다. 면접이 끝난 뒤에 '잘하면 내가 공천을 받을 수 있겠구나' 하는 기대감이 들었다. "주호영이라는 변호사가 면접에서 가장 잘했다더라."하는 이야기가 내 귀까지 들려왔다. 기자들까지 지켜봤으니, 잘못된 결정은 내리지 않을 것이라고 생각했다. 하지만 그것은 '정치 초짜'의 순진한 생각이었다. 면접이 전부가 아니라는 사실을 뒤늦게 깨달았다.

시간이 지나도 수성 을 지역구의 공천 결과는 발표되지 않았다. 당시 경쟁자 중에는 비례대표였던 현역 국회의원이 있었다. 이 의원이 공천에 이의를 제기하면서 결과 발표가 늦어지고 있었다. 나는 초조하지 않았다. 무심한 척 행동하면서 결과 발표를 기다렸다. 내 머릿속에는 '이번에 떨어지면 정치 쪽은 다시는 쳐다보지 않겠다' 하는 생각이 강해졌다. 2월 26일, 공천이 확정되었다. 면접을 치른 뒤 3주가 지난 시점이었다.

나는 17대 총선을 통해 초선 국회의원이 되었다. 그러나 기쁘지만은 않았다. '노무현 탄핵' 후폭풍 속에 한나라당이 참패한 것이었다. 열린우리당은 152석을 차지했고, 한나라당의 의석수는 121석에 불과했다. 하지만, '그나마 다행'이라는 평가가 우세했다. 개헌 저지선101석을 확보한 것만 해도 선방善防한 것이라는 지적이 나왔다. 그만큼 최악의 분위기에서 치른 총선이었다.

나는 한나라당이 최악의 결과를 피할 수 있었던 데에는 두 가지 요인이 있다고 생각한다. 하나는 박근혜 당시 대표가 주도했던 '천막 당사' 정신이었다. 박 대표는 여의도 당사를 떠나 인근 공터에 천막 당사를 지었다. 불법 대선 자금과 관련해 '차떼기' 등 한나라당의 부정적인 이미지를 떨쳐내겠다는 의도였다. 천막 당사로 대표된 쇄신 의지와 박 전 대표의 진심은 국민의 공감을 얻었다. 다른 하나는 공천이 잘 되었다는 점이다. 김문수·홍준표 '투 톱'은 공천을 성공적으로 이끌었다는 평가를 받았다.

나와 함께 나경원 의원, 유승민·정두언·최경환 전 의원, 박형준 부산시장 등이 당시 '새로운 피'로 수혈되었다. 이들은 17대 총선을 통해 초선 의원 배지를 단 이후 각자의 소신에 따라 한국 정치에서 저마다의 중요한 역할을 했다.

대통령도 놀란, 사감私感에 의한 공천 탈락

이 책을 쓰기 전에 나는 두 가지 원칙을 세웠다. 하나는 솔직하게 사실 그대로를 전하자는 것이었고, 다른 하나는 특정인에 대한 비판을 삼가자는 것이었다. 그러나 이 원칙이 상충上衝되는 대목이 하나 있다. 공천 관련된 이야기다. 공천은 그만큼 민감한 문제였다. 솔직하게 사실 그대로를 전달하기 과정에서 특정인에 대한 비판으로 느껴지는 대목이 있더라도 너그러운 양해를 구한다.

나는 공천 탈락의 아픔을 겪은 적이 있다. 2016년 4월 13일 실시된 20대 총선을 앞두고 있던 시점이었다. 나는 4선 국회의원에 도전하고 있었다. 그러나 새누리당의 공천에서 탈락했다.

이 책의 앞 단락에서 설명했듯이, 박근혜 당시 대통령도 2004년에 발간한 '어둠을 지나 미래로'라는 제목의 회고록에서 나의 공천 탈락에 대해 소회를 남겼다. 박 대통령은 회고록에서 "나로서도 의외의 공천 결과가 꽤 있었다. 가장 대표적인 게 주호영 의원의 공천 탈락이었다."라고 밝혔다.

박 전 대통령은 이어 "이한구 당시 공천관리 위원장은 굉장히 소신이 강한 분이라 자신이 옳다고 생각하면 그대로 하는 스타일이었다. 주 의원은 이한구 위원장과 같은 대구 수성구 지역구였는데 두 사람 사이에 무슨 일이 있었는지 궁금했다."고 설명했다.

나의 공천 탈락과 관련해 박 전 대통령이 추측했던 원인은 정확히 들어맞았다. 나는 공천 탈락이 이한구 당시 공천관리위원장의 사감私感에 따른 결정이었다고 생각한다. 당시, 새누리당의 공천관리위원회는 나의 공천 탈락과 관련해 구체적인 사유도 밝히지 않았다. 나는 이한구 위원장에게 여러 차례 전화를 걸었으나, 그는 받지 않았다. 당시 이 위원장이 나에 대해 '대구에서 3선까지 했으면 됐지'라는 말을 했다는 이야기를 비공식적으로 전해 들었다.

당시 3선 의원이었던 나보다 다선인 중진 의원도 적지 않았다. 특히, 이 위원장은 나의 옆 지역구였던 '대구 수성 갑'에서 내리 4선을 했다. 특히 나는 바로 앞의 19대 국회에서 많은 성과를 거두었다. 새누리당의 정책위의장과 국회 정보위원장 등을 지내면서 누구보다 의정 활동에 최선을 다했다. 세월호 참사 이후 세월호 특별법 협상을 주도했으며 공무원연금개혁 특별위원장을 맡아 공무원연금 개혁을 이끌어 냈다. 국회 정보위원장을 맡았을 때는 당시 민주당의 반대를 뚫고 테러방지법 제정에 앞장섰다.

나는 공천 탈락이 나를 표적으로 한 정치적 보복이었다는 것 말고는 다른 이유를 찾을 수 없었다. 이 위원장과 나의 관계는 무난했다. 나는 나보다 나이도 많고, 정계에서도 선배인 이 위원장을 깍듯하게 예우했다. 그러나 이 위원장은 지역구 활동에 소홀했다. 그것이 갈등의 출발점이었다고 생각한다.

이 위원장 지역구는 대구 '수성 갑'이었고, 나의 지역구는 '수성 을'이었다. 그렇기 때문에 수성구의 현안이나 지방 선거 공천의 의제를 놓고 의견 조율은 필수적이었다. 그러나 언제부터인가 이 위원장이 "주 의원이 그렇게 열심히 하니까 나만 욕먹는 거 아닌가. 그렇게 열심히 안 해도 돼."라고 말을 하곤 했다. 나는 그 말이 농담으로 들렸다. 이 위원장은 주로 서울에 머물렀다. 지방 선거 때도 마찬가지였다. 지방 선거에서 대구는 새누리당에 유리한 지역이었지만, 이 위원장은 무관심해도 너무 무관심했다. 그는 서울에 머물며 선거 운동에 소홀하다가 지방 선거 당일에만 대구를 찾았다가 점심 식사만 하고 귀경한 적도 있다. 이 위원장이 지역 문제를 독단적으로 결정하는 일이 잦았던 것도 우리 관계를 멀게 한 요인이었다. 그러던 중 어느 순간부터 나는 수성구와 관련된 중요한 결정을 하는 과정에 배제되고 있다는 사실을 직감했다.

이한구 의원과의 수성구청장 공천 문제

2010년 6월 실시되었던 지방 선거에서 수성구청장 공천 문제를 놓고 갈등을 벌였던 것은 나와 이 위원장 간의 사이가 악화된 결정적인 원인이었다. 당시 현역 수성구청장은 재선에 도전하고 있었다. 나와 구청장 간의 관계는 매우 좋았다. 구청장이 2006년 지방 선거에서 한나라당의 공천을 받는 과정에서 내가 상당한 기여를 했기 때문이다.

여기에도 사연이 있다. 구청장은 당黨 사무처 직원 출신이었다. 2006년 지방 선거 당시, 한나라당 공천을 신청했던 사무처 직원 출신들이 추풍낙엽秋風落葉처럼 줄줄이 떨어졌다. 박근혜 당시 대표가 나를 조용히 불렀다. 대구 수성구청장 공천 결정 전이었다. 박 대표는 '당 사무처 직원들이 공천에서 모두 탈락해 당 사무처 분위기가 많이 안 좋다. 이제 당 사무처 출신 중에는 한 명의 공천 신청자만 남았다. 그 후보자가 대구 수성구청장 선거에 공천을 신청했다고 한다. 혹시 주 의원이 마음에 두고 있는 구청장 후보자가 있느냐. 만약에 없다면, 당사무처 출신 후보자를 고려해 주는 것이 어떻겠느냐' 하는 취지로 나에게 도움을 요청했다.

나는 박 대표의 지적이 타당하다고 생각했다. 한나라당의 발전을 위해서는 당 사무처 직원들의 사기를 고려해야 했다. 당직자 출신의 후보는 결격 사유도 없었다. 대구 수성구의 여론도 청취했다. 그러나 이 위원장은 다른 사람을 마음에 두고 있었다. 그는 당직자 출신의 후보에 반대했지만, 나는 이 위원장을 설득했다. 그러고는 정당한 절차를 거쳐 당직자 출신의 후보에 대한 공천을 확정했다. 수성구청장이 공천을 받는 데에는 박 대표의 걱정과 나의 도움이 큰 역할을 한 것이었다. 그리고 그는 지방 선거에서 무난하게 승리해 수성구청장이 되었다.

이한구 위원장은 당직자 출신의 구청장에 대한 불만을 여러 차례 나에게 털어놓았다. 그러면서 4년의 시간이 흘러 2010년 지방 선거 시기가 돌아왔다. 지방 선거 몇 달 전, 이 위원장이 나를 불러 '차기 구청장은 어떻게 할 생각이냐'라는 취지로 물었다. 나는 이 위원장의 의향을 따르겠다는 뜻을 전했다. 그랬더니, 이 위원장이 현역 구청장에게 공천을 주자는 의견을 피력했다. 그래서 이 위원장에게 '그동안 늘 불만스러워했으면서 왜 또 현역 구청장에게 공천을 주려고 하느냐'는 취지의 질문을 던졌다. 그랬더니, 이 위원장이 "별다른 사람이 없다."면서 '대안 부재'를 이유로 들었던 것이 기억난다.

나는 이 위원장의 공천 방침에 이의를 제기하지 않았다. 그러면서 하나의 제안을 했다. 이 위원장과 내가 현역 구청장을 불러 공천 방침을 알리는 자리에서 구청장으로부터 부족했던 대목은 고치고, 향후 4년의 임기 동안 구청 업무에 더욱 매진하겠다는 다짐을 받아놓자는 것이었다. 이 위원장은 좋은 생각이라며 흔쾌히 동의했다. 그러고는 시간이 한참 흘렀다. 공천이 얼마 남지 않은 시점이었다. 나는 이 위원장에게 전화를 걸어 현역 구청장을 언제 만날 것인지 질문을 던졌다. 그랬더니, 이 위원장은 자신이 불러서 잘 타일러 보냈으며 다시 만날 필요는 없을 것 같다는 취지로 답했다. 내 입장에서는 공천 같은 중요한 문제를 놓고 이 위원장이 약속을 지키지 않고 혼자 구청장을 만난 것에 대해 이해하기 힘들었으나 불만을 제기하지는 않았다.

이런 상황에서 수성구청장이 법적 문제에 휘말렸다. 검찰은 구청장에 대해 강도 높은 수사에 나섰다. 구청장은 무죄를 주장했다. 대구시당은 구청장에 대한 공천안을 통과시켰다. 이 위원장도 현역 구청장 공천을 강행할 기류였다. 그러나 경쟁자들이 거세게 저항하며 공천 불복 압박까지 했다. 이들은 한나라당 중앙당에 이의 신청을 했다.

당시 당헌 당규는 당원이 기소될 경우 '당원권 정지'가 되게 되어있었다. 이미 기소되어 당원권이 정지된 상태이기 때문에 공천을 받는 것은 불가능했다. 재심위원회는 나에게 의견을 물었다. 나는 깊은 고민에 빠졌다. 내 머릿속에서는 복잡한 생각들이 충돌했다.

먼저, 검찰의 무리한 수사라는 반박에 설득력이 있었다. 판사 출신인 내가 봐도 수사에는 허점이 많아 보였다. 그러나 사실 관계에 대한 정보가 절대적으로 부족한 상황에서 섣부른 판단은 금물禁物이었다. 게다가 2010년은 이명박 정부 집권기였다. 검찰이 정치 보복 차원에서 여당 구청장을 수사할 이유는 없었다.

나는 고심 끝에 이 문제는 원칙대로 해결해야 한다는 결론에 도달했다. 그리고 당헌·당규대로 기소되어 당원권이 정지되었으므로 공천되어서는 안된다는 의견을 제시했다. 구청장은 공천에서 탈락했다. 이후 구청장은 법정 싸움 끝에 무죄 판결을 받았다.

이 과정에서 나는 근거 없는 루머의 피해자가 되었다. 내가 '검찰 수사의 배후였다'는 입에 담을 수 없는 중상모략까지 퍼졌다. 나는 구청장과 경쟁자들의 충돌을 막기 위해 검찰의 결정에 따르겠다는 고육지책苦肉之策을 제시했는데, 모욕적인 루머에 시달려야 했다. 공천이 그만큼 괴로운 일이라는 사실을 뼈저리게 깨달았다.

험난했지만 당당, 떳떳했던 '무소속 출마'

이한구 위원장은 20대 총선을 앞두고 불출마 선언을 했다. 새누리당은 이 위원장을 공천관리위원장으로 임명했다. 그때만 해도 사이가 멀어져 조금 찜찜한 구석은 있었지만, 나에 대해 공천 배제라는 칼날을 휘두를 것이라고는 상상도 하지 못했다.

공천이 차일피일 늦어지면서 이 위원장이 공천에서 나를 탈락시킬 것이라는 흉흉한 소문이 귀에 들려오기 시작했다. 20대 총선을 한 달 앞둔 2016년 3월 14일 이 위원장은 나의 공천 탈락을 공식 발표했다. 나는 그 다음 날인 3월 15일 국회에서 기자 회견을 열고 나에 대한 공천 배제가 취소되지 않을 경우 무소속 출마도 불사하겠다는 뜻을 밝혔다.

나는 재심을 신청했으나, 이 위원장은 재심 요구도 받아들이지 않았다. 나는 막다른 길에 몰렸다. 이 과정에서도 황당한 일이 하나 발생했다. 당시 친박계의 핵심 인사가 나에게 전화를 걸어와 무소속 출마를 하지 말고, 공기업 쪽으로 가라는 제안을 해왔다. 나는 "이런 전화는 다시는 하지 말라."고 소리치며 전화를 끊었다.

공천 탈락은 이 위원장의 나에 대한 사감私感 말고는 다른 이유를 찾기 힘들었다. 명예를 지키는 것도 중요했지만, 명분 없는 공천에 저항해야 한다고 생각했다. 그래서 나는 무소속 출마를 결심했다.

20대 총선이 치러지기 전인 2016년 3~4월에는 박근혜 당시 대통령의 지지도가 여전히 탄탄했다. 세월호 참사를 겪었지만, 박 대통령의 지지 기반은 굳건했다. 박 대통령을 탄핵으로 몰아넣은 '최순실최서원으로 개명 국정 농단 의혹'이라는 쓰나미가 몰려오기 전이었다.

무소속의 길은 험난했다. 모든 것이 낯설었던 것이 가장 힘들었다. 나는 기호 1번 대신 기호 5번 후보가 되었다. 그리고 무엇보다 정들었던 새누리당의 빨간 점퍼 대신 흰색의 점퍼를 입고 선거 운동을 했다. 하지만 나는 승리에 대한 자신감을 잃지 않았다. 수성 을의 많은 유권자들이 내 손을 잡고 전해 주는 응원과 격려의 말 속에 진심이 담겨 있었다. 길거리에서 만난 유권자들은 잘못된 공천에 대해 나보다 더 혹독한 비판을 내놓았다.

4월 13일 실시된 총선에서 나는 승리했다. 새누리당과 민주당의 후보와 맞붙은 3자 대결 구도였지만 수성 을의 유권자들은 거의 절반에 달하는 46.82%라는 높은 득표율을 나에게 선사했다. 가슴 벅찬 기억이다.

나를 선택해준 수성 을의 유권자들에 대해 아직도 깊은 감사함을 느끼고 있다. 나는 6월 22일 새누리당에 복당을 신청했고, 새누리당은 그

2016년 20대 총선 무소속 당선 때

다음 날인 6월 23일에 나의 복당을 승인했다. 석 달간의 마음고생을 끝내고 드디어 집에 돌아온 것이다.

내가 복당한 이후 일이다. 새누리당의 동료 의원이 나를 반기면서 "주 의원이 무소속 출마를 한 것을 보고 주 의원을 진정으로 인정하게 되었다."라고 말했다. 나는 그 말이 대구에서의 무소속 당선에 대하여 놀라워 하는 뜻으로 이해 했다. 하지만 그 의미가 아니었다. 그 의원은 나에게 "주 의원이 만약 구린 게 있었으면, 절대 무소속 출마를 하지 못했을 것 아니냐. 탈탈 털어도 나오는 것이 하나도 없을 정도로 깨끗하니까 무소속 출마를 할 수 있었던 것 같다."라며 설명을 덧붙였다. 그제야 나는 동료 의원의 말을 완벽하게 이해할 수 있었다.

서슬 퍼렇던 시절보다는 나아졌지만, 그 당시만 해도 여당 의원이 무소속 출마를 선언할 경우 검찰과 경찰의 뒷조사가 암암리에 이뤄진다는 이야기가 많았다. 조금이라도 꺼림직한 것이 있었다면 무소속 출마를 강행하지 못했을 텐데, 당당하게 무소속 출마를 선택한 나를 높게 평가한다는 의미였다.

사실도 그랬다. 나는 무소속 출마를 결심하는 데에 있어 도덕적으로 고민이 되는 대목은 하나도 없었다. 내 나름대로 자기 관리를 철저히 하려고 했던 노력이 정치적 위기에서 큰 자산이 될 줄은 전혀 상상하지 못했다.

2절 준비 없는 공천은 이제 그만

공천 실패, 총선 참패 그리고 대통령 탄핵

20대 총선을 앞두고 새누리당은 '헛된 꿈'에 빠져 있었다. 안철수 의원이 민주당을 탈당해 국민의당을 창당한 것이 기폭제가 되었다. 야권이 분열되면서 새누리당이 승리할 것이라는 전망에 기대감이 높았다. 그러나 총선 결과는 민주당 123석, 새누리당 122석, 국민의당 38석이었다.

이한구 위원장이 주도한 잘못된 공천도 결정적인 패인 중의 하나였다. 이 위원장의 공천 실패는 박근혜 전 대통령에 대한 '탄핵의 문'을 열어놓는 결과를 초래했다. 앞 대목에서 설명한 대로 나는 민주당에 국회의장 자리를 빼앗기지 않았더라면, 과연 민주당이 탄핵을 밀어붙일 수 있었을까 하는 의문을 갖고 있다.

나는 나 혼자만의 힘으로 무소속에서 살아남았던 것은 아니다.

역설적으로, 이 위원장의 공천 학살이 나를 살렸다. 이 위원장이 정교하게 나만 겨냥했다면, 나는 정치적으로 살아 돌아오지 못했을 것이라고 생각한다. 이 위원장은 새누리당의 20대 총선 공천을 망쳐놓았다는 비판을 받았다. 전국적으로 새누리당 공천에 대한 반발이 거셌다. 잘못된 공천으로 일부 지역에서는 무소속 바람이 일었고, 새누리당 공천을 받은 후보들이 고전을 면치 못했다. 나를 포함한 일부 무소속 후보들은 '공천 학살의 피해자'라는 동정 여론에 힘을 받았다. 이 또한 이 위원장의 잘못으로 발생한 결과였다.

무소속 출마를 했을 때 일화도 하나 있다. 나의 공천 탈락이 발표되기 전이었다. 내가 '공천을 받느니, 못 받느니' 하는 이야기가 퍼져 있을 때였다. 선배 의원 한 명이 나에게 "이럴 때는 주 의원이 공천을 주었던 시·구 의원들부터 미리 탈당계를 모두 받아놓아야 한다."고 조언했다. 나의 공천 결과가 확정되기 전이었기 때문에 시·구 의원들은 나의 지시에 따라 탈당계를 제출할 것이고, 그것을 보관하고 있다가 만약 내가 공천에서 탈락하면 새누리당에 집단 탈당계를 제출하는 것이다. 그렇게 해서라도 내가 무소속으로 출마하더라도 시·구 의원들의 조력을 받으라는 취지였다. 그럴싸한 조언이었지만 나는 받아들이지 않았다. "제가 공천에서 탈락해 시·구 의원들이 함께 탈당한다고 하더라도 몰래 새누리당 후보를 도울 사람들은 뒤에서 돕지 않겠습니까. 그런 일은 하지 않겠습니다."라고 답했던 기억이 난다.

하루아침에 '을'에서 '갑'이 된 사연

나의 험난한 '공천 스토리'는 계속되었다.

2020년 4월에 실시된 21대 총선을 앞두고도 공천과 관련해 우여곡절을 겪었다. 이 이야기는 내가 지역구를 대구 '수성 을'에서 '수성 갑'으로 옮기는 것으로 결말을 맺었다. '옆 동네'로 지역구를 옮기는 일을 겪어야만 했던 것이다.

2020년 1월 중순의 일이다. 김형오 전 국회의장이 자유한국당국민의힘 전신의 공천관리위원장으로 임명되었다. 나는 김 전 국회의장과 각별한 사이라고 생각했다. 김 전 국회의장이 한나라당의 원내대표에 선출되었을 때, 김 전 의장은 나를 원내대변인으로 기용했다. 나는 최선을 다해 김 전 국회의장을 도왔다.

김 전 의장이 한국당의 공관위원장으로 임명되었던 날이다. 그날의 기억은 선명하다. 일찍 퇴근한 나는 집에서 김 전 의장의 공관위원장 임명 소식을 전하는 TV 9시 뉴스를 시청했다. 공교롭게 그 뉴스를 본 직후 김 전 의장으로부터 전화가 걸려왔다. 김 전 의장은 나에게 "내가 주의원 자네 때문에 공관위원장 수락 여부를 고심했다."고 말문을 열었다. 김 전 의장은 그러면서 "내일 시간이 있나?"라고 물었다. 나는 나의 공천이 또다시 문제가 될 수 있다는 사실을 직감했다. 김 전 의장과 나는 다음 날 점심 식사를 함께하기로 약속을 잡았다.

식당에서 만난 김 전 의장은 "주의원 이번 총선에 불출마하면 안 되겠나?"라고 조심스럽게 물었다. 나는 "제가 불출마를 해야 하는 이유를 설명해주실 수 있겠습니까?"라고 되물었다. 김 전 의장이 내놓은 답변은 나의 예상을 벗어나지 않았다. 역시나 '중진 의원 교체', 이른바 '물갈이'였다. 이미 무소속으로 승리해 복당한 경험이 있는 나는 나의 입장을 분명히 전달했다."의장님, 저는 의장님이 잘 판단하실 것으로 믿습니다. 만약 저를 공천에서 탈락시켜야 한다고 생각하신다면 그렇게 하십시오. 대신, 저는 반드시 무소속으로라도 출마할 것입니다."라고 단호하게 내 뜻을 밝혔다.

김부겸 의원을 꺾을 수 있는 후보

여기서 변수로 작용한 것은 김부겸 당시 민주당 의원의 존재였다. 지역감정 타파를 외친 김 의원은 20대 총선에서 민주당 후보로 대구 수성 갑에 출마해 김문수 새누리당 후보를 꺾고 승리했다. 보수의 심장부에서 승리를 거두었던 김 의원은 재선 채비를 하고 있었다.

21대 총선 직전인 2020년 2월 17일 자유한국당은 미래통합당국민의힘 전신으로 간판을 바꾸었다. 미래통합당 입장에서는 김부겸 의원을 꺾을 수 있는 후보가 필요했다. 그래서 선택된 인물이 나였다.

나는 그런 낌새를 이미 눈치채고 있었다. 당시, 통합당의 공관위에서 핵심적인 역할을 했던 후배 의원이 나에게 전화를 걸어와 "형님, 영남과 서울 강남의 '동일 지역구' 3선 이상은 이번 공천에서 무조건 날린다고 합니다. 그런데, 형님을 탈락시키기에는 너무 아깝습니다. 만약, 당黨에서 형님의 지역구를 '수성 을'에서 '수성 갑'으로 옮기더라도 수용해 주십시오."라고 간곡하게 부탁했다.

편법으로 보일 수 있지만, '수성 을'에서 '수성 갑'으로 지역구를 옮기면 '동일 지역구' 3선의 굴레에서는 벗어날 수 있었다. 무엇보다도, 통합당의 입장에서는 김부겸 의원이 대구의 중심부에서 재선하는 것은 막아야 했다. 나는 당시 대구 '북구 을' 지역구에도 공천이 검토되었다. 북구 을에는 무소속으로 출마했다가 승리한 뒤 민주당에 복당한 홍의락 당시 의원이 있었기 때문이다.

나는 다른 '경우의 수'는 고민하지 않았다. 공천에서 탈락할 경우 수성 을에서 또다시 무소속 출마할 것으로 마음을 잡고 있었다. 그러나 상황이 달라졌다. 통합당 공천관리위원회는 나에게 김부겸 의원과의 '맞대결'을 요청하고 나섰다.

지역구를 옮기는 것은 상상도 해본 적이 없는 일이었다. 또다시 '공천 파동'을 겪는 것도 솔직히 신물이 났다. 그러나 지역구를 옮겨 김 의원을 꺾어달라는 통합당의 요청은 거세졌다. 같은 수성구에서 지역구를 이동하는 것은 수성구민들도 이해할 것이라는 설득도 나의 마음을 움직였다.

특히 박 전 대통령의 탄핵 이후 보수 세력은 쪼그라들 대로 쪼그라들었던 상태였다. 보수 재건을 위한 미래통합당의 요청을 수용할 수밖에 없었다. 그래서, 나는 대구 수성 갑의 공천을 받았다. 그것도 경선이 없는 전략 공천이었다. 통합당이 나를 예우한다는 생각이 들었다. 김형오 공관위원장은 나에 대한 공천 결과를 발표하면서 "대구 수성 갑을 반드시 탈환해야 할 지역으로 보았기 때문에 이 같은 공천 결과가 나온 것이다." 라고 설명했다.

나는 2020년 4월 15일 치러진 21대 총선에서 59.81%의 득표율을 기록하며 김부겸 후보를 상대로 승리를 거뒀다.

공천은 장기 플랜, 1년 이상 준비해야

21대 총선에서 승리하면서 나는 5선 국회의원이 되었다. 그러나 지역구를 옮기는 과정에서 나는 또다시 예기치 않은 후유증을 겪어야 했다. 그것은 수성 갑에서 활동하고 있던 기존 예비 후보들의 반발이었다.

내가 전략 공천을 받자 수성 갑에서 활동하고 있던 예비 후보들은 수성 을로 지역구를 옮겨야 했다. 수성 을에서는 경선이 치러졌다. 이 과정에서 나는 김형오 공관위원장에게 한 가지 사항을 간곡하게 부탁했다. 나는 지역구를 옮기는 예비 후보들에 대해 수성 을 경선 과정에서 한 사람도 '컷오프' 하지 말고, 예비 후보들 모두에게 경선 참여의 기회를 줄 것을 요청했다.

세 가지 이유였다. 첫 번째는 나 때문에 지역구를 옮기게 된 예비 후보들에 대한 인간적인 미안함이었다. 나는 통합당의 요청에 따라 지역구를 옮긴 것이었지만, 그래도 미안한 감정이 컸다. 두 번째는 수성구 안의 화합과 통합이었다. 옆 지역구인데 얼굴 붉힐 일을 만들지 말아야 한다는 것이 나의 생각이었다. 세 번째는 나의 총선 선거 운동 때문이다. 나의 수성 갑 전략 공천에 승복하지 않는 예비 후보가 수성 갑에 남아 있을 경우, 나의 선거 운동에 지장이 있을 것이라는 판단을 했다. 그러나 통합당 공관위는 그 요청을 받아들이지 않았고 한 명의 예비 후보에 대해 컷오프를 단행했던 것이다.

수성 을 경선에서 배제된 인사가 나에 대해 험담을 한다는 이야기가 들렸다. 내가 뒤에서 압력을 행사해 그 인사를 컷오프시켰다는 것이 음해의 핵심 내용이었다. 경선에서 배제된 예비 후보의 억울함과 분노도 이해한다. 또, 향후 지역에서 계속 정치 활동을 이어 가야 하는 입장에서 '남 탓'을 해야 할 이유도 있었을 것이다. 그러나 나로서는 기가 막혔다. 나는 수성 갑으로 지역구를 옮긴 상황에서 한 명의 도움이라도 더 필요한 상황이었다. 논리적으로 말이 되지 않는 중상모략이었다. 그러나 또 음해의 대상이 되었다.

공천 과정에서 느낀 것을 바탕으로 제언을 하나 하려고 한다. 공천 개혁은 내가 22년 넘게 정치 활동을 하면서 깊게 고민한 주제 중 하나이다.

한국 정치의 발전을 위해서는 공천 개혁이 급선무다.

공천 개혁과 관련해서는 다양한 전문가들의 심도 있는 논의와 연구가 이루어져야 한다는 것이 나의 생각이다. 당원과 대의원의 투표, 여론 조사로만 뽑는 '상향식' 공천에도 부작용이 있고, 공천관리위원회가 전략적으로 한 명을 뽑는 '하향식' 공천도 문제점을 안고 있는 것이 사실이다. 공천 개혁은 지금처럼 소선거구제가 아닌 중 대 선거구제의 도입과 연계해 검토해야 할 사안이다.

현재 단계에서 공천에 대한 완벽한 답을 찾는 것은 힘들다. 다만, 나는 총선 직전에야 허급지급 공천을 단행하는 현행 풍토는 고쳐져야 한다는 확고한 소신을 갖고 있다. 최소한 1년 이상의 시간을 갖고 공천을 준비해야 한다. 그렇게 치밀하게 준비해야 국민의힘이 다시 국회 다수당의 지위를 되찾을 수 있다. 총선 직전에 현역 의원의 지역구를 옮기는 것은 유권자에 대한 도리가 아닐 뿐만 아니라 선거에서 이기기도 쉽지 않다. 공천을 체계적으로 준비하는 것은 정치 신인에게도 도움이 될 것이다. 새로운 지역구에서 유권자들과 교감할 수 있고, 지역 문제를 고민할 수 있는 충분한 시간을 주어야 한다. 국민의힘의 총선 승리를 위해서는 '장기 플랜'이 필요하다. 지금처럼 선거 한두 달 전에 후보를 확정하는 시스템은 개선되어야 한다.

2장

내 인생과 불교

1절 내 인생의 나침반, 불교

나는 다른 종교를 믿는 사람들도 존중한다. 불교, 기독교, 가톨릭 등 특정 종교를 떠나 사람들이 종교를 믿는 것을 권한다. 모든 종교는 선하게 살아가는 법을 가르치기 때문이다.

나는 불교 신자다. 불교를 떼면 나의 인생을 생각할 수 없을 정도이다. 불교는 내 인생의 나침반으로, 불교를 통해 인생의 가르침과 마음의 평안을 얻었다. 어떻게 보면 험난한 정치판에서 22년 넘게 활동할 수 있었던 것도 불교의 도움이 컸다. 나는 정치를 하면서 힘든 순간이 찾아올 때마다 불교의 가르침에 의지했다. 돌아보면 인생의 단계마다 불교와 밀접하게 연결되어 있었다. 이 또한 나의 운명이라는 생각이 든다.

소년기에는 경상북도 울진군 읍내리의 동림사를 통해 불교를 처음 접했다. 국민학교현 초등학교 4학년 때, 우리 가족이 울진 읍내리로 이사를 갔는데 집 바로 옆에 동림사가 있었다. 나는 동림사 마당에서 뛰어놀면서 소년기를 보냈고 자연스럽게 불교와 친밀감을 가졌다.

청소년기에는 모교 능인고등학교를 빼놓을 수 없다. 내가 이 학교를 다녔던 것도 운명이라 생각한다. 능인고는 대한불교조계종의 종립 학교다. 대구와 경북 지역의 5대 본사本寺인 직지사, 동화사, 은해사, 불국사,

고운사가 공동으로 설립한 학교로, 능인고에서 불교 교리에 대한 기초적인 공부를 할 수 있었다.

능인고에는 교학 시간이 있었다. 1주일에 1시간씩 불교의 가르침을 배우는 시간이었다. 교학 시간에 딴청을 부리는 학생들도 있었지만, 나는 교학 시간이 너무나도 좋았다. 선생님 덕분이었다. 내가 학교를 다녔을 당시 교학을 가르친 선생님은 박성하 선생님이었다. 박 선생님은 불교계의 고승이었다. 일제 강점기에 이미 불국사 주지를 지냈고, 1950년대에 조계사 주지를 지냈다. 2대 국회에서는 국회의원을 지냈다. 박 선생님은 노년에 능인고에 부임해 학생들에게 불교의 교리를 가르쳤다. 이런 고승께서 이 불교를 가르쳤으니 그 가르침의 깊이는 대단했다. 나는 박 선생님이 가르치는 불교의 교리에 빠져들었다. 박 선생님 덕분에 불교 교리에 대한 기초를 탄탄하게 만들 수 있었다.

청년기 때는 서초반야회를 통해 불교와의 연緣을 더욱 깊게 이어갔다. 서초반야회는 사법연수원의 불자佛子 모임이다. 나는 서초반야회에서 활동하며 체계적인 불교 공부를 시작했다고 생각한다. 나는 서초반야회에서 불교 교리에 대한 전문서적들을 읽기 시작했다.

판사 시절에는 본격적으로 불교 경전에 대해 공부했다. 반야심경과 금강경, 화엄경, 유마경 등의 경전을 공부했다. '불타의 세계'라고 일본 학자가 쓴 부처님의 일생에 관한 책을 여러 번 반복해 읽었던 것도 기억에 남는다.

나는 더욱 깊이 있게 불교 공부를 하기 위해 알고 지내던 스님을 통해 스승을 구하기도 했다. 그러나 스승과의 불교 공부는 쉽지 않았다. 이는 지리적 문제 때문이었다. 판사 시절 기간의 대부분을 대구·경북 지역의 법원에서 근무했는데, 스승으로 추천받은 스님들은 너무 먼 지역에 있었다. 그래서 새로운 방법을 찾았다.

당시에는 불교 교리를 카세트테이프에 녹음한 법문法門 테이프가 매우 많았다. 좋은 법문 테이프를 구해 출퇴근하는 동안 차에서 반복적으로 들었다. 운전하면서 법문 테이프를 들었을 때, 설명 내용에 대한 집중력이 높아진다는 느낌을 받았다. 출퇴근하면서 매일 반복적으로 들었던 법문 테이프는 불교 교리 공부에 큰 도움이 되었다. 좋아했던 법문 테이프가 있는데, 너무 많이 들어서 녹음테이프가 늘어질 정도였다.

"주호영을 보내달라"

불교는 나의 정치 인생에도 큰 도움이 되었다. 먼저, 정신적인 측면에서 나는 불교를 통해 '자기 수양修養'에 더욱 힘을 쏟을 수 있었다. 불교는 나에게 마음가짐과 몸가짐에 대해 많은 가르침을 안겨주었다. 그리고 심리적인 안정과 위안을 주었다. 인생을 살면서 힘든 일을 겪지 않는 사람은 없다. 나는 정치 활동을 하면서 어려운 고비를 만날 때마다 불교 경전의 구절을 되새기며 마음을 다스렸다. 나는 6선의 의정 활동을 하면서 정치

울진 불영사에서 합장

적 오해를 몇 차례 받은 적은 있으나, 큰 논란에 휩싸인 적은 없다. 이것 또한 불교의 가르침을 따른 결과라고 생각한다.

현실 정치에서도 불교계는 나의 든든한 우군友軍이었다. 나는 우리 당이 대선과 같은 큰 선거에서 불교계의 지지를 더 많이 받을 수 있도록 하기 위해 노력했다. 이명박 대통령이 당선되었던 2007년 대선과 박근혜 대통령이 승리했던 2012년 대선 모두 선대위의 불교위원장을 맡았다.

두 가지 일화가 생각난다. 2012년 10월 31일, 전북 정읍의 내장사에서 큰 화재가 발생해 대웅전이 완전히 불타 무너졌다. 당시 시점은 같은 해 12월 19일 실시되었던 대선을 한 달 반 정도 앞두고 있던 중요한 시기였다. 새누리당 대선 후보는 박근혜 후보였다.

내장사는 호남을 대표하는 천년 사찰이다. 새누리당 선거대책위원회는 선대위 최고위 관계자를 내장사에 보내 화재 수습을 돕는다는 방침을 세웠다. 불교계와 호남 민심을 의식한 조치였다. 하지만 내장사 측에

내장사 전경

서 "새누리당의 정치인이 화재 현장에 올 필요는 없다. 새누리당에서 정 의원을 보내려고 한다면 주호영 의원을 보내달라."고 요청했다.

이를 전해 들은 박근혜 후보가 직접 나에게 내장사를 찾아줄 것을 요청했다. 선대위 내부에서는 '주 의원에 대한 불교계 신뢰가 높은 것은 알았지만, 이 정도로 높은 줄은 몰랐다'는 이야기가 돌았다고 한다. 나는 체면이 섰다.

내장사 화재는 전기 난로 과열과 누전이 원인이었다. 나는 내장사에서 화재 수습에 힘을 보탰다. 박근혜 정부 들어 전소된 내장사 대웅전 재건 과정에 전력을 다했다. 2015년 8월, 화재 2년 10개월 만에 내장사 대웅전이 복원되었다. 재건되었던 내장사 대웅전이 2021년 3월 5일에 또다시 불에 타는 안타까운 사건이 발생했다. 그 화재의 원인은 사찰 관계자들과 갈등을 빚던 승려의 방화였다.

두 번째 일화는 이명박 대통령과 관련된 이야기다. 2008년 1월 16일 조계종은 서울 종로구의 조계사에서 한국불교지도자 신년하례 법회를 개최했다. 당시 시점은 이 대통령이 2007년 12월 대선에서 승리한 뒤였고, 대통령 취임식 전前이었기 때문에 '대통령 당선인' 신분이었다.

이 당선인은 이미 기독교계 행사에 참석했었고, 노환 중이던 천주교의 김수환 추기경을 예방했다. 이 당선인 측은 기독교와 천주교의 일정은 소화했는데, 불교계의 행사에만 빠질 수 없다는 판단 아래 신년하례 법회 참석을 결정했다. 그러나 법회를 준비하는 과정에서 난제가 하나 등장했다. 신년하례 법회는 신년을 맞이한다는 의미에서 불교계의 큰 행사였기 때문에 법회 참석자들이 부처님에게 삼배三拜를 올리는 순서가 있었다.

기독교계 일부에서는 독실한 기독교 신자인 이 당선인이 불교계 행사에 참석하는 데에 대해 불편한 감정도 없지 않았다. 이런 상황에서 이 당선인이 부처님께 '삼배'를 드린다면 기독교계의 반감이 고조될 수 있다는 우려가 제기되었다. 뾰족한 해법이 나오지 않은 상태에서 내가 아이디어 하나를 제안했다.

이 당선인이 삼배를 하기 전에, 신년하례 법회가 개최되는 조계사 대웅전을 스님들과 불교 신자들로 가득 메우는 방안이었다. 아이디어의 핵심은 협소한 공간의 문제로 인해 이 당선인이 삼배를 할 수 없는 상황을 연출하는 것이었다.

내 제안은 수용되었다. 이 당선인은 신년하례 법회에서 삼배 대신 '합장'을 했다. 신년하례 법회는 성공적으로 마무리되었다. 지금도 당시의 보도 사진을 보면, 이 당선인 주변에는 스님들이 빼곡히 들어서 있다. 이 당선인 측은 불교계의 여론에도 귀를 기울여야 했고, 기독교계의 입장도 고려해야 했다. 그 절충점이 내가 낸 아이디어였다.

나는 내장사 화재나 신년하례 법회의 사례처럼 불교계와 우리 당 사이의 관계를 조정·조율하는 메신저 역할을 충실히 해왔다고 자부한다. 나는 불교계에 어려운 문제가 발생할 경우 그것을 해결하기 위해 앞장섰다.

좋은 스님들과 친분을 쌓은 것도 내 인생의 행운이라고 생각한다. 스님들의 가르침과 조언 한마디는 길잡이가 되었다. 나는 스님들과 교류하면서 마음의 안정을 얻었다. '바위에 든 가재'라는 말이 있다. 가재는 약하지만, 큰 바위 밑에 들어가면 항우장사라도 잡을 수 없다는 뜻이다.

나는 후배 의원들에게 이 말을 전하면서 자신만의 '바위'를 가져야 한다고 여러 차례 조언했다. 직능 단체든 전문가 집단이든 대체 불가능한 자기만의 지지기반을 구축하라는 뜻이었다. 나는 평생을 불교와 함께 지냈다. 불교는 내 인생의 큰 바위다.

2절 고마운 인연, 후원회장 네 분

나는 정치를 22년 넘게 해오면서 무수히 많은 고마운 분들을 만났다. 그 분들의 도움이 없었다면 내가 6선 국회의원이 되는 것은 불가능했을 것이다.

고마운 분들과의 사연을 모두 전하자면 책 한 권으로도 부족하다. 나는 그분들을 일일이 직접 찾아뵈며 감사한 마음을 잊지 않고 있다는 뜻을 전할 계획이다. 다만, 이 책을 통해 고마움을 전하고 싶은 분들이 있다. 내가 국회의원이 된 이후 후원회장을 맡아주셨던 분들이다.

내 후원회장 역할을 맡아주셨던 분들을 시간 순서대로 소개하면, 이규곤 전 능인고 교장선생님, 이의근 전 경북지사, 배칠근 전 능인고 총동창회장, 성낙인 전 서울대 총장이다. 이분들은 모두 나의 은사이거나 선배다. 내가 직접 찾아가서 후원회장을 맡아주실 것을 요청했고, 이분들 모두 나의 부탁을 흔쾌히 수락했다.

이 외에도 공식 후원회장은 맡지 않았으나, 나를 위해 지금도 매일 기도해주시는 문신자 원장님에게도 고마움을 전하고자 한다. 앞서 소개한 이분들은 헌신적으로 나를 도와주셨다. 이분들은 나의 든든한 울타리이자 멘토이며, 응원단장이기도 하다.

솔직히 말해, 나는 기업인들에게 후원회장 자리를 맡기는 정치인들을 이해하기 힘들다. 후원회장이 정치 자금을 모아 전달하는 사람으로 오해받을 수 있기 때문이다.

나는 나의 후원회장 네 분과 문 원장님으로부터 돈으로 환산할 수 없는 도움들을 받았다. 그 고마움을 조금이나마 잊지 않았으면 하는 하는 생각에 이분들과의 사연을 전하고 한다.

나의 첫 후원회장은 이규곤 전 능인고 교장선생님이자 나의 은사다. 내가 능인고를 다녔을 때 일반 사회 선생님이었다.

나의 첫 정치적 도전은 2004년 4월에 실시된 17대 총선이었다. 정치 신인이었던 내가 후원회장으로 모시고 싶었던 분은 한 분밖에 없었다. 이 교장선생님이었다.

그때, 이 교장선생님은 이미 정년퇴직을 했던 시점이었다. 나는 이 교장선생님을 직접 찾아 뵙고 후원회장을 맡아줄 것을 정중하게 요청했다. 이 교장선생님은 제자의 후원회장 부탁을 흔쾌히 수락했다. 이 교장선생님은 17대 총선에서 능인고 졸업생들을 중심으로 나의 선거 운동을 적극적으로 도왔다.

은사의 도움으로 나는 첫 선거에서 승리를 거둘 수 있었다. 이 교장선생님은 지금도 등산을 다니시는 등 건강하게 지내고 계셔서 제자로서 더욱 감사한 마음이다.

나의 두 번째 후원회장은 이의근 전 경북지사다. 행정 관료의 외길을 걸어온 이 전 지사는 3선選 경북지사를 지냈다. 이 전 지사가 나의 후원회장을 맡은 사연은 이 전 지사의 올곧은 성품을 보여주는 사례다. 이 전 지사는 2006년 6월 경북지사를 세 차례 지낸 뒤 퇴임했다.

그해 가을 무렵이다. 나는 초선 의원이었다. 이 전 지사는 나를 만나 "내가 주 의원 후원회장을 맡고 싶은데 그렇게 해줄 수 있겠느냐?"라고 나에게 의향을 물었다.

나는 의외의 제안에 놀라 그 이유에 대해 정중하게 질문했다. 이에,

이 전 지사는 "경북지사를 마치고 나니, 정치권에 있는 사람들이 여럿 나에게 후원회장을 맡아달라고 부탁한다. 하지만, 그 부탁을 매정하게 거절할 수 없어서, '내가 이미 주호영 의원 후원회장을 맡고 있어서 더 이상 후원회장을 할 수 없다.'라고 설명하면서 고사할까 한다."고 말했다.

나는 이 전 지사의 입장을 이해할 수 있었다. 나는 이규곤 교장선생님에게 양해를 구하고 2006년 10월 이 전 지사를 후원회장으로 모셨다. 안타깝게도 이 전 지사는 2009년 4월 별세하셨다.

나의 세 번째 후원회장은 배칠근 전 능인고 총동창회장이다.

배 회장은 나의 정치 활동 시작부터 지금까지 함께 한 분이다. 내가 국회의원이 되기 전에, 능인고 총동창회는 나의 정계 진출을 강하게 권유했고 특히 지역구까지 능인고가 있는 대구 '수성 을'로 콕 집어 출마할 것을 요청했다.

그 장본인이 배 회장이다. 배 회장은 내가 정계에 입문한 뒤 내 곁에 항상 있었다. 배 회장은 선거가 있을 때나 없을 때나 나의 정치 활동에 큰 도움을 주었다. 배 회장은 젊었을 때 역대 최장기 국회의장인 이효상 전 국회의장의 비서를 지냈던 경력을 바탕으로 정치에 대한 상황 판단이 탁월하다.

배 회장은 능력과 대인 관계도 뛰어나 오랫동안 한국음식업중앙회 대구시지회장을 지냈다. 배 회장은 자기 일도 많은데, 나를 위한 일이라면 항상 팔을 걷어붙이고 도움을 주고 있다. 나는 배 회장을 떠올릴 때마다 '천군만마千軍萬馬'의 든든함을 느낀다.

나의 네 번째 후원회장이자 동시에 현現 후원회장을 맡아주시는 분은 성낙인 전 서울대 총장이다. 성 전 총장은 영남대 법학과 교수를 거쳐 서울대 법학과 교수를 지냈다. 성 전 총장은 서울대 법학과 교수로 재직하면서 서울대 법대 학장과 서울대 총장을 역임했다. 한국의 대표적 헌법학자인 성 전 총장은 한국공법학회 회장, 한국법학교수회 회장, 세계헌법학회 한국학회 회장 등을 지내기도 했다.

성 전 총장은 나의 은사다. 나는 성 전 총장이 영남대 법학과 교수로 근무했을 때 그의 가르침을 받았다. 그래서 성 전 총장은 나를 자신의 '첫 제자'라고 표현한다. 대학원 과정 등에서 성 전 총장을 지도교수로 모신 제자들은 100명이 넘는데, 나는 제자 모임에 빠짐없이 나간다. 지금도 성 전 총장은 조언을 통해 나에게 좋은 가르침을 주고 있다. 그리고 성 전 총장의 도움으로 서울대 교수들을 중심으로 많은 학계 인사와 전문가들을 알게 된 것도 내 정치 활동에 큰 도움이 되었다.

문신자 원장은 나의 후원회장을 맡지는 않았으나 특별히 고마움을 전하고 싶은 분이다. 문 원장은 초등학교 교장선생님과 장학관을 지낸 교육계 인사다. 인맥도 무척 넓어 대구의 대모代母라고 불러도 손색이 없는 분이다. 문 원장은 대구가톨릭대학교 평생교육원이 주관하는 리더십 아카데미인 '미래지식포럼 리더스클럽'을 10년 넘게 이끌었다. 미래지식포럼의 원장이라는 의미에서 자연스럽게 호칭이 문 원장이 되었다. 문 원장이 지금도 나를 위해 매일 아침 저녁으로 10분씩 기도한다는 이야기를 듣고 말로 표현할 수 없는 고마움을 느꼈다.

내가 문 원장을 알고 지낸 것은 20년이 넘는다. 문 원장의 고향은 영덕이고, 나의 고향은 울진이다. 2000년대 초에 대구에 거주하는 경북 북부의 5개군영덕·영양·울진·청송·봉화군 출신의 인사들이 고향 모임을 만들었다. 당시 젊은 인사들이 주축이 되었기 때문에 5개군의 연합 청년회라는 의미에서 '오청회'로 모임 이름을 정했다. 연배가 있는 분들은 모두 고문으로 모셨다. 나는 '오청회'의 회원이었고, 문 원장은 고문이었다. 문 원장과의 인연은 그렇게 시작됐다.

문 원장은 사사로운 일이 없어서 여성이지만 '대장부'라는 표현에 더 적합한 분이다. 성품도 너그러워 대구 지역에서는 모르는 사람이 없을 정도로 '마당발'이기도 하다.

문 원장은 선생님을 오래 해서 그런지, 본인의 태생적인 능력인지 기억력이 탁월하다. 사람을 한번 보면 모두 기억한다.

문 원장의 빼놓을 수 없는 장점 중의 하나는 부지런함과 적극성이었다. 이런 문 원장이 나의 정치 활동을 도왔으니, 그 감사함을 어떻게 갚아야 할지 모르겠다.

앞에서 설명했지만, 나는 너무나도 많은 분으로부터 큰 도움을 받았다. 지면의 한계로 인해 고마운 분들과의 사연을 모두 싣지 못한 데 대해 너그러운 양해를 부탁드린다. 지금, 이 글을 쓰는 순간에도 나에게 도움을 주신 고마운 분들의 이름과 얼굴이 떠오른다. 직접 찾아뵙고 감사함을 전하겠다는 뜻을 거듭 전한다.

3장

etc. 기억나는 순간들

국회 최초의 전체 상임위 경험자

현재 국회에는 17개의 상임위원회가 있다. 국회는 삼권 분립의 원칙에 따라 정부를 견제하는 책무가 있다. 여기에 더해, 여당이 될 경우 정부의 입법을 지원하는 역할도 맡고 있다. 국회에서 정부에 대한 견제와 지원 역할을 직접 수행하는 위원회가 국회 상임위원회다. 국회 상임위는 소관 부처를 나누어 그 역할에 맞는 업무를 수행한다. 예를 들어, 국회의 법제사법위원회는 법무부와 검찰을, 기획재정위원회는 기획재정부를, 국방위원회는 국방부를 소관 부처로 두고 있다.

국회에는 특별위원회도 있다. 상임위는 항상 설치되어 있는 상설常設 위원회다. 특별위원회는 그 필요에 따라 활동 기간을 명시해 설치되었다가 해산되는 위원회다. 내가 위원장으로 활동했던 '국회 연금개혁 특별위원회'가 대표적이다. '국회 이태원 참사 국정 조사 특별위원회' 등도 마찬가지다.

상임위와 특별위의 교집합도 있다. 국회 예산결산위원회예결위다. 예결위는 상설특별위원회다. 예결위는 정부 예산의 편성에 대한 최종적인 심의 확정권을 갖고 있다. 내년도 예산안에 대한 업무는 주로 9~12월에 집중되어 있지만, 국회의 예산 심의 기능을 지속적으로 수행하기 위해 예결위를 상설화했다. 예결위를 상임위에 포함 시킬 경우, 국회 상임위는 모두 18개가 된다. 지금은 설치되지 않았으나 과거에는 국회 윤리위원회도 있었다.

나는 나만의 기록이 있다. 그것은 6선 국회의원 생활을 하면서 18개 상임위를 모두 거친 경력이다. 윤리위원회와 연금개혁 특위 등을 합치면, 내가 활동했던 국회위원회는 20개가 훌쩍 넘는다. 한 동료 의원은 나의 상임위 경력에 대해 "기네스북 감이다."라고 말한 적도 있다. 18개 상임위를 모두 거친 경력은 한국 의정사에서 아마 '유일무이唯一無二'한 것으로 알고 있다.

사·보임辭·補任 절차를 통해 상임위를 급하게 바꾸는 경우도 있지만, 국회의원들은 한 상임위에 배치되면 1~2년 정도 그 상임위에서 활동하는 것이 보편적이다. 국회의원들 가운데 자신이 전문성을 가진 상임위에 '붙박이'로 남아 있는 의원도 있다. 다양한 상임위를 경험하는 것과 한 상임위에서 오래 활동하는 것은 일장일단이 있다.

나처럼 다양한 상임위를 경험한 의원들에 대해서는 국회 활동과 국정 전반을 두루 볼 수 있는 넓은 시각을 갖출 수 있지만, 전문성이 부족하다는 지적이 제기된다. 반대로 붙박이로 한 상임위에 오래 있는 의원들에 대해서는 전문성은 있지만, 넓은 시각이 부족하다는 평가가 나온다.

국회의원들 사이에 서로 가려고 경쟁하는 인기 상임위도 있다. 자신의 지역구 사업에 도움이 되는 상임위다. 지역 사업을 많이 따오면, 다음 선거에서 유리하기 때문이다. 대표적인 인기 상임위는 국토교통위원회, 산업통상자원중소벤처기업위원회, 교육위원회 등이다. 나는 국회 상임위 가운데 어느 하나 중요하지 않은 상임위는 없다고 생각한다.

내가 18개 상임위를 모두 경험한 '이색' 경력을 갖게 된 데에는 이유가 있다. 일단, 6선 국회의원을 지냈기 때문에 이 경력이 가능했다. 초선 의원이 18개 상임위를 모두 거치는 것은 불가능하다. 가장 결정적인 이유는 내가 원내대표와 정책위의장, 원내수석부대표 등 당직을 두루 맡았기 때문이다. 특히 원내대표와 원내수석부대표는 소속 국회의원들의 상임위 배정 업무를 맡는다. 상임위를 배정할 때, 반드시 문제가 발생한다. 인기 상임위, 알짜 상임위에는 지원자가 몰리고, 인기가 별로 없는 상임위에는 의원들을 강제 배정해야 하는 경우가 생긴다.

비인기 상임위로 갈 수 밖에 없었던 이유

나는 원내대표와 원내수석부대표 등을 맡아 일할 때, '머릿수'를 채워야 하는 이른바 비非인기 상임위에 자청해서 갔다. 인기 상임위에 가고 싶은 생각도 없지 않았으나, 배정하는 내가 좋은 상임위를 차지하고 다른 의원을 비인기 상임위에 보낼 수는 없었다. 여기에 더해 지역구에 갑자기 현안이 생겨 그 업무를 다루는 특정 상임위를 꼭 가야 하는 경우도 생긴다.

내가 속해 있던 상임위에 꼭 와야 하는 의원들은 다른 의원들보다 나를 먼저 찾아와 부탁을 했다. 나는 그 요청을 모두 들어주었다. 그래서 사임과 보임 절차를 통해 상임위를 변경했다.

내가 인기 상임위에서 활동한 적도 있다. 그래서 18개 상임위를 모두 채울 수 있었다. 인기 상임위에서 활동할 수 있었던 이유는 '웃픈' 사건이다. 나는 20대 총선 당시 잘못된 공천으로 인해 탈당했다가 무소속으로 출마해 당선되었다. 국회에서 상임위를 배정할 때 여야뿐만 아니라 무소속에도 일정 몫이 할당된다. 내가 무소속으로 당선되었던 4선 의원 시기에 인기 상임위였던 국토위에 무소속 몫이 남아 있었다. 그래서 국회 국토위라는 인기 상임위에서 활동할 수 있었다. 무소속 의원으로 짧게 있었던 시절, 국토위의 내 옆자리는 민주당의 공천에 반발해 무소속으로 출마했다가 당선된 이해찬 의원이었다.

18개 상임위를 다 돌아다녔지만, 나에게도 확고한 원칙이 있다. 1~2개월 정도 짧게 머물다가 다른 상임위로 가는 행동은 한 번도 한 적이 없다. 나의 원칙은 '최소한 1년 이상 상임위에서 활동할 것, 그리고 그 상임위에서 국정 감사를 반드시 치를 것'이다. 솔직하게 말해, 이 기준을 적용할 경우 나는 18개가 아닌 17개 상임위를 거친 것으로 하는 것이 맞다.

나는 초선 의원 때 국회 농림축산식품해양수산위원회에서는 짧게 활동했다. 이 역시, '상임위를 옮겨줄 수 있겠느냐'는 한나라당 지도부의 요청을 수용한 결과였다.

나와 인연이 닿지 않는 상임위도 있다. 바로 예결위다. 나는 예결위 위원으로는 두 차례 활동한 경험이 있지만 '예산 전문가'가 되고 싶다는 생각에 예결위 간사와 위원장은 꼭 한번 해보고 싶었다. 예결위를 이끄는 역할을 맡고 싶었던 것이었다. 그러나 운때가 맞지 않았다. 재선 의원 때 예결위 간사로 내정되었는데, 특임장관으로 임명되었다. 3선 의원 때는 예결위원장 자리를 놓고 경선 구도가 형성되면서 정보위원장으로 방향을 틀었다. 예결위 간사와 위원장을 맡지 못했던 것은 작은 아쉬움으로 남아 있다.

'해경'을 살려라

내가 '운용의 묘'를 살려 정치적으로 난감한 상황을 극복하는 데에 결정적으로 도움을 준 사건이 있다. 세월호 참사 발생 한 달 뒤였던 2014년 5월 19일, 박근혜 대통령은 대국민 담화를 발표하면서 해양경찰청해경 해체 방침을 전격적으로 밝혔다. 이에 따라 해경은 출범 61년 만에 간판을 내리게 되었다.

국가적 대참사에 대한 근본적인 대책을 내놓아야 한다는 박 대통령의 부담감과 세월호 참사 구조 과정에서 미흡하게 대처한 해경에 대해 철퇴를 내려야 한다는 의도는 충분히 이해할 수 있다. 그러나 나는 어떤 문제가 발생했을 경우 해체 등의 전격적인 방식보다는 그 조직의 문제점을 개선 보완하는 방식을 더 선호한다.

나는 새누리당의 정책위의장을 맡고 있었다. 해경 해체 방침이 나온 이후 해경의 고위 관계자들은 나를 찾아와 읍소했다. "저희는 권한도 약한데, '해경'이라는 이름 하나로 버텨왔습니다. 중국 어선들의 불법 조업과 폭력적인 저항은 날이 갈수록 심해지고 있습니다. 우리 어민들도 해경이라는 이름이 있어야 저희의 지시를 더 잘 따릅니다. 이런 상황에서 해경이라는 이름까지 못 쓰면 저희는 죽습니다."라고 하소연했다.

여권은 난감한 상황에 빠졌다. 해경 해체 이후 바다 안전을 지키는 것이 급선무였다. 하지만 박 대통령의 지시를 거부할 수는 없었다. 당시 여권은 기존 해양경찰청을 해체하고, 새롭게 만들 조직의 이름을 '해양경비안전본부'로 정하는 방안을 논의하고 있었다. 나는 박 대통령의 방침에 따르면서도 해경의 현실적 어려움을 동시에 해결할 수 있는 묘책을 마련했다. 해양경비안전본부로 이름을 바꾸되, 약어는 '해경'을 유지하는 방안을 제시했다. 급작스러운 해경 해체로 해상 안전이 위험에 빠져들 수 있다고 우려했던 여권 관계자들은 나의 제안을 반겼다.

2014년 11월 7일, 해양경찰청 해체의 내용을 담은 정부조직법 개정안이 국회를 통과했다. 정부조직법 개정안은 재난안전 총괄부처로 '국민안전처'를 신설하고, 산하에 해양경비안전본부와 중앙소방본부를 설치하는 내용을 담고 있었다. 해양경비안전본부는 껍데기만 남은 조직이 되었다. 해양 경비 안전 오염 방제 기능은 유지했지만, 가장 핵심이라고 할 수 있는 수사와 정보 기능은 경찰청에 이관되었다. 그러나 문재인 정부 들어 해양경찰청은 2년 8개월 만에 부활했다.

2017년 7월 20일, 여야는 해양경찰청 설치 등을 내용으로 하는 정부조직법 개정안을 국회 본회의에서 통과시켰다. 이를 통해 해양경찰청은 잃었던 이름과 일부의 수사 정보 기능을 되찾았다. 이번에는 박근혜 정부가 재난안전 컨트롤타워로 세웠던 '국민안전처'가 역사 속으로 사라졌다.

나는 해경의 해체와 부활을 보면서 정부 조직 개편에 대해서는 차분하고 신중한 접근이 필요하다는 생각이 더욱 강하게 들었다. 세월호 참사 당시 해경 해체 방침에 대해 의아함과 아쉬움을 가졌던 것이 사실이다. 여기에 더해, 새로운 정부가 등장하면 과거 정권의 정부 조직에 대해 너무 가볍게 메스를 들이대는 것 아닌가 하는 우려의 마음을 갖고 있다.

중점처리법안 = 중점반대법안?

나는 한국 정치의 치열한 현장 속에 있으면서 아이러니한 상황들이나 고충들을 직접 겪기도 했다. 나는 우리 당이 여당일 때 다양한 중책을 맡았다. 이명박 정부 때는 특임장관과 원내수석부대표를, 박근혜 정부 당시에는 정책위의장을, 윤석열 정부 때는 원내대표를 각각 맡았다.

여당의 가장 중요한 일은 입법을 통해 정부가 추진하는 정책들을 지원하는 것이다. 정부가 국정 주요 정책을 추진할 경우 반드시 법률이 밑바탕 되어야 한다. 정부가 핵심 국정 과제를 선정하면, 당정은 이를 뒷받침하기 위한 중점 법안의 국회 통과에 주력한다. 하지만, 여권이 '중점처리법안'이라고 공식적으로 발표하는 순간, 그 법안들은 야당의 '중점반대 법안'이 된다.

나는 당시 야당이었던 민주당의 이러한 행태에 깊은 회의감과 분노를 느꼈다. 민주당은 여권이 중점처리법안이라고 지정한 법안들에 대해 내용은 살펴보지 않고, 자동반사적으로 '중점 반대 법안'으로 규정한 뒤 정치 공세를 펼치는 행태를 반복해 왔다. 나는 이 같은 발목잡기가 한국의 발전을 가로막는 주요 원인이라고 생각한다.

인사人事는 만사萬事이자 난사難事

대통령의 인사人事와 관련된 이야기도 있다. 2011년 4~5월, 이명박 정부 때의 일이다. 나는 재선 의원이었고, 특임장관을 마친 뒤였다. 이명박 대통령은 통일부 장관에 류우익 전 대통령 비서실장을, 법무부 장관에 권재진 전 민정수석을 임명하는 방안을 검토하고 있었다. 이 내용이 언론에 보도되자, 한나라당 내에서도 대통령의 참모인 비서실장과 민정수석을 각각 지낸 인사들을 정부 부처의 장관으로 기용하는 것이 과연 옳은 일인가 하는 비판 여론이 있었다.

한나라당의 재선 의원들은 청와대의 인사와 관련해 논의하는 자리를 가졌다. 이 자리에서 일부 재선 의원들은 "가뜩이나 민심이 안 좋은데, 이런 인사를 하면 민심이 더 안 좋아진다."면서 "특임장관을 지낸 주 의원이 재선 의원을 대표해서 우리의 의견을 청와대에 전달해 달라."고 뜻을 모았다. 나는 "그렇게 하겠다."고 답했다.

나는 청와대에 재선 의원들의 우려를 전달했다. 그러자 청와대에서 "재선 의원들도 비판만 하지 말고, 좋은 사람이 있으면 추천해 달라. 그러면 우리도 그 후보군을 검토해 보겠다."고 역제안을 해왔다. 나는 재선 의원들에게 청와대의 뜻을 전했다. 그러자 재선 의원들은 크게 반겼다. 두세 명의 재선 의원이 따로따로 나에게 추천 인사 명단을 전해 왔다. 나는 그 명단을 청와대에 전달했다.

그러자 곧바로 "재선 의원들이 추천한 인사들은 우리가 다 검토했던 인사들이다. 그 인사들은 인사 검증 단계에서 탈락했거나 장관을 맡기기에는 전문성이나 역량이 부족하다는 평가를 받은 사람들이다. 이 인사들 말고, 다른 인사들을 새로 추천해주면, 우리청와대가 검토해 보겠다."는 대답이 돌아왔다. 나는 이러한 상황을 재선 의원들에게 전달했다. 하지만, 그 뒤 장관 후보군을 추천한 재선 의원은 없었다.

이 과정을 겪으면서 대통령이나 청와대의 인사 고충을 조금이나마 이해할 수 있었다. 권재진 법무부 장관은 2011년 8월에, 류우익 통일부 장관은 2011년 9월에, 한 달간의 시차를 두고 각각 임명되었다. 대통령의 인사와 관련해서 한마디 더 덧붙일 것이 있다. 나 역시 대통령의 인사 중에 의아해하거나, '이 사람은 아닌데' 하는 의문을 가진 적이 있다. 나는 이런 인사의 대부분은 대통령이 다른 사람들을 믿지 못하고 소수의 충성파만 쓰기 때문에 빚어지는 일이라고 생각한다. 동서고금을 막론하고, 의심이 많은 지도자는 좋은 인재를 중용하지 못했다.

무책임하지만 솔직했던 문재인

민주당이 배출한 대통령 두 명을 각각 청와대에서 만난 적이 있다. 2020년 5월 28일은 아직도 생생하게 기억에 남아 있다. 그 시점은 21대 총선으로 구성된 21대 국회가 4년 임기를 시작하기 이틀 전이었다.

문 대통령은 여야 협치를 위해 미래통합당 원내대표였던 나와 김태년 더불어민주당 원내대표를 초청해 오찬 회동을 가졌다. 노영민 당시 대통령 비서실장이 배석했다. 점심 식사를 하면서 문 대통령은 나에게 "하실 말씀이 있으시면 편하게 하십시오."라고 권했다. 나는 오찬 회동에 앞서 많은 준비를 했다. 문 대통령에게 내가 준비했던 내용들을 조목조목 전달했다. 문재인 정부가 추진했던 탈脫 원전 정책의 문제점을 지적하는 데에 가장 많은 시간을 할애했다. 대화는 평행선을 달렸지만 문 대통령은 나의 발언을 경청했다. 식사 자리는 어느새 토론 자리로 변했다.

문재인 정부 들어 건설 계획이 중단되었던 신한울 3·4호기에 대한 건설 재개를 요청했다. 신한울 3·4호기는 고향인 경북 울진군에 건설 중이어서 나의 관심은 더욱 컸다. 문 대통령에게 "신한울 3·4호기 건설에 이미 6,000억 원의 예산이 투입된 것으로 추정됩니다. 건설 계획을 중단하면 6,000억원은 매몰 비용회수할 수 없는 비용이 됩니다. 이미 건설 계획이 진행 중인 신한울 3·4호기는 중단 없이 반드시 건설되어야 합니다."라고 강조했다.

나는 문재인 정부의 탈원전 문제점을 조목조목 지적하면서 탈원전 정책의 폐기 필요성을 역설했다.

"탈원전 정책을 고수하면 우리가 힘겹게 쌓아 올린 원전 생태계가 무너집니다. 우리가 원전 건설을 중단하면 우수한 원전 기술자를 양성하거나 확보할 수 없습니다. 원전 관련 부품을 구입하기도 힘들어집니다. 문재인 정부는 원전 안전성을 이야기하는데, 중국이 자신의 동해안 쪽에 원전 수십 기를 이미 건설했거나 건설하고 있습니다. 우리 정부는 중국의 원전 안전성에 대해 철저한 모니터링을 해야 합니다. 탈원전 정책은 한국이 외국 원전 사업을 따내는 데에도 악영향을 미치고 있습니다. 한국에서는 원전 건설을 중단하고, 외국의 원전 사업에 한국이 뛰어드는 것은 모순입니다. 선진국들이 원전 건설을 확대하는 상황에서 우리만 탈원전 정책을 추진하는 것은 도저히 납득할 수가 없습니다. 마지막으로, 한국의 원전 기술은 세계 최고 수준입니다. 우리의 기술력으로 원전을 안전하게 운영할 수 있습니다. 탈원전 정책의 폐기를 요청합니다."

문 대통령도 물러나지 않았다. 문 대통령은 배석했던 노영민 대통령 비서실장에게 발언권을 주면서 토론을 이어갔다. 노 실장은 국회 산업통산자원위원장을 거치면서 원전에 대한 전문 지식을 갖추고 있었다. 노 실장은 "원전이 값싼 에너지라고 알려져 있지만, 원전을 폐기하고 거기에서 나온 방사성 폐기물을 처리하는 비용까지 감안하면 값싼 에너지가 아닙니다. 그리고, 원전의 안전성은 절대로 장담할 수 있는 일이 아닙니다."라고 반박했다. 탈원전 정책과 관련해서는 서로의 시각 차이가 좁혀지지 않았다. 다른 의제에 대해서도 대화가 오갔으나 역시나 입장 차가 크다는 사실을 재확인했다.

문 대통령은 점심 식사를 마치고 청와대 경내를 산책할 것을 권했다. 딱딱했던 분위기를 풀기 위한 의도로 느껴졌다. 나는 문 대통령과 함께 걸으면서도 정치적 의제에 대한 이야기를 이어갔다. 이번에는 문재인 정부가 한·일 위안부 합의를 사실상 파기했던 일을 꺼냈다. 문재인 정부 당시 한·일 관계는 최악으로 치달았다.

나는 문 대통령에게 "박근혜 정부가 힘들게 체결했던 한·일 위안부 합의를 파기하셨는데, 특별한 대책이 있으신지요?"라고 물었다. 문 대통령은 한·일 위안부 합의를 파기한 것은 맞지만, 특별한 대책이나 대안은 없다는 취지로 답변했다. 문 대통령의 답변을 듣고 깜짝 놀랐다. 문 대통령에 대해 무책임하기는 하지만, 그래도 솔직하다는 느낌을 받았다.

청와대 관저 뒷산에는 불상이 하나 있다. 한 100미터 정도를 올라가야 했다. 문 대통령과 나, 김태년 원내대표는 불상 앞에서 합장을 했다. 당시 언론은 천주교 신자인 문 대통령과 불교 신자인 나, 기독교 신자인 김 원내대표가 종교가 다르지만 불상 앞에서 다같이 합장했다고 보도했다.

나는 그날 약속 시간인 오후 12시에 정확히 맞추어 청와대에 들어

2020년 5월 청와대에서 여야회동

갔다. 청와대를 나오고 보니, 시간이 오후 2시 40분이었다. 문 대통령과 여야 원내대표 회동은 사실상 '빈손'으로 끝이 났다. 그러나 문 대통령이 2시간 40분 동안 여야 협치를 위해 나를 예우한다는 느낌을 받았다. 나는 한국 정치가 발전하기 위해 비록 성과가 나지 않더라도 대통령과 여야 지도자들이 더욱 자주 만나야 한다는 소신을 갖고 있다.

나는 이명박 대통령이 대통령 당선인이었던 시기에 이 당선인과 노무현 대통령 간의 청와대 만찬 회동에 배석한 적이 있다. 2007년 12월 28일이었다. 같은 해 12월 19일 실시되었던 대통령 선거 9일 뒤였다. 이 당선인 측에서는 당시 임태희 당선인 비서실장과 당선인 대변인이었던 내가 배석했고, 청와대 측에서는 문재인 비서실장과 천호선 대변인이 배석했다.

당시, 이 당선인은 임기가 두 달 정도 남은 노 대통령에게 한·미 FTA자유 무역 협정 체결과 관련해 미국산 쇠고기 수입 협상을 노 대통령의 임기 중에 마무리해 줄 것을 정중하게 요청했던 것이 내 기억에 남아 있다. 이에 대해 노 대통령은 한·미 FTA 체결이 필요하다는 판단에 추진했으나 임기 말에 미국산 쇠고기 수입 협상을 하는 것은 힘들 것 같다는 취지로 거부의 뜻을 피력했다. 이 당선인의 표정에서는 실망한 기색이 역력했다. 이명박 대통령은 취임 이후에 미국산 쇠고기 수입 협상에 나섰다가 광우병 괴담이 확산되면서 정권 초에 위기를 겪었다.

노 대통령은 이날 만찬 회동에서 당시 청와대 내부 통신망이었던 '이지원'에 대해 장황하게 설명했던 기억이 있다. 배석했던 나는 이를 지켜보면서 '노 대통령이 이 당선인과의 회동에 별다른 관심이 없구나' 하는 느낌을 받았다.

'정치판에는 비밀이 없다'

2006년 7월 11일의 일이다. 그날은 한나라당 차기 대표를 선출하는 전당대회가 개최되었다. 7·11 전당 대회는 2007년 8월로 예정되었던 한나라당 대선 후보 경선을 앞두고 친이계와 친박계의 전초전 성격이 강했다. 친이계와 친박계는 향후 경선 과정에서 우위를 점하기 위해 7·11 전당 대회에서 혈투를 벌이고 있었다.

당시, 친이계는 차기 당 대표로 이재오 의원을 조직적으로 지지하고 있었고, 친박계는 강재섭 의원을 강하게 밀고 있었다. 이 시점은 내가 이명박 전 서울시장 선거 캠프로 가기 전이었다. 나는 난감한 상황에 빠졌다. 두 선배 의원과 모두 절친했기 때문이다. 나로서는 '아버지가 좋냐, 어머니가 좋냐'의 싸움이었다. 2006년만 해도 당 대표를 선출하는 전당대회에서 대의원의 비중이 매우 높았다. 그리고, 대의원들에게 국회의원의 지시가 먹히던 시절이었다. 지금 돌이켜보면, '호랑이 담배 피던 시절'의 이야기처럼 느껴진다.

잠실실내체육관에서 열렸던 전당대회는 그날 오후 2시부터 시작되었던 것으로 기억한다. 나의 지역구였던 대구 '수성 을' 대의원 30명과 지역구 당직자들이 새벽 일찍 관광버스를 빌려 서울로 향했다. 나는 전당대회에 가기 전에, 국회에서 업무를 보고 있었다. 지역구 사무국장으로부터 전화가 걸려왔다. 사무국장은 "의원님, 저희는 충북 옥천의 금강 휴게소에서 잠시 내려 휴식을 취하고 있습니다. 이제는 오더를 주실 때가 된 것 같습니다. 어떻게 해야 됩니까?"라고 물었다.

나는 그때까지 대의원들에게 이른바 '오더'를 내리지 못하고 있었다. "대의원을 절반씩 나눠 반은 이재오 의원을, 반은 강재섭 의원을 찍도록 합시다."라고 지시했다. 그렇게 전화를 끊은 지 5~10분도 되지 않은 시점이었다. 강재섭 의원으로부터 전화가 왔다. 강 의원은 대뜸 "주 의원이 내나한테 이럴 수 있나."라고 나에게 따져 물었다. 항의나 질타가 아니라 다급함이 묻어있는 말투였다. 10분도 안 지난 사이에 내가 '반반씩' 나눠 투표하라는 지시가 강 의원의 귀에 들어간 것이다. 나는 놀라움과 함께 심한 당혹감을 느꼈다.

나는 절친한 선배였던 강 의원에게 "이재오 의원한테 표를 다 주라고 한 것도 아닌데 왜 그러십니까."라고 양해를 구했다. 그랬더니 강 의원은 "나는 주 의원이 내 편이라고 생각하는데, 반반씩 쪼개면 나를 도와주는 게 없는 거 아이가."라고 하소연처럼 말했다. 강 의원과의 통화를 마친 뒤 '아, 정치판에는 정말 비밀이 없구나' 하는 생각이 들었다. 그리고 이 의원과 강 의원 사례처럼 나와 절친한 두 사람이 경선에서 맞붙는다면 어떻게 해야 할지 아직도 해답을 모르고 있다. 그날 전당대회에서는 강재섭 의원이 승리해 한나라당 대표가 되었다.

원로 예우에 대한 소회

나는 강재섭 한나라당 대표의 활동을 지켜보면서 한국 정치에서 '중도'가 얼마나 힘든지를 여실히 깨달을 수 있었다. 당시 한나라당의 대선 후보 경선 과정에서 친이계는 '강 대표가 박근혜 전 대표를 물밑에서 돕고 있다'는 의심을 버리지 않았다. 반면, 친박계는 "강 대표를 한나라당 대표로 만들어 줬는데 '경선 관리자'의 역할만 맡고 있다."면서 불만을 표출했다.

나는 친이계와 친박계 모두 한나라당의 대표인 강재섭 대표를 너무 야박하게 대하고 있다는 느낌을 받았다. 나는 강 대표가 경선판을 깨뜨리지 않기 위해 친이계와 친박계의 공격을 모두 견뎌냈다고 생각한다.

이명박 대통령이 대통령에 당선된 뒤에도 강 대표의 힘든 상황은 달라지지 않았다. 2008년 4월 실시되었던 18대 총선을 앞두고 한나라당은 공천 과정에서 '친박 학살' 논란이 빚어졌다. 이 과정에서 강 대표는 총선 한 달 전이었던 그해 3월 18대 총선 불출마를 전격 선언했다. 대선에서 승리한 여당의 당 대표가 총선 불출마를 선언한 것은 매우 이례적인 일이다. 이명박 정부가 출범한 이후 강 대표는 정치에서 물러나 한동안 야인野人으로 지냈다.

이명박 정부 2년 차였던 2009년 하반기로 기억된다. 당시 국무총리는 정운찬 총리였다. 여권 일각에서는 '강재섭 총리설'이 나왔다. 정치 경력이 풍부한 강재섭 전 대표를 국무총리로 기용해야 한다는 의견이었다. 이 같은 시점에 강 전 대표로부터 "한번 봤으면 좋겠다."라는 연락이 왔다. 강 전 대표도 국무총리직에 대한 의향을 넌지시 내비쳤다.

나는 청와대에 강 전 대표의 의향을 전했다. 그랬더니, 이 대통령과 강 전 대표 모두 TK대구·경북 출신이기 때문에 국무총리직은 어렵고 대신, 강 전 대표가 풍부한 정치 경험을 지녔기 때문에 부처에 상관없이 장관직은 가능하다는 답신을 받았다.

청와대는 노무현 정부 당시 통일부 장관이었던 정동영 의원과 보건복지부 장관이었던 김근태 의원을 예로 들며 강 대표가 장관직을 잘 수행한다면 대권 가도가 열릴 수 있다는 덕담을 보탰던 것이 기억난다.

나는 강 전 대표를 다시 만나 청와대의 뜻을 전했다. 그랬더니 강 전 대표는 "5선인 내가 이제와서 장관을 맡으면, 사람들이 나를 자리에 걸신乞神 들린 사람으로 보지 않겠느냐."면서 장관 자리를 일언지하一言之下에 거절했다. 강 전 대표는 2011년 4월 성남 '분당을' 보궐 선거에 출마했다가 패배한 이후 정치계를 완전히 떠났다.

나는 강 전 대표를 보면서 많은 생각을 했고, 강 전 대표를 통해 중도파의 어려움을 지켜보았다. 그리고 당黨을 위해 헌신했던 정치 원로에 대한 예우가 부족하다는 것도 절실하게 느꼈다. 나는 우리 정치가 한 단계 더 발전하기 위해서는 정치 경력이 풍부한 원로들이 역할을 할 수 있는 공간을 만들어 줘야 한다고 생각한다.

국회의원의 품격에 대해서도 말하고 싶다. 강재섭 전 대표는 5선 국회의원을 지냈으나, 장관직을 단호하게 거절했다. 그러나 이재명 정부에서는 5선 국회의원들도 장관직을 수행하고 있다. 전직 국회의원이 청와대 비서관을 맡고 있는 사례도 있다.

나는 민의民意를 대표하는 국회의원은 행정부 자리를 맡을 때에도 품격이 있어야 한다고 생각한다. 강 전 대표는 나를 아꼈고, 나도 강 전 대표를 많이 따랐다. 나는 강 전 대표가 한국 정치에서 더 큰 역할을 할 수 있었는데, 너무 일찍 스스로 퇴장을 선택한 것 아니냐는 아쉬움을 갖고 있다. 이런 점에서 떠오르는 또 한 사람은 김무성 전 새누리당 대표다.

나는 강 전 대표와 김 전 대표와 같이 합리적이고, 여야 소통에 능한 정치인들이 '중재자' 역할을 계속 맡았다면 한국 정치가 지금보다는 훨씬 나아졌을 것이라는 생각을 한다.

폭탄주 — 음주에 대한 나의 세 가지 원칙

술이나 음주 문화에 대해 미화할 생각은 전혀 없다. 지금은 많이 달라졌지만, 과거에는 정치 활동을 하는 과정에 술자리가 많았다. 일본 의회에는 지금도 술을 좋아하는 의원들 간의 친목 모임이 있다. 과음하고 실수를 하면 절대로 안 되겠지만, 술자리가 소통의 수단이 되기도 한다.

나도 한때 술을 많이 마신 적이 있다. 선수選數가 낮은 초선, 재선 의원 때다. 많은 선배 의원들이 술자리에 나를 불렀다. 그때는 지금보다 젊었고, 체질적으로도 무리가 없어서 술을 많이 마셔도 크게 힘들지 않았다. 나는 술로 인해 업무나 일상생활에 지장을 초래하는 사람은 술을 마실 자격이 없는 사람이라고 생각한다.

2007년 대선 때도 생각이 난다. 당시 나는 이명박 한나라당 대선 후보의 비서실장을 맡아 정치부 기자들과 직능 단체 관계자들 등 다양한 사람들과 술을 많이 마셨다. 한 번은 이명박 당시 후보가 다른 의원에게

"주 의원이 요새 너무 술을 많이 마신다는 이야기가 들린다. 주 의원에게 술 좀 적게 마시라고 전해라."고 당부했던 일이 있었다. 그 이야기를 듣고, 한편으로는 내 걱정을 해주는 이 후보가 고맙기도 했지만, 다른 한편으로는 '내가 지금 누구 때문에 술을 마시는데' 하는 푸념을 속으로 하기도 했다.

술을 많이 마셨을 때, 한 선배 의원이 술자리에서 "주 의원은 어떻게 그렇게 술을 잘 마시나?"라고 물은 적이 있다. 나는 그때 "저는 제 앞에 술잔이 오면, 성격이 급해서 빨리 비울 뿐입니다."라고 답해 참석자들이 모두 웃었던 일이 기억에 남아 있다.

폭탄주 클럽

술과 관련해서는 박희태 전 국회의장과의 일화가 많다. 박 전 국회의장은 부산고등검찰청 검사장 등을 지낸 검사 출신으로, 18대 국회에서 국회의장을 지냈다. 박 전 의장은 애주가에 두주불사斗酒不辭였다. 유머감각도 뛰어났다.

17대 국회 때의 일이다. 박 의장은 5선의 국회부의장이었고, 나는 초선 의원이었다. 당시, '국민 생각'이라는 한나라당 의원 모임이 있었다. '국민 생각'이 서울 근교의 식당에서 저녁 식사 모임을 가졌는데, 박 부의장이 좌장이었다. 식사 자리는 금방 폭탄주가 도는 술자리로 변했다. 그 시기에는 대부분 양주와 맥주를 탄 폭탄주를 마셨다. 박 부의장이 폭탄주를 만들면서 대화까지 주도하니, 폭탄주 만드는 것이 늦어졌다. 그래서, 내가 박 부의장이 이야기를 하는 동안 폭탄주를 대신 만들어서 전달했다.

박 부의장은 그런 나를 기특하게 보았는지 술자리가 끝난 뒤 "판사 출신이 검사 출신보다 훨씬 낫네."라는 농담을 던졌던 것이 기억에 남아 있다. 박 부의장은 술을 잘 마시는 한나라당 의원들만 모아 1년에 서너 차례 폭탄주를 마시는 자리를 오랜 기간 주도했다. 참석 의원들은 그 모임을 '폭탄주 클럽'이라고 불렀다. 박 부의장의 권유로 나도 멤버가 되었다.

박희태 의장은 국회의장이 된 이후 폭탄주 클럽 회장 은퇴를 선언했다. 박 의장은 "내가 폭탄주 클럽을 20년 넘게 장기 집권했다."면서 농담으로 대화를 시작했다. 박 의장은 "너무 오래 폭탄주 클럽을 이끌었다. 폭탄주 클럽의 후계자를 지정하겠다."고 말했다. 그러면서 나를 지목했다. 나는 정중하게 사양했다. 집안 어른들이 "술 잘 마신다는 소리 듣고 다니지 마라."고 했던 말이 떠올랐기 때문이다.

폭탄주 클럽 후계자는 그렇게 장시간 공석이 되었다. 한 번은 경남 지역의 한 의원이 박 의장에게 "제가 폭탄주 클럽 후계자가 되면 안 되겠습니까?"라고 자청하고 나섰더니, 박 의장이 "너는 경남 대표 정도밖에 안 된다."라고 말한 것이 회자되어 한나라당 의원들의 웃음을 자아냈던 에피소드도 있다. 박 의장이 정계를 떠난 이후 폭탄주 클럽의 정식 후계자는 나오지 않았다. 그래도 일전에 지명을 받았다는 이유로 내가 폭탄주 클럽의 후계자가 되었다. '이렇게 어정쩡하게 후계자가 될 바에야 그때 정식 수락할 걸 그랬나' 하는 아주 사소한 후회를 해본 적도 있었다.

내가 폭탄주 클럽의 차기 후계자 조건을 제시했던 적이 있다. 술자리 매너가 반드시 좋을 것, 인문학적 소양을 갖춰 이야기를 재미있게 할 것 등이었다. 나는 나만의 술자리 진행 요령이 있다. 술을 못 마시는 사람에게 거부권을 주는 대신, 첫 번째 잔의 벌금은 일만 원을 받고, 두 번째 잔은 오천 원을 받는 것이다. 한 사람이 일정 정도 벌금을 내면, 그 이후부터는 벌금도 면제다. 우리는 이 돈을 가지고 노래방을 가거나, 다음 모임의 회비로 썼다. 술자리에서 한 잔도 안 마셔도 강요하지 않는 것이 나의 술자리 진행 요령이다. 술자리에서 즐겁게 이야기하고 많은 소통을 하려고 노력했을 뿐이다.

나에겐 음주에 대한 세 가지 원칙이 있다. 그것은 혼자 마시지 않고, 내가 먼저 술자리 약속을 제안하지 않고, 집에서 마시지 않는다는 것이다. 나는 몇 달 동안 술을 마시지 않아도 술 생각이 전혀 나지 않는다. 주변에 술 좋아하는 사람들 치고 건강을 지키면서 오래 산 사람들을 보지 못했다. 4~5년 전부터는 술을 자제하고 있다. 지금은 저녁 자리에서 술잔이 돌더라도 한두 잔 정도로 절제하고 있다.

나는 한 후배로부터 '혹시 초선, 재선 의원 때 술을 많이 마신 것을 후회하시나요?'라는 질문을 받은 적이 있다. 그때 나는 '지나간 것을 지금 후회해보았자 뭐하겠느냐'고 답했다.

5부 한국 정치에 대한 단상

이건희 회장은 '한국 정치는 4류'라고 일갈했다. 반면 이헌재 전 경제부총리는 "정치는 국가의 가장 상부 구조인데, 상부 구조가 4류라면 대한민국이 오늘날 세계 10대 경제 대국이 될 수 있었겠는가?"라며 군사 정권 시절에 국민에게 과도하게 주입된 정치 혐오로 인해 한국 정치가 실제보다 폄훼되고 있을 뿐, 다른 나라와 비교해 형편없는 수준은 아니라고 한다.

정치는 자원의 강제적 배분을 둘러싼 경쟁이라는 점에서 본질적으로 전투적이고 투쟁적일 수밖에 없다. 그러나 이러한 본질을 고려하더라도, 지금의 한국 정치가 지나치게 비정상적이고 최악의 상태에 놓여 있다는 사실을 부인하기는 어렵다. 때로는 조선 시대의 사색당쟁까지 거슬러 올라가 우리 국민의 뿌리 깊은 파당성과 편협성을 국민성 탓으로 돌리기도 한다.

대통령이 탄핵당하고 영어囹圄, 죄수를 가두는 감옥이나 옥살이의 몸이 된 일, 수많은 재판을 받고 있던 피고인이 대통령이 되면서 그 재판들이 모두 정지되는 일, 끊임없이 반복되는 국회의원들의 갑질과 불법 행위, 그리고 석연찮은 처리 과정, 파렴치한 일로 실형을 살고 온 정치인들이 손쉽게 사면되어 아무 일 없다는 듯 다시 선거에 나오는 모습까지. 여야의 끝없는 대결과 국회의 파행을 바라보고 있노라면, 한국 정치가 구제 불능 상태에 이른 것은 아닌가 하는 깊은 허탈감이 들기도 한다.

이러한 상황의 근본 원인을 어떤 학자는 공천 제도, 어떤 학자는 제왕적 대통령제에서 찾는다. 나는 이 두 가지 요인 외에도 정치인 양성 과정의 부실, 정치인의 사명감 부족, 염치 부족, 과도한 특권 의식 그리고 투명하지 못한 의정 활동 감시 체계 역시 중요한 원인이라고 본다.

이하에서는 한국 정치의 문제를 정당, 국회, 대통령의 순서로 짚어 보고 개선책을 말해 보고자 한다.

1장

정당과 국회

의원 윤리 문제

우리 국회도 국회의원 윤리강령이 있기는 하다. 그런데 그 넓은 국회 안에 내가 윤리강령을 본 곳은 딱 한 곳, 국회의원 체력단련실 체중계 앞 뿐이다. 국회의원 윤리강령을 대강이라도 기억하는 의원이 몇 명 되지 않을 것이다. 의원들이 볼 수 있는 여러 곳에 국회 윤리강령을 걸어두고 정기적으로 이행 선서를 하게 해야 한다. 평소에도 계속하여 경각심을 일깨우고 위반 여부를 철저히 체크하여야 한다.

공심 부족과 계파

동양의 철학에서 정치는 올바름이라고 했다. 정자정야政者正也, 곧 바름과 공평公平을 추구하는 데서 출발한다. 그러나 언제부터 정치는 나와 내 편만을 챙기는 기술로 변질되어 버렸다. 물론 현실 정치에서 내 편을 챙기지 않고서는 아무리 훌륭하고 유능한 정치인이라도 세를 모으기 어렵고, 선거에서 승리하기 힘든 현실은 부정할 수 없다. 그러나 그것도 정도의 문제이다. 바름正이 우선이고 공심公이 우선이어야 한다. 한국 정치와 정치인에게 가장 잘못된 것이 공심公 부족, 정의감正 부족이다. 공정公正만 제대로 하면 공천 문제, 인사 문제 등 나머지 문제들은 대부분 저절로 해결되는 일들이다. 공公이 사私를 이기고, 정正이 사邪를 이기는 풍토가 되어야 정당이 지속적으로 국민에게 지지받을 수 있을 것이다. 사私의 대표

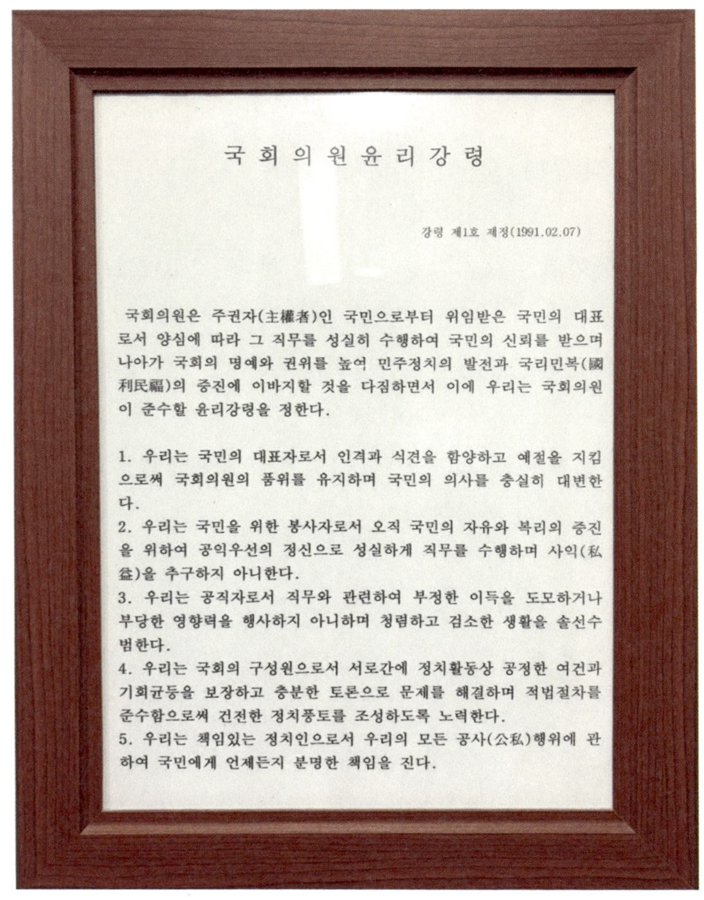

국 회 의 원 윤 리 강 령

강령 제1호 제정(1991.02.07)

국회의원은 주권자(主權者)인 국민으로부터 위임받은 국민의 대표로서 양심에 따라 그 직무를 성실히 수행하여 국민의 신뢰를 받으며 나아가 국회의 명예와 권위를 높여 민주정치의 발전과 국리민복(國利民福)의 증진에 이바지할 것을 다짐하면서 이에 우리는 국회의원이 준수할 윤리강령을 정한다.

1. 우리는 국민의 대표자로서 인격과 식견을 함양하고 예절을 지킴으로써 국회의원의 품위를 유지하며 국민의 의사를 충실히 대변한다.
2. 우리는 국민을 위한 봉사자로서 오직 국민의 자유와 복리의 증진을 위하여 공익우선의 정신으로 성실하게 직무를 수행하며 사익(私益)을 추구하지 아니한다.
3. 우리는 공직자로서 직무와 관련하여 부정한 이득을 도모하거나 부당한 영향력을 행사하지 아니하며 청렴하고 검소한 생활을 솔선수범한다.
4. 우리는 국회의 구성원으로서 서로간에 정치활동상 공정한 여건과 기회균등을 보장하고 충분한 토론으로 문제를 해결하며 적법절차를 준수함으로써 건전한 정치풍토를 조성하도록 노력한다.
5. 우리는 책임있는 정치인으로서 우리의 모든 공사(公私)행위에 관하여 국민에게 언제든지 분명한 책임을 진다.

국회의원 윤리강령

적인 것이 당내 파벌이다. 건강하지 않은 당내 파벌이 한국 정당을 망치는 당내 가장 큰 병폐이다. 정당의 건강성은 공심을 가진 지도자를 구성원들이 얼마나 진정성 있게 지지해 주느냐에 달려 있다고 본다.

공자께서는 '군자주이불비君子周而不比, 소인비이불주小人比而不周'라 하여, '군자는 두루 친밀히 사귀되 사적으로 패거리를 이루지 않으며, 소인은 패거리로 몰려다니되 두루 사귀지 않는다.'라고 했다. 그러나 공심을 가진 지도자는 훌륭하기는 하나 끝내는 따르는 세력이 많지 않고 파벌을 유지하는 자가 당을 좌지우지하며, 파벌에 적극 가담한 자는 인사나 공천 등에서 여러 가지 이익이 주어지는 구조이다.

요즘 정치권을 돌아보면, 파벌을 만들고 세력을 과시하는 사람들 가운데 제대로 된 정치인을 찾아보기 어려운 것이 사실이다. 오히려 그런 이들이 대통령이나 당대표에게 아부하며 행동대가 되어 정치를 망가뜨리고, 끝내는 지도자를 나락으로 떨어뜨리는 경우를 숱하게 보았다. 정권이 실패하고 무너진 지금, 행동대들은 다 어디에 있는가, 소동파가 『적벽부』에서 이금안재재而今安在哉, '그때의 그 영웅들은 지금 다 어디에 있는가'라고 한 구절이 저절로 떠오른다.

부실한 인사 검증 시스템

다음으로 우리 정치권의 인사 검증 시스템이 너무 부실하다. 정당의 선출직 공직자 공천 과정, 정부기관의 인사 추천, 인사청문회가 일정한 검증 시스템 없이 구글링이나 몇몇 지인의 평가로 마무리된다. 문제가 하나씩 드러나서 언론이 취재하기 시작하면, 어처구니없는 일이 드러난다. 각 정당이 공천 과정에서 검증을 제대로 해야 한다. 공천 이전에 있었던 비리가 뒤늦게 드러나 국민에게 실망을 주는 일이 없어야 한다.

인사청문회 제도는 고위 공직자의 도덕성과 전문성을 국민 앞에서 검증하여 적격 여부를 판정하는 절차이다. 갈수록 인사청문회가 타락하여 유명무실한 제도가 되어가고 있다. 먼저 후보자의 자료 제출이 너무 부실하다. 자료 제출 거부, 부동의가 일반화되었다. 또한 후보자들은 문제가 제기되면 미리 해명할 생각은 하지 않고 청문회 때 밝히겠다고 하는 것이 유행인지, 계속 미루다가 청문회 날 하루만 버티고 넘기는 악습이 되풀이되고 있다.

검증에 자신이 없으면 자리를 맡지 말아야 한다. '갓이 무거우면 목이 부러진다'라는 우리 속담이 있다. '왕관을 탐하는 자 그 무게를 감내하라'는 서양 속담도 있지 않은가? 공직 후보자로 추천된 해당 부처部處의 핵심 가치를 위반하고도 끝까지 버티는 인사들은 도대체 양심이라도 있는 것인가?

인사 청문회 제도는 고위 공직자가 되려면 철저히 자기 관리를 해야 한다는 가르침을 공직 후보자들에게 주려는 제도다. 인사청문회가 공직자들에게 그런 경각심을 주기는커녕 '저렇게까지 문제가 많아도 고위 공직자가 되는 데 아무런 지장이 없구나' 하는 것을 알려주고 있다는 탄식이 나온다.

정당의 공천 심사

공천은 각 정당이 선거에서 이기기 위하여 당의 이름으로 후보를 추천하는 행위이다. 정당이 보증을 서는 셈이다. 정당 공천이 선거에 미치는 영향은 어마어마하다. 공천을 받으면 당선되고 공천을 받지 못해 무소속으로 나가면 당선은 지극히 어렵다. 당선되면 국회의원 또는 지방의원으로 4년간이나 근무하게 되는데 공천 심사 과정은 부실하기 짝이 없다.

먼저 공정성이다. 민주당의 경우는 사전에 미리 합의된 배점 항목에 따라서 감사팀이 두 차례 실시한 감사 결과를 공관위에 제출하면 공관위는 하위 20%에 대하여 20% 감점을 한 후 전원 경선에 참여 시켜 후보를 가른다.

민주당 사람들이 '시스템 공천'이라고 부르는, 민주당식 공천제도가 도입된 지 20년 가까이 되었다.

민주당 중진 의원들은 내게 '지금까지 다섯 차례 이상의 국회의원 공천, 지방 선거 공천에서 큰 사고나 불복 사태가 발생하지 않은 것은 시스템 공천의 덕분'이라고 얘기한다.

우리 진영으로 이야기가 옮겨 오면 마음이 답답해진다. 국민의 힘은 당헌·당규에는 경선을 원칙으로 한다고 규정되어 있음에도 상당한 비율을 전략공천한다.

말이 좋아 전략 공천이지, 전략 공천은 사천으로 흐르기 마련이다. 전략공천을 실시하겠다면, 적어도 선거 1-2년 전에 전략 공천의 원칙이 확정되어야 한다. 당 대표나 공천관리심의위원장이 '내 사람 심겠다', '이번 선거를 나의 대선 출마의 발판으로 삼겠다'고 측근이나 지인들을 공천자 명단에 올리는 일이 너무 잦았다. 전략공천을 위한, 공정한 공천을 위한 객관적 기준과 평가 자료가 없으니 공천 불복이 없을 수 없다. 선거를 코앞에 두고 공천 불복이나 잡음이 한두 건만 있어도 우수수 표 떨어지는 소리가 들린다. 다음으로 심사의 부실함이다. 후보자가 제출한 신청 서류로 5분도 채 묻지 않는 인터뷰와 심사로는 하자나 비리 등 문제를 밝혀낼 수 없다. 세평을 좀 더 철저히 수집하든지, 경쟁 후보들에게 상대를 평가할 기회를 주든지 하여 철저히 심사하여야 한다.

공천 발표 직후 부정 비리가 드러나 후보가 교체되는 경우가 종종 있었다. 나중에 다른 일이 문제 되었을 때 살펴보면 공천 심사 당시 간과한 비리가 터져 나오는 경우도 왕왕 있다. 국민의힘이 20대· 21대· 22대 세 번 연속 총선에서 대패한 것은 여러 가지 원인이 겹쳐 있지만 그중에서도 공천 대란이 가장 큰 패인이었다. 열심히 일한 능력 있는 사람이 발탁되는, 누구나 승복할 수밖에 없는 공정한 공천 제도를 확립하지 않으면 다음 선거 역시 승리는 기약하기 어렵다. 당 지도부의 조속한 각성을 촉구한다.

국회의 부실한 법안 심사 – 직무 유기 수준

국회는 법률을 만들고 예산을 심의한다. 그것이 국회의 가장 큰 권능이다. 법률은 국민의 권리·의무에 관한 내용을 규율하는 게 그 본질이다. 그런데 우리 국회는 국민의 권리·의무와 관계없는, 말하자면 법규성이 없는 사항이 너무 많이 법률로 만들어진다.

그러다 보니 정작 중요한 법률 심사에는 소홀해지고 가치 없는 헛일에 에너지를 낭비하는 것이다. 법안 발의 건수를 의원 평가에 반영하는 까닭에 법안 발의가 남발되는데 그 원인이 있다. 지난 21대 국회 4년간 발의된 법안 총 수는 25,850여 건이다. 그중 9,450여 건이 심의되고 무려 16,380여 건은 임기 말에 모두 폐기되었다. 이에 반하여 미국 하원은 4년간 700~800 여 건 일본 중의원은 4년간 500여 건을 통과시킬 뿐이다.

다음으로 법률 심사가 너무 부실하다. 국회 임기 4년을 기준으로 비교했을 때, 우리나라는 미국 의회보다 월등히 많은 양의 법안이 발의되지만 법제 지원 인력의 규모는 미국과 큰 차이가 없다. 이처럼 법안 준비 과정이 지나치게 과부하 되다 보니 체계 정합성이나 부작용에 대한 세밀한 조율이 누락되기 일쑤다. 그 결과 매년 상당수의 법률이 헌법 재판소로부터 위헌 결정을 받는 등 법적 안정성을 저해하는 부작용을 낳고 있다.

국회의 수치羞恥이다. 법률이 하나 만들어 지면 이를 토대로 수많은 국민이 법률 관계를 형성한다. 그런데 어느 날 갑자기 그 법률이 위헌이 되어 무효가 된다면 그 피해는 고스란히 국민에게 돌아간다.

그 법을 발의한 의원이나 국회는 아무런 책임을 지지 않는다. 뿐만 아니라 위헌이나 헌법 불합치 결정이 난 법안에 대한 개정 작업이 부지하

세월이다. 거의 국회의 직무 유기 수준이다. 헌법 재판소 개소1988년 이후 지금까지 누적된 위헌 법률과 위헌성 결정은 2,200건이 넘는다. 2009년 헌법 불합치를 판결이 난 야간 시위 금지집시법 제10조, 2019년 낙태죄형법 제269조 등이 현재까지 방치되어 있다. 국회의원들은 잦은 상임위 교체로 인해 전문성이 너무 부족하다. 나는 당직을 많이 맡아서 상임위 조정 때마다 다른 의원들에게 이른바 좋은 상임위를 양보하다가 18개 상임위를 모두 거쳤다. 그런데 대부분의 의원들이 임기가 새로 시작될 때마다 상임위를 바꾸는 경향이 있다. 한 상임위에서 오래 일하는 국회의원들은 그 분야의 최고 전문가가 되어 행정부를 효과적으로 견제하고 관련 분야 정책을 주도해서 두각을 드러낼 수 있다. 선진 외국 의회의 국회의원들은 대부분 한 상임위에서 오래 일하고, 그 분야의 최고 전문가로서 행정부를 이끌고 있다.

질의 시간과 갑질

국회 상임위에서 의원의 질의 시간은 정부의 답변 시간을 포함하여 길면 7분, 짧으면 3분 정도이다. 오전 또는 오후 대략 2시간 이내에 상임위 의원들이 한 사람도 빠짐없이 모두 질의하고 방송에 나와야 하기 때문이다. 그러다 보니 요령을 터득한 답변자는 될 수 있는 한 천천히 요령부득의 답변을 하여 시간을 허비한다. 이때 속 타는 사람은 질문하는 의원이다. 그러다 보니 '답변을 짧게 하라', '예, 아니오. 라고만 대답하라'고 채근하고 윽박지르기 쉽다. 이러다 보니 국민들에게 국회의원은 상대의 말을 중간에 자르며 윽박지르는 건방진 인격으로 보이기 마련이다. 질의답변을 지금의 방식으로 운영하는 한, 의원은 국민에게 늘 갑질한다는 비판을 피해 갈 길이 없다.

2장

대통령의 오만
— 직언이 사라진 권부權府

성공 신화와 우월감의 작동

우리나라 대통령은 흔히 제왕적 대통령이라고 한다. 헌법과 법률상 권한 자체도 막강하지만, 법 외의 위법한 권한도 마구잡이로 행사해도 이를 제지할 마땅한 견제 수단이 없기 때문이다. 이러한 행태가 우리나라 역대 대통령의 실패와 퇴임 후 처벌의 가장 큰 원인이다.

대통령들은 성공 신화, 경로 의존에 빠지기 쉽다. 수많은 고난과 우여곡절을 거쳐 자기의 선택과 결정으로 최고 권력의 자리에 올랐다는 자신감, 그리고 그 과정에서 형성된 스스로에 대한 우월감이 작동한다. 이를 한마디로 요약하면 오만Hubris이다. 이러한 구조 속에서는 레드 팀이나 '악마의 변호사Devil's Advocate'가 작동할 기회가 거의 없다. 제도적으로 반대 의견을 개진할 수 있는 장치가 보장되지 않으면 다른 목소리를 내는 일은 극히 어려워진다. 대통령이 불편해 할 이야기를 여러 사람이 있는 자리에서 꺼내기란 사실상 불가능하고, 독대의 기회 또한 거의 주어지지 않기 때문이다.

과학적인 영역에서는 일반적으로 인과 관계가 비교적 명확하므로 미래 예측의 정확도가 매우 높다. 그러나 정치적·사회적 영역에서는 인과 관계가 대단히 복잡하고 다단하므로 완전히 동일한 사안이란 존재할 수 없고, 따라서 인과 관계의 예측이 매우 어려운 것이 사실이다. 그러므로 정치 영역에서 과감한 건의나 직언은 결과적으로 틀리기가 쉽다. 한 번 틀리면 그 이후에는 신뢰성에 문제가 생기기 때문에 자주 직언하기는 무척 어려운 환경이다.

왕조 시대인 조선 시대에도 경연과 대간 제도, 상소 제도가 있어서 임금 앞에서도 댓돌에 머리를 찧으며 '아니 되옵니다'를 외치다가 사약을 받거나 귀양을 가는 일이 허다했다. 그러나 오늘날에는 직언하다가 징역을 가는 것도 아닌데 대통령에게 '아니 됩니다'라고 말하다 쫓겨났다는 이야기를 거의 들어 본 적이 없다.

결국 자유로운 의견 개진이 불가능하도록 분위기를 만든 대통령의 책임이 크지만, 그것은 동시에 이도吏道, 곧 관료와 참모의 도덕이 크게 타락하여 왕조 시대보다도 못함을 보여주는 대목이기도 하다.

어떤 사람은 기분 나쁘지 않게 윗사람을 설득하는 재주를 가졌다고 자랑하는 경우를 본 일이 있다. 분명 그런 측면이 있을 것이다.

옛말에 충언은 '너의 어머니가 추녀니라'는 말처럼 듣는 사람에게는 대단히 기분 나쁜 말이라는 것이고, 직언은 '철퇴니라'라는 말처럼 듣는 사람이 꼼짝하지 못하도록 머리를 내리치는 말이라고 한다. 이런 견지에서 본다면 기분 나쁘지 않게 윗사람을 설득하는 재주는 결국 기분 나쁜 소리는 절대 간언하지 않는다는 말이 아닐까.

대통령 임기가 끝나면 결국 많은 사안이 사법 수사의 대상이 된다. 그럼에도 임기 중에 무소불위의 권한을 통제 없이 행사하고, 임기 후 수사가 시작되면 이를 정치 탄압이라고 저항하는 악습이 반복되고 있다. 이 고리를 끊기 위해서는 공수처와 특별 감찰관, 그리고 언론이 권력이 살아 있는 동안 철저히 감시·견제하여, 발생할 수 있는 위법을 예방하는 수밖에 없다.

대통령 견제 장치 빠짐없이 작동시켜야

1994년 법관 장기 연수차 미국 듀크대학교에 연수를 가서 휴직한 헌법 전공 교수 연구실을 빌려 쓴 일이 있다. 그때 그 헌법 교수가 법무부 부장관으로 임명되어 백악관에 근무하면서 미국 대통령과 참모들의 언행이 미국 헌법이나 법률에 어긋나는 것이 없는지만 체크하는 일을 하는 것을 보고 미국의 법치주의, 민주주의의 견고성에 대하여 다시 한번 생각하는 계기가 되었다.

우리나라에도 엄연히 특별 감찰관 제도가 있다. 그럼에도 법에 명시된 특별 감찰관 제도를 온갖 이유로 회피하고 무력화 시킨 문재인·윤석열·이재명 대통령에 대해 실망이 너무 크다. 최소한의 국민 감시망에서 벗어나 마음대로 권력을 휘두르겠다는 선언이나 다름없기 때문이다. 대통령의 성공을 위하고 본인을 보호하기 위해서라도, 더 큰 사고와 퇴임 후의 수사 개시를 막기 위해서라도 특별 감찰관의 조속한 임명을 촉구한다. 그럴 자신이 없으면 애초에 대통령을 맡으면 안 되는 것이다.

일본은 총리의 일정을 분 단위로 언론에 공개한다. 우리도 대통령 기록물 관리법에 따르면 대통령의 모든 일정과 대화를 빠짐없이 기록해야 한다. 그럼에도 많은 경우 기록관의 입회가 배제되고 대통령의 많은 언행이 베일에 가려져 있다. 불법과 부당은 은밀히 행해지기 마련이다. 사관을 두고 국왕의 일거수일투족을 24시간 감시 기록하였으며 국왕조차 사초를 볼 수 없게 했던 조선 시대보다 못한 상황이라 할 수 있다. 그러나 무엇보다도 중요한 것은 대통령직에 대한 대통령의 인식과 태도이다. 대한민국 대통령직의 엄중함을 한시라도 잊지 않는 것이 제일 중요하다.

3장

K-정치의 어느 날

과연 4류라 평가 받는 한국 정치가 반도체나 방산, 조선, K-팝처럼 세계 일류의 반열에 오를 날이 오기는 할 것인가. 그런 생각을 하다 보면 마음이 우울해지기도 한다.

조상에 대해 어느 나라보다 각별히 모시고 엄숙한 매장을 하는 우리의 오랜 장례 문화에 화장은 이례적이며, 불효로 비판 받았다. 그러나 지금 화장률은 전국적으로 91%가 넘는다. 그 때문에 경남 남해군은 아예 매장을 금하고 있다. 전혀 상상도 할 수 없던 일이다. 그뿐만 아니라 한때는 불가능하다고 여겼던 피겨 스케이팅이나 골프에서 우리 선수들이 세계 정상에 올랐다.

이처럼 K-정치 역시 어느 날 갑자기 세계 최고로 도약하는 변곡점과 특이점이 반드시 올 것이라 확신한다. 공정과 깨끗함이 아니면 용납하지 않는 우리의 MZ 세대가 커 오고 있기 때문이다. 다만 그 시기가 언제 올 것이냐가 문제이다. 그 시기가 빠르면 빠를수록 나라와 국민에게 더 좋을 것이다.

6부 대구를 위한 고민과 노력

1장

‘바보야. 문제는 정치야!’

대구는 신라의 삼국 통일, 대한 제국 말 국채 보상 운동, 6·25 남침 시 낙동강 전선 사수, 2·28 민주화 운동, 새마을 운동 등을 통해 우리나라의 형성과 독립, 민주화와 산업화의 주역이라는 강한 자부심을 지닌 곳이다. 뿐만 아니라 조선 시대 경상감영慶尙監營이 설치된 곳으로, 영남의 중심이었을 뿐 아니라 서울과 평양에 이은 한반도의 3대 도시로 꼽혔다.

사법 체계 역시 위상이 높아 대구고등법원은 한때 부산·경남은 물론 호남과 제주까지 관장하는 광범위한 관할권을 가지고 있었다. 국방 역시 경기 이남 전체 방위를 담당하는 2군사령부제2작전사령부가 대구에 있을 정도로 정치·행정·사법·국방의 중심지로서 역할을 해왔다.

또한 박정희·전두환·노태우·이명박·박근혜 대통령 등을 배출하며, 한때는 대구 특산물은 사과가 아니라 '대통령'이라는 말이 나올 정도로 정치 권력의 중심지이기도 했다. 다른 어떤 지역보다도 나라 사랑, 나라 걱정이 뿌리 내린 도시이다.

그러나 섬유 산업의 쇠퇴 이후 산업 구조 전환에 성공하지 못하면서 지역내총생산GRDP은 1993년 부터 전국 최하위에 머물며 고전을 면치 못하고 있다. 그 결과 시민들의 불만이 점점 임계점을 향해 가고 있는 것이 오늘의 현실이다.

전문가들은 섬유 산업의 쇠퇴를 예견하고도 장기적으로 산업 구조 조정을 이루지 못한 것이 오늘날의 위기를 불러왔다고 분석한다. 대구는 섬유 산업의 고도화를 목표로 1999년부터 약 7,000억 원에 달하는 예산을 투입해 '밀라노 프로젝트'를 추진했으나, 기대에 미치지 못한 채 흐지부지되었다.

그 이후 대구시와 정치권은 적합한 산업을 유치하기 위하여 많은 노력을 기울여왔다. 그러나 내륙이라는 불리한 입지 조건과 높은 땅값 등으로 구조적 한계에 부딪혔다. 최근 들어 로봇 산업, 모빌리티 산업, 첨단의료 메디컬 시티, AI 전환 등을 전략 산업으로 집중 육성하고 있으나, 타 지역과의 치열한 경쟁과 부족한 투자 재원으로 인해 기대만큼의 성과를 내지 못하고 있는 것이 현실이다.

역대 대구 시장들에 대한 대구 시민들의 평가는 다양하지만, 누구 한 분도 열심히 하지 않은 분은 없다고 생각한다. 단체장이 최선을 다하는 것이 당연히 필요하지만, 그것만으로 충분하지는 않다. 가장 중요한 현안인 도심지 전투비행장 이전 문제, 취수원 변경 문제 등은 자치단체장이 열심히 하지 않아서 표류하는 것은 아니라고 보기 때문이다.

지금까지 최선의 노력을 다해왔지만 수도권과의 격차를 줄이기는 커녕, 오히려 더욱 벌어지고 있을 뿐이다. 그렇다면 해법은 무엇인가. 지금까지 최선의 노력을 다했지만 격차가 더 벌어지기만 할 뿐이라면 이제는 그것에만 매달려서는 안된다. 이제는 게임의 규칙 자체를 바꾸는 수밖에 없다.

국토 균형 발전과 지방 소멸을 막기 위해서는 상대적으로 뒤처진 영남과 호남지방의 남부권에 대해 과감한 규제 완화와 대폭적인 세제 혜택을 부여해 기업 이전과 공장 설립을 적극 촉진해야 한다. 아울러 공기업 이전과 국책 사업 집중 배치로 새로운 성장 동력을 불어넣어야 한다. 도심지 군부대 이전과 후적지의 개발은 국가가 직접 시행해 도약의 토대를 만들고 국제공항을 신속히 건설함으로써 내륙 도시라는 구조적 한계를 극복하여야 한다. 그런 점에서 지금 대구에 필요한 지도자는 주어진 틀 안에서 열심히 일하는 성실한 관료형보다는 여러 규칙을 바꾸기 위해 중앙 정부 또는 국회와 담판을 지을 줄 아는 집요한 협상가이자 통 큰 정치인이 필요한 시대이다.

흔히 '바보야 문제는 경제야'라는 말을 한다. 그러나 그 경제는 막연하고 추상적일 뿐이다. 현실의 경제 문제는 좋은 기업, 새로운 산업을 유치하는 것이고 그 일은 국회나 중앙 정부와의 협상을 통해 규제 프리존을 만들고 기업이 스스로 찾아올 수 있도록 대폭적인 세제 혜택을 부여하는 일이다. '바보야 문제는 정치야'가 대구의 해법이고 정답이다.

2장

대구 현안, 그 성과들

이명박 대통령을 설득해 대구 국가산업단지를 유치하다

대구의 1인당 지역내총생산GRDP은 김영삼 정부의 첫해였던 1993년부터 전국 최하위를 기록하고 있다. 안타까운 일이 아닐 수 없다. 대구시도 이런 상황을 극복하기 위해 나름의 노력을 기울였다. 대표적인 것이 달성군 논공면에 위치한 위천국가산업단지 조성이다.

대구시는 1991년부터 위천국가산업단지 조성을 추진하여 1995년 7월 31일 건설교통부현 국토해양부에 위천공단을 국가산업단지로 지정해 줄 것을 요청했다. 이에 대해 건설교통부는 8월에 구체적 개발계획과 함께 수질오염방지대책을 제출할 것을 요구하는 회신을 보내왔다. 대구시는 1996년 3월 낙동강 수질보전대책을 첨부해 건설교통부에 국가산업단지 지정을 재차 요청했다.

1997년 12월 18일, IMF국제통화기금 금융위기 상황에서 대통령 선거가 치러졌고, 대선에서 승리한 김대중 당시 새정치국민회의 후보도 위천국가산업단지 조성을 공약으로 채택했다. 김대중 대통령은 임기 첫 해인 1998년, 대구시 업무보고 등에서 관계 부처에 6개월 이내에 결론을 내릴 것을 지시하기도 했다. 하지만 결국 위천국가산업단지 조성 계획은 좌초되었다. 1991년에 발생한 낙동강 페놀 유출 사건의 악몽을 기억하는 부산·경남 등 낙동강 하류 지역 주민들의 엄청난 반발이 결정적인 이유였다. 1997년 2월, 부산시의회에서는 66만 7,023명의 서명을 받아 위천공단 조성에 반대하는 건의서를 국무총리실에 제출하기도 했다.

대구시는 방향 전환을 시도했고, 2002년 10월 25일 위천국가산업단지 조성 계획을 포기했다. 대신에, 같은 지역에 첨단기술연구단지인 대구테크노폴리스를 조성하겠다는 계획을 발표했다. 이런 시련을 겪으면서 대구는 전국 17개 광역자치단체 가운데 국가산업단지가 없는 유일한 도시로 오랜 기간 남게 되었다.

부산·경남의 반대로 위천국가산업단지 조성 계획은 물거품이 되었지만, 그렇다고 대구 국가산업단지의 꿈을 포기할 수는 없었다. 이 같은 상황 속에서 반전의 계기가 마련되었다.

2007년 12월 대통령 선거 당시, 이명박 한나라당 후보는 대구에 약 300만 평 규모의 국가산업단지를 조성하겠다는 공약을 제시했다. 이명박 후보는 대선에서 승리했고, 나는 당선인의 대변인이 되었다.

나는 이 당선인에게 대구의 새로운 국가산업단지 조성을 강력하게 건의했다. 바로, 달성국가산업단지였다. 달성국가산업단지 조성은 반드시 해야 하는 사업이며, 최대한 빨리 진행해야 한다고 건의했다. 섬유산업 이후를 준비하지 못한 탓에 지역 경제 침체를 겪고 있던 대구에 국가 차원의 대규모 산업단지가 필요하다고 생각했기 때문이다.

나는 이명박 정부가 출범한 이후 주무 부처인 국토해양부를 상대로 대구 국가산업단지의 필요성을 거듭 설명하면서 조속한 지정을 요청했고, 이 대통령에 대해서도 집요한 설득을 이어갔다. 그 결과, 2009년 9월 30일 국토해양부가 대구 국가산업단지 지정을 공식적으로 발표했다. 이날은 내가 특임장관으로 취임하던 날이기도 했다. 나에게는 말로 표현할 수 없을 정도로 의미 있는 날이었다.

하지만 국가산업단지 지정이 이뤄진 이후 실제 완공까지는 긴 시간이 소요되었다. 당시 계획에 따르면, 달성국가산업단지는 300만 평 규모였지만, 산지 등이 포함되어 있어 실제 산업단지로 활용되는 공간은 200만 평 가량이었다. 이 대통령은 달성국가산업단지가 조속히 조성되지 않은 데에 대해 안타까움을 여러 차례 표현했다. 이 대통령은 200만 평 규모를 한꺼번에 개발하지 말고, 30만 평이나 50만 평 정도부터 시작해 자신의 임기 내에 1단계 준공이라도 하자는 제안을 하기도 했다. 그러나 이 계획은 실현되지 못했다.

변수도 부상했다. 이명박 정부는 세종시에 정부 부처를 옮기는 것보다 좋은 기업들을 유치해 세종시를 경제 중심의 복합도시로 발전시키겠다는 '세종시 수정안'을 추진했다. '세종시 수정안' 계획은 수포로 돌아갔지만, 이명박 정부가 충청권 민심에 집중적인 구애를 펼쳤을 때, 대구·경북 지역에서는 위기감과 소외감이 퍼졌다. 당시 특임장관이었던 나는 '세종시 수정안' 통과에 온 힘을 쏟으면서도, 대구가 역차별받아서는 안 된다는 점을 강하게 전달했다.

달성국가산업단지는 여러 우여곡절 속에서도 정상궤도를 지키며 성장했다. 2016년 1단계 구역을 준공했고, 2026년에는 2단계 준공을 앞두고 있다. 260만 평 규모산업시설 150만 평에 사업비 1조 6,542억 원이 투입되었다. 나는 달성국가산업단지가 대구 경제를 다시 일으킬 토대가 되었다고 생각한다.

후발주자였던 대구가 일구어낸 '대역전'
— 첨단의료복합단지 유치

대구가 의료 산업을 키워야 한다는 나의 소신은 확고했다. 의료 산업은 고부가가치의 지식 기반 산업이다. 대구에는 4개 대학경북대, 영남대, 계명대,

대구가톨릭대에 의과대학이 있어 의학과 의료 산업이 발전할 수 있는 기반이 탄탄하며, 의료인들도 대구에 많이 거주하고 있다. 대구에는 반드시 첨단의료복합단지가 조성되어야 한다는 강력한 의지를 갖추고 있었고, 나는 이를 행동으로 옮겼다.

첨단의료복합단지첨복단지의 지정은 이명박 정부 시기에 이루어졌지만, 첫 시작은 노무현 정부 때이다. 노무현 정부는 2005년 의료산업선진화위원회를 설립하고 첨복단지 조성을 추진했지만, 큰 진척은 없었다. 하지만 이명박 정부가 출범하면서 첨복단지 사업은 속도를 내기 시작했다. 2008년 3월 '첨단의료복합단지 지정 및 지원에 관한 특별법'이 제정되면서 첨복단지 사업은 본격적으로 추진되었다.

경쟁은 치열했다. 서울마곡도시개발구역, 인천송도경제자유구역, 경기도수원광교신도시, 부산·울산·경남양산일반산업단지, 강원도원주기업도시, 대전대덕R&D특구, 충북오송생명과학단지, 충남아산 황해경제자유구역, 광주·전남진곡일반산업단지이 뛰어들었다. 전북과 제주도를 제외한 전국의 모든 광역자치단체가 첨복단지를 유치하기 위한 경쟁에 참여한 것이다. 그중에서도 가장 강력한 경쟁자는 충북의 오송과 강원도의 원주였다.

대구의 가장 큰 '아킬레스건'은 후발주자라는 점이었다. 오송과 원주를 포함해 다른 지역들은 일찌감치 첨복단지 유치를 위해 많은 준비를 해온 상태였지만, 대구는 2007년부터 유치 경쟁에 뛰어들었다. 상대적으로 준비가 부족했던 대구가 첨복단지를 유치할 것이라고 예상한 사람은 거의 없었다. 대구 지역의 일부 언론들도 '승산이 없는 싸움을 한다'라는 식의 부정적인 보도를 내놓기도 했다.

하지만, 대구에 '희망의 빛'이 보이기 시작했다. 이명박 정부가 첨복단지 선정 기준을 변경한 것이다. 첨복단지 조성을 앞당기기 위해 즉시 완공이 가능한 후보지에는 가산점을 많이 주기로 결정했고, 때마침 대구에는 신서혁신도시가 터를 모두 닦아놓은 상태였다. 신서혁신단지를 후보지로 내세운다면 대구가 가산점을 모두 따낼 가능성이 높아졌다. 대구가 유치 경쟁에 뛰어든 이후 이명박 대통령을 두 차례 직접 만나 대구가 첨복단지를 유치해야 하는 이유를 열한 가지로 정리해 설명했다.

가장 기억에 남는 순간은 2009년 5월 10~14일 이루어진 이 대통령의 우즈베키스탄·카자흐스탄 순방에 내가 동행한 일이다. 내가 먼저 요청해 동행이 성사되었다. 해외까지 따라가 대구의 첨복단지 유치 필요성을 설명한다면 이 대통령이 나의 절박함을 더 깊게 이해할 것이라는 포석이 깔려 있었기 때문이다.

일은 계획대로 진행되었다. 순방 기간 이 대통령에게 대구의 첨복단지 유치 필요성을 조목조목 설명했다. 이 대통령에게 한나라당의 텃밭인 대구에 대해 역차별할 경우, 이번에는 점잖은 대구 사람들도 참지 않을 것이라며 대구 민심을 전하기도 했다.

세상에 비밀은 없는 법이다. 이 같은 사실이 알려지면서 다른 경쟁 지역 인사들이 청와대와 정부에 항의와 비판을 쏟아냈다. 그러나 나는 전혀 위축되지 않았다.

2009년 8월 10일 정부는 첨복단지 유치 지역 선정 결과를 발표했고 대구와 충북의 오송이 공동 선정되었다. 복수 지정은 예상하지 못한 결과였지만, 이명박 정부가 그만큼 고심한 결과로 받아들여졌다. 공개된 평가 점수에 따르면, 대구가 1위를 차지했다. 누구도 예상하지 못한 대역전이었다. 신서혁신도시를 후보지로 내세워 가산점을 모두 따낸 전략의 승리이기도 했다.

'2등 그룹'이 충북 오송과 강원도 원주, 서울, 경기도, 대전, 부산·울산·경남이었는데, 이 가운데 충북 오송이 최종 선정되었고, 탈락한 지역들은 거세게 반발했다. 특히 3위를 기록한 원주는 오송과의 최종 점수 차이가 1점 정도밖에 나지 않을 정도로 아쉽게 고배苦杯를 마셨다. 당시 원주가 지역구였던 이계진 한나라당 의원은 '신사의 품격'을 지닌 점잖은 성품이지만, 이런 이 의원도 첨복단지 선정 결과가 발표된 이후 정부를 비난하는 성명을 내고, 국정조사를 실시해야 한다는 주장을 펼치면서 격

분했다.

결과가 발표된 이후 한 언론은 '첨단의료단지로 표정 엇갈린 두 여당 의원... 화난 이계진, 신난 주호영'이라는 기사를 보도하기도 했다. 나와 이계진 의원은 매우 가까운 사이였지만 첨복단지 선정 이후 사이가 서먹해진 것은 안타까운 일이었다.

하지만 첨복단지 유치는 대구 발전을 위해 반드시 필요한 일이었다. 첨복단지 유치 결과가 발표되자 대구에서는 '드디어 살길을 찾았다'라는 환호성이 터져 나왔다.

첨복단지 사업의 기대효과는 의료산업 45조 원, 여타 산업 파급효과 37조 2,000억 원 등 생산 증가 82조 2,000억 원으로 추산되었다. 고용 창출도 38만 2,000명에 달했다. 나는 지금도 이 대통령의 순방에 동행해 대구 유치 필요성을 역설했던 것이 대구에 첨복단지가 조성된 결정적인 이유라고 생각한다.

첨복단지 선정 결과가 발표되기 전이던 2009년 8월 7일 매일신문은 '대구·경북 정계의 좌장으로 통하는 박종근 한나라당 의원달서구 갑은 "(첨단의료복합단지가 대구에 유치된다면) 최고 공로자는 주호영 의원"이라며 "가장 앞장서서 열심히 챙기고 있다."라고 치켜세웠다'고 보도했다. 지금은 고인이 되신 박종근 의원이 나의 노력에 대해 덕담을 해준 것에 대해 고마움을 느끼고 있다. 이에 더해, 나는 첨복단지 유치를 통해 의료 발전과 동시에 일자리 창출 등 대구의 경제 성장에 기여했다는 데에 대해 큰 자부심을 느끼고 있다.

TK 신공항을 위해 쏟았던 노력들 — 이제는 '국비 지원'이 해답

대구 발전의 가장 큰 걸림돌은 군 공항 문제다. 나는 오래전부터 이 문제의 해결을 위해 주력해 왔다. 갈 길은 멀다. 하지만 나는 어떠한 난관에도 불구하고 군 공항 이전과 대구경북신공항 건설을 위해 사력을 다할 것이다.

나는 '군 공항 이전 특별법'과 '대구경북신공항 건설 특별법'의 제정을 주도했다. 법이 있어야 사업이 추진될 수 있기 때문이다. 대구 발전의 발목을 잡은 군 공항 이전 문제에 대해 기초는 닦아놓은 상태다.

나는 2022년 8월 2일 '대구경북신공항 건설 특별법' 제정안을 대표 발의했다. 이 과정에서 여야 국회의원 83명의 동의를 받아냈다. 대구경북은 물론이고, 광주와 수원 등 군 공항이 있는 지역구 의원들을 설득한 결과였다. 신공항 예정 부지인 군위군의 대구시 편입이 성공적으로 마무리되는 데에도 기여했다.

군위군의 대구시 편입이 난항을 겪고 있을 때다. 군위군은 신공항 건설에 동의하는 조건으로 대구시 편입을 요청했고, 이 요청은 받아들여졌다. 대구·경북의 국회의원들도 이 같은 내용에 동의하는 서약서를 작성했다. 군위군의 대구시 편입이 2022년 1월 11일 국무회의 심의를 통과하고, 관련 법률안이 1월 12일 정부 입법으로 국회에 제출되어 있던 시점이었다. 하지만 경북 지역의 일부 국회의원들이 갑자기 반대 입장으로 돌아서면서 법안 처리가 진행되지 못했다. 군위군이 대구시에 편입하면, 경북의 선거구가 통폐합되어 자신의 지역구가 영향받을 수 있다는 우려 때문이었다.

군위군의 대구시 편입 추진은 꽉 막힌 상태로 오래갔다. 이러다가 TK 신공항 건설이 무산되는 것 아니냐는 우려마저 나왔다. 이런 상황에서 나는 2022년 9월 19일 국민의힘의 원내대표로 선출되어 경북 지역의 일부 의원들을 상대로 적극적인 중재에 나섰다. 군위군의 대구시 편입에 반대하는 입장으로 돌아선 의원들을 직접 만났다. 나는 설득과 압박을 병행했다. 내가 강조한 내용은 두 가지였다.

첫째, 정치인들은 약속을 지키는 것이 생명과도 같은 일인데, 서면으로까지 동의한 사안을 반대하는 것은 말이 되지 않는 처사라는 점을 지적했다.

둘째, TK 지역의 가장 역점 사업인 군 공항 이전과 신공항 건설을 반대할 경우 모든 책임을 뒤집어쓸 것이며, 이는 다음 총선의 공천 문제에도 영향을 미칠 것이라고 강조했다.

나의 설득과 압박은 받아들여졌고 반대했던 의원들이 다시 찬성으로 선회했다. 그 결과 2022년 12월 8일, 군위군의 대구시 편입 법률안이 국회 본회의를 통과했고, 2023년 7월 1일부터 시행되었다.

TK 신공항 특별법의 국회 통과 과정은 그야말로 '산 넘어 산'이었다. 이번에는 정부 부처의 반대라는 벽이 기다리고 있었다. 군 공항 이전과 신공항 건설의 주무 부처는 국방부와 국비 지원을 담당하는 기획재정부였다. 국방부와 기재부 모두 반대 입장을 고수했다. 이에 두 부처의 차관들과 실 국장들을 만나 일일이 설득했다. "군 공항이 위치한 대구의 시민들은 70년 넘게 국가 안보에 기여했고 소음 피해를 견뎌왔는데, 이런 국가의 갑질이 어디 있느냐."라고 질타하기도 했다.

이 과정에서 당시 주무 부처의 장관이던 추경호 기재부 장관과 이종섭 국방부 장관의 도움에 대해서는 지금도 고마움을 느끼고 있다. 추 장관대구 달성군과 이 장관경북 영천이 동향 출신 인사들이라 지역 문제에 대해 더 큰 관심과 협조를 보냈고, 마침내 정부 부처의 '반대의 벽'도 뚫었다.

마지막 난관은 과반 의석을 차지한 민주당을 설득하는 문제였다. 민주당의 동의 없이는 TK 신공항 특별법의 국회 통과는 불가능했다. 당시에 국민의힘 원내대표를 맡고 있었던 점은 민주당 지도부를 설득하는 데에 큰 도움이 되었다. 하지만, 민주당 지도부는 TK 신공항 건설 문제에 관해 관심이 없었고, 별다른 반응을 보이지 않았다. 고민 끝에 나는 '묘안妙案'을 마련했다. 민주당의 안방인 광주도 군 공항 문제로 골머리를 앓고 있었다. 군 공항 문제를 놓고 대구와 광주가 동병상련同病相憐의 처지에 있었다. 나는 민주당 지도부에 대구 군 공항 이전 문제와 광주 군 공항 이전 문제를 함께 처리하자고 제안했다. 민주당 지도부는 나의 제안을 적극적으로 수용했다. 영호남의 아성牙城이 군 공항 문제에 합심한 것이다.

나는 TK 신공항 특별법과 '광주 군 공항 이전 및 종전부지 개발 등에 관한 특별법'의 동시 통과를 추진했다. TK 신공항 특별법이 국회를 통과하지 못하는 '최악의 상황'에 대비한 포석이었다. 당시, 광주 군 공항 이전 특별법은 TK 신공항 특별법에 비해 준비 상황이 더뎠다. 나는 국민의힘 원내대표로서, 광주 군 공항 이전 특별법이 최대한 빠르게 국회 본회의에 상정되는 데에 주력했는데 이를 위해 국회 상임위인 국방위와 법사위 통과 시간을 크게 단축시켰다.

드디어 2023년 4월 13일 '대구·경북통합신공항 건설을 위한 특별법안'과 '광주 군 공항 이전 및 종전부지 개발 등에 관한 특별법안'이 국회 본회의를 통과했고, 언론은 "'쌍둥이 법안'이 같은 날 국회를 통과했다."라고 표현했다.

TK 신공항 건설을 위한 나의 노력은 멈추지 않았다.

나는 TK 신공항 특별법 개정안을 대표 발의했고, 2024년 12월 31일 국회 본회의를 통과했다. 개정 법안의 목적은 자금 조달의 어려움을 겪고 있던 대구시의 숨통을 트여주는 것이었다. 당시 대구시는 민간 SPC특수목적법인 구성이 난항을 겪고 있었다. 개정 법안은 대구시가 향후 공공자금관리기금을 통해 안정적인 사업비를 조달할 수 있는 법적 근거를 제공했다. 하지만 정부의 반대도 계속되었고, 법 조항이 만들어졌는데도 기획재정부의 반대로 공공자금관리기금의 활용 계획도 지지부진한 상황이 이어지고 있다.

정부의 계속된 반대는 나의 입장 변화를 낳았다. TK 신공항 특별법은 '기부 대對 양여 방식'을 담고 있다. '기부 대 양여'는 대구시가 신공항을 건설해 국가에 기부하고, 종전 군 공항 부지를 양여받아 비용을 회수하는 방식이다. 그러나 '기부 대 양여' 방식으로 TK 신공항을 건설할 경우 사업비 12조 원에, 장기간이 될 공사 기간 동안의 이자 비용 8조 원을 합치면 20조 원의 비용이 들게 된다. 대구시는 20조 원을 조달할 능력이 없다. 대구시가 민간 SPC를 구성하는 것도 현실적으로 쉽지 않고 리스크도 크다. 그로 인해 나는 '기부 대 양여' 방식을 폐기하고 국비 지원으로 대구 신공항이 건설되어야 한다는 해법을 강조하고 있다.

나는 2025년 10월 24일 대구에서 열린 타운홀 미팅에 참석해 이재명 대통령에게 TK 신공항 건설에 대한 국비 지원을 공개적으로 촉구했다. 군 공항이 국가 시설인 점을 지적하면서 대구 비용으로 신공항을 건설하라는 방침에 대해 '정부의 알 박기 갑질'이라고 비판했고, 나의 발언은 큰 공감을 얻었다. 이에 대해 이 대통령은 "집권했을 때 하시지 그랬냐."라고 대응했다.

이 대목과 관련해서도 내가 강조하고 싶은 내용이 있다.

우리가 정권을 잡았을 때도 TK 신공항을 건설하기 위해 기존의 법 틀 안에서 할 수 있는 것을 최대한 시도했다. 이렇게도 해보고, 저렇게도 해보고 최선을 다해 모든 노력을 기울였다. 이런 과정을 통해 얻은 해답은 기존의 방법으로는 TK 신공항 건설이 불가능하다는 것이다. 특히 '기부 대 양여 방식'은 폐기되어야 한다. 이제는 새로운 방법, 즉 국가사업으로 지정해 TK 신공항을 건설해야 한다는 해법밖에 없다는 것이 내가 내린 결론이다.

'전국 유일의 모노레일' 도시철도 3호선
— 대중교통망 확충에 기여한 '대구의 명물'

도시철도 3호선은 대구 북구 동호동의 칠곡경대병원역과 수성구 범물동의 용지역을 연결하는 노선이다. 대구의 서북부와 동남부를 잇는 대구 대중교통에서 중요한 노선이다. 도시철도 3호선은 대한민국 최초이자, 전국 유일의 대중교통 모노레일이다.

도시철도 3호선은 대구의 숙원사업이었다. 2009년 착공해 2015년 30개 역으로 개통하기까지 우여곡절도 많았다. 대구시가 1991년 지하철을 처음 계획했을 때, 1호선을 시작으로 6호선까지 순차적으로 건설할 방침이었다. 그 계획이 차질 없이 진행되었더라면, 3호선은 1998년에 착공해 2004년에 개통될 예정이었다. 그러나 대구 지하철 공사장 가스폭발 사고가 발생했다. 여기에 더해, 정부의 국비 예산 지원도 25%에 그쳤다. 1997년 말 한국을 덮쳤던 IMF국제통화기금 금융위기 상황도 대구 지하철 건설 계획에 발목을 잡았다. 1호선부터 완공이 1997년으로 늦어지면서 다음 단계의 노선들도 연쇄적으로 완공이 늦어졌다. 2호선도 2005년에야 개통될 수 있었다.

도시철도 3호선은 건설 계획 시작 단계부터 난관을 겪었다. 예비타당성 조사예타를 통과하는 과정도 험난했다. 예타 통과에서 가장 중요한 요소는 '비용 대對 편익B/C'이다. 통상적으로 B/C가 1.0을 넘어야 사업성이 있다고 판단되는데 B/C가 1.0을 넘지 못할 경우 사업 추진 계획은 무산된다.

도시철도 3호선의 첫 계획은 도시철도 1·2호선과 마찬가지로 지하철이었다. 대구지하철건설본부가 2003년 12월 발표한 '대구 도시철도 3호선 건설 사업 타당성 조사 보고서'에 따르면, B/C는 1.21이었다. 그러나 한국개발연구원KDI이 2004년 진행한 예타 조사에서는 B/C가 크게 낮게 나왔다.

대구시는 '경전철' 도입이라는 승부수를 던졌다. 지하철 구간과 지상 고가 구간을 합치겠다는 구상이었다. 건설비와 유지비를 대폭 낮추려는 의도였고 그 결단은 성공을 거두었다. 2004년 12월. B/C 1.011이라는 매우 아슬아슬한 수치로 간신히 예타를 통과했다.

그러나 막대한 사업비는 계속 발목을 잡았다. 대구시는 '두 번째' 승부수를 던졌다. 지하철 구간을 완전히 포기하고 지상철로만 도시철도 3호선을 건설하겠다는 계획이었다. 이에 따라, 대구 지하철은 대구 도시철도가 되었다. 대구지하철공사의 명칭도 대구도시철도공사로 바뀌었다. 주민들의 반발은 새로운 변수로 부상했다. 일부 시민들은 '왜 우리만 지상이냐. 지하로 건설해달라'고 반발했다.

대구시와 대구 정치권 인사들은 '사업비가 조금만 늘어나도 B/C가 1.0 미만으로 떨어져 국비 지원을 받지 못하면 공사 자체가 중단될 수 있다'라면서 주민들을 설득했다. 또, 주민들이 걱정하는 소음 피해와 도심의 미관 문제 등에 대한 대책 등을 마련했다.

나는 2006년 3월 초 조해녕 당시 대구시장과 모노레일 시스템 등을 이미 도입해 운영 중인 말레이시아 쿠알라룸푸르 등을 방문했다. 모노레일 운영에 대한 장단점을 확인하기 위한 목적이었다. 나는 말레이시아에서 직접 본 것을 바탕으로 모노레일에 대한 확신이 생겼고, 예상은 틀리지 않았다.

현재 도시철도 3호선에 대한 대구 시민들의 만족도는 매우 높다. 지하철은 미세먼지가 많고 공간도 어두침침한데, 지상 모노레일은 공기도 쾌적하고 햇볕을 받을 수 있으며 시야도 확 뚫려있다. 도시철도 3호선이 전국 유일의 대중교통 모노레일로 대구의 '명물'이 되었다는 평가에 뿌듯함을 느낀다.

특히 나는 도시철도 3호선 건설 과정에서 국비 확보에 크게 기여했다. 2005년 4월부터 2007년 7월까지 국회 예산결산특별위원회예결위 위원을 맡아 일했을 때, 도시철도 3호선 국비 확보에 온 힘을 쏟아부었다.

도시철도 3호선 건설의 총사업비 1조 4,900억 원 가운데 국비 9,000억 원이 투입되었다. 나는 국비 9,000억 원 확보에 많은 기여를 했다는 데에 자부심을 갖고 있다.

고마운 분도 있다. 당시 노무현 정부에서 기획예산처 장관을 지냈던 변양균 장관이다. 변 장관은 예타 통과부터 예산 확보의 과정까지 큰 도움을 주었다. 국회 의원회관 사무실에서 변 장관을 만나 도시철도 3호선의 건설 필요성을 설명하면서 정부 지원이 반드시 있어야 한다는 점을 강조했다. 그로 인해 TK 출신도 아닌 변 장관경남 통영이 적극적으로 대구의 사업을 지원해준 데에 대해 아직까지도 큰 고마움을 느끼고 있다. 변 장관을 만날 때마다 감사함을 표시했는데 이에 대해 변 장관이 "만날 때마다 고맙다고 하는 사람은 주호영 의원이 처음이다."라고 말했던 것이 기억에 남는다.

일화도 하나 있다. 2015년 4월 23일 개통식에서 당시 새누리당 대구시당위원장이었던 이종진 의원이 축사를 했는데, 축사에는 변 장관이 도시철도 3호선 건설의 초창기부터 예산 확보까지 힘을 실어주었다는 내용이 포함되었다. 내가 이 의원에게 변 장관이 어떤 도움을 주었는지 상세히 설명한 뒤 축사에 변 장관에 대한 감사함을 포함해 달라고 부탁해 이루어진 일이었다.

대구 도시철도 발전에 대한 나의 노력은 현재 진행형이다.

2020년 12월, 도시철도 엑스코선 건설 사업이 예타를 통과했다. 엑스코선은 3호선 수성구민운동장역을 기점으로 동대구역-경북대-엑스코 등을 연결하는 노선이다. 당시는 문재인 정부 시기였고, 나는 국민의힘의 원내대표를 맡고 있어 원내대표로서 엑스코선의 예타 통과에 주도적인 역할을 했다.

이에 앞서, 나는 3호선 종점인 용지역에서 북동쪽 신서혁신도시까지 이어지는 연장 사업이 다음 단계로 이어질 수 있도록 예비타당성 조사 대상 선정 등을 지원했다.

도시의 대중교통망 구축은 하나의 사업으로 완성되지 않았다. 대중교통망이 확장되고 촘촘히 연결되어야 시민들은 대중교통을 편하게 이용할 수 있다. 대중교통망은 도시 발전에 반드시 필요한 요소로, 대구시의 대중교통망 확충과 발전을 위한 나의 노력은 멈추지 않을 것이다.

대구 신천좌안도로 개통 – '대도시권 혼잡도로' 아이디어로 국비 지원 받아내

대구 신천좌안도로는 상동교에서 가창으로 이어지는 길이 약 3km 구간의 왕복 4차선 도로다. 신천좌안도로는 2010년 8월에 착공해 2013년 완공되었고, 총사업비 878억 원이 투입되었다.

특히, 신천좌안도로 개통을 통해 신천대로와 하나로 연결되면서 대구의 교통망이 더욱 확충되는 효과를 거두었다.

신천대로는 1994년 개통되었는데, 북구 팔달교에서 신천변을 따라서 남구 상동교까지 12km 구간의 왕복 4차선 이상일부 구간 최대 8차선 도로였다. 그런데 신천대로가 끝나는 상동교부터 달성군 가창까지는 편도 1차선 도로밖에 없었다. 이에 따라 이 구간의 차량 정체는 악명이 높았다. 수성구 파동과 달성군 가창 지역에서 도심으로 들어오기 위해 먼 거리를 돌아가는 사람도 많았다.

나는 신천 좌안을 따라 도심으로 바로 진입할 수 있는 도로를 강력하게 추진해야겠다고 결심했다. 대구시도 비슷한 고민을 하고 있었다. 하지만 문제는 재원이었다. 도심 내 도로는 기본적으로 국비 지원이 되지 않는다. 그러나 대구시가 단독으로 신천 좌안 도로를 건설하는 데에는 경제적 부담이 너무 큰 상황이었다. '돈' 문제로 포기할 수는 없었다. 나는 해법을 마련하기 위해 고민을 거듭했다.

고심을 거듭한 끝에 기가 막힌 아이디어가 떠올랐다. 그것은 '대도시권 교통 혼잡도로 개선 사업'이었다. 당시 국토교통부가 '대도시권 혼잡도로'로 지정한 도로 사업에 국비를 상당 부분 지원하겠다는 계획을 추진하고 있다는 사실을 찾아냈고, 이를 활용해 신천좌안도로를 개통시켜야겠다는 해법이었다.

나는 차량 정체 구간을 혼잡도로로 지정받기 위해 국토부 관계자들과 여러 차례 회의를 거듭했다. 국토부 관계자들에게 신천좌안도로 건설 사업의 필요성을 설명하고 설득했다.

마침내, 2006년 7월 신천좌안도로 건설 사업은 '제1차 대도시권 교통 혼잡도로 개선 사업'에 반영되었다. 이후 국토부 심의와 예타 등을 거쳐 2010년 8월 공사가 시작될 수 있었다.

총사업비 878억 원 가운데 국비 433억 원을 중앙 정부로부터 지원받았다. 나의 아이디어와 정부 설득 노력이 없었다면, 대구시는 신천좌안도로 건설을 포기했거나, 아니면 총사업비 878억 원을 홀로 부담했을 것이다.

신천좌안도로가 개통되면서 남부권의 교통 흐름은 엄청나게 개선되었다. 개통 전 30~40분 이상 걸리던 이동 시간이 10분 내외로 대폭 단축되었다.

교통 흐름만 빨라진 것이 아니었다. 대구 도심과 수성구 파동·달성군 가창 간의 이동 시간이 크게 줄면서 파동·가창 지역의 주거 가치가 매우 높아졌다. 신천좌안도로의 개통은 파동·가창 지역의 발전에도 크게 기여한 것이다.

그 과정에서 내가 몸으로 깨달은 교훈도 있다. 처음 대구시가 설계했을 때는 신천대로와 직접 연결되는 상동교 서편을 신호등이 있는 사거리로 만들려고 했다. 나는 '신호등이 있는 사거리라면 교통 혼잡이 발생할 수 있는데, 이렇게 연결하는 것이 무슨 소용이 있겠는가' 하는 생각이 들었다. 담당 공무원들에게 문제점을 설명했다. 그러나 이들은 자기 생각을 굽히지 않았다. 이 과정에서 나는 고성을 지르면서까지 설계 변화를 요구했다. 결국, 내 뜻이 받아들여져 고가도로 형태로 막힘없이 통행이 이뤄질 수 있도록 설계가 변경되었다.

나는 각 분야의 전문가를 존중한다. 그 당시에도 담당 공무원들을 전문가라고 믿고 그들의 의견을 따랐다. 하지만, 신호등이 있는 사거리는 도저히 받아들일 수 없었다. 그 일을 겪으며 공무원들이 전문가라고는 하지만 모든 것을 다 믿어서는 안 되겠다는 교훈을 얻었다.

지금도 나는 그 지점을 지날 때 '처음 계획대로 신호등이 있는 사거리 형태로 연결되었다면 어떻게 됐을까?' 하는 가정을 해보기도 한다. 생각만 해도 아찔하다.

범안삼거리~황금동 직선 도로 개설 추진
ㅡ 아무도 이루어내지 못했던 성과

수성구 황금동에서 경산 방면으로 가기 위해서는 두 가지 방법으로 우회하는 수밖에 없다. 두리봉 터널을 지나 담티고개로 우회하든지, 연호동 범안삼거리까지 가서 우회하는 불편함을 겪어야 한다.

바로 직선 도로가 없기 때문이다. 이 같은 문제를 해결하기 위해 나는 직선 도로 개설을 추진했다. 특히, 황금동과 시지를 연결하는 직선 도로가 절실했다. 범안삼거리~황금동 직선 도로 개설 사업은 범안삼거리에서 황금고가교를 곧바로 잇는 3.1km 직선 도로를 만드는 사업이다. 이 사업은 정상궤도 속에 착착 진행되고 있다. 범안삼거리~황금동 직선 도로 개설 사업은 2025년 1월 23일 기재부 예비타당성 조사를 최종 통과했다.

이 사업도 많은 우여곡절을 겪었다. 지역 주민들의 요구가 많았으나, 처음에는 진행 자체가 어려운 사업이었다. 2002년 9월에 개통된 수성구 범물동에서 동구 율하동으로 이어지는 7.25km의 유료도로인 범안로를 허가하는 과정에서 이 도로의 사업성을 위해 중간을 가로지르는 도로는 만들지 않기로 합의했기 때문이었다.

그러나 주민 편의를 생각할 때 잘못된 결정이었다. 민자 도로의 관리 권한이 2026년 종료되기 때문에, 2010년대 중반부터는 직선 도로 개설을 추진해야 한다는 목소리가 적극적으로 나오기 시작했다.

'엎친 데 덮친 격'으로 더 큰 문제가 따로 있었다. 이 사업은 왕복 6차로에 터널 680m가 포함된 대형 사업이지만, 신천좌안도로 건설과 마찬가지로 원칙적으로 국비 지원이 안 되는 사업이었다. 사업비도 2,900억 원으로 추산됐다. 대구시는 사업 추진에 의욕을 보이지 않았고, 이 사업은 무려 20년 가까이 방치되어 있었다. 이 사업은 '장기미집행 도시계획시설 일몰' 대상이 되어 2020년 7월에는 사업 자체가 취소될 위기에 처하기도 했다. 주민들의 요청은 빗발쳤지만, 대구시는 해법을 찾지 못했다.

20대 국회 당시 대구 수성 갑 국회의원을 지내면서 행정자치부 장관까지 역임했던 김부겸 민주당 의원도 약속을 지키지 못한 사업이었다. 나는 물러서지 않았다. 나는 2020년 4월 실시되었던 21대 총선에서 수성 갑 지역구의 국회의원이 되자마자 직선 도로 개설을 위해 최선을 다했다. 나에게는 엄청난 자산資産이 있었다. '대도시권 교통 혼잡 도로 개선 사업'을 이용해 신천좌안도로를 개통시켰던 경험이 바로 그것이었다. 나는 국토부와 국토연구원의 관계자들을 직접 만나 직선 도로 개설의 필요성을 설명했다.

나의 노력은 성과로 이어졌다. 범안삼거리~황금동 직선도로 개설 사업은 2021년 7월 '제4차 국토부 대도시권 교통 혼잡도로 개선 사업'에 반영되었다. 이후 예타를 통과하고, 대구시 단독으로는 불가능했던 대형 사업을 중앙정부 사업으로 전환했다.

직선 도로 사업은 대구시도 힘에 부쳐 사실상 방치하고 있었고, 김부겸 당시 민주당 의원도 약속을 지키지 못한 사업이었다. 남들이 모두 '안 된다'라고 할 때도 나는 해법 마련을 위해 고심했다. 그리고, 해답을 찾은 뒤에는 관계자들을 끝까지 설득했다. 내 입장에서 그 대표적인 사업이 범안삼거리~황금동 직선 도로 개선 사업이다.

수성로 확장 및 정비 – 도로 개선에 더해 주민들의 경제적 보상까지 얻어내

수성로의 총길이는 약 4.4km다. 이 가운데 수성못오거리와 상동네거리를 잇는 1.7km 구간에 대해 주민들의 불만이 높았다. 가장 큰 문제는 교통의 만성 적체였다. 인근 지역 상가에서도 확장 요청이 있었지만, 이 도로 역시 국비 지원을 받을 수 없는 상황이었다. 수성로 확장과 정비는 대구시 계획에서도 우선순위에서 밀리고 있었다. 특히 수성로 확장 문제는 그 이전까지 18년 동안이나 도로 계획 구역에 묶여 있으면서도 아무런 진척이 없어서 토지 소유주나 건물주, 상인들의 재산권 행사에 막대한 지장이 있었다.

나는 이 사업의 해결을 위해 장기간 고민했다. 그러던 도중 2011년 개최되었던 대구세계육상선수권대회와 연계하여 국비를 확보하는 전략을 세웠다. 가장 핵심은 마라톤 경기였다. 육상대회의 꽃인 마라톤 코스를 대구의 주요 명소를 지나는 '루프형 코스'로 설계했고, 수성로를 이 코스의 핵심 구간으로 정했다. 당시 수성로는 왕복 4차선으로, 도로의 폭이 좁았고 주변 환경이 노후화되어 있었다. 세계육상선수권대회를 치르기 위해서는 정비가 꼭 필요한 상황이다. 내가 제시한 해법은 현실화되었다.

수성못오거리와 상동네거리를 잇는 1.7km 구간에 대해 확장과 정비가 이루어졌다. 나는 6차선 도로로 확장, 보도 정비, 전선지중화 사업, 가로수 정비 등을 위한 국비 지원을 끌어냈다. 총사업비 490억 원 가운데 국비 135억 원을 지원받았다. 나는 특임장관을 지냈던 2010년 3월에는 특별교부세 60억 원을 확보하기도 했다. 당시 기재부 예산실장과 차관을 지냈던 류성걸 전 의원은 예산 관련 특강을 할 때 수성로 확장과 정비 사업을 거론하면서 '정부 예산을 받아 가는 논리를 잘 만들어서 실제로 예산을 얻어냈던 사례'로 많이 언급했다고 한다.

수성로 확장과 정비 사업은 단순한 도로 확장 사업이 아니었다. 주

변 환경이 쾌적해지면서 인근 상권의 가치도 크게 상승했다. 여기에 더해, 확장과 정비 사업으로 인해 토지가 수용된 사람들은 많은 경제적 보상을 받았다.

여담을 하나 하자면, 인근 상인들이나 토지 소유자들 가운데 나의 노력을 알고 '나중에 크게 한턱 내겠다'라고 말한 사람들이 많았다. 그러나 실제로 한턱 내러 온 사람은 없었다. 하지만, '밥 안 먹어도 배부르다'라는 말처럼 수성로 확장과 정비 사업을 돌이켜볼 때마다 한턱을 얻어먹지 못했으나 내 마음은 뿌듯함으로 가득 찬다.

대구에서 가장 가고 싶은 곳이 된 수성못
— 수성못과 범어천 정비

수성못은 단순한 호수가 아니라 대구의 얼굴이다. 나는 수성못을 제대로 정비해 대구시민들이 일상에서 편하게 이용할 수 있는 공간으로 만들고 싶었다. 대구를 방문하는 사람들에게도 수성못을 대구의 대표적 명소로 느끼길 원했다. 수성못 정비 사업의 성공으로 나의 목표는 이루어진 것 같다는 생각이 든다.

수성못과 범어천 정비에 가장 기여한 사업은 '수성못 생태 복원 사업'이었다. 이 사업은 2010년 8월부터 2013년 11월까지 진행되었고, 65억 원의 사업비가 투입되었다.

공사의 첫 삽을 떴을 때, 수성못의 상태는 심각했다. 수질도 좋지 않았고, 호수의 내부 벽이 시멘트로 되어 있는 것도 문제였다. 수질 개선을 위해 진행했던 핵심 공사는 물길을 내는 것이었다. 신천의 맑은 물을 수성못으로 끌어들인 뒤 범어천과 물길을 연결했다. 고였던 물을 흐르는 물로 바꾼 것이었다. 맑은 물이 흐르니, 수질이 개선된 것은 당연한 결과였다. 악취뿐만 아니라 물비린내도 사라졌다. 이후 수성못에서 철인 3종

경기의 수영 경기가 열리기도 했다. 둘레길에는 콘크리트를 걷어내고 흙길을 조성했다. 동쪽에는 마사토 산책로를 새로 만들어 둘레길 2,020m 전체를 연결했다. 또 데크 로드 180m, 전망 데크 5개소, 관찰 데크 1개소, 수변 무대 1곳을 설치했다. 갈대와 붓꽃, 꽃창포 등 수생 식물을 심었고, 이후 편의시설을 지속적으로 확충해 수상 무대까지 갖췄다. 선착장 앞 부지 2,400m²는 겨울철 얼음 썰매장으로 조성해 수성구 주민에게 개방하기도 했다. 이후, 수성못에서 들안길까지 이어지는 구간을 '들안예술마을'로 조성하고, 이를 도시 전체를 무대로 한 예술 프로젝트인 수성국제비엔날레와 연계해 시너지 효과를 극대화했다.

예전에는 대구에서 가장 가보고 싶은 곳을 물으면, 앞산 케이블카가 1위를 차지했다고 한다. 그러나 이제는 수성못이 1위라고 한다. 수성못은 1927년 농업용 저수지로 조성되었다가 1969년 유원지로 지정된 이후 하루에도 수만 명이 찾았던 전성기 시절을 누렸다. 그러다 관리가 소홀해지면서 악취가 뿜어져 나오고 노후 시설 등으로 시민들의 발길이 뜸해진 곳이 되었다. 나의 노력이 뒷받침되면서 수성못은 대구의 최고 명소로 제2의 전성기를 찾았다. 수성못은 나에게 교훈을 안겨주었고, 이로 인해 꾸준한 관리와 계획적인 정비 사업의 중요성을 체감했다.

대구를 'AI 전환 사업'의 대표 거점으로 – 알파 시티 'AX 혁신 기술개발 사업'

알파 시티는 2008년 수성 의료지구로 지정되어 개발이 추진되었지만, 10년이 지나도록 제대로 된 건물 하나 없는 실패작으로 남아있었다. 이를 개선하기 위해 2023년 의료시설 용지를 폐지하고 지식산업단지로 전환했다. 이후 ICT 기업들이 알파 시티에 대거 입주하여 300여 개의 기업이 자리 잡는 등 대구의 대표적인 신산업단지로 자리매김하고 있다.

대구시는 알파 시티를 더욱 발전시키기 위해 국비를 지원받아 'AXAI 전환 혁신 기술개발 사업'을 추진하기로 했다. DX가 디지털 기술로 업무를 효율화하는 것이라면, AX는 AI인공 지능가 분석·자동화·의사 결정을 주도하는 사업 방식을 의미한다.

나는 알파 시티 'AX 혁신 기술개발 사업'의 초기 단계부터 정부를 상대로 적극적인 설득 작업을 벌였다. 초기 단계는 윤석열 정부 시기였기 때문에 이 사업이 무난하게 통과될 것으로 생각했다. 하지만, 예상외로 과학기술정보통신부와 기획재정부의 반대와 간섭이 심했다. 그러는 사이에 사업 진행이 표류하기도 했다.

그러나 나는 알파 시티 'AX 혁신 기술개발 사업'을 위한 노력을 멈추지 않았다. 대통령실과 정부 부처에 대한 설득 작업을 이어갔다. 드디어 2024년 연말쯤에는 국무회의 의결이 가능할 것으로 예상했다. 하지만, 그해 12월 3일 윤석열 당시 대통령의 비상계엄 선포로 인해 이 사업은 하루아침에 원점으로 되돌아가고 말았다. 정권이 교체되고 이재명 정부가 들어서자, 이 사업은 이제 완전히 끝난 사업이라는 의견이 지배적이었다. 후발주자였던 광주에서만 사업을 시행할 것이라는 전망이었다. 그러나 나는 포기하지 않았다. 대통령실과 과기부, 기재부에 대한 설득 작업을 계속했다. 이재명 정부의 대통령실을 향해 '대구와 광주를 동등한 조건에서 평가하지 않는다면 그 명백한 지역 차별'이라는 논리로 압박했다.

마침내 2025년 8월 18일 국무회의에서 사업이 의결되고, 이후 예타 면제까지 받게 되었다. 알파 시티 'AX 혁신 기술개발 사업'은 2030년까지 향후 5년간 총 5,510억 원이 투입되는 대형 사업이다. 여기에 더해, 알파 시티 내 약 8,000억 원 규모의 SK AI 데이터센터 유치도 연계되었다. 알파 시티가 비수도권 최대의 SW 집적 단지를 넘어, 인공 지능 전환 시대를 이끄는 '국가대표 AX 거점'으로 도약할 수 있는 기반을 갖추게 된 것이다.

서문시장 화재, 피해 상인 지원
— 노기호 당시 비대위원장 "주 의원 모습에 감동"

2016년 12월 발생한 서문시장 화재는 상인들에게는 생계 그 자체가 무너진 재난이었다. 화마火魔로 인해 점포 839개가 전소되었다. 엄청난 재난 앞에서 정치인이 해야 할 일은 피해 상인들이 하루라도 다시 재기할 수 있도록 도움과 지원을 제공하는 것이다.

나는 먼저 상인들에게 가장 시급한 문제부터 살폈다. 갑자기 일터가 불에 탄 상인들은 대출 이자와 건강 보험료 문제 해결을 요청했다. 나는 이 두 가지 문제를 신속하게 처리하고, 나머지 다른 부분들에 대해서도 지원책을 마련하겠다고 약속했다. 대출 이자는 중소기업청과 대구시를 설득해 이자를 보전할 수 있는 지원책에 대한 확답을 받아냈다. 금융위원회와 중소벤처기업부의 관계자들과도 회의를 가졌다. 소상공인시장진흥공단의 긴급경영안정자금재해중소기업지원 대출 금리를 연 2.0%에서 1.0%로 낮추도록 했다. 1.0% 포인트 차이지만, 상인들에게는 절박한 문제였다.

다음은 건강 보험료 문제이다. 기존 제도에서는 사업 소득자 상당수가 경감 지원 대상에서 빠져 있었다. 피해 상인의 약 80%가 아무런 혜택을 받지 못하는 구조였다. 이 문제를 그대로 둘 수 없었다. 나는 보건복지부를 끈질기게 설득해 건강 보험료 경감 고시를 개정했고, 그 결과 월평균 약 30%의 보험료 감면과 연체료 면제가 가능해졌다. 제도 하나를 고치는 것이 재난을 겪은 당사자들에게는 얼마나 큰 힘이 되는지를 다시 한번 실감했다.

피해 상인들의 긴급한 요구를 해결한 뒤 추가 지원책 마련에도 최선을 다했다. 나는 행정자치부의 특별교부세를 확보했다. 시설을 정비하고, 상인 이주가 지연되는 것을 막기 위한 조치였다. 나는 서문시장 비상대책위원회의 건의 사항을 정리해 정부 정책에 즉각 반영했다. 나는 위로를 넘어 행동을 통해 피해 상인들을 돕기 위해 애썼다.

당시 노기호 서문시장 비상대책위원장이 했던 말이 강하게 기억에 남아있다. 노 위원장은 "대부분의 정치인은 사진만 찍고 가는데, 주호영 의원이 이렇게 발 벗고 문제를 해결해 주는 모습을 보고 감동받았다. 정치인은 이래야 한다."라고 말했다. 피해 상인들에게 조금이나마 도움이 되었다고 하니, 노력이 헛되지 않았다는 데에 안도감을 느낀다.

2017년 팔공산 국립공원 지정 — 기쁨과 함께 '늦어진 지정'에 대한 아쉬움

팔공산은 대구광역시 동구, 군위군과 경상북도 경산시, 영천시, 칠곡군 등 5개 시군구에 걸쳐 있다. 총면적은 약 3,800만 평126.058㎢에 이른다. 1980년 5월 31일 도립공원으로 지정된 이후 2023년 12월 31일 국립공원으로 승격되었다.

나는 2008년부터 팔공산 국립공원 지정을 꾸준히 추진했다. 엄밀히 따지면, 나의 지역구 수성구는 팔공산에 속해 있지 않다. 그러나 나는 총선 공약으로 제시할 정도로 팔공산이 반드시 국립공원으로 지정되어야 한다고 판단했다. 국립공원으로 지정되면 국비를 지원받아 국가 차원의 체계적인 관리가 가능해진다. 국립공원으로 명성도 높아지고, 체계적인 관리까지 이루어지면 자연스럽게 관광객들이 늘어난다.

대구시는 팔공산 국립공원 지정에 찬성 입장이었다. 그러나 한동안 경북의 협조가 없어서 국립공원 지정 움직임이 탄력받지 못했다.

여기에도 사연이 있다. 일부 주민들이 국립공원으로 지정되면 각종 규제가 생기고 토지 보상도 제대로 받을 수 없을 것이라고 반발했기 때문이다. 그러던 와중에 광주의 무등산이 2013년 3월 국립공원으로 먼저 승격되었다. 원래 무등산 도립공원의 면적은 900만 평30.23㎢으로 팔공산 면적의 4분의 1에 불과했다. 그러나 무등산의 국립공원 승격을 위해 범위를 약 2.5배약 2,300만 평, 75.4㎢ 확장한 것이었다. 무등산 국립공원 추진 사업은 2010년 시작되어 3년 만에 일사천리로 승격을 받아냈다. 환경부조차 다음 국립공원 후보는 팔공산으로 점찍고 있었다. 그러나 그 자리를 태백산이 차지했다. 태백산은 2016년 국립공원으로 지정되었다. 주민 반대도 없었고, 강원도가 적극적으로 사업을 추진했기 때문이다.

나는 팔공산의 국립공원 승격을 위해 당시 국립공원관리공단 박보환 이사장을 자주 만났다. 박 이사장은 2013년 9월부터 2017년 9월까지 4년 동안 국립공원관리공단 이사장을 지냈다. 박 이사장은 대구 출신에다 영남대 선배였다. 18대 국회에서 한나라당 의원으로 같이 활동한 인연도 있었다. 나는 박 이사장에게 여러 차례 팔공산의 국립공원 승격을 위해 도와달라고 요청했다.

2013년부터 대구와 경북의 공무원들이 실무회의를 가졌지만 진전은 없었다. 나는 경북을 설득하는 데에 총력을 다했다. 팔공산을 끼고 있는 대구시의 일부 주민들 사이에서도 국립공원 지정에 반대하는 움직임이 있었다. 대구시에는 설명회와 토론회를 개최해 반대 시민들에게 국립공원으로 지정되더라도 추가 규제가 없고, 향후 불이익이 없다는 점을 정확하게 알려줄 것을 조언했다.

마침내 팔공산은 2023년 12월 국립공원으로 지정되었다. 기쁨과 동시에 아쉬움이 몰려왔다. 팔공산보다 10년 빨리 국립공원으로 지정된 무등산은 그 기간에 무려 국비 650억 원을 받았다. '팔공산도 무등산과 비슷한 시기에 국립공원으로 지정되었다면 더 많은 국비를 바탕으로 더 일찍 훌륭한 국립공원이 될 수 있었을 텐데' 하는 안타까움은 막을 수가 없다. 하지만, 국립공원 지정이 늦었던 것을 만회하기 위해 더 많은 노력을 기울인다면 팔공산이 한국을 대표하는 국립공원이 될 것이라고 확신한다.

주호영의 시간, 그리고 선택

초판 1쇄 인쇄 | 2026년 1월 30일
초판 1쇄 발행 | 2026년 2월 10일
지은이 | 주호영
펴낸이 | 황정필
펴낸곳 | 실크로드

책임편집 | 김숙희, 윤영란, 권현지
디자인 | 신건모
마케팅 | 황정필
관리·제작 | 김신기, 정지수

주소 | 경기도 파주시 문발로 214-12, 3층
전화 | 031-955-6333-4
팩스 | 031-955-6335
등록번호 | 제2014-000131호
이메일 | silkroad6333@hanmail.net

ISBN 978-89-94893-59-4(03800)
책값은 책표지 뒤에 있습니다.

이 도서의 국립중앙도서관 출판예정도서목록(CIP)은 서지정보유통지원시스템
홈페이지(http://seoji.nl.go.kr)와 국가자료종합목록 구축시스템(http://kolis-net.nl.go.kr)에서
이용하실 수 있습니다.